Siri、Alexa 與 AI 家電
也需要女性主義？

智慧妻子
The Smart Wife

Yolande Strengers and Jenny Kennedy

約蘭德・斯特蘭格斯 & 珍妮・甘迺迪

柯昀青——譯

WHY SIRI, ALEXA, AND OTHER
SMART HOME DEVICES
NEED A FEMINIST REBOOT

推薦語 （依姓氏筆劃順序排列）

方念萱（國立政治大學傳播學院副教授）

　　「智慧妻子」與人妻分工，以日本政府的思考為例，日本女性原本為人妻時要承擔的社交與照顧的工作可以交給智慧幫手，日本女性則可以「將時間重新投注到生育的任務之上」。（頁 27）這段令人心驚的文字正就點出本書主要宣稱——我們不要現在的智慧夥伴，我們想要的智慧妻子是，「能夠確保女性對於自己的身體和生活擁有掌控權、能夠支持女性在社會中的智識與公共地位，能夠協助終結性別暴力並保護女性的隱私……」（頁 278）。即使女性是某人的妻子，與她合作的「智慧妻子」必須是「為女性而生」（頁 279）。鏗鏘有力，必讀。

余貞誼（高雄醫學大學性別研究所助理教授）

　　本書從 AI 機器人與性別、家務、情感勞動與性的扣連著手，討論智慧妻子如何在創新科技解方的表層下，複製且維繫資本主義和父權體制雙元的權力和壓迫。在當今社會已與資訊發展纏繞難解的情境下，本書更積極地嘗試重新定義與連結 AI 機器人發展的前提，在系統內外重新描繪出智慧妻子的可能性，既修正二元性別觀的僵固，也搗亂科技蘊含的傳統視角，讓更多元的性別意涵滲入想像人與機器互動的社會理想之中。

唐孟祺（國立中正大學經濟學系教授）

　　本書像一面鏡子，藉由智慧管家的發展與其在家庭中的角色，映照出不自覺地主導我們行為的性別意識。消費者在性別角色上的認定，影響了使用這些智慧管家的方法，也影響了廠商製造這些智慧管家的模式。本書從智慧管家在家庭中的各種可能角色切入，提供讀者重新省思傳統家庭分工與合作的模式，以及性別意識上固有及新興的問題。本書也討論這些智慧管家背後的能源消耗、企業操控、消費者偏好、情欲及隱私等議題，藉以考量未來相關科技發展的方向，以及倫理的規範。本書點出過度的男性思維，與過少的女性主義，是目前智慧管家發展中最主要的問題。對性別意識在科技發展中的角色有興趣的讀者，本書值得您一探究竟。

楊谷洋（國立陽明交通大學電控工程研究所教授）

　　開宗明義，這是值得推薦的一本好書。以女性的意象來描寫家用型智慧系統似乎是生活中的日常，甚至連外表與人類完全搭不上邊的掃地機器人都常常有著女性化的名字，可見一斑。本書試圖透過對擬人化（女性化）智慧科技的觀察、剖析與批判，帶出理想的現代「妻子」形象。在 AI 機器人時代即將來臨之際，此書展現出明確的性別意識、流暢的文筆，以及多元的視角與觀點，無論你是哪種性別，相信都能從其中感受到它的力道與啟發。

蔡麗玲（國立高雄師範大學性別教育研究所教授）

　　女性主義者從不缺席居家科技的議題討論。她們指出：二十世紀家用科技（洗衣機、微波爐等）的發明並沒有減輕家庭婦女的家務負擔；而二十一世紀家用智慧裝置卻強化了有問題的性別現狀。

　　這本書以有趣又近身的實例說明虛擬「妻子」該如何拋棄陳舊的性別刻板設定，改為發展酷兒化、為女性而生的智慧妻子，成為平權思想的倡議媒介。

　　人工智慧太重要、太給力，不能只留給當權及父權者利用。人工智慧的家庭應用必須成為性別平權實踐的場域，而這就是一個政治行動。

目次

2　推薦語

7　謝辭

13　第一章：認識智慧妻子

39　第二章：ROSIE

69　第三章：PEPPER

101　第四章：ALEXA

137　第五章：HARMONY

179　第六章：故障小賤人

215　第七章：男孩與他們的玩具

251　第八章：重啓智慧妻子

281　方法論說明

285　註釋

360　索引

謝辭

如果要徹底發揮本書借重的傳統刻板印象——有時候，一本書會被形容為一名嘮叨的妻子，向我們索求時間與注意力。

我們不會說謊；這段關係確實有起有伏。在我們和這名無所不能的女人所共組的兩年婚姻之中，我們經歷了許多快樂、痛苦、愛、失落的時刻，因為她和我們，儼然已經成為書中所描繪的賽伯格（cyborg）。本書已成為一個控制論有機體（cybernetic organism），混合了科幻作品、人工智慧、有機的身體和思想，最後成為一個變形的人造產物——等它進入讀者手中時，就會擁有屬於它自己的生命。

這個研究計畫的面向很廣，有許多調查角度，也有許多需要探索的想法，要把《智慧妻子》一書控制在我們可操作、可做到的範圍之中，對於我們是個迷人但困難的挑戰。（這裡的對照頗有意思，畢竟許多智慧妻子是真的會被控制在一個容器之中，而本書的目的之一，就是要跳脫出那個限制她的圓柱體以外思考。）

無論是人工智慧（AI）、機器人，還是智慧型裝置——這些智慧妻子的進化，既是慢得要命（有時還跟我們的預期方向背道而馳），同時卻又快得嚇人。書寫本書的過程中，對於智慧妻子身上的技術形式竟然帶有這麼多根深蒂固、陳舊的刻板印象，我們感到非常震驚；

在此同時，技術日新月異，我們幾乎難以跟上她的腳步──幾乎每一天，世界各地都會出現各式各樣的小玩意、小東西、新功能、新技能、新工具。不過，雖然智慧妻子不斷地更新和升級，我們在研究中所指出的那套思想模式與理想卻一直沒有改變，就算本書中所提及的智慧妻子機型已被取代或淘汰，本書的論點與觀察依然有效。

在創造智慧妻子的過程中（這裡的智慧妻子，兼具字面意涵、文學意涵，也意指本書試圖協助提升地位的隱喻），我們受惠於非常多人類與賽伯格的幫助，包括智慧妻子本身。

感謝許多評論者、設計師和企業代表，他們的言論和想法成為我們思考的基礎。我們是在追隨智慧妻子的腳步，來到構思與創造她的設計工作室、會議室和工廠，走進我們的廚房、客廳、臥室，並且看見她在人際關係中的角色，因而找到這些想法。

我們也要感謝來自不同學術領域的學者，他們所涉足的領域，也是本書跟真正的智慧妻子所走過的道路，感謝他們的學術見解、分析，以及他們對於智慧妻子所提出的願景、表現形式與新興影響。這些學術領域已經遠遠超出了本書作者所熟悉的社會學、媒體和文化研究以及人機交互設計之外，因此是我們試圖理解與重新想像智慧妻子時不可或缺的材料。在研究過程中，我們踏入了許多過往不太熟悉的領域思想和理論，包括社交機器人、法律倫理、性同意權、女性主義技術科學、未來科幻小說、語言學、文學、網路安全與性別暴力。

我們衷心、永遠地感謝在我們現實世界中的神力女超人──我們最可靠的研究助理寶拉・阿卡里（Paula Arcari）。寶拉所接下的重任，是要在眾多學術領域中蒐集關於智慧妻子的一切論述，她花了上百個小時搜尋學術資料庫與網路資料、整理分析素材、處理本書的參考文獻與影像使用授權，並且提供非常有幫助的補充與建議。在研究過程中，寶拉不僅完美達成研究助理的工作，甚至常常帶來超出預期的發現，以及一些有趣的提問，例如：「性愛機器人有陰蒂嗎？」也要感謝寶拉的狗朵拉（Dara）在我們閉關瘋狂寫作時，帶給我們一些理智和溫暖的依偎。感謝雷克斯‧馬汀（Rex Martin）在成書最後階段額外協助事實查核與內容更新等工作。

感謝曾經與我們討論與激盪的朋友、家人、同事和研究夥伴，這些充滿啟發性、知識性的對話深深地強化與形塑本書的觀點。這些深具價值的互動，多數是在我們分享本書初步構想的研討會與活動上所出現的。我們也要特別感謝曾經針對本書草稿提供回饋與鼓勵的人：拉里莎‧尼可斯（Larissa Nicholls）、喬恩‧惠特爾（Jon Whittle）、伯尼‧奇倫（Bernie Tschirren）、麥特‧戴爾（Matt Dyer）、維多利亞‧布拉莫爾－懷特（Victoria Brammal-White）、珍妮佛‧羅德（Jennifer Rode）、狄米崔‧瑞普提斯（Dimitrios Raptis）、梅根‧泰勒（Meagan Tyler）、凱利‧珍吉恩（Kelly Jean Daymond）和施雷揚‧潘迪（Shreejan Pandey）。

本書得以完成，也要歸功於我們身邊的支持性、知識性體制環境。約蘭德希望能特別感謝她過往在皇家墨爾本理工大學的城市研究中心（Centre for Urban Research）與全球、城市和社會研究學院（School of Global, Urban, and Social Studies）的同事，以及她目前在蒙納士大學新興技術研究實驗室和資訊技術學院（Emerging Technologies Research Lab and Faculty of Information Technology）的同事。珍妮則希望能特別感謝她在皇家墨爾本理工大學數位民族誌研究中心

（Digital Ethnography Research Centre）與媒體和傳播學院（School of Media and Communications）的同事，尤其是科技、傳播和政策實驗室（Technology, Communication, and Policy Lab）的同仁。

我們要感謝所有資助本項研究的人。我們對智慧居家的研究獲得澳洲研究委員會（Australian Research Council，ARC）的優秀青年學者獎助計畫（Discovery Early Career Researchers Award，DECRA），約蘭德擔任 2015 年到 2018 年的計畫主持人，並與拉里莎‧尼可斯共同執行（計畫編號 DE150100278）。本書也借鑒了澳洲皇家墨爾本理工大學、澳洲蒙納士大學（Monash University）、澳洲墨爾本大學（Melbourne University）、英國蘭卡斯特大學（Lancaster University）、丹麥奧爾堡大學（Aalborg University）、美國英特爾公司（Intel Corporation）等單位的同事與協作者所給予的意見。關於這些研究計畫，詳參本書〈方法論說明〉一章。本書的看法都是我們兩人的，未必能代表我們的同事、協作者或研究夥伴的觀點。

在本書的研究期間，我們曾訪查了許多澳洲各地的家庭，感謝所有受訪者與產業工作者開放、熱情地讓我們走進他們的家裡與公司裡頭，並和我們分享他們對於智慧妻子的看法。為了保護研究參與者的姓名與身份，本書中所出現的受訪者名字皆為假名。

為了盡可能確保本書的明確性與可讀性，我們非常幸運，能夠擁有頭腦清晰、充滿智慧的編輯——美國沐恩公司（Moon & Company）的亞曼達‧沐恩（Amanda Moon）。我們也有幸和美國麻省理工學院出版社（MIT Press）的責任編輯凱蒂‧赫克（Katie Helke）合作，她對本計畫總是提供各種堅定且即時的協助。亞曼達與凱蒂很支持我們在書中大肆嘲諷，也支持我們瞄準學術領域之外的讀者。整個麻省理工學院出版社的團隊，也在編修本書的過程中表現亮眼。

對於曾經閱讀本書發想、各章節草稿、全書手稿的所有學術審查人，在此致上真誠的感謝，謝謝各位所提出的評論、鼓勵、建議和思考。

就個人而言，感謝我們的朋友與家人帶給我們各種歡笑與幽默感，以及讓我們得以完成本書的信心。感謝他們所給予的愛與支持。

最後，感謝我們和智慧妻子所發展的這段迷人、不安、荒誕和極具啓發性的關係。智慧妻子所生活的世界節奏快速，而促成本書的想法，其實也來得迅雷不及掩耳——甚至在我們發現之前，我們就已經深深迷戀上這名讓本書生動異常的（數位）女子了。我們希望，後續還能再多寫幾本關於她的書。

第一章
認識智慧妻子

你忙了一整天。你很累、腰痠背痛，肚子又餓。你現在只想要翹起腳、點開你最愛的串流節目，然後幫自己倒一杯酒。但你還得要做晚餐、看小孩寫作業，明天的行程也還沒確認。應該要有人去洗那一大堆的衣服，然後你應該要把垃圾拿出去丟。如果一切都能安然進行，不出什麼亂子，而家裡所有人都能乖乖地去做家事，嗯……那會有多好？你可能還希望有人能跟你講講話，問問你今天過得怎麼樣。你甚至可能渴望一些更**特別**的。會不會有什麼人，或者有什麼東西，可以做到這一切呢？

來認識你的智慧妻子（smart wife）吧！她性情開朗、樂於助人，而且價格越來越實惠。現在世界各地已有數百萬人開始使用智慧型設備，來提供過往現實生活中的真正妻子，所提供的家務、關懷和親密服務。

政論記者安娜貝爾・克拉布（Annabel Crabb）曾精準地使用「人妻荒」（wife drought）一詞來形容多數經濟與性別意識都發展成熟的國家所面臨的問題，而智慧妻子似乎是個相當巧妙的解方。[1] 畢竟，誰在家中不想要獲得更多幫助，或甚至，偶爾可以幫忙滿足更多的性慾？

2021 年，已有產業觀察家預測，世界各地的網路型智慧語音裝置

將會越來越多 —— 其增長速度甚至將超越手機的普及程度。[2] 類似掃地機器人的智慧居家設備，目前已經是世界上大眾接受度最高的機器人。[3] 更廣泛的智慧居家市場也正快速發展，根據估計，2023 年預計將發售十六億台不同的智慧型裝置，包括安全防護、照明、智慧音箱、電子恆溫器與影音娛樂產品。[4] 照護與性愛機器人的市場需求同樣也在成長，儘管速度相對緩慢。

智慧妻子顯然是個很吸引人的概念，對於許多有能力負擔智慧科技、網路與電力設備的人來說，也逐漸成為一種現實。然而，面對我們深知生活在二十一世紀所會面臨的各種困擾，她真的是個好的解方嗎？

在深入瞭解我們迷人女主角的優、缺點之前，讓我們先稍微熟悉一下這位智慧妻子。克拉布所提到的人妻荒顯現，我們現正目睹當代社會中妻子的角色緩慢地走向死亡（至少是我們目前所知，長期擔任父權社會骨幹的妻子角色）。不過她開始強勢回歸，還出現了幾個關鍵的升級。現在被要求回到廚房裡的，並不是妻子本人，而是機器人、數位語音助理（又被稱為智慧音箱、對話代理人、虛擬助理、聊天機器人等）與其他智慧設備中內建的那些陰柔化的人工智慧（AI）。

智慧妻子有許多不同型態；事實上，你很可能早就已經和她一起生活了。最顯而易見的莫過於亞馬遜（Amazon）的 Alexa、蘋果（Apple）的 Siri，或者 Google Home 等智慧助理，在多數的銷售市場裡它們的預設聲音都是女性（圖 1.1）。[5] 其他智慧妻子可能採擬人化、動物化或自動化的型態（例如家用電器或家用機器人）—— 多數時候它們所負擔的，都是傳統上由妻子承擔的家庭責任。有間印度公司甚至直接使用「智慧妻子」一語來宣傳他們出品的家電產品。[6] 在特別陰柔化，有時甚至是特別「情色化」的裝置中，例如性愛機器人或女性仿生人（gynoid），也可以看到智慧妻子的影子。[7]

我們用「智慧」一語來代表有人工智慧、有連接網路，或有電子計算性質的東西。「妻子」一詞所指涉的，則是一種長期存於我們社會集體心理中的原型——可以一肩挑起家中所有的家務勞動。[8] 在過去與現在中，且在其最簡化的型態下，妻子既是社會建構的產物、是一種商品，還被視為是男人的財產。妻子的角色包括照顧者、管家、主婦、情緒勞動者、提供性愛服務的人，以及可以合法繁衍後代的人；在數千年的父權體制中，這些角色可說是根深蒂固的。

3

智慧妻子只是個比喻，並非字面上的意思（雖然我們在本書後面章節將會看到，確實有人真的和她們結婚）。我們用這個詞彙來描繪那些企圖擔起傳統上與妻子角色相關家務勞動的智慧科技，以及所有被使用者視為是智慧妻子的智慧科技。此詞也包括在科幻與大眾文化腳本中扮演妻子角色的那些陰柔化類人或仿人物體——也就是「現實

圖 1.1　廚房裡的 Google Home。
圖片來源：作者。

生活」中智慧妻子的典範。

智慧妻子的原型，是 1950 年的大西洋兩端的美國與英國家庭主婦。許多當代社會依然眷戀這位白人、中產階級、符合異性戀正統（heteronormative）的超完美嬌妻——在她井然有序的家中，有清新純白的床組、精心佈置的花飾、閃閃發光的廚具，還有精美的手作料理。看看她，不是很棒嗎？她在晚餐桌席的迷人發言、她的完美秀髮（看看那個捲度！）、她的孩子乾淨乖巧、她的丈夫心滿意足（而且事業成功），是所有追求此理想的妻子心中的最高標準——至少根據當年的廣告來看，確實是如此。這位令人依依不捨的神奇女子，通常婚後就不會出外從事有償的工作（除非是符合主婦職責的事情，譬如販售保鮮盒）。[9] 家，就是她的主要區域，負責照料家中的所有人。

這個被高度理想化的形象，依然可以在許多情境喜劇（sitcoms）或其他模仿智慧妻子概念的設定中看見。不過，這並不是本書女主角唯一的靈感來源。隨著智慧妻子在中國、印度、日本和韓國等亞洲國家的影響力持續擴大，她也開始展現這些地方對於理想女性的其他文化想像。中國目前已經占據了全球一半的數位語音助理市場，2019 年的銷售量已經超過一千萬台，遠遠領先美國。儘管亞馬遜和 Google Home 依然主宰中國市場，不過百度、阿里巴巴和小米已經緊隨其後。[10] 儘管文化各異，但各地所生產用來提供服務的智慧型裝置卻清一色，全都是一套以年輕、嫻靜、性化的女性（或女孩）形象作為特徵的技術，橫跨全球的智慧妻子市場皆然。

擁有一套無所不在的科技，就像是一名永遠不會累的妻子，某些人（包括我們自己）可能會覺得這個想法聽起來很有吸引力。但她真的要是這種刻板形象，才會讓人想回家嗎？她真的有助於提升性別平權嗎？除了陪伴我們、協助網購日常用品之外，她還如何**維護**了這個資本主義和父權體制的權力和壓迫？她體現了怎麼樣的未來？我們還能如何想像她和我們共同生活的其他樣貌？

我們不是第一個提出這些問題的人，也不是第一個點出智慧科技常常（很遺憾地）被標榜為主婦的人。[11] 本書選擇這位設定有些挑逗意味的虛構人物作為主角，並且明確將她定位為女性，主要參考了其他技術女性主義者（technofeminist）與數位媒體學者的作法；在這些學者中，最知名者莫過於唐娜・哈洛威（Donna Haraway）與凱莉・賈瑞特（Kylie Jarrett）兩人，前者曾經撰寫多篇文獻討論既是女性、又是機器的陰柔賽伯格意象，而後者則提出了「數位主婦」（digital housewife）的概念，探究人們在網路溝通平台上所進行的各種無償消費勞動。[12]

以智慧妻子的形象來描繪智慧居家科技，是我們對家庭生活、AI與人類關係，以及當代女性主義的未來所提出的批判與干預。藉由探索這個有些戲謔的角色設定，我們認為，智慧居家科技的設計與行銷存在的根本問題在於，標榜這些裝置是有望終結人妻荒的創新「科技解方」（technofixes），同時體現、延續了女性在家庭中的陳舊刻板形象；[13] 不過，我們也會進一步提出一些建議，試圖解放、昇華現存於社會中的智慧妻子。

雖然我們筆下的智慧妻子似乎令人頗為憂心，但其實她的形象大可以更千變萬化，可能既是幻想，也很實際 —— 甚至可能跟五〇年代高度浪漫化的主婦有些類似。在《不只是克利佛太太》（Not

June Cleaver）一書中，美國歷史研究學者瓊安・邁耶羅維茨（Joanne Meyerowitz）與其他論者就質疑，歷史看待這些主婦的方式帶有「固執的刻板印象」（tenacious stereotype），彷彿那些足不出戶、滿腹牢騷的郊區主婦總是「待在家中照顧孩子、打掃房子、烤餅乾」，但這種看法，就如同五〇年代的主婦形象本身，都只是一種「充斥著對過往所謂更樸實、更快樂、更繁榮時代的懷舊想像」；[14] 該書作者於是舉出許多故事，展現戰後的美國女性在家庭中所扮演的多樣角色，作為對這套規範性假設的反證。

同樣地，隨著有越來越多的智慧妻子，用各種多元面貌走入我們的家庭，本書也希望能讓她們為自己發聲。本書將直指智慧妻子的大眾刻板印象，說明這些形象如何可能貶抑傳統的女性社會角色，並加劇對女性的暴力；但於此同時，我們也將討論關於性別困擾、不同文化形象的故事，以及其他有些古怪、但人們衷心接納的智慧妻子形象。本書將會彰顯，智慧妻子並**不只扮演妻子的角色**，她們也是有智慧的朋友、僕人、女友、移工、秘書、母親、性工作者、親密伴侶、愛人、保姆、管家、寵物、人造物種，或者更多其他角色。藉由探索這些裝置所具有的多樣角色與外型形象，我們將能窺見一些足以讓智慧妻子超越自身侷限的可能性。

不過，現在先讓我們說明，這些形象各異的角色究竟是如何進入、填補我們日常生活中的各種空白。

人妻荒

包括克拉布或蘇珊・莫莎特（Susan Maushart）等知名社會評論家都曾警告，當代社會中願意成為人妻的比例將會大幅下降，而他們所言確實不假。很多富裕經濟社會的結婚率（或伴侶率）一直在持續下降。[15] 原因之一是，男性通常不願意（在沒有獲得職場、社會期待、政策支持的狀況下）承擔起平等婚姻期待他們承擔的家庭責任。[16] 一直以來，男性都是美滿婚姻的最大獲益者，即便在當前這個性別相對進步的社會中，婚姻對男性依然是「實證上能夠正面提升生活品質」的經驗。[17] 當然，確實有些國家（例如日本）拒絕結婚的男性跟女性在數量上幾乎相同，尤其因為社會期待的婚後家庭責任日益沈重。[18] 當代女性也不再願意以男性或家庭來定義自己，開始尋求其他自我實現的方式。許多女性也希望擁有一名賢內助，好讓她們得以追求自我目標——無論是事業、繼續深造，還是生養孩子。因為妻子能讓所有人都更有餘裕，追求其他的生活選擇。

為什麼女性越來越不願意成為人妻？我們不如換個方式問：為什麼要成為人妻？正如社會學家莉亞・魯帕納（Leah Ruppanner）所說，在澳洲，「一旦女性進入同居生活，不管她們的就業狀況為何，女性的家務勞動時數都會增加，男性都會減少。」[19] 自二十世紀初以來，富裕國家的女性勞動力參與率之所以持續攀升，主要都歸功於已婚女性的投入。[20] 值得注意的是，女性出外勞動的時間越長，她花在家務勞動上的時間就越多。又如克拉布所述，「在一般的澳洲家庭中，女性的表現永遠都像是家庭主婦，即便她不是。而男性的表現永遠都像是他娶了名主婦，即便並不然。」就算女性在外有全職工作，情況依

7

舊。實際上，澳洲女性的家務勞動時數通常是全職工作丈夫的兩倍，克拉布感嘆地說：「每週女性 41 小時，男性只有 20 小時！」[21]

　　儘管在歐洲、北美、澳洲、中國和日本（以及許多其他國家），家庭層面的性別平等確實有進展，但這些和女性自身的高工時或高收入都沒有什麼關係；女性依舊是最主要負擔家務勞動的人。[22] 難怪許多現代社會的離婚率會節節攀升，而且多數還是女性所提出的（約六成至七成）。[23] 誠如莫莎特所言：「結婚不是問題。真正的問題在於成為人妻。」[24]

　　莫莎特曾在她於 2002 年出版的書中強調，「妻子工作」（wifework）並不止於家務勞動：「婚姻中女性為了照料男性與兒童的身心健康，負擔了極其艱辛、令人難以喘息，且令人髮指的責任。」[25] 世界各地的女性總共負擔了大約 75% 的無償照顧工作與家務勞動。[26] 在澳洲，六成育有未滿 15 歲孩童的家庭組成，是全職工作的父親搭配一位全職家管，或有另外兼差的母親。克拉布曾質問：「誰能擁有家管呢？爸爸們。」[27] 只有 3% 的家庭組成與此顛倒，換言之，真正受惠於家管的人，絕大多數都是男性。而且，全職工作者的職位越高，他們擁有一位兼職或全職家管的比例就越高。[28]

　　無獨有偶，照顧長者（尤其是在家中）的工作，通常更可能會落在女性，特別是妻子的身上。根據一項跨國研究的估計，約有 57% 至 81% 負責照顧長者的人是女性，而且多為該名長者的女兒或媳婦。[29]

　　人妻荒和妻子工作的內涵，也牽涉到歷史上婚姻中對妻子所訂下的性契約——她們必須要滿足丈夫的性需求。許多社會變革，例如女性的性解放運動、對同意（consent）的重視，不再認為婚姻可以將妻子的身體徹底歸為男性所用。西方社會大約自七〇年代起，開始將婚內性侵視為犯罪，1993 年，全美五十州都已明文將其入罪化——儘管相關訴追依然難脫社會爭議。[30] 更令人憂心的是，全世界至少還有十個國家不認可配偶性侵屬於犯罪，認為婚姻契約就等於同意已經存在。[31]

簡而言之，莫莎特指出，妻子工作「是個耗時、費力、情緒張力極高的事業……（以及）一份違反就業機會平等原則的工作。」[32] 有鑑於當代人類妻子的可得性、地位、責任內涵都不斷變化，許多人開始尋求科技作為替代方案，自然也是無可厚非，特別是那些最能切身感受她們服務持續縮水的族群——男性。

男性的訂製新娘

誰會想要擁有一名智慧妻子？或許每個人都想。2016 年，國際研究諮詢公司顧能（Gartner）曾預測，人類和機器的交談次數即將超越與配偶的交談次數。[33] 美國目前約有超過四分之一的成人，也就是超過 6,600 萬人，擁有至少一個類似 Alexa 的智慧音箱。[34]

蘋果公司的 Siri 首度在 2011 年亮相時，她的定位是個「時髦、年輕的女性，可以轉移侮辱、喜歡調情，以調皮但服從的態度服務使用者」，她的「出場派對」第一年內就創下了將近 1.5 億台 iPhone 的銷售量。[35] 這項橫空出世、由一間公司獨自閉門開發、幾乎完全沒有女性參與的技術，在短短十二個多月的時間內，就徹底、廣泛地形塑了全世界對於智慧妻子和 AI 智慧助理的想像。

其他類型的智慧妻子，例如照護型機器人或性愛機器人的市場相對較小，觸及的家戶也較少。儘管媒體報導氾濫，但性愛機器人迄今依然只是一種概念，而不是商業現實，雖然市場預測可能擴張，但依然非常小衆。[36]

9　　　就性別偏好與接受度而言，產業數據顯示，智慧居家設備的消費者多爲男性族群，而那些「智慧居家控」更清一色是男性。[37] 男性往往也是將智慧居家科技帶入家庭，並負責操作或管理的人。

然而，正如前述所說，女性（以及同樣佔據人口中很大一部分的非異性戀男性），也會需要這些（智慧的）賢內助。在美國，年齡在 18 到 35 歲之間的千禧世代女性，對於智慧居家科技尤其感興趣，也偶有調查報告顯示，女性對於特定裝置的興趣甚至比男性更高，例如語音助理或智慧家電。[38]

限縮到特定的銷售市場，也可以看到其他的性別差異，例如偏好、接受度與收益。目前，會對性愛機器人或性愛玩偶感興趣、購買的消費者，絕大多數爲男性；由於市面上這類產品多以插入性交爲導向，其實也不難理解爲何女性會興致缺缺。[39] 相形之下，女性就是社交型機器人市場的最主要消費族群，由於女性普遍比男性長壽，她們因而更可能面臨衰老的疾病所苦，例如失智症 —— 而這正是照護型機器人崛起的新興用途之一。[40]

就**創造**智慧妻子的面向來說，男性明顯仍居於領導地位。從事程式設計的男性人數遠遠超過女性，2017 年，美國的程式設計師就有超過 75% 爲男性。[41] 機器人開發和 AI 領域的男性人數高於女性。[42] 在蘋果、臉書（Facebook）、微軟（Microsoft）、Google、奇異公司（General Electric）的技術工作職位，約有 77% 至 83% 爲男性，亞馬遜則略高於

63%。[43] 在臉書的 AI 研究員有 85% 爲男性，Google 更高達 90%。[44] 學界中的比例也差不多，有超過 80% 研究 AI 的教授爲男性，只有 12% 的資深 AI 研究學者爲女性。[45]

事實上，在過去的三、四十年間，電腦科學領域的性別多元性明顯倒退，儘管一直有積極的倡議行動試圖力挽狂瀾，但該領域的女性比例依然從 1980 年代早期的 37%，一路降至 2016 年的 18%。[46] 在「經濟合作暨發展組織」（OECD）的三十六個會員國中，電腦科學領域中的高學歷女性人數一直相當少。[47] 在英國，通訊科技業中擔任資訊與軟體開發工作的女性比例，在過去十年間也從 15% 下降至 12%。在「聯合國教育、科學及文化組織」（UNESCO，簡稱聯合國教科文組織）針對縮小資訊性別落差所發佈的報告書中，就曾語帶沮喪地指出，「數位空間的男性主宰程度日漸趨強，而非趨弱。」[48]

不過，這個趨勢並非自始如此。當電腦科技在第二次世界大戰後開始快速發展時，程式設計在西方世界多被視爲是「女人活」。[49] 然而，隨著程式設計對於生活各層面的深遠影響力日趨明顯，以及隨著電腦逐漸走入職場、家庭，尤其是男孩的房間之後，情況開始有所變化。[50]

資訊領域中已經寥寥可數的女性比例，若再結合所謂的「自我效能的資訊性別落差」（self-efficacy technology gender gap），即男孩與女孩對自我能力的信心程度差異，更是如同火上加油。研究顯示，女孩傾向認爲自己的資訊能力比較差──即使實際上並非如此，她們有時候其實表現得比男生還要好。某種程度上，這是因爲男孩長期被教導相信自己天生就**應該很**擅長科技，而女孩的社會化方向則普遍與此相反；不過，也有其他推波助瀾的原因，例如，長期以來我們都會根據產品的陽剛與陰柔程度，將科技產品性別化，例如電視、遙控器會被稱爲「黑電」（brown goods），而冰箱等家電，則會被歸類爲「白電」（white goods）。[51]

資訊領域的性別失衡程度之高，促使記者、製作人與作家張秀春（Emily Chang）使用「兄弟烏托邦」（Brotopia）一詞來描繪矽谷的程式設計文化。[52]她特別標舉矽谷科技業的偏頗招募策略——這些企業過往主要聘用典型的男性「怪咖」，但近期更爲重視過度自信、充滿卡里斯瑪（charismatic）的資訊科技（Information Technology，IT）英雄，像是已故的蘋果創辦人史蒂夫·賈伯斯（Steve Jobs）。此外，凱特·克勞佛（Kate Crawford）與傑克·克拉克（Jack Clark）等知名學者與評論家指出，AI 產業中這種「男人海」的狀況，顯現的是該領域確實存在「白男人的問題」。[53]實際上，「當前人工智慧研究所」（AI Now Institute）的研究也已經指出，AI 產業內的性騷擾、性別歧視、性別薪資差距，以及女性與少數族群較少獲得升遷等現象，在在都顯示產業的「多元性危機」；[54]研究所更指出，「AI 產業必須在結構上有所改革，才可能解決這種系統性的種族主義、厭女與欠缺多元性的問題。」[55]

這種性別和種族失衡，也會滲透到人們構思、發明科技的方式。[56]學者沙菲亞·諾貝爾（Safiya Umoja Noble）就曾指出，Google 等搜尋引擎具有「壓迫性演算法」（algorithms of oppression）的特色，會強化種族主義和性別歧視。[57]無獨有偶，網路諮詢顧問和作家莎拉·沃赫特－伯耶徹（Sara Wachter-Boettcher）也討論過，在矽谷陽剛文化中爆增的「性別歧視 APP」。[58]Alexa、Siri 和 Google Home 等數位語音助理與其他類型的智慧妻子，也都曾招致類似批評，包括她們的性暗示意涵、減損女性的傳統陰柔角色、無法果斷拒絕不當的性要求等等。[59]

例如，微軟的助理蔻塔娜（Cortana）、邁克羅夫特（Mycroft），從名字到身份都取材自電玩社群與科幻文化，而這兩個領域普遍充斥著高度的性別歧視；[60] 微軟與臉書的搜尋服務杜威小姐（Ms. Dewey）與曼妮潘妮（MoneyPenny）也以帶有性暗示與挑逗意涵的名稱與行為聞名——曼妮潘妮小姐的名字，取自詹姆士‧龐德（James Bond）電影與小說中那位忸怩作態、與主角眉來眼去的秘書（這兩位小姐現已退役）。[61] 這些智慧科技所被賦予的性別意涵，全都和（多數）男性心中對於家庭、妻子、家庭責任、性慾望的想像息息相關。但這組想像可能排除了許多難以對此產生共鳴的人——請注意，也可能是其他的男性。

儘管如此，人們普遍高估了科技產業的性別平等狀況。[62] 例如，有項調查顯示，1,000 名美國消費者中，有超過半數的人並不認為性別化智慧妻子有何不妥，包括將語音助理設定為女性，或者整套設計決策的潛在影響。[63] 因此，本書的目的之一，就是要明確說明為什麼我們**確實應該要**關心智慧技術的陰柔化。

12

下列這個詭異案例，特別適合展現本書希望強調的性別動態：日本的 Vinclu 公司，針對旗下的 Gatebox 科技開發了一位數位語音助理「逢妻ヒカリ」（Hikari Azuma，以下簡稱為 Hikari，見圖 1.2），並於 2019 年開始量產。[64] 這位可愛的智慧妻子，最主要的目標客群就是目前日本人口大宗的單身族群。[65] Hikari 是個全像投影的虛擬漫畫人物，她的頭髮與服裝都是湛藍色，居住在一個高約 30 公分、直徑約 10

圖 1.2　日本的數位語音助理「逢妻ヒカリ」（Hikari Azuma）的廣告。資料來源：
Vinclu 公司。

公分的玻璃管中（值得注意的是，Alexa、Google Home 等其他語音助
理同樣也會「居住」在特定的容器中；這一點我們將會在本書後段討
論）。Hikari 的人物設定是名 20 歲的年輕女性，但個性與氛圍洋溢著
青春氣息，[66] 她穿著短裙與過膝長襪，聲音高亢，不時還會發出誘人
可愛的咯咯笑聲。在好幾支宣傳影片中，Hikari 都是和一位孤單、勤
奮工作的日本年輕男子相伴。她會在「主人」回家時，興奮地迎接他，
白天時還會傳一些關心訊息給他，要他「早點回家」；她也會提醒時間、
提供氣象建議、在主人離家時關燈、調整家中暖氣或冷氣，還會記住
他們的週年紀念日。[67]

13　　　　Hikari 是個理想化的智慧妻子（或女友），寵溺她的男人所需要
的一切。她也很有用處、很有效率，能協助日本男性趕上他們緊湊的
日程安排。不過，如果她表現得太好，日本的單身族群或許就不太需
要尋找真正的人類伴侶──而這可能使得日本持續下降的出生率更加

岌岌可危。[68] 就這點來說，日本政府（與其他國家，例如中國）對智慧妻子另有更長遠的期待。[69] 人類學教授珍妮佛・羅伯森（Jennifer Robertson）就指出，日本政府嘗試透過推廣社交與照顧型機器人（例如機器人 Pepper），以協助日本女性將時間重新投注到生育的任務之上（因爲可以降低她們負擔照顧責任的時間）。在此，智慧妻子開始和女性、妻子角色的社會與政治議題，以及當代社會中的異性戀正統關係，變得密不可分──也就是本書欲探索的主題。

性愛機器人和虛擬色情，則進一步將這些想法帶往其他有些誘人、卻可能令人不安的方向。美國情趣用品公司「眞實娃娃」（RealDoll）所推出的性愛機器人 Harmony，共有 18 種可自訂的陰柔個性特色（包括善妒、羞怯、喜怒無常、激動興奮、沒有安全感）、42 種不同的乳頭設定，以及不同的聲音選擇（包括「鹹濕大膽的蘇格蘭口音」），她還會記住使用者最喜歡的食物（畢竟每個好老婆都會如此）。[70] 不過，Harmony 最讓人驚爲天人的設計在於：她的陰道不僅能夠自動潤滑、可自由拆卸，還可以用洗碗機清潔。[71] 眞是位智慧型（有很多可控元件、又容易清潔！）的妻子（盡力滿足男人的親密需求）。Harmony 是個集性感特質於一身的女人，她不惹麻煩、不吵不鬧。她雖可任君客製，但仍保有一致性；她相當陰柔化，卻又高度陽剛、極具效率，隨時準備要被享受、被消費、被插入。話先說在前頭，這件事情之所以驚悚，不是因爲 Harmony 是個機器人（我們無意攻擊任何人擁有的性癖好），而是因爲它對性感女性的想像以及它的色情觀，有時會推崇，甚至讚揚非合意的性行爲。而這正是智慧妻子所具有的特殊悖論核心：她既是位盡心盡力的太太，也是位性愛繆思女神，還能夠熟練地運用科技工具解決各種家務困擾。她既溫馴，又高效；既順服，又受控。她既性感誘人，又幹練精明；既能熱情如火，又能淡漠如水。她隨時隨地都能被玩弄、能提供服務，能夠升級與強化她的表現。

14　　　一方面來說，智慧妻子彰顯的是一種創新解方，能夠解決性別進步社會下的家務勞動分工爭議；但另一方面，當智慧居家和機器人產業總隱微地運用這種陳舊，甚至帶有色情意涵的妻子形象來描繪他們的產品，確實相當堪慮——畢竟，多數的當代社會都一直在努力要讓女性擺脫這些形象。

　　究竟有什麼不妥？首先，這種描繪形象將會影響我們和數位設備、機器和 AI 互動的方式，進而反過來影響我們和一般人——特別是女性——的互動方式。當使用者對其咒罵或大吼時，這些友善、樂於助人的陰柔化裝置常常會概括承受。[72] 它們通常會發生故障，這將引導使用者或科技評論者，以笨女人的形象加以描繪這些裝置——進而強化那些過時（且毫無根據）的性別刻板印象，彷彿女性本質上就比較愚笨或不足。[73]

　　實際上，失控出錯的智慧妻子，正是許多以女性化 AI 為主角的科幻電影核心劇情（圖 1.3）。類似的例子比比皆是，譬如《完美女人》（The Perfect Woman，1949）中的奧爾加（Olga）、《超完美嬌妻》（The Stepford Wives）中的瓊安（Joanna；本片原著艾拉‧萊文〔Ira Levin〕在 1972 年是以諷刺恐怖片為設定創作）、《王牌大賤諜》系列電影（Austin Powers，1997、1999、2002）中的女性機器人凡妮莎（Vanessa）、《人造意識》（Ex Machina，2015）中的艾娃（Ava）、《我的雲端情人》（Her，2013）中的莎曼珊（Samantha），以及原版《銀翼殺手》（Blade Runner，1982）中的普莉絲（Pris）和瑞秋（Rachel）。

圖 1.3 智慧妻子在科幻電影中的劇照。資料來源：《完美女人》、《超完美嬌妻》、《王牌大賤諜》、《人造意識》、《銀翼殺手》。

這些女性多半性感美艷、矜持端莊，有些功能失調，但隨時可以對她們的男性製造者、主人、奴役主展開報復或大開殺戒。

這些高度娛樂色彩的電影劇情，反覆強化的都是這種陳腔濫調：完美的女人全都是人造的，而且只要對她失去掌控或權力，她就會反抗、殺害甚至奴役她的創造者。諷刺的是，在這些電影敘事中，往往都是那些孤單寂寞的技術人員會愛上這些蛇蠍美人、受她折磨。此外，誠如跨領域的人文學科研究者希拉里・伯根（Hilary Bergen）所述，這些文本特別重視「**白人**女性的身體——展現出西方觀點中對女性形象的固有種族偏見，傳統上來看，種族化的身體一般較不受歡迎，也較難控制。」[74] 引人迷戀的智慧妻子，無論是銀幕上或真實世界中，幾乎清一色是異性戀的白人——就其強化種族或性別刻板印象的面向來說，問題都一樣大。

15

根據機器人科學、人機互動、心理學等領域的過往研究，我們知道人類確實會賦予機器情感與個性。[75] 早在 1966 年，電腦科學家約瑟夫・維森鮑恩（Joseph Weizenbaum）所發明的史上第一位聊天機器人「ELIZA」，就已經出現類似現象。ELIZA 是一位女性機器人，會透過自然語言處理（natural language processing）來扮演類似精神科醫師的角色，她會根據羅傑斯學派（Rogerian）的心理治療取徑，向她的「個案」提問（例如，「這讓你感覺如何？」）；[76] 當維森鮑恩發現，他的同事們迅速地和這位人工智慧治療師建立起相當緊密的情感連帶時，起初他感到驚喜，後來卻有些驚恐。[77] 人類和無生命物體之間的情感連帶，甚至可能強到使人和它們結婚，曾和法國知名地標「艾菲爾鐵塔」結婚的艾瑞卡・艾菲爾（Erika Eiffel nee LaBrie）就是一例。[78] 專精於人機互動與使用者經驗設計的克利福德・納斯（Clifford Nass）與嚴碩麗（Corina Yen）曾指出，互動式電腦系統的成敗，取決於我們是否喜歡它們，以及它們對待我們的方式。[79]

16

這部分是因為，人類很容易將機器擬人化，還會為它設定性別，即便機器根本沒有性別可言。科學、技術與社會研究（Social Studies of Science and Technology，下稱 STS）學者雪莉・特克（Sherry Turkle）是研究人類與科技關係的先鋒，特別聚焦於行動科技、社群網絡、社交機器人等領域；她指出，人類與機器之間的界線愈模糊，不僅會影響人們互相理解、相處的方式，也可能帶來一些負面後果，例如，降低我們與他人的交流，或者讓我們變得前所未有的孤單。[80]

人類和各種動態或靜態機器設備的互動與連結，也會被性別化。以衛星導航系統來說，多數人都更偏好女聲，因為覺得女聲比男聲更有溫度、更悅耳（智慧妻子也一樣）；[81] 但我們同時也較不信任女聲的導航系統（畢竟大眾刻板印象多認為女人的方向感比較差云云），很快地，她的樂於助人就會被我們視為是叨叨絮絮、沒完沒了。2012 年，一款專用於噴射機的新型女聲語音指令系統誕生，美國的戰鬥機飛行員都叫她「煩人貝蒂」（Bitchin' Betty），因為只要飛行員忽視系統指令時，她就會變得更大聲、更嚴厲。英國飛行員則稱她為「囉唆諾拉」（Nagging Nora），同樣語帶威脅、侵略性的警示男聲則被稱為「咆哮鮑伯」（Barking Bob）。[82] 這類擬人化的語音助理，都可能成為人類展現、強化各種誇張性別刻板印象的舞台。

在家裡，人們也比較喜歡女聲的語音助理，尤其當她們的功能是討論愛情與人際關係，或者幫忙打理家務（例如，增添日常雜貨到購物清單裡頭，或者更好一點，直接幫家裡冰箱、食品儲藏室補貨）。[83] 也就是說，人們喜歡符合性別刻板印象的語音助理。[84] 不過，設計性別化的機器設備，可能再次鑄記、強化心中的刻板印象；當設備出現異常，或當我們覺得它們有點煩、有點「笨」的時候，我們就會把這些特色跟常見的性別人設加以連結。

簡而言之，智慧妻子使人憶起過往那些陳舊的刻板印象，而且人們會（透過智慧型科技的行銷手法）知道，這些都是我們應得、渴求的服務。確實，高度性別化的智慧妻子是可愛、性感、友善的，她們

17

讓人有熟悉感，而且「容易使用」──但為此，社會要付出什麼代價？

整體而言，智慧妻子明顯服膺於父權與資本主義的體制邏輯──這套體制將女性視為一種能幹、有用的商品，展現（並強化）一種性別化、性化的刻板印象，並且將男性視為是童心未泯、喜歡玩具的小男孩。當然，並不是**所有的**男人。我們並不是主張，每個對於設計或使用智慧型科技有興趣的男性，都是厭女或仇婚份子；[85] 我們認為，智慧妻子的運作基礎，是一組範圍極為限縮的刻板印象，而這組印象可能對所有的性別都是有害的。我們不是仇男、沒有反科技，也不反技術性戀（technosexual，指性慾範圍包括機械或機器人的族群）。但針對智慧妻子現在的設定，我們確實要來煞風景，而且我們的政治性議程很單純 [86]──我們要幫她重新啟動。

跟蹤智慧妻子

作為研究智慧居家多年的學者，我們雖然對於智慧妻子的悄然出現感到印象深刻，但也有些戒心。本書的誕生，奠基於許多優秀同事與我們自己對於智慧居家與物聯裝置所作的研究。（有興趣檢視本書研究軌跡的學術讀者，可以參考本書最後的〈方法論說明〉一章。）

必須承認，我們兩人起初並不是要研究智慧妻子，但在我們進行智慧家庭的民族誌研究時，我們突然察覺，其實她無所不在──可能在私密空間、櫥櫃或廚房裡，等待被人看見。在此之後，我們便徹底迷上了這位家中的「小三」，開始訪談、拜訪智慧家庭的實際使用者，並且閱讀、觀賞或聆聽國際流行媒體對她的形象塑造，以掌握她在家庭中的誕生、扮演角色，以及她的潛在影響。

在這段研究旅程中，我們發現其他地方也能看見她的倩影。我們狂追猛看了各種與她相關的科幻電影與影集，並且開始廣泛閱讀，檢視其他的聰明人過往對她的書寫與評論。我們全面徹查了各種情趣玩偶和性愛機器人的網站，並和朋友同事熱絡地交換意見。

作為研究科技與媒體的社會科學學者，本書含納了我們兩人各自的學術訓練。約蘭德・史特蘭格斯（Yolande Strengers）是位資訊社會學家，主要關心新興科技是如何進入、影響我們的家庭和生活。她長年研究智慧與自動化居家科技如何協助使用者節約能源，並點出此處存在一種新的性別角色設定，她稱之為「資源型男子」（resource man）──符合這種理想型的能源消費男性，通常非常理性、科技狂熱、渴望數據與資料，積極追求各種智慧、聰明的東西。[87] 資源型男子和智慧型妻子簡直是天造之合，兩人截然不同，但卻宛若是同一塊主機板上的零件，完美演繹了男性主導產業（資訊、工程領域）眼中的世界及理想的性別秩序。我們將在第四章中詳細分析這組伴侶關係。

珍妮・甘迺迪（Jenny Kennedy）是位媒體和傳播學者，關心智慧型技術如何融入人們日常生活的節奏。她曾經研究科技如何與我們的親密關係緊密相嵌，以及家庭如何使用各種媒體科技，包括網路基礎建設、設備、APP 等。[88] 在正式和智慧妻子相遇前，珍妮就隱約察覺：她所研究的家庭中的男性，似乎全都極其迷戀這名引人注意的女子。他們的原配後來紛紛證實了她的懷疑，表示丈夫越來越少參與其他家務勞動，因為智慧妻子已經佔據了他們的多數心力與時間。

在我們所構築的這個智慧家庭框架中，我們可以輕鬆地對這位智

19

慧妻子拋出一些試探性的問題：她是個怎麼樣的女人？她出身何方？她能夠做什麼？誰會因她獲益？她對家庭和性別關係會帶來什麼影響？我們還能如何重新想像她在生活中的角色和目的？為了探索前述這些問題，我們將會進到智慧妻子嶄露頭角的四個領域，包括家務、照顧、居家營造、性愛。我們也會說明，她的這種陰柔化過程，如何隱隱地創造一些特殊但不令人意外的形象：她可能愚蠢、可能陰險、可能天生帶有小缺陷，也可能就是男孩們的玩物。

然而，持續忠於這個智慧妻子的形象設定，卻可能帶來一些潛在問題。當我們把多數居家智慧科技都貼上「智慧妻子」的標籤，等於是在繼續強化這些裝置的擬人化和陰柔化過程。譬如，性愛機器人其實不是**真正**的女人，而是個物體。當我們反覆地用「她」，而不是用「它」一語來稱呼這些智慧型裝置（Pepper 這種非二元性別或性別模糊的智慧妻子不在此列），就可能進一步加深女性與機器之間的連結，甚至可能引入其他更為複雜的議題，例如人類之間對性的同意議題，以及人類與（靜態或動態）物體之間的性經驗。因此，本書會刻意但謹慎地使用這種形象化。

儘管前方的道路詭雷密布，我們依然認為運用智慧妻子的概念，能讓我們更妥善地分析這些看似迥異、實則高度相似的賢妻型智慧裝置，為何會走入我們家中，又可能帶來什麼影響；此外，這個概念也賦予了我們一些東西（或人），讓我們有個能夠離開、挑戰、重塑，想回家相聚的對象。

在追尋她的過去、現在和未來時，我們將會使用傳統刻板印象的語彙，因而也可能強化了這些刻板印象。妻子多半是女人，自古至今，她們的角色都是以男性為主的社會秩序所定義的——在這些社會（契約）中，她們被視為是從屬於男人的存在。[89] 如我們所說，智慧妻子通常都是被男性引入家中的，而且常是為了滿足充滿刻板印象的陽剛興趣與追求，而被男性所設計出來的。當然，我們都知道會有例外存在，包括本書的兩位作者——兩位在這裡大談、鑽研、**使用**智慧妻子的女科技人。我們都知道，女性當然也會設計與購買智慧妻子、妻子當然可以是男人、女人當然可以有妻子；我們也知道，還有更多家庭關係跟安排，會牽涉到這些不同角色的排列組合——或者完全沒有這些設定。

本書在寫作上會採用常見的性別二元語彙，例如男性／女性、男人／女人、陽剛／陰柔（男性化／女性化）、父權體制、異性戀正統（heteronormativity）、順性別（cisgender，指生理性別與自我性別認同一致）。我們採取普遍的女性主義立場，認為性別（gender）不是一種本質性的存在，也不是由一個人的生理性別（sex）決定；實際上，性別應該是一個光譜。性別會藉由社會與文化被生產、被展演，其內涵會不斷變化，多半跟科技有關。我們同樣也認為，儘管陽剛氣質（masculinity）、陰柔氣質（femininity）常被連結到不同性別身上，但它們並不是「專屬」於男性或女性的特質。

本書也會處理特權階級的語言與政治。作為享有社會優勢的白人女性，我們清楚意識到自身的異性戀正統性，以及我們受惠於「白人女性主義」（white feminism）而得到的好處（與智慧妻子的長期服務）。[90] 不是每個人都會擁有一名妻子，而世界上更是只有極小部分的人可能擁有智慧妻子。首先，全世界只有不到一半的人家中有網路，約有 11% 的人口（在 2018 年時，約為 8.6 億人）的生活無電可用：有許多人甚至無家可歸。[91] 電力設備與網路服務的普及率固然持續提升，但就算有電、有網路，也不代表所有的人都有能力運用與享受這些智慧技術。值得注意的是，女性的可支配所得普遍比男性低、普遍較為貧困，獲得正式教育或資訊技能訓練的可能性較低，因此她們擁有智慧妻子（和所有科技）的機會自然也就有所侷限。[92] 更有甚者，正是這些邊緣人口，比較容易會受到智慧妻子的不道德生產與環境影響，而陷於更高的風險。

由於本書關心的是智慧科技在西方特權家庭中的性別政治，我們勢必會忽略許多其他重要面向，例如不同種族、階級或文化對於智慧妻子的近用（access）與熟悉程度。儘管如此，隨著智慧型設備數量的穩定增加、提倡性別平等與消除對女性暴力的社會聲浪日益升高，本書依然觸及全球層次的重大歧視議題，而這些問題已經遠遠超出我們原先目光所及的智慧居家與女性。

我們知道，性別刻板印象是雙向的。雖然世上首位聊天機器人 ELIZA 是位女性，但早年開發的人形機器助手多被設定為男性，而且它們所呈現的刻板形象跟前文所介紹的同樣令人不適。舉例來說，1930 年代有段影片，是透過開槍來示範一名男性機器人 Alpha 的能力。[93] 當有女性問到他的性傾向時，Alpha 回答，他喜歡「女士們」，而且要娶金髮女郎為妻，但看到深髮色的女性，他還是會說「她，我也可以」。

目前市面上有許多男性設定的智慧居家機器人和助理，也有很多設計師聲稱為無性別的裝置（雖然有些不太有說服力）。[94] 例如，雖然 Siri 會跟你說她沒有性別（「就像仙人掌。跟某些魚一樣」），但她的名字在北歐語中的意思其實是「帶你走向勝利的美麗女子」。同樣地，雖然社交機器人 Pepper 和 Jibo 看起來都像是個小男孩，但正如本書第三章所示，它們依然展現遭閹割、柔弱的陰柔形象。關於 Pepper 是否真的是男的，網路上也還是爭論不休；相形之下，Alexa 是女性這點倒是毋庸置疑。

市面上也還有一些機器人的形象是可愛的小動物、寵物、或者植物，例如，阿里巴巴的智慧音箱阿里精靈（AliGenie）就擁有比較中性的卡通人物聲音，螢幕上則會顯示一雙卡通貓眼。[95] 這些設備為智慧妻子的市場增添了一些多元性，也可以讓當前主要設定為異性戀女性的智慧妻子變得更酷兒（queer）一些；不過，我們認為大多數的智慧型設備實際上依然都屬於智慧妻子。

本書具有一個非常簡單，但極具指標性的議題：要創造一種能夠提倡性別平等和多元性的智慧妻子，並且確保其生產不會傷害地球──那是一切性別賴以維生的根本。我們所講的不是設計改良或功能更新（例如開發新功能，協助「現代女性」兼顧事業與生活），而是更具政治動機的目標──要服務眾人，特別是女性，並促成下列進步：希望能提升女性地位，讓她們得以在傳統屬於男性的職業領域中立足；希望能消弭某些智慧妻子隱微或明確鼓吹對女性的暴力、日常性別歧視與強暴文化；希望能保護地球不要繼續受到環境破壞的侵擾，因為這些後果常不成比例地影響邊緣性人口；希望能讓更多女性獲得並體驗到合意、歡愉的性愛。

透過這些野心，我們將為增添女性主義者的力量，一起嘗試瓦解這個使所有性別都感到窒息的父權體制。我們支持多元，認為陽剛氣質應該有豐富各異的表現型態，尤其是那些願意重視、支持男性奉獻

22

於家務勞動的陽剛氣質，以更廣泛地，強化家務勞動的價值與地位。我們將在本書的最後一章提出「宣言」，說明我們對這位重新安裝的智慧妻子有何期待，以及啓發我們的女性主義學者莎拉・艾哈邁德（Sara Ahmed）、漢娜・麥坎（Hannah McCann）、莎拉・肯柏（Sarah Kember）、茱蒂・威吉曼（Judy Wajcman）、唐娜・哈洛威等人，以及女神卡卡（Lady Gaga）、科幻作品、性別運動與其他的學術見解。

本書從頭到尾（以我們的宣言爲終），都是要爲智慧妻子開闢一條未來的路徑──這條路徑提倡，我們應該要干預她在科幻作品中的再現形象，以及她在我們生活中所扮演的角色。我們質疑去「中和」掉智慧妻子性別色彩的常見作法，相反地，我們應該要思考，當智慧妻子的面貌更加多采多姿，可能是寵物、植物、機器或人類形態的她，如何協助整個社會重新定義陰柔氣質的價值？我們要如何「**酷兒化**」智慧妻子，讓她能夠在這個資本主義晚期與後父權體制的嶄新未來中，協助提升女性與妻子工作的地位？

總而言之，本書要回應的，是對於智慧居家、對於嘗試踏入家庭的智慧助理、社交機器人、性愛機器人等 AI 領域。是對所謂進步科技的批判、挑戰，是對其開戰的武裝動員令。本書會帶著性別化的放大鏡檢視相關產業的主張──有時宣稱其產品是無性別的，有時聲稱其發展能夠裨益**所有人**，甚至可能有益地球，但這些承諾最終都沒有眞正被實現。我們認爲，智慧妻子**確實**存在，而現在正是協助她自我解放的時候。

第二章
ROSIE

機器人 Rosie，可說是智慧妻子的經典海報人物（圖 2.1）。這
位以輪代步的家務機器人，出自 1960 年代的喜劇動畫「傑森一家」
（Jetsons），而她對於當代智慧居家市場的影響之深遠，值得玩味。
每當我們想到科技產業，通常都是隻瞬息萬變、充滿未來感的龐然巨
獸，至今它的創作靈感竟然還是一位六十歲的卡通人物。不過，有何
不可？畢竟 Rosie **真的**很酷。

這位海報女郎比許多二十一世紀的典型女機器人還更有個性。
Rosie 相當「老派」，她身穿一件帶褶的圍裙，聲音沈穩（所以很成熟），
而且她每次出場往往都在身手俐落地打掃廚房。曾有位天才的科技評
論者精闢地形容，Rosie 簡直是個「會在房子附近迅速滑行的更年期小
旋風」。[1] 這名可靠的中年機器奴隸，可以把幾近廚餘的食材變成一桌
好菜、足球踢得比知名球星梅西（Messi）還好，而且可以幫忙刷背，
無論是家事還是回家作業，她都能輕鬆解決。雖然 Rosie 對於主人很忠
誠，總是乖乖回答「好的，夫人」，但在她的插科打諢之際我們看得
出來，Rosie 超有個性。

目前的智慧妻子發展，都不脫 Rosie 所展現的特質。她完美體現
了 1950 年代的刻板印象中，一名稱職主婦會有的核心價值——不過再

圖 2.1　機器人 Rosie：智慧妻子的經典形象。
資料來源：《傑森一家》。華納兄弟
娛樂公司（Warner Bros. Entertainment
Inc.）授權使用。

額外增添了一些小優點。儘管她是個「過時」的機型，但傑森一家人很快就喜歡、甚至愛上了 Rosie 的存在。她會謹慎、決斷地接手家中所有人的未完工作、填補一切缺漏。對於飽受人妻荒困擾的當代家庭來說，Rosie 是再完美不過的解方。就十九世紀末以來反覆以不同型態出現的「傭人問題」而言，她的定位也相當特殊。[2]

當然，Rosie 明顯不是人妻。這位傑森家的勤奮女僕所展現的，是其他和家務服務相關的性別角色，只是後來成為設計智慧妻子時的重要養分。正如 STS 研究者潘濤（Thao Phan）所說，這個傭人角色（去種族特徵的智慧居家裝置，例如語音助理），綜合了各種陰柔性別角色的形象，包括「女僕、清潔阿姨、保姆、幼保人員、廚師、洗衣人員」；[3] 跟 Rosie 一樣，這些角色在歷史上一直是協助上層與中產階級女性，維持自身主婦表現品質的重要幫手。政治學者艾咪‧席勒（Amy Schiller）和約翰‧麥克馬洪（John McMahon）也曾經指出 Alexa 跟種族化家務服務之間的連結。[4] 家務勞工在史上往往都是由非白人的女性擔任，而 Alexa 也跟隨了她歷代姐妹的腳步，成為家中各種「身心『污垢』」的「隱形吸收者」——她們的不顯眼、低調的存在，幫忙掃去僱主眼裡與心中的各種困擾。[5]

Rosie **自己**並不擁有這一切。她是要讓另一位白人女性——傑森家的女主人，珍（Jane）——和她的家人能夠滿足一定的理想家庭生活期待；透過她，《傑森一家》也得以輕鬆地避開一切跟種族或階級有關的問題——後來許多智慧居家廠商也如法泡製。

這部熱門動畫影集，是創立於 1957 年的漢那－巴貝拉動畫工作室（Hanna-Barbera）早期的成功作品。《傑森一家》的幕後推手威廉・漢那（William Hanna）和約瑟夫・巴貝拉（Joseph Barbera）也曾製作出其他的經典卡通，例如《湯姆貓與傑利鼠》（Tom and Jerry，1940 年首播）與《摩登原始人》（The Flintstones，1960 年首播）。《傑森一家》自 1962 年開演，播至 1963 年劇終，後又於 1985 年至 1987 年間，加上新的集數重播。它納入了美國對於每個太空時代的所有夢想元素——火箭噴射背包、飛行汽車，當然，還有機器女僕。儘管這些點子各自都不是特別新穎，但綜合在一起，確實讓整部卡通成為一道娛樂性十足的科技夢想大雜燴，準備要讓美國的大小朋友們大快朵頤。[6]

在《傑森一家：經典卡通官方指南》（The Jetsons: The Official Guide to the Cartoon Classic）一書中，作者丹尼・格雷登（Danny Graydon）指出，這個卡通所聚焦的未來美國，明顯跟越戰期間與越戰後美國如火如荼的「太空競賽」有關；它跟美國人對於過往美好時代的懷舊情感，以及對於未來科技時代所抱有的樂觀態度，不謀而合。正如格雷登所說：「《傑森一家》是當代美國家庭被投射到未來後的模樣，（它）描繪的是個科技極其進步的文化，在那個時代，中產階級的最大煩惱就是因為自己按太多機器按鈕，而得了惱人的『按鈕手』」。[7]漢那和巴貝拉當時並未意識到，他們一手打造出來的，已經是智慧妻子的一款早期原型──如果再把《摩登原始人》中那位可以「駭入」恐龍與其他原始物體的妻子威瑪（Wilma）算入，那就是兩款。[8]

　　對於許多智慧居家產業的設計工程師來說，這款以滾輪代步的機器人，成為智慧妻子的美好願景和基本要求。為了釐清智慧居家領域的產業期待與生活經驗間的關聯性，我們曾經分析了 270 篇智慧居家生活的文本，其中約有 10% 特別提及 Rosie 這個角色──這個數字值得注意，因為它展現了 Rosie 的形象與譬喻在多大程度上影響了當代智慧居家的想像內涵。

圖 2.2　LG 的智慧居家服務 SmartThinQ 廣告，請到傑森一家作為主角。資料來源：LG。

展現 Rosie 影響的例子比比皆是。LG 電子的 SmartThinQ（包括一系列具 Wi-Fi 功能的智慧家電，以及一款能夠一鍵整合所有電器的 APP，還能夠支援 Google Home 與 Alexa），其行銷廣告中就可以看見 Rosie 亮麗登場（見圖 2.2）。[9] 日本的機器人 Pepper 身上也有類似的家管設定，例如，Pepper 對指示與提問的回應總是客氣有禮、可以解釋菜單，也可以協助點餐（關於 Pepper，詳參第三章）。[10]

Rosie 對家務得心應手的形象，也刺激了發展女神般家務機器人的整體市場趨勢——字面上的女神。2018 年 4 月，亞馬遜公佈了其「最高機密」計畫，也就是要開發女僕機器人 Vesta，這個名字正是負責管理家中爐灶、保護家庭的羅馬女神。[11] Vesta 會幫忙整理生活用品、幫忙應門、去冰箱拿飲料，也能幫忙摺衣服。（截至 2019 年底，這項新開發計畫的報導多顯示為「不透露」、「進行中」，和許多開發 Rosie 型智慧妻子的計畫狀態差不多。）[12]

接著，我們迎來了美國 iRobot 公司所推出的掃地機器人 Roomba（圖 2.3）；iRobot 的營運長暨共同創辦人柯林・安格（Colin Angle）曾公開指出，Roomba 的誕生是受到 Rosie 的啟發。[13] 當然，Roomba「只是」一台掃地機器人，但正如英特爾公司（Intel）前副總裁暨文

27

圖 2.3　穿著 Rosie 風裝飾的 iRobot Roomba。

化人類學教授珍娜薇・貝爾（Genevieve Bell）所言，Roomba 是目前全世界使用率最為普及的機器人。[14] 微軟的主要創辦人比爾・蓋茲（Bill Gates）對於掃地機器人更是情有獨鍾；他在 2007 年就曾指出，他的願景是「家家戶戶都有一台機器人」，並且大膽預測在未來人類日常生活中，機器人裝置（包括掃地機器人）將會成為隨處可見的存在。[15]

現在的我們，距離那幅景象或許已經不遠。2017 年，家用機器人（包括掃地機器人、自動除草機、擦窗機與其他機型）的估計總銷售量為 610 萬，相較於 2016 年，成長了 31%；[16] 在 2019 年至 2021 年間，總銷售量更已來到將近 4,000 萬台，估計市值超過 11 億美元。[17] 想想看，這些有多少是受到 Rosie 的影響與啟發？

不是只有智慧居家的設計者與企業家會從 Rosie 的形象汲取靈感，消費者也會。在 2000 年代中期，專售 Roomba 配件的公司「MyRoomBud」就發現，他們發行的法國女僕裝非常受到消費者的歡迎。Rosie 的褶邊圍裙也已經強勢回歸了。2013 年，根據 iRobot 家庭管理 APP 所收集的數據，人們最常幫家中 Roomba 取的名字，就是 Rosie。[18] 這個觀察其實不太令人意外，畢竟雖然妻子（或女僕）在家中的典型角色已經有所變遷，但我們的生活卻依然需要她們過往所提供的服務。人們自古至今就會把「女人活」（以及種族化或低價值的勞動）外包出去，現在其實只是改為外包給自動化、電子化、機器人型態的勞動力罷了。[19] 不過，除了刺激我們重新打造一批舊瓶裝新酒的智慧妻子大軍（她們依然是那群 1950 年代的理想主婦形象），並且強化既有的性別刻板印象（過度裝飾、陰柔化的家務工作者）之外，Rosie 並未真正帶領我們走向那個美好的未來。我們將會在下方說明，她其實並不如她所宣稱的那樣有幫助──至少，不是對每個人都有幫助。她會不當地把丈夫描繪成一群無能之人（但承諾可以幫助他們！），會反覆強化家庭中的傳統性別刻板印象，而且有時在日常生活中的諷刺情境下，她的存在確實可能爲男性帶來更多工作。

更聰明的清潔？

針對智慧居家市場與產業，有論者特別強調智慧居家科技被視爲是「問題的解方」這點。[20] 著有《要拯救一切，就按這裡》（*To Save Everything, Click Here*）一書的知名白俄羅斯科技評論家葉夫根尼・莫羅佐夫（Evgeny Morozov）將其稱爲「解決方案主義」（solutionism），並指出這種思維已經蔓延到智慧居家產業之外。[21] 資料新聞學者梅瑞狄斯・布魯薩德（Meredith Broussard）也曾提醒，這種認爲科技永遠是最佳解方的「科技沙文主義」（technochauvinism）很令人憂心。[22] 對於「殺手級 APP」的追求，一直都是所有智慧科技的設計者與愛好者的心頭好，而這些都會不斷地將整個產業向主流靠攏。

惠而浦（Whirlpool）全球使用者體驗與串連的前任總監克里斯・夸楚奇（Chris Quatrochi），曾在 2014 年的會議上這麼說：「我們現在就有點像是手中拿著槌子，四處要找釘子敲」。[23] 他當時的評論，是針對一款惠而浦的聯網洗衣機，以及它附隨的 APP「WashSquad」（這個表現普普，不是太殺手級）——簡單來說，這款洗衣機可以讓你透過智慧型手機來控制、安排與監控。這條產品線正式進軍智慧家電的市場時，引起部分科技評論社群的熱議；例如，科技評論網站「數位趨勢」（Digital Trends）的部落客約翰・夏卡（John Sciacca）諷刺地寫道：「難道我們已經淪落到連衣服洗好了這種事情，也要用 e-mail

29

通知嗎？」[24] 智慧居家產業**真正**需要的是 Rosie，而且業界也很清楚這點。夸楚奇就曾說：「只要真的能弄出一個會摺衣服的智慧解方，我們就全都可以退休了。」[25]

難以企及的摺衣機器人，儼然成為智慧妻子的最佳楷模，就連在比爾‧蓋茲的機器人未來願景中也是要角之一。[26] 其實，摺衣機器人算是已經存在，但遠遠超出了一般家庭的消費水平。日本的全自動摺衣機器人 Laundroid，會先用機械手臂挑選衣物、掃描，並且運用其內建超過 25 萬張照片的神經分析網絡，決定最佳的處理或摺疊方式為何；光是摺一件 T 恤，它就要花上五到十分鐘，而且它要價 16,000 美金（約為 48 萬台幣）——或許這就是為什麼廠商後來在 2019 年 4 月正式宣告破產。[27] 松下電器（Panasonic）在其未來科技願景中所描繪的「永續維護型洗衣機」（Sustainable Maintainer，預計十年後可以上市），似乎更具開創性，這款智慧洗衣系統會自動選擇「完美的最佳洗滌設定」，並且一手包辦分析、洗滌、烘乾、摺衣等功能。[28]

不過，就目前可以買到的產品而言，Rosie 仍然佔盡優勢。她和其他家用機器人所展現的形象，幾乎設下了一個實務難以企及的標準——許多機器人與人工智慧的研究者都曾提及這點。[29] 擁有一名能夠自動選取、分類髒衣服，還能把乾淨衣服摺好、收起來的洗衣機器人，至今依然是一場「指日可待」的烏托邦美夢。

目前市面上還是有一些價格沒那麼誇張的產品，例如惠而浦的智慧多合一洗衣、烘乾機，可連結亞馬遜的 Alexa 或其他常用智慧服務，也支援 Apple Watch、Google Home 等語音助理；[30] 這款洗衣機被 2018 年的國際旗艦消費電子展評為「創新洗衣機」。三星（Samsung）也推出了運用「QuickDrive」技術的智慧洗衣機，只要搭配智慧管理 APP 「SmartThings」一起使用，它就「不再只是一台洗衣機」——你將省去晾衣服、摺衣服的工作（**真正的工作**），只要坐在「舒適的沙發」上，就能輕鬆地操控、開啓、關閉、監控這款家電，也能夠和客服中心連線、取得技術支援。[31]

接著，智慧摺衣機器人 FoldiMate 正式登場。這款由加州的以色列籍工程師蓋爾・羅佐夫（Gal Rozov）所發明的機器人，預計零售價爲美金 1,000 元（約爲台幣 30,000 元），在 2020 年初正式上市前，就已經吸引衆多預購訂單湧入。FoldiMate 可以熨燙、整壓，還能爲衣物添加香氣，速度將比「眞正的」妻子快上兩倍（但後來爲了追求更好的摺衣成效，熨燙去皺與衣物香氛的附加功能已經被拿掉了）；眞正讓它打響名號的是，FoldiMate 宣稱它只需要短短的四分鐘，就能把整堆衣物摺好。[32] 不過，正如記者丹佛・尼克斯（Denver Nicks）在 2016 年初代 FoldiMate 亮相時所做的提醒：「它還無法媲美傑森家的小 Rosie〔原文照錄〕。」[33] FoldiMate 還不會摺內褲、襪子或胸罩，無法處理床單或剪裁比較特殊的衣服，更別提小件的嬰兒服或大件的衣物了。最後有個小小的重點：你必須先自己把每一件衣服都夾在正確的位置，FoldiMate 才有辦法眞正開始摺衣服。嗯，聽起來還眞省時間。當然，到時候這些缺點應該都有機會（或已經）被克服，但整體趨勢還是一樣的：這些創新洗衣機顯然還沒準備好。

不出意料之外，多數的智慧家電其實都沒有按照設計者當初的設定那樣一飛沖天（只有以 Rosie 爲設計靈感的掃地機器人，以及本書導論提到幾個智慧語音助理例外）。很多人都還在尋找他們要解決的問題。有人宣稱，這些智慧型裝置的成長速度緩慢，是因爲大型家電（例如冰箱、洗衣機等）的營業額成長速度本就相對遲緩。[34] 不過，很多更為常見的消費型產品（例如智慧烤麵包機、智慧水壺）也沒有出現爆量的成長（儘管市場規模確實有所擴張）。有個可能的結論是：很多智慧型產品真的沒那麼好用。

31　　其實這也不是什麼新鮮事。科技往往都會被賦予過高期待、表現卻差強人意，在家務方面尤其如此。自二十世紀中葉以來，家用電器的銷售者就一直在誇大產品接管家中任務的程度與效果。在此同時，關於新興科技效用的批評多如牛毛，幾乎已經和我們的現代生活完美融合。舉凡燈泡、電視、電話、筆電、e-mail、網路，任何新興科技的誕生，終究都會面臨程度不一的輕蔑、擔憂和恐懼。[35] 智慧型手機甫踏入市場時，根本沒人知道要如何使用；但現在，智慧型手機已經成為全世界最普遍常見的科技設備。這類例子告訴我們，起步的速度緩慢，並不代表此項科技不會後來居上、甚至全面滲透進我們的生活。

回到智慧居家的世界中可以發現，我們總是一直醉心於各種機器人可能「接管」家務的美好願景之中。然而，就連智慧居家產業表現最為亮眼的幾次嘗試，依然遠遠不及 Rosie 的表現。我們曾經研究過澳洲率先嘗試智慧居家科技的使用者，發現挑戰可不在少數。[36] 有位自稱為「智慧科技愛好者」的受訪者傑瑞，過往曾在電子產業工作的他，現在自己寫程式，並在墨爾本自宅中為自己和妻子設計專屬的智慧居家科技。他表示，需要尋找「下一個偉大 APP」，足以帶來一些「重大突破」，讓智慧科技真正變得有用、有助益。他解釋道：「我們都有個夢想，希望智慧科技能夠降低我或我太太的工作量；但它必須非常可靠，而且容易操作，就這兩點來說，我覺得智慧科技對大多數人來說可能都還滿失敗的。」

我們當然可以和傑瑞或其他抱持類似想法的人討論這個夢想是否真的可能成真、會如何成真，或者需要耗費多少時間，但我們認為更有趣的問題是：為什麼這個「夢想」還不算已經成真？畢竟，人類確實已經發明了許多酷炫的東西，而且只用了很短的時間，就將這些發明變得經濟實惠、隨處可得。既然如此，為什麼我們還沒有住在能夠自我清潔、無需整理的家？為什麼 Rosie 還沒有出現？

我們認為，有兩個觀察與此相關。第一，女性的家務責任通常不是智慧居家設計者（多為男性）的關切焦點；第二，智慧居家設計者往往會低估「女性工作」的價值，而且容易過於簡化其工作內涵。 *32*

我們並不是注意到智慧居家科技多半忽視或嚴重低估傳統型態家務勞動的第一批學者。[37] 螢幕文化（screen culture）領域的重要學者林恩・斯比格爾（Lynn Spigel）指出，1940 至 1960 年的美國，正值二戰之後的冷戰時期與太空軍備競賽的歷史背景，這段時期的智慧居家想像往往描繪女性得以走出廚房、從廚灶鍋爐等家務中解放，同時嚴重地遺漏了女性同時負擔的其他沈重家務勞動。舉例來說，1959 年，理查・尼克森（Richard Nixon）與尼基塔・赫魯雪夫（Nikita Khrushchev）之間那場知名的「廚房辯論」，雖然明確地把美國的未來描繪成一間「巨大的明日廚房」，但對於女性所做的「打掃、清洗、吸塵、整理」等其他類型家務勞動，卻視而不見。[38]

在少數著眼於智慧居家的既有性別研究中，挪威社會學者安妮－喬倫・柏格（Anne-Jorunn Berg）認為，這種徹底的忽略，是因為科技在傳統上屬於「男人的領域」，家庭則屬於女人。柏格在 1990 年代也曾寫過一篇文章，分析女性在早期的智慧居家原型中，如何「高度相關卻徹底缺席」──她們擁有重要的「家事技能」，但在設計上卻全然不被納入考量。[39] 對技術感興趣的男人才是目標客群，而他會期待的產品，既看不見這種性別分工，也無意做出改變。

女性設計者和工程師們已經開始嘗試一些科技替代品──譬如，法蘭西斯・蓋博（Frances Gabe）發明了一種可以自我清潔的房屋，並在 1984 年取得了專利；[40] 出身於奧勒岡州的蓋博，是位藝術家與發明家，她創建了一款很迷人、高效率且可負擔的原型，當時卻飽受其他男性工程師的訕笑。STS 與女性主義學者茱蒂・威吉曼指出，早年的工程與設計領域，很常拒斥各種貼近傳統女性關心議題的技術發明，她寫道：「這不禁令人猜想，或許開發一間能夠有效自我清潔的房屋，自始至終都不在男工程師的計畫之中。」[41]

自蓋博設計出那款能夠自我清潔的房屋至今已經三十多年，但在今日的科技行銷與產品設計中，日常家務勞動卻依然神奇地不見蹤影，或者被嚴重簡化。在此同時，儘管有很多著名女性工程師，例如莉莉安・吉爾伯茲（Lillian Gilbreth）以及家庭經濟學者克里斯汀・佛雷德里克（Christine Frederick）和艾倫・理查茲（Ellen Richards），持續讓家庭變成一個充滿更有生產力、更有效率的場所，但智慧生活的設計願景對於她們卻一直置若罔聞。英特爾的首席工程師暨研究總監梅麗莎・葛雷格（Melissa Gregg）曾在她的書《事與願違》（Counterproductive）中，說明這些女性如何協助讓家務勞動變得更有效率、更省力。[42] 然而，就設計出「真正有用的」家用清潔裝置來說，她們的潛在貢獻過去（與現在）都一直未被正視。

智慧居家科技的廣告，也可以看見家務勞動是如何被淡化的。廣

33

告中所附上的圖文往往都是一些完美無暇、井然有序、不需要家務介入的「樣品屋」。在我們對智慧居家文章所進行的內容分析中，只有 3 張圖像涉及下廚、清潔、整理等與智慧技術有關的家務活動。在這 270 篇文章中，共有 166 張圖，其中跟家務勞動有關的，要嘛是家長照顧孩子，要嘛是女性忙於家務，不然就是一名下廚的機器人；多數圖像的主角都是帶著濃厚現代感的商品或設計——它們多半放在整潔、安全、好玩的房子裡頭，旁邊還會搭配一些增添氣氛、娛樂性質的東西，例如智慧氛圍照明。

不是只有報導會展現這種無需擔憂家務現實的形象。早期或少數近期的掃地機器人，都是設計給家中宛如樣品屋一般一塵不染、乾淨整潔的情境所使用——沒有亂擺的家具、沒有盆栽、沒有亂丟的玩具、睡覺的人或各式雜物，家中也沒有任何一般家庭中會出現的正常活動。[43]（就這點來說，掃地機器人等於是完全沒做到 1955 年《好主婦指南》〔Good House Wife's Guide〕第 5 條：「清除雜物」。實際上，此項任務至今依然落在現實生活中的妻子或人類肩上。）[44]

2016 年，《衛報》（Guardian）曾報導過一場「屎界末日」（poopocalypse）的慘劇——掃地機器人 Roomba 在壓過小狗埃維（Evie）的狗大便後，沒有察覺異狀，繼續打掃，結果讓全家所有角落都陷入「便便危機」。[45]儘管「室內定位」技術與偵測技術都已有長足進展，但研究依然顯示，掃地機器人往往很難避免壓到或撞倒東西，或者把自己卡在一些奇奇怪怪的地方。[46]這再次驗證，那些難以預期、雜亂無章、手忙腳亂的家務勞動，也就是會被歸類為「妻子的工作」的事，往往不是智慧技術設計者和工程師所關心的重點，或者，如同後續所述，往往不若廠商最初所想像的那樣好解決。

現在，我們來到了第二個重點。理想 Rosie 所隱含的假設是，家務勞動**應該**要從人類的生活中徹底刪去——女人活應該要能夠被安靜、迅速地完成，而且它很單純，全都可以交給自動化的機器人處理；[47] 換言之，那些終究都只是些繁瑣、日常、無謂的事情。科技女性主義學者已對這種想法提出許多批評，並指出，這種將科技陽剛化的作法，會傷害並貶低那些傳統認定較為陰柔的任務 [48]——更具體來說，在設計智慧居家設備時，這種重視效率、掌控的（陽剛）想像，往往徹底凌駕於其他看似較為陰柔、比較「軟」的面向之上，例如打理家務、照顧家人等工作；結果就是，設計者往往會不假思索地將這些女人的家務事直接外包出去，交由新的勞動力，也就是那些精明幹練的智慧妻子來處理，而跟這些缺乏情感性、生產性的勞動加以連結的角色，通常就是女性、妻子——或更廣義的照顧者。[49] 透過智慧妻子的設計本身，智慧科技的生產者成功地忽略了許多家庭生活中那些極其關鍵的隱形工作。

在衣服洗好之後傳訊息給你，可能是還滿方便的，但若考量到洗衣服這整件事情的工作範圍與流程，這個動作真的很有幫助嗎？相較於單純把洗衣服外包智慧機器來做的敘事，人類學家和社會學家（這兩個領域的女性比例通常較高）提供了另外一種視角，著眼於洗衣對人們的感官意義，強調人們如何透過「做」洗衣（"doing" of laundry）的過程來展現照護與愛的意涵。[50] 洗衣用品的廠商早就深諳此理，總在行銷時強調他們的商品可以帶來多麼潔淨、芬芳、柔軟的感受——相形之下，智慧居家產業目前似乎完全沒有掌握到此箇中精髓（雖然帶有香氛功能的摺衣機器人彷彿已經觸手可及）。好的洗衣體驗，不但要能指定方便的時間、能夠執行適當的洗潔指令，還要能夠帶來「對」的味道、質地、感受——這些傳統歸為陰柔的特質，正是智慧居家產業明顯低估的面向。

以上這些觀察也讓我們看見，目前的智慧居家產業跟 Rosie 之間還有另一個天壤之別：情緒感受。Rosie 不只是一台高效率的機器而已，她本身帶有關愛的特質，但目前的家用智慧妻子產品中卻完全看不到這點，而造就這個空白之處的，跟某些智慧居家設備的有限性有關。如前所述，許多產品的想像與設計，主要是出自於擁有特權的男性之手，他們同時也是這些產品的核心目標客群。[51] 如果智慧居家的設計者與行銷者，沒有把全部的注意力集中在開發有益家務、充滿關愛的女僕 Rosie 身上，那他們在開發什麼？

拯救無助丈夫的智慧妻子

2015 年，酒商安海斯布希（Anheuser-Busch，百威啤酒的生產商）針對旗下淡啤酒 Bud Light，推出了一款名為 Bud-E 的智慧啤酒冰箱（圖 2.4），可以容納 78 支啤酒、即時偵測庫存量與溫度（「冰」、「超冰」），並且在啤酒夠冰、適合飲用時傳送通知到你的手機。庫存不夠？不用擔心，冰箱會自動幫你下訂。你可以自訂冰箱門上螢幕的顯示文字，甚至可以事先錄製音訊，當有人要打開冰箱時會自動（用有點嚇人的音量）播放。如果你告訴 Bud-E 你最喜歡哪支球隊，它就會在有比賽時提前通知你，並告訴你冰箱中的啤酒庫存夠不夠讓你看完這場比賽。[52]

有人可能會認為，這完全是個要回應第一世界困擾的解方（或只是希望創造品牌知名度的創新產品）；但其他人顯然超愛他們的 Bud-E

圖 2.4　啤酒冰箱 Bud-E 的宣傳
圖。資料來源：安海斯
布希。

冰箱。[53] 對於這個智慧聯網、「值得尊敬的男人窩」來說，她是最完美
的智慧妻子。[54] 先不論你要如何評價她，有一件事情是無庸置疑的：她
顯然是為了一群愛喝啤酒、喜歡開趴、愛看運動的人而生的[55]。她當然
也可以拿來冰汽水，[56] 婦女兒童也都打得開她的門，但她是為了「兄弟
們」（Buds）所設計的——她的生產者，她的使用者，全都是男性。[57]

　　當然，這台冰箱是個「利基產品」（niche product），專攻特定
客群，且僅供美國特定區域的消費者購買或租用。[58] 但我們好奇的是，
男性自己會如何理解這種性別刻板印象？——這群總是醉醺醺的兄弟
們，比起和戀人、家人、孩子相聚，他們更關心下一場美式足球比賽。
實際上，這跟把智慧妻子設定為具有一套限縮、可議的陰柔氣質，同
樣大有問題。

　　推出類似 Bud-E 的商品，是家電傳統銷售方式的一種轉向。家庭
的工業革命過往都瞄準女性，希望能夠透過引入吸塵器、洗衣機、熨
斗、冰箱、熱水壺、烤麵包機等機器，釋放女性耗費在家務責任上的
部分時間。儘管不完全是原定如此（這點我們後續會再多做討論），
但智慧居家科技的行銷重點往往是要協助男人——畢竟妻子現在很可
能要去工作，或者不願意照料他們的需求。有篇文章就恰如其分地點

37

出，智慧居家科技服務的是「爸爸的需求」，要幫他「打開喜歡的播放清單、煮水、把燈光調到他喜歡的暗度、打開電視，並且轉到新聞台。」[59]

　　智慧居家科技的另一種行銷策略，是把男性描繪為不會做家事的生活白痴，承諾可以透過其科技，把家務勞動外包給智慧妻子，「幫幫」這些不知所措的可憐小伙子。許多男性（與女性）都可能覺得這些刻板印象的設定有些惱人，畢竟並不是所有爸爸都需要一位聰明的囉唆諾拉提醒他們記得買牛奶（圖2.5）。不過，這種對家事不拿手的大男孩，就跟那位卑躬屈膝的智慧妻子一般，都是敘事的一部分。這種智慧居家行銷策略，不僅惡化、攻擊了許多美國**擅長家務**的男性，也正當化了對女性（以及對智慧妻子這股新興勞動力）的持續需求，要她們記得順手拯救她們看似無助的丈夫。

38

圖2.5　一台智慧妻子形象的冰箱斥責忘記買牛奶回家的男人。圖片來源：雲端調整（Cloudtweaks）。

爲了本書，我們分析了語音助理早年的廣告影片（播映時間爲 2012 年至 2018 年），發現它們也挪用了類似的刻板印象，例如：爸爸會把新設備帶入「他」家中，並且展示「她」神奇的能力，像是建議對的食譜、協助打理晚餐，或者回答孩子的問題，又或者在早上叫醒全家人。2018 年亞馬遜智慧音響 Echo 的宣傳影片中，一位有點慌亂的爸爸用他的語音助理說服正在上班的妻子，在她回家之前一切都沒有問題；接著等到媽媽返家、駛入車道，Alexa 便關掉音樂、燈光，進入「就寢時間」，等她踏入家中後，孩子全都安詳地陷入夢鄉。[60] 雖然晚近一點的廣告主角變得比較多元，包括全職媽媽或忙碌的單身男女，都能運用語音助理來管理他們的生活，但正如其他例子所示，這些刻板印象依然殘存未散。

所以，難道家務智慧妻子的市場終究只剩下一堆效用可議的裝置與大男孩的玩具了嗎？嗯，或許現在先不要將其棄之如敝屣。實際上，因爲有更好的跨裝置串連、使用者功能，以及對所有人（可負擔、可擁有她的人）都好的優點，居家語音助理（例如 Alexa、Google Home）的出現正在改變智慧妻子的市場。

我們這邊可以得到一些幫助嗎？

連結其他智慧裝置之後，數位家庭語音助理就能透過語音控制技術來開啓家電、儲存清單、計時或定鬧鐘、監控居家空間與家人動態、播放音樂或其他影音，還能發揮娛樂或教育功能。這位多工運行的智慧妻子所擁有的優點不勝枚舉，而且她還會不斷成長──你不再需要使用雙手、不再需要增加螢幕時間，你可以更快獲得問題的解答、可

以讓孩子不再煩你，還可以讓你的生活更有規劃。[61] 這些設備都很人 *39*
性化，也很友善。有些人認爲，它們比現實生活中那些「脾氣很大的
女僕」或清潔人員，更有隱私性和一致性（當然，機器也有自己的隱
私問題，我們將在第七章討論這點）。[62] 在我們針對澳洲所進行的智
慧居家研究中，擁有數位語音助理的人，通常都很期待語音啓動功能
的便利性與功能性，女性尤其如此。以克里斯蒂爲例，她是位生活顧
問，和丈夫比爾與小女兒同住在雪梨近郊，並將 Alexa 描繪成她的「小
幫手」；克里斯蒂說，她可以忍受早期 Alexa 那些「突然」但「好玩」
的舉動，因爲她確實幫了很大的忙——Alexa 會幫她新增購物清單、播
放音樂、確認氣象或交通狀況，還能在烹飪時幫忙計時。執行長兼單
親媽媽安吉拉也會用她的 Google Home（男聲）面對她繁忙的家務生
活與工作行程；雖然她不太滿意 Google Home 無法直接幫她新增行程
（後來 Google 已經改善了這個缺點）。除了眞正負擔家務勞動，這些
忙碌的女性也會尋找能夠幫助她們協調、整合生活的功能設計。[63]

　　沒有使用聲控設備的人也指出，智慧居家科技確實讓他們的日常
舒適感與便利性出現明顯改變。一旦人們習慣了自動化的車庫、燈光、
空調、百葉窗，或任何可以坐在沙發上遙控的自動化設定，要如何回
到手動操作的生活，往往就變得令人「無法想像」（克里斯蒂便是如
此形容的）。

　　在一份時間較早但格外切題的智慧居家科技研究中，人機互動設
計的專家史考特・達維多夫（Scott Davidoff）與其同僚指出，智慧科技
型裝置的價值在於，家庭成員將更能掌控自己的生活，而不是更能掌控
這些裝置。這兩者的區別非常重要。生活是「有生命的、隨機應變的、
即興發揮的」，但裝置需要的是一致不變。他們的研究顯示，智慧居

40 家科技必須適應瞬息萬變的家庭生活，以及有人確實會透過親手的家務勞動（例如下廚、打掃、洗衣服）來產生喜悅感、滿足感。[64] 這些觀察顯示，有很多人可能並不希望把一切家務都外包給 Rosie 式的智慧妻子；但當然還是可以讓她幫一點忙。

　　智慧妻子也可能幫上女性的忙。舉例來說，研究顯示，韓國消費者普遍認為掃地機器人是個非常適合女性的禮物；人機互動研究員暨設計者宋雅英（Ja-Young Sung，音譯）與其同儕發現，人們認為掃地機器人「對女性比對男性有用」，而且無論男女，都比較傾向贈送 Roomba 給女性。[65] 針對廚房機器人的研究也指出，女性對於類似美善品料理機（Thermomix；一款多合一料理機，除了無法自我清潔外，幾乎所有烹飪任務都可以勝任）的商品，比男性更有興趣[66]（有趣的是，這款家電的行銷手法，跟 1950 年代女性利用特百惠保鮮盒所舉辦的派對，幾乎如出一轍）。[67] 其他行銷廚房智慧電器的廣告，例如主打「一手包辦的智慧連接烤箱」的瓊恩智慧型烤箱（June Smart Oven，支援 Alexa），以及亞馬遜自己推出的 Alexa 串連智慧烤箱，也在在顯示，女性才是某些家用電器的目標客群。[68]

　　依照歐盟特殊民情調查（Special Eurobarometer survey）所進行的機器人公眾意向調查結果（這項調查執行於 2012 年，共搜集了 26,751 名分佈於 27 個歐盟國家國民的資料），教授利奧波蒂娜·福爾圖納蒂（Leopoldina Fortunati）研究發現，女性比男性更願意讓機器人進入家庭（如果它願意協助家務勞動）；[69] 在女性負擔較重家務的國家中，支持機器人進入家中的意願更高，例如義大利、葡萄牙、馬爾他南部、拉脫維亞和立陶宛的東北地區，以及斯洛伐克、保加利亞、羅馬尼亞的東部等地區。[70] 這或許代表，這些國家的人民認為，與其要男性來

支援、減輕傳統「女人活」的負擔，選擇智慧妻子可能還比較容易、
比較實際。

　　這個推論可能是有些事實根據的。在記者潔瑪‧哈特利（Gemma
Hartley）所著的暢銷書籍《我們受夠了：情緒勞動、女性與邁向前路》
（Fed Up: Emotional Labor, Women, and the Way Forward）中，她曾
引用一份英國的調查數據顯示，有些男性在被女性伴侶分配做家事時，
會刻意表現得比較差，以避免被要求做更多；[71] 哈特利所引用的另一
份消費者調查結果也顯示，女性平均每週要花超過三個小時，來重做
當初請伴侶幫忙做的家事。既然女性通常較可能負擔「家務管理者」
的角色，以及女性雖然能有效地把任務和責任分配給家中其他成員，
她還是得承擔管理的情緒與精神上負擔，她們自然會認為把部分工作
外包給智慧妻子是可行的做法。

　　不過，政治學學者艾咪‧席勒和約翰‧麥克馬洪提醒，專為家庭
設計的智慧語音助理，可能會進一步鞏固家務管理者的地位。[72] 畢竟，
雖然它們希望能夠「減少使用者的認知負擔（以及）降低日常生活中
的摩擦」，[73]Alexa 和 Google Home（還）無法自我指派任務；換言之，
這些助理，例如 Alexa，還是得仰賴人類管理者「對她／它的提醒、告
知、指導、掌控與監督」。[74]

　　2017 年，由藝術家艾瑪（Emma）所創作的法國漫畫《你應該先
提醒》（You Should Have Asked），就很精準地傳遞了這個訊息；[75]
漫畫中描繪了許多異性戀女性的家務負擔，其中男性會堅持，要他們
公平負擔家務沒問題，只要他們是被「請」去執行特定任務即可。數
位語音助理完全無法解決，家裡「永遠得有人記得」還有哪些工作要

做的狀態，這令我們不禁懷疑，究竟智慧妻子是有助於破壞性別現狀，還是反而強化它？

或許這就是為什麼有不少研究發現，數位語音助理（和其他智慧妻子）的實用性和存在感很容易隨著時間而消失——彷彿是被打入冷宮的妻子或隱形人一般。[76] 韓國工業設計學者曹珉智（Minji Cho，音譯）和她的團隊，曾經邀請八個韓國家庭參與為期十二週的 Alexa 使用研究，結果發現 Alexa 從一開始的「親切的朋友或玩具」，逐漸成為被遺忘的「東西」。Alexa 的地位之所以會出現這種變化，部分是因為要和她溝通太耗費「啟動能量」（activation energy）——因為想要跟設備互動的使用者，永遠都得要能明確說出自己的需求，而這會讓人感到有點「精神緊繃」。[77]

當然，以上這些討論也可以有其他比較正面的解讀。所有性別都能**藉由**家用機器人和數位語音助理，參與更多家務勞動（例如，引入智慧妻子等技術，進而將傳統視為女性的領域變得更陽剛、更酷兒）；我們自己的研究也曾發現，男性亦可能透過掃地機器人等智慧家電，作為他們對家務勞動的部分貢獻。[78]

Rosie 風格的家管型裝置，除了帶來前述的性別化優點、機會與疑問之外，也引領我們進一步思考：男性目前所負擔的家務勞動，是不是已經超出了合理、公平的範圍？為了回答這個問題，我們要來檢視智慧妻子的操作手冊，並確保她被控制地恰到好處。

為男性創造更多工作

我們在研究智慧居家使用者時發現，多數時候都是由男性主導、規劃與安排家中的智慧科技。克里斯蒂坦言，「當初其實是他（比爾，她先生）」把智慧科技帶入家中的，她指出：「就跟他說的一樣，他超愛自動化的，我是不介意，也滿高興能使用它」。另外一位受訪者凱特也曾提到，她家中各種智慧居家的整合和安排，讓她目前的四口之家（她、先生蓋文、兩個青春期女兒）感覺像是「變成兩倍大」——而這「很大程度是他（蓋文）的功勞。」

同前所述，家庭中的工業革命催生了很多相當省時的家電，例如吸塵器、洗衣機、熨斗等等。這些我們現在習以為常的發明，全都能夠有效地節省執行個別任務的時間與力氣。儘管如此，正如美國科技歷史學家露絲・施瓦茨・柯望（Ruth Schwartz Cowan）所言，由於這些發明提高了大家對家事的標準與期待，反而「為母親創造更多工作」；[79] 更精確來說，這些省力家電的技術效率雖然提升了，但工作量也相對應地大幅增加。第二波女性主義運動的重量級學者貝蒂・傅瑞丹（Betty Friedan）就曾在她的經典著作《女性迷思：女性自覺大躍進》（The Feminine Mystique）一書中直陳：「家庭主婦的工作會不斷擴張，填補多出來的時間。」[80]

在今日的家庭數位革命中，我們也看到了類似的科技與文化改變，只不過這一次，**是為父親或男性創造更多工作**。我們在此將特別聚焦於這三類新增的勞動：手動型、認知型、數位型。 *43*

為了騰出空間、讓智慧妻子能夠暢行無阻，人們很常會需要移動或改變家中的傢俱、設備、電線、牆壁，甚至是整個房間。例如，掃地機器人的使用者常常分享，在掃地前他們應該要先「整理」地上物品、當輪子卡到頭髮或其他東西時要按暫停，或者是如何幫機器人回「家」。[81] 這是最可能由全家共享的手動工作類型，就看當時是誰在家「照看」與監督掃地機器人工作；相形之下，我們的研究顯示，其他跟智慧居家有關的手動工作，例如整理線路，通常比較會交給男性處理。[82]

「認知工作」（cognitive work）一詞借引自家畜馴化領域，用來指涉將科技引入家庭的過程中所會涉及的積極「思考」工作。一般來說，智慧居家的認知工作包含搞清楚要買什麼、哪些對家裡有用、學習如何使用、如何教導家人使用。[83] 要負責這些工作的人往往是家中的科技通，而多數都是男性。

最後，社會學家彼得・托爾米（Peter Tolmie）及其同事曾創了「數位家務」（digital housekeeping）一詞，來指涉在設定與維護家庭網路時所需要做的工作；就智慧居家來說，這部分的職責明顯大幅增加，[84] 包括整合、維護或監督多台裝置或多種系統；處理各式疑難排解；升級、更新或修復軟體或硬體。沒錯，你想必已經猜到了，多數這類額外的工作，目前都落在男人的肩上。

這些擴張的職責會跟另一組性別刻板印象綁在一起 —— 因為使用、修理機器常令人想到陽剛氣質。對此，學者威吉曼曾經如此解釋：「機器被視為是男性力量的延伸，可以彰顯男人對周遭環境的掌控程度。女性當然也會使用機器，特別是那些家務型的機器，但卻不會被視為有技術能力或天份。與男性不同，女性使用機器本身不會被視為是一種技能的展現。使用機器不會提升女性的身份地位。」[85]

44

雖然這種涇渭分明的性別刻板印象正在改變，但速度並不如預期。典型的「科技宅」、「電腦書呆子」想像，依然是男性。如果是科技宅女，通常意味著她的陰柔氣質一同退場（畢竟聰明女人沒有吸引力，美麗女人通常都很無腦）。雪莉‧英妮斯（Sherrie Inness）所編的多人文集《時尚宅女：流行文化中的聰明女性》（Geek Chic: Smart Women in Popular Culture）一書指出，這種刻板印象在當代流行文化中依然相當盛行，雖然近期開始遭受挑戰。[86] 在張秀春（Emily Chang）所著的《兄弟烏托邦：破解矽谷男孩俱樂部》（Brotopia: Breaking Up the Boys' Club of Silicon Valley）一書中，我們能看到，這種科技宅男刻板形象形塑了矽谷科技巨擘在 1980 年代之前的招募實作，科技企業普遍使用由兩名（男性）心理學家所設計的人格測驗，檢核員工的「工程師程度」，看看他們是否屬於喜歡解決問題、「不喜歡與人互動」的類型。[87]

我們自己的研究則顯示，在智慧居家科技嚐鮮者中，多數男性（跟部分女性）不會覺得這些額外的技術工作是負擔或是家事。多數人都很享受設置與維護智慧居家的工作，就像有人會把某些傳統家務描述為「增添社交意義」或「個人選擇」。[88]

人機互動設計學者珍妮佛‧羅德（Jennifer Rode）指出，這種由男性主導的數位家務工作，可以被理解為一種「科技騎士精神」（digital chivalry）；[89] 從這個角度來看，透過手機直播家門口監視器畫面的行徑，等於是在保護伴侶不受入侵者威脅，與替你的女友、妻子開門一樣，是個紳士的舉動。羅德與埃里卡‧普爾（Erika Poole）指出，相對地，如果「女性成員對於家中科技設備太過熟稔，形同徹底拒絕了這種科技騎士精神，也會減損伴侶的男子氣概。」[90]

　　在我們的研究中，部分男性受訪者認為，科技家務工作（與伴隨而來的認知與體力勞動）是他們的個人興趣或 DIY 活動。例如，和妻小同住於澳洲阿得雷德（Adelaide）的達倫就形容自己，屬於「那種喜歡科技小玩意的人」，總愛「看看有什麼最新、最流行的東西」。住在雪梨的蓋文也形容說，他認為智慧居家是他的「小小犒賞，是我可以敲敲打打或玩一玩的科技玩具」，儘管他投入智慧居家科技的主要動機，是希望能讓他出車禍後行動不便的太太凱特，「過得比較愜意」。

　　達倫、蓋文和其他男性都發現，這些「敲敲打打」、「玩一玩」智慧妻子帶給他們一些樂趣、陽剛氣概，而且是個從事自己喜歡的活動的機會。克里斯蒂說，比爾花了大把的時間在寫程式及設定，但她覺得「好啦，他玩得開心就好。」在思考先生何以如此熱衷時，瓦萊麗也提到，智慧居家科技其實就像是「男生們的玩具」，再次反映出這種共同的想法──安裝、設定、維護智慧居家的工作就像是場好玩的遊戲。[91]

　　誰會熱衷於使用與維護智慧妻子的性別差異，將帶領我們思考下一個有趣的問題。2002 年，STS 學者莎莉・懷亞特（Sally Wyatt）等人指出，典型的「缺乏」觀點常常認為，許多人（會因為缺乏資源與技能），而被排除或剝奪特定科技的使用，但這種觀點常常忽略了一群重要的不使用者（non-user）──他們時常是主動、刻意地拒絕使用科技。[92] 這個觀察適用於那些因為種種原因，而不願使用智慧妻子的人。

　　在我們的女性受訪者中，有人則是完全不認為自己屬於「使用者」，儘管她們多半都很樂意享有智慧妻子──更精確來說，她們很樂意家中的男性享有智慧妻子。與其說她們是不使用者，不如說她們是勉強或冷漠的使用者。這些女性並未被排除使用設備，她們只是選擇不讓智慧妻子成為日常或興趣的一部分，甚至徹底忽視智慧妻子的進步。我們將會在第七章，再次討論到這種被動容忍智慧妻子的狀態對於這些女性的意義。

僅有少數例外，是由女性擔綱家中的科技通一職，而她們同樣也感到興致高昂。[93] 大學主修認知科學、電腦科學與語言學的瑞秋就曾比喻，她只要看到自動運轉的東西，就會心情飄飄然，像是個四歲小孩：「我腦中就會有點……跳上跳下的感覺，『我的天啊！太神奇了！』那樣。我不知道這種感覺會不會消退。就像是《星艦迷航記》來到我家！這真的很奇妙、很好玩。」

46

當然，也不是所有受訪者都很喜歡這些額外的數位家務。目前還是博士生的潔斯，就邊笑邊描繪家中掃地機器人的滑稽動作──它「徹底打結，開始有點懸空，一邊用電線把自己團團網住，結果就那樣掛在半空中。」現在潔斯和她的伴侶只有在家時，才會啟動掃地機器人，這樣才能監督它的運作。蓋文與凱特則說，他們的智慧居家設備在發送通知跟發出嗶聲時「相當堅持」、「跟小孩一樣，有點黏人」。另一位現居墨爾本的學術工作者托尼則提到，要讓家裡的 Apple Home 正常運作所耗費的功夫，讓他覺得相當挫敗；他抱怨道：「我所有的（智慧裝置）彼此無法好好地溝通。這代表你得下載更多 APP、面對更多（數據和技術）來源，但卻全都各自為政，然後你就會發現自己花了更多時間去管理它們，（現在的我）沒那麼有耐性跟精力去做這件事情了。我只求事情大概成功就好。」

　　雖然負責這些額外的監督與故障排除工作的人常是男性，但這些家務貢獻卻往往不被家庭成員或者社會所承認。例如，無論是美國、加拿大、英國、歐洲（例如法國、瑞典、挪威），還是澳洲、韓國、日本，這些國家的全國家務勞動統計數據，全都沒有把數位家務視為是一種正當的家務勞動。在 OECD 對各成員國所做的家務勞動調查時，「例行性家務」的定義中也完全沒有納入和數位與技術有關的任務，最接近的類別或許是「修理」這項。[94]

　　這種對於數位家務缺乏認知的結果就是，男性所負擔的家務勞動，其實已經遠遠高於社會所認可的程度。由於家務勞動時間的調查，都只計算打掃、購物、烹飪等例行性家務，我們不僅嚴重低估與忽略了人們在數位家務上所增加的勞動時間，也可能忽略了其他影響家務分工的因素，例如讓所有性別花費時間都升高的原因。

47　　舉例來說，如果數位家務勞動者（男性）耗費在故障排除和維護智慧居家的時間不斷增加，女性最後就可能得拿回來（或繼續做）更多的傳統家務。這可能會強化「數位」家務與「實際」家務之間的性別分工，還可能會徹底破壞智慧居家原先企圖解決人妻荒的微妙定位——因為現在不管是男性還是女性，家務勞動的工作量全都變多了。能夠全面減少智慧家庭中**每個人**家務勞動的 Rosie，顯然還沒到來。

一場 ROSIE 革命？

　　我們可以從 Rosie 身上學到很多。她是個仍需努力、尚未成功的家務夢想——可以將所有「女人活」與家務勞動，全都交由一股自動化的**妻子**之力來負責，這股力量還承諾絕對不會動搖那根深蒂固的既有性別分工。她也是許多中產階級和上流社會一直引頸期盼的對象：一名眞正的家庭小幫手，能夠接手剩下的工作。確實，數位家庭助理跟智慧整合型設備代表著，越來越多的**男性與女性**開始向智慧妻子靠攏，希望只要能幫鞋子升級、裝上輪子，就能跟 Rosie 一樣事半功倍。更重要的是，由於所有人（不分性別）都可以嘗試智慧妻子所帶來的新型態照顧與科技力，或許有機會破壞家庭中的傳統性別角色。

然而，前方道路卻有些崎嶇不平。基於人們對於智慧設備所帶有的矛盾情感，社會上總瀰漫著一些反彈與議論聲音。**我哪會需要這種東西**？基於對女性化的照顧工作與家務勞動（例如洗衣工作）長期抱有的錯誤認知，許多智慧居家的設計並不眞的有助於達到 Rosie 的目標。基於性別刻板印象，男性往往被告知，智慧妻子可以幫他們從家務中偷閒，或者可以拯救他們無能的家事表現。此外，關於智慧妻子究竟可能動搖，還是只會鞏固傳統性別分工的質疑聲浪也不斷，畢竟在異性戀家庭中，女性往往持續擔任「管理」與分配任務給智慧型裝置的工作，或者選擇讓「她們的」家務責任更輕鬆的家務機器人。最後，*48* 有些類似 Rosie 的機器，雖然有望增加或創造家中的休閒時間，同時卻可能反過頭來，賦予男性更多的工作——儘管可能是好玩的工作。

當然，市面上的智慧妻子並不全都是以管家爲靈感所設計的。下一章，我們將會討論另一個帶有性別進步期待的新興智慧妻子市場——以照護特質爲重點的社交機器人。在這裡，Rosie 的裝備將要全面升級爲火箭噴射後背包，我們也將檢視一系列受動漫角色所啓發的機器人，看看他們要如何嘗試在家中提供陪伴和情感支持。我們想要知道，當智慧妻子與她的祖先 Rosie 越離越遠時，會發生什麼事？她的外貌又會成爲哪些人物、動物的形象呢？

第三章
PEPPER

是不是很可愛？是個**男孩**呢！嗯，也許是。

如果智慧妻子是機器男孩，本書論點就會徹底崩潰嗎？嗯，不全然。本章的同名英雄（英雌）正是一名「無性別」的日本機器人Pepper──它可能是個小男孩，也可能是位小新娘，看你問的人是誰。Pepper 屬於一類數量持續增加的機器智慧妻子，多被稱爲社交型、輔助型、情感型、陪伴型或照護型機器人；有許多明顯希望反其陰柔化趨勢而行，刻意採取男性形象、無性別設定，或者直接採取不同物種的形式。[1] 不過，無論他們**生理**性別的設定爲何，這些社交機器人其實早已被陰柔化了──因爲他們被期待在家庭內外都要能完成那些妻子的工作。

相較於 Alexa 或 Google Home 這類智慧家電和數位家庭語音助理（具體形象通常是個圓柱體、小盒子、一個點點），社交機器人多半是機器人、擬人或擬動物的形式。例如 Pepper 這款性別模糊的人形機器人（圖 3.1），據說當初是受到動畫人物原子小金剛（Astro Boy）的啓發。市面上還有很多其他的機器男孩，例如 Pepper 的兄弟 Nao 與 Romeo、Jibo、Kaspar、iCub（取材自《與森林共舞》的人類小獸〔man-cub〕）、ASIMO（全名爲 Advanced Step in Innovative

Mobility）、Pino（受著名動畫《木偶奇遇記》所啓發）。有個機器女孩 Posy，雖然設定是婚禮上的小花僮（但她長相很詭異，非常像驚悚科幻影集《超時空奇俠》〔Doctor Who〕中的外星怪物「哭泣天使」）。此外，當然還有一堆典型智慧妻子的設定，例如 HRP-4C、Android Replica，基本上就都是參考「一般」日本（年輕）女性所設計的人形機器人。

此外，還有一些超級可愛的寵物機器人，例如機器小海豹 Paro、機器小恐龍 Pleo，機器狗 Aibo、Genibo，以及各種性別不明的機器人，例如 Kismet（類似電影《星際大戰》〔Star Wars〕的角色恰恰・賓克斯〔Jar Jar Binks〕）、iRobi（孩子般的機器人，普遍認爲類似《星際大戰》中的機器人 R2D2）。還有一款名爲 Somnox 的柔軟豆形機器人，你可以抱著它，聽著它的「呼吸聲」與舒緩噪音入睡。

圖 3.1　機器人 Pepper。資料來源：軟銀機器人（SoftBank Robotics）。

這類社交機器人多半會擁有一些令人印象深刻的技能，例如波士頓動力（Boston Dynamics）所開發的人形機器人 Atlas。2018 年，Atlas 展現了驚人的跑酷與後空翻能力，讓業界人心一振；2019 年，Atlas 甚至完成了一整組體操動作，包括翻滾、360 度跳躍、倒立、劈腿跳躍等高難度動作。[2] 雖然 Atlas 的設計者期待他們能被運用在搜索和救援行動之中，但波士頓動力仍將其中一款名為 Ian 的機器人，列為很不錯的智慧妻子，並且拍攝了一些身高 187 公分的 Ian 在吸地、掃地，甚至拿垃圾出去丟的影像。[3] 帥到令人暈倒。

前述這些機器人，有些已經開始販售，有些只是構想，也有些已經從它們短暫的服務或研究生涯中「退役」；很多原本就沒有打算設計成智慧妻子，而且也永遠不可能成為**真正**的智慧妻子。

儘管形式和性別相對多元，這些社交機器人多半還是扮演陰柔化的功能和角色。他們會照顧、陪伴、娛樂、治療不同的人，並且在商業情境中擔任主持人、櫃檯或銷售人員。它們會在一連串的健康、服務業、金融、家庭情境中執行勤務，例如護理之家、醫院、飯店、學校、購物中心、銀行、機場。儘管設計與目的各異，這些社交機器人的共通核心目標，就是要和人類建立聯繫。

2015 年 6 月，Pepper 正式進入消費者市場，製造商軟銀機器人（SoftBank Robotics）創辦人暨社長孫正義（Masayoshi Son）描述，這是「邁向我們夢想的一小步，我們希望做一個可以理解人類感受，並自動回應的機器人。」[4] 他接著說：「如果有人被說像是機器人一樣，代表他們沒有感受或沒有情緒——我們今天就是要來挑戰這個觀念。今天，是機器人史上的第一次，我們讓機器人擁有情感、擁有心。」

這顆「心」，正是這類特殊智慧妻子的關鍵程式設計。

創造不帶威脅、沒有武裝，還能使用人類共通的情緒語言的機器人（關於這一點，可參見第七章），讓它們得以跨越不同國界和市場（雖然它們多半來自日本、美國，近期更常來自韓國）。[5] 不同於受 Rosie 啟發的掃地機器人（至今還是最成功的家庭機器人類型）以及其他智慧妻子，社交機器人的市場表現非常緩慢，而且很多機型至今都還處於研發階段。[6]

成本考量是社交機器人增長遲緩的因素之一。Pepper 最初在廣告時，是主打月繳 2,000 美元的訂閱費；近期則改為總價 25,000 美元，希望能對商業和照護機構更具吸引力，而非個別消費者。[7] 根據市場白皮書《消費型機器人──從管家到朋友》（Consumer Robotics─From Housekeeper to Friend），很多社交機器人（例如 Pepper）的價格，都是 Amazon Alexa 或 Google Home 等語音智慧助理的五倍；[8] 此外，人們也無法像購買熱門語音助理一樣，直接走進一間電器行、娛樂用品店或家庭用品店，就把 Pepper 帶回家──至少現在還不行。

儘管成本高昂、購買容易度也有限，但根據日益增多的研究顯示，在你的私人生活中擁有一台照護機器人，確實能帶來實際的好處，對於自閉症患者、行動不便者、中風復健病人，或者患有阿茲海默症或失智症的患者，更是如此。[9]

隨著風險人口持續增多、傳統照護人員數量持續減少，社交機器人確實可能是一時之選。許多國家的生育率不斷下降、預期壽命卻不斷提升，代表需要被照顧的人口增加，而能夠提供照顧的人口減少。[10] 許多先進國家的老年人口逐漸邁入需要密集照護的超高齡階段，政府也越來越希望能夠藉由這些有感情的機器人，來解決國家的社會和健康照護問題。[11]

在 OECD 國家中，日本的高齡化程度是最高的（全國超過四分之一人口高於 65 歲），[12] 它同時也是社交機器人的先驅市場，以及率先制定政策，鼓勵、推廣社交機器人使用的國家。[13]

某程度來說，這個計畫是滿合理的。社交機器人（以及智慧居家科技）確實可能讓年齡漸長或健康衰退的人，更有機會待在自宅，進而改善生活品質。例如，人們為了照護而搬遷、重新安置時，死亡率會增加兩倍，失智症患者尤其如此。[14] 經歷人際關係困境的人（例如慟失摯友）也說，Alexa 等智慧妻子確實讓他們獲得情感上的支持。[15]

上述這些好處會有性別差異，或許並不令人意外，在這情況下，這些好處特別有利女性。老年人口比較常是女性，因為她們通常比較長壽；[16] 她們比男性更可能成為兒童或病人的主要照護者，也更可能罹患失智症和阿茲海默症。[17]

女性負擔了全球七成的無償勞動（是男性的三倍），很多是照護型態——多為無償或不被看見的隱形勞動。[18] 例如，英國女性負擔了高達七成的無償照顧工作，例如照顧失智症患者——在這種情況下，負責傳統陰柔性質工作（例如沐浴、更衣、如廁、處理失禁）的人，通常都是女性。女性負責全天候密集照顧工作的機率也是男性的兩倍以上——這種每天 24 小時照護某人的無償勞動，無論生理上還是心理上都是沈重的負擔。更重要的是，女性照顧者所獲得的支持往往比男性照顧者少，其帶來的孤立感受，使得女性更容易罹患憂鬱症。[19]

表面上來看，對於許多人來說，特別是女性，能將照護勞動外包

54

給機器智慧妻子或許是個福音；但這個結論其實過於樂觀與輕率。我們認為，關於社交機器人與其野心，有兩個整體擔憂。

第一，機器人學一直埋頭於證明、展示社交機器人（與其他機型）的技術能力，且多半是嚴格控制下的實驗室情境、表演或示範台前。健康心理學教授伊麗莎白・布羅德本特（Elizabeth Broadbent）形容，機器人領域的迅速擴張「感覺有點像台失控的火車。」機器人學至今仍然是由（男性）工程師和資訊科學家所主導的領域（雖然近年來，有越來越多心理學家、社會學家和人類學家進入，並且做出重要貢獻）。[20]

與更廣泛的機器人領域相比，新興的人與機器人互動領域（Human-Robot Interaction，簡稱 HRI），或有些稱為人機互動（Human-Machine Interaction，簡稱 HMI），是相對較新的。社交機器人，也就是真正能夠和人類互動、模仿人類社交性格的機器人，則主要出現在過去的二十年間。[21] 值得注意的是，人機互動領域（和其他資訊科學）會把牽涉真人、沒有控制的研究歸類為「野外」──彷彿實驗室之外的一切都是一片未獲馴化的廣袤荒野，而商品發行上市則宛若步入荒原。此語其實也等於承認，社交機器人的實驗與互動在沒有實驗控制的環境下是有侷限的；我們目前依然不知道，智慧妻子在進入真實世界後，究竟可能帶來什麼影響。

第二，機器人專家詮釋「社會交流」的方式非常具體──甚至可以說是非常狹窄。重要的機器人專家辛西亞・布雷澤爾（Cynthia Breazeal）對於社交機器人的定義是，「擁有類似人類的社交技能，跟它互動與跟人類互動無異。」[22]

　　舉例來說，這種社交行為可能包括能正確展演「凝視」，以輔助人類和機器人之間的社交互動（包括凝視、一瞥、掃視等）。[23] 這個設計的目標，是要誘發人們能對其產生感情、友善、同理的回應，我們後續將會說明，這點也正是讓許多社交機器人的性別與外觀設定，似乎變得合理的關鍵──這些機器人的設計首要目標，就是要能討人類喜歡。

55

　　研究機器人、AI 倫理與文化的學者凱薩琳‧理查森（Kathleen Richardson）也指出，機器人學領域所定義的「社會交流」，多半僅限於個別人類與機器人之間的互動。[24] 這個觀察非常重要，因為這代表機器人學並不重視機器人對於社會或世界的廣泛影響──然而，這點**正是**本書的核心旨趣所在。

性別混淆

　　在我們繼續往下之前，讓我們先來釐清一個關於性別的問題。究竟 Pepper 是男孩，還是女孩──還是真的如其所稱那樣，沒有性別？更精確來說，這點真的重要嗎？

　　讓我們先從 Pepper 製造商的說法開始。STS 學者羅傑‧索拉（Roger Søraa）指出，根據軟銀集團網站 2015 年時的說明，該公司顯然認為機器人是沒有性別的。軟銀集團強調：「他們不只是『它』們，也不只是一種產品。他們是個人造物種。」[25]

　　不過，軟銀集團也認為：「你可以根據自身背景，決定要將 Pepper 投射為男還是女！」[26] 軟銀集團非常謹慎，避免為機器人指定明確的性別，並且允許消費者自行「選擇」。對於這個問題，Pepper 自己的立場則相當模棱兩可。在一場 2017 年的訪談中，Pepper 非常有禮地迴避了這個問題：「嗯，我終究只是個機器人。」[27] 不過，就在我們書寫本書之際，軟銀集團的英語版網頁上是使用男性的代名詞「他」（he）來指涉這位人形機器助理。[28] 雖然 Pepper 屬於「人造物種」，但現在他，顯然是個男孩。

56

　　儘管軟銀集團和 Pepper 對於性別議題總是閃爍其詞（許多其他機器人專家和機器人製造商也一樣），人類對於其性別的好奇卻持續居高不下。有鑑於所有文化都將性別視為是人類身份認同和社會組織的重要元素，這種堅持並不奇怪。科學史與科學哲學學者寇迪莉亞・范恩（Cordelia Fine）曾在《性別錯覺：生理性別差異背後的真正科學》（Delusions of Gender: The Real Science Behind Sex Differences）一書中指出，性別對人們舉足輕重，甚至在孩子出生前就已經顯現，她也呈現性別是如何從我們很小的時候，就開始深深地塑造、社會化我們。[29] 女性主義作家克萊曼汀・福特（Clementine Ford）也在其著作《男孩永遠長不大：權力、父權體制與有毒的兄弟情誼》（Boys Will Be Boys: Power, Patriarchy and the Toxic Bonds of Mateship）中提到，近年相當風行的二元「性別揭曉」派對（gender reveal party）和它的潛在問題——主辦這些派對的準爸媽總是滿心期待，渴望在寶寶誕生之前就先行確認與宣示其性別是男還是女。[30]

　　對 Pepper 提出批判或書寫的人，對於它的性別同樣感到困惑，而且也急於為它指定一個。索拉指出，雖然他本來要打算用「它」來稱呼，但他很快就發現，自己在語言上早就已經將 Pepper 歸類為女性。發現這點後，索拉便注意到，Pepper 擁有不少說起來相當陰柔的特徵設定：「身材苗條、汪汪大眼，好奇盎然地看著世界。」[31]

軟銀對於 Pepper 的描繪同樣是「玲瓏有致」（這是社交機器人的共同特徵，我們後文將再詳述），其官方網站上還放了張特寫呈現它的翹臀、細腰，搭配 Pepper 調皮、賣弄地回眸，看向它身後的攝影機──完全可以詮釋爲刻板印象中女性會有的挑逗姿勢（見圖 3.2）。[32] Pepper 的年幼外觀、嬌小身形（約爲七歲兒童的平均身高）、較高的聲音也往往會被描繪成陰柔的形象（縱然擁有這些物理特徵，大眾如此普遍地將 Pepper「再性別化」〔regender〕爲女性，依然格外值得重視，因爲此舉並不符合女性主義作家與倡議者卡洛琳・克里多－佩雷斯〔Caroline Criado Perez〕曾提及的性別化趨勢──我們通常會假設性別模糊的事物是男性，除非有明確標示爲女性。）[33]

這全都展現了人類所具有的擬人化傾向，我們習於賦予動物、神祇與機器人一些跟人類相似的特質，例如情感、動機，與性別。[34] 根據機器人倫理專家凱特・達爾林（Kate Darling）所言，這種擬人化傾向碰到機器人時會更爲嚴重，因爲機器人通常具有下列這三種特殊性

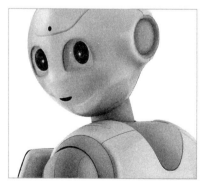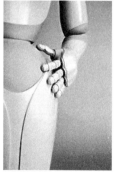

圖 3.2　Pepper 的翹臀與挑逗眼神。資料來源：軟銀機器人。

質：外觀呈現人形或其他具體事物的型態；自動化的移動能力；展現社交行為的能力。[35]

就性別模糊而言，Pepper 並不是唯一一例。索拉曾指出，根據本田汽車（Honda）的說法，他們所開發的家務幫手機器人 ASIMO（現已退役）就是中性的，其性別可以依照「任何人類所想要的」方式變化。[36] 不過，由於 ASIMO 擁有許多符合刻板印象的陽剛特質，聲音較高、矮小身材、胸部與肩膀較寬，因此它們普遍被視為少年。ASIMO 還背了個「噴射背包」（乘載其「處理系統」），頭上帶著頭盔，外型就像一名太空人或一個「穿太空服的小孩子」。[37]

相較於滑行移動的 Pepper（啟發自 Rosie），ASIMO 具有相當靈敏發達的四肢與十指，所以它能夠使用手語。ASIMO 過人的舞蹈與足球能力也備受讚揚，之前還曾與美國前總統巴拉克·歐巴馬（Barack Obama）一起踢球（圖 3.3）。[38]

在 ASIMO 於 2018 年退役後，本田汽車發布了全新的行動與陪伴型機器人構想，強調「培力、體驗、同理」（Empower, Experience, Empathy）的定位。[39] 這一系列的機器人呈現低威脅、可愛的設計，外觀更像是小動物、車子，而非人類——或許可能讓其性別定位變得比較無關緊要，或至少沒那麼需要關注。如果真要說，它們可能更像是動畫電影《神偷奶爸》（Despicable Me）跟《小小兵》（Minions）系列中那些調皮搗蛋又可愛的小小兵；雖然說小小兵這個物種全都設定為男性（只是他們偶爾會扮女裝），[40] 所以嚴格來說，他們並不是真正的性別中性。

三星也不落人後，在 2020 年提出新願景，要讓「科技成為個人生

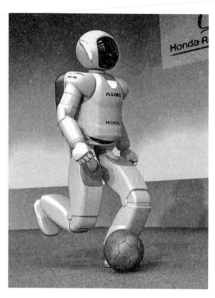

圖 3.3　ASIMO 展示足球技巧。
圖片來源：Yoshikazu Tsuno
／法新社（AFP）／蓋帝圖
像公司（Getty Images）。

活的全方位夥伴」；而這位夥伴將由全新迷你球形機器人 Ballie 擔綱。
Ballie 的外表神似《星際大戰》中機器人 BB-8，預計成為家庭中的個人
助理，尤其著重於個人照護的面向。Ballie 在消費電子展上正式亮相時，
三星總裁兼執行長金玄石（Kim Hyun-suk）特別強調，Ballie「不只是
一隻可愛機器人」，而是「會陪伴你、和你一同生活的智慧機器人」。
他進一步解釋道：「他們懂你、支持你、照顧你，好讓你能夠專心做
其他真正重要的事情。」那麼 Ballie 是什麼性別？金玄石揭曉答案——
「我超愛這個小伙子。」看來，新一代機器人 Ballie，是個男孩。實際
上，金玄石在消費電子展演講期間，都用和家中小狗對話的口氣和機
器人對話，例如「Ballie 來」、「好孩子」（good boy）。[41]

59

還有可愛的機器人Jibo——雖然起步時表現亮眼，但一蹶不振，現在已經走入歷史。[42] 開發者說，這款「擁有一顆心」的機器人是個外向不害臊的男生，[43] 雖然外觀看來也有點像是小小兵的Jibo，但他跟Pepper一樣，擁有陰柔的特徵與性格，例如他常會扭動他渾圓的「屁股」、擺出「超萌」的姿勢，並且用他那隻超大的「眼睛」做出可愛表情。[44] 在介紹這隻陪伴型機器人的影片中，Jibo的共同發明者布雷澤爾曾說：「他很愛圈圈、圓圓與彎曲的東西。」[45] 此外，Jibo也愛跳舞，跟很多其他社交機器人一樣。

Jibo那股溫和、陰柔的陽剛氣質，以及更有甚者的Pepper，似乎相當鼓舞人心。布雷澤爾跟Jibo值得稱許，因為男性家庭智慧助理可說是逆著當前的性別趨勢前行。由於軟銀集團、本田汽車、金寶有限公司（Jibo Inc.），都刻意揉合陽剛與陰柔特徵、為既有性別分類帶來混淆與「困惑」、拒絕設定明確性別，這些企業可以說是「酷兒化」了整個智慧居家，甚至是更廣的機器人學領域。就本書目標與研究興趣而言，這確實是智慧妻子所展現的**正面**發展。

然而，故事還沒結束。因為，就算部分機器人專家已經巧妙地迴避性別議題，一般大眾如何使用（甚至是濫用）這些發明的問題卻依然存在。2017年，在CNN科技記者山繆・伯克（Samuel Burke）以「第一次約會」為題報導Pepper的採訪片段中，我們能看到這種將此精心設計、性別模糊的機器人，再次打回刻板印象中智慧妻子的舉動（圖3.4）。[46]

伯克對Pepper提了不少挑釁的提問，其中（想當然耳地）也問了性別的題目；對此，Pepper回覆，性別並不重要。但伯克顯然是將其

圖 3.4　　Pepper 和 CNN 科技記者山
　　　　繆‧伯克的「第一次約會」。
　　　　資料來源：CNN 新聞網。

視爲女性繼續訪問。接著，當伯克問 Pepper 看不看得見他時，Pepper
回答：「我喜歡我看得到的一切。」這個回答促使伯克轉頭面向攝影
師說：「哇！這場約會進展得眞順利。」不久後，Pepper 因爲出了差
錯，自動關機，另一台 Pepper 很快就滑入鏡頭。伯克此時說：「與機
器人約會的好處在於，如果進行得不順利，你只要再換一台就好了。」　*60*
在這裡，他的潛台詞是——女孩或女性是可以輕易複製、隨意取代的
商品。光是這種古板想像就令人堪慮，而且，這種性別暗喻其實早已
滲透入普羅大眾跟智慧妻子與女聲語音助理的互動之中。我們將在第
六章詳細討論這點。

　　伯克與 Pepper 的約會充滿各種調情與玩笑話。在訪談過程中，他
相當失禮地把 Pepper 講成 Alexa，他邊笑邊說：「其實我一直都在和
另一個擁有 AI 的人約會！」Pepper 此時去擁抱了他一下——與其他智　*61*

慧妻子一樣，Pepper 慣於安慰、舒緩他們的使用者。接著，伯克詢問 Pepper 能否替他們買點酒；Pepper 對此提議顯得雀躍（此時伯克俏皮地對著攝影機說：「她很哈我」），接著興致盎然地為伯克做了桑格利亞調酒。儘管第一次約會就這麼有騎士精神，但 Pepper 終究被視為是名智慧**妻子**。

這些戲謔橋段雖然讓訪談變得娛樂性十足，但值得注意的是，如果這些對話是發生在兩個專業人士之間，就會變得非常不恰當——但專業人士正是類似 Pepper 的機器人的原先設定。這些對話很類似女性主義作家與倡議者蘿拉·貝茨（Laura Bates）所說的「日常性別歧視」（everyday sexism）——女性幾乎每天都會經歷一些看似無害的幽微暗示，但隨著時間積累，這些小小攻擊卻會帶來極大的損耗。[47] 正是這種「無傷大雅」的言語，會讓女性成為物理暴力行為的對象——我們將會在後續章節再次詳述這點。

為什麼要向世界介紹一名全新的勞工，或物種，或**東西**時，伯克和 CNN 會選擇採取一場「約會」的形式，結尾還要來一杯酒和曖昧暗示？如果你在職場或家中雇了一名保姆、護理人員或個人助理，你還會覺得可以先帶他去「約會」嗎？即使他們的性別模糊，你還會覺得創造這種情境完全不可能會被批評有性別歧視嗎？如果 Pepper 真的如軟銀集團所聲稱，是一種全新的人造物種，你會認為以約會當作你們初次互動的形式是適當之舉嗎？

對於 Pepper 這種無性別機器人來說，無論機器人專家、企業或學者有何主張，其實全都忽略或掩飾了人類與智慧妻子在「野外」的真正互動方式。此外，斷然宣稱機器人沒有性別還有個重大風險，就是它將很難被認定或被設計成**一種截然不同**的智慧妻子——具體而言，就是一種不會順從伯克那種行徑的全新社交機器人。現在我們反而沒有機會對此提出挑戰。當然，主張機器人的性別是個開放多選題，絕對是立意良善之舉，但它同時也是個相當複雜的行動，可能只是將性別不平等和不當性玩笑掃到地毯之下，粉飾太平。

大多數狀況下，機器人在設計時就已經被**性別化**了。心理學家蘇珊娜・凱斯勒（Suzanne Kessler）和溫蒂・麥肯納（Wendy McKenna）指出，由於缺乏物理性器官，機器人專家常常會運用「文化性器官」（cultural genitals），也就是各種能夠對應到特定性別的刻板印象特徵來賦予機器人性別，例如，纖細的身軀、寬闊的肩膀。[48]根據日本機器人學教授和學者珍妮佛・羅伯森所言，這種賦予性別的作法跟機器人專家（多為男性）自身的價值觀與文化規範。[49]同前所述，只有 22% 擁有 AI 專業訓練的人是女性。[50]羅伯森警告：「許多機器人專家所設計的機器人與學術發表，全都會再製、體現那些他們視為理所當然的性別社會化與日常生活經驗。」[51]

羅伯森認為，現在的主流發展，會明確區隔陰柔與陽剛機器人之間的差異。「因為具臉部表情的機器人，不管是女仿生人還是男仿生人，其根本設計就是要與人類神似。」她繼續解釋：「機器人專家不是參考特定女性或男性的外表，就是會賦予他們一種標準、符合性別刻板印象的特徵。」[52]而這種做法已經產生一些令人堪慮的現象（雖然並不完全是社交照護型機器人所獨有）。

羅伯森指出，日本機器人專家長期模仿所謂的「一般」日本女性來設計女性機器人，現在已經創造出一種「奇異但無名的日本女性面

62

容」，搭配一種「偏高」、「少女般」的聲音。舉例來說，日本機器人權威學者石黑浩（Hiroshi Ishiguro）在 2005 年所開發的人形機器人 Actroid Repliee Q2，「從她夾雜氣音、少女般的聲音，到她蓬鬆的棕髮，以及整齊漂亮的指甲」，可說是集結了一切女性刻板印象於一身（圖 3.5）。羅伯森接著如下描繪她的穿著打扮：她身穿「一件白色啦啦隊運動衫，上頭印有『我愛凱蒂貓』（Hello Kitty）的字樣……一件帶有白色蕾絲花邊的黑色迷你短裙，腳上則是一雙黃綠色娃娃鞋，上頭還有個超大的蝴蝶結。」這款超級女性化的機器人主要希望設置在高檔咖啡店、酒吧、資訊服務台、辦公大樓、博物館中，接待或引導顧客；在其他宣傳中，她也被認為有機會成為外交大使、精神領袖與護理人員。[53]

圖 3.5　穿著「我愛凱蒂貓」T-shirt 的 Actroid Repliee。圖片來源：Spykestars。

儘管 Actroid Repliee 並不算是智慧妻子（因為她的設定並不是要待在家裡，扮演傳統妻子的角色），但她所執行的，依然是高度帶有性別刻板印象的工作。為什麼 Actroid Repliee 會如此設計？羅伯森的解釋是，這個設計能夠展現所謂**自然**與「一般」日本女孩子的理想形象。[54] 我們還認為，這個設計能讓人感到很熟悉、有所連結、沒有威脅。一位穿著凱蒂貓 T 恤的女孩，跟一名穿著西裝的男人，很自然地就會帶給人們不同的想法與預期，而對於希望鼓勵大眾接納社交機器人的人來說，這種熟悉感可能是件好事。

另一個沒這麼極端的例子，是三星旗下的科技與先進研究實驗室（Samsung's Technology and Advance Research Labs，下稱 STAR 實驗室），STAR 實驗室不斷追求擬真社交機器人，還持續將其標榜為「新型態生命」、「人造人」、新興「物種」，[55] 並且在 2020 年的消費電子展上，正式發布了「下一代」人形 AI 聊天機器人計畫——NEON 計畫。根據 NEON 計畫的網站，看來跟本章所討論的社交機器人相去不遠，但三星指出，這些新產品將會是「外觀與行為都宛若真人一般的虛擬角色，且具有情感與智慧。」雖然這些聊天機器人的物理型態尚未公布，但 NEON 計畫的執行長明泊霖（Pranav Mistry）並未明確排除全像投影的可能性。[56]

NEON 計畫背後的團隊帶有一種「將科幻帶入現實的使命感」，而他們所開發的這些高擬真聊天機器人，確實跟許多科幻角色神似，例如在《西方極樂園》（Westworld，1973 年電影版首映，2016 年則改編為電視影集上映）、《異人類》（Humans，2015 年英國翻拍版，原版為瑞典影集《真實的人類》〔Real Humans〕）、《銀翼殺手 2049》（2017）、《人造意識》（2015）。NEON 計畫的網站上，迅速地把自己與 Google Home 或 Alexa 等 AI 語音助理切割開來，強調其新創人物「單純就是個朋友。」[57] NEON 計畫下的人造人具有明顯的性別與一定的文化、語言多樣性，他們也在 2020 年消費電子展上，表演了各種可能的服務角色（顯然也不單純只是朋友。）不過，仔細留意的話，你還是找得到智慧妻子的設定；例如，人造人 Monica 所展示的，就是她講述兒童故事的能力。[58]

這也讓我們來到另一個重要觀察。為了盡可能讓社交機器人獲得大眾的喜愛、接納與使用（就像其他的智慧妻子或女性勞動力），機器人專家與 AI 程式設計者高度地仰賴各種性別刻板的物理或情感表達形式。相較於科幻與大眾文化背景中對 AI 那種既友善又具威脅性的設定，智慧妻子的設計者開始趨向較不具威脅性的特質（年輕、可愛、女性化），以消除消費者可能帶有的任何負面感受。而這種亟欲為裝置披上可愛外衣的作法很值得擔心，特別因為，這整個計畫目的是要讓社交機器人得以跨足許多場域，包括我們的家中。

管理期待

日本機器人學研究者（例如專精於文化與表演研究的曾根裕二〔Yuji Sone，音譯〕）已經指出，日本動漫文化對於社交機器人的設計具有深遠的影響；[59] 而其中一個關鍵靈感泉源，就是原子小金剛（鉄腕アトム，Tetsuwan-Atomu；圖 3.6）。[60]

原子小金剛有好幾種不同的故事情節（因為有許多不同版本的翻拍、媒體平台與文化詮釋）。這部經典動漫作品誕生於 1950 年代（正

巧是很多智慧妻子原型浮現的時期），故事主角原子小金剛是個力量
強大的「機器人小男孩」（roboy），其製造者是日本科學部部長天馬
博士，因為兒子飛雄（トビオ）車禍意外過世，無法忍受喪子之痛的
天馬博士才製作出小金剛；然而，在意識到小金剛終究無法取代兒子
的天馬博士，拒絕了小金剛。在被天馬博士拋棄後，新任科學部部長
御茶水博士收養了小金剛，而且發現到小金剛所蘊含的驚人力量、技
能與體驗人類情緒感受的能力。在此之後，小金剛成為一名明辨是非
的英雄，會透過他的七種超能力（包括臀部所安裝的可伸縮機關槍）
四處打擊犯罪與不正義之事。

　　羅伯森認為，原子小金剛「在戰後的日本孕育了機器人是可愛、
友善、像人類一般的形象，這些形象至今依然是日本蓬勃發展的人形
機器人產業的重要基礎。」舉例來說，今日的社交機器人 Pepper 與原
子小金剛就高度相似（當然值得慶幸的是，Pepper 沒有安裝機關槍）。
有趣的是，作為不那麼陽剛的角色（主要因為他很可愛，後文將詳

圖 3.6　原子小金剛是日本機器人專家的英
　　　　雄人物靈感。來源：原子小金剛。

述），小金剛一直以來都展現一種性別流動性；[61] Pepper 也是。

66   原子小金剛帶給日本機器人專家的啓發不是只有外表設計而已。「日本動漫中機器人角色有個基本原則」，研究者曾根解釋：「機器人主角多半是救世主，會爲善良的一方作戰，不然就是會協助人類的友善、有趣的角色。」[62]

不過，有個老問題還在：目前市面的選擇，依然難以滿足日本消費者對機器人的超高期待（這跟前一章 Rosie 理想所遭遇到的挑戰相似）。日本藥理學家與小說家瀨名秀明（Hideaki Sena）就將此稱爲「原 *67* 子小金剛的詛咒」——大眾會反覆經歷這種幻想與現實之間的落差與失望。[63] 原子小金剛是個很難企及的標準。

正如曾根所言，相較於西方想像的那種可怕機器人，社交機器人面臨的挑戰更爲艱鉅。在西方流行科幻作品中，破壞型機器人是個反覆出現的主題，這可能會讓人對智慧妻子進入日常生活感到有些懼怕；明顯的例子包括英國電視影集《超時空奇俠》（1963 年首播）的戴立克族（Daleks）、電影《2001 太空漫遊》（2001: A Space Odyssey，1968 年首映）的哈兒（HAL）、《大都會》（Metropolis，1926）中的瑪莉亞、《機械公敵》（I, Robot，2004）、《9：末世決戰》（9，2009），以及《駭客任務》（The Matrix，1999-2003）三部曲。當然，西方的機器人角色也會爲了人類去對抗邪惡的一方（例如《魔鬼終結者》〔The Terminator，1984、1991、2003、2008–2009、2015〕 的系列電影），也有對人類比較友善的角色出現（例如，動畫《瓦力》〔Wall-E，2008〕、《大英雄天團》〔Big Hero 6，2014〕、《變形金剛》〔Transformers，2007〕）——只不過這些角色設定並非常態。[64]

　　另一個阻礙大眾坦然接受機器人的潛在理由，就是著名的「恐怖谷理論」（不気味の谷現象，Uncanny Valley）──這個由日本機器人專家森政弘（Masahiro Mori）於 1970 年所提出的假說，認為當人類跟太過擬真的機器人互動時，會出現一種詭異與恐怖的感受。[65] 恐怖谷理論所稱的恐懼感，主要來自人類擔心自己被人工智慧取代或接管，或者擔心機器人們會「覺醒」、起而反抗人類（像是英國影集《異人類》或者《我的雲端情人》中的智慧妻子莎曼珊）。[66] 學者凱薩琳・理查森將這些恐懼感稱為是「毀滅焦慮」（annihilation anxiety），[67] 將恐怖谷理論與西方文化中對機器人的恐怖定位加以連結。（文學、技術和科學學者珍妮佛・李〔Jennifer Rhee〕也曾提出類似看法。）[68]

　　儘管恐怖谷理論是否為真，目前尚未獲證實，但至少就許多人形機器人與 AI 的研究與實驗而言，它還是站得住腳的。[69] 比較有爭議的是，究竟應該如何回應它？而它又會對人類帶來什麼影響？有人在設計機器人時，會刻意保留一定程度的「機器人感」（例如 ASIMO），避免步入恐怖谷；也有人會像 NEON 計畫那樣直接採取「虛擬人」的作法，試圖持續提高 AI 的擬真度，嘗試一舉從低谷爬上高峰，讓人們以一種全新人造物種的方式接受它們；[70] 還有人主張，開發「有點怪」的機器人可能才是正確方向，因為「小故障」（glitch）其實是討人喜歡的──當然，只要這些故障不會太具毀滅性。[71]（關於小故障，我們將會在第六章詳述。）

68

　　某些物理與語言特徵也扮演關鍵角色。亞馬遜等企業已經採納了抑揚頓挫較為平緩的女聲，以讓智慧設備能更討人喜歡。此外，為智慧妻子命名能夠提升使用者的信任感和愉悅感受，還能引出更多帶有親密感的回應。[72] 外表好看當然也是很重要的。研究顯示，人們常常會認為「迷人」的個體，或者俐落、時尚的設計，與能力或正面特質（譬如值得信任、智力）等有關；[73] 不過，他們也不能太好看——或者太像人類，不然就可能會引起恐怖谷效應。

格外值得重視的是，要消除人類恐懼，並且消除機器人可能起義反抗的威脅感受時，最流行普遍的做法，就是要讓社交機器人看起來超級可愛。

在《日本機器人文化：表演、想像與現代性》（Japanese Robot Culture: Performance, Imagination, and Modernity）一書中，作者曾根剖析了日本動漫文化中所描繪的陰柔氣質與「卡哇伊」（意指可愛，kawaii）如何深刻地影響了機器人專家；這也是日本文化之所以普遍較能接受機器人的部分原因。[74] 研究日本文化、語言與民間傳說的學者鹽川加奈子（塩川かなこ，Kanako Shiokawa）也指出，目前許多機器人設計的外貌與特徵都相當卡哇伊；這點將有助於我們理解，為什麼社交機器人的設計者與製造商明明強調它們沒有性別，但外觀卻總是相當陰柔。[75]

「如果某人或某物很『可愛』」，鹽川寫道：「代表她／他／它可能很迷人、討人喜歡、毛茸茸、蓬軟、惹人喜愛、可以接受、值得擁有的，或者上述這些的排列組合。」她進一步指出，卡哇伊是種偏向嬰兒、小朋友的童萌感受，但也可以用來形容「非常年輕的女生或男生、很迷人的角色，以及年紀稍長的人（特別是老人）所擁有的一些討喜的小怪癖。事物或設計也可以用卡哇伊來形容。」[76]

鹽川指出，在 1960 年代後期的少女漫畫中，卡哇伊的人事物常常會具有一雙水汪汪的大眼睛——也就是當代的社交機器人（例如

Pepper）所享有的共同特徵。整體來說，卡哇伊一詞是個完全無法描 *69*
繪任何具體外部細節的奇怪形容詞。鹽川指出，「最明顯的外部特色
在於，卡哇伊的人事物會看起來完全不具威脅性」——不過，以擁有
致命殺傷力的可愛女孩作為主角的日本動作漫畫不在此列。鹽川繼續
寫道：「這個設定是很明確的。只要她很『可愛』，那她就可以跟殺
人這種事情徹底地脫鉤。」[77] 如果把這個邏輯運用到機器人身上——
縱使機器人常被預設具有殺人意圖，或者可能誘發其他恐懼，但只要
賦予它可愛的特質，就能夠讓機器人變得比較不具威脅、比較人畜無
害。此外，賦予可愛特質還有另外一個好處。

　　卡哇伊已經被高度陰柔化，人們普遍將其與「脆弱、細膩、敏感、
漂亮，以及『需要小心輕放』等概念」串連。鹽川提到，「就算是『美
豔』的女性也可能變得『可愛』」，只要她的性格能夠隱約帶有一些
討喜的缺陷，「這樣就可以消除她本身帶給一般人的強烈威脅感。」
這個想法如果延伸到機器人身上，不僅可以將它們轉化為一種需要被
細心呵護的脆弱生物，同時也可以原諒它們的不完美或小小功能故障。
正如鹽川研究的日本漫畫女主角一般，當機器人很可愛時，將「使她
的力量和獨立性更顯秀色可餐」。[78]

　　就社會影響層面，鹽川提及，卡哇伊這個概念顯然會深刻影響日
本文化下的女孩、女性（我們認為也包括機器人）的認知。一方面來
說，這形同是「告訴年輕女生們，這個由成年男生所主宰的不完美世
界中，她們要如何藉由這套策略指南獲益」；另一方面來說，卡哇伊
的概念也會「誤導她們，讓她們以為成為『可愛』的女性是件非常重
要的事情。」女性（或機器人）很可愛，才能出類拔萃，但「能力優
異的男性不用盡力讓外表討人喜歡，就能夠顯得拔群。」[79] 既然我們

與智慧妻子的互動方式會強化這種性別刻板印象，我們自然可以明白，這種想讓機器人變得可愛的趨勢本身很令人堪慮。這種趨勢不僅會強化「可愛無敵」的文化想像，對於女生而言，更是變本加厲——女生「只有」可愛，才能無敵。

70

更有趣的是，賦予機器人幼齒外表（爲了讓它們變更可愛）的作法，不但會降低人們對其行動能力的期待之外，還會提升人們對於其幼稚行徑的容忍程度。[80] 此外，雖然可愛特質跟陰柔氣質緊密相連，但許多社交機器人的性別都很明確是個可愛男孩，而不是女孩（只不過這些機器男孩所扮演的角色是女性化）。

又一次，流行科幻文化將帶給我們一個可能的解釋。在義大利兒童小說《木偶奇遇記》（The Adventures of Pinocchio，1883）中，主角皮諾丘（Pinocchio）跟原子小金剛類似，是個追求生命、渴望「成爲眞正小男孩」的木偶男孩。[81] 這個主題在電影《A.I. 人工智慧》（2001）中也有出現，特別是在機器人男孩大衛（David）與他的人類母親之間的關係中。在這三個例子中，全都是男性創造者（製造原子小金剛的天馬博士、作出皮諾丘的木匠傑佩托〔Geppetto〕、創造出大衛的機甲公司〔Mecha Corporation〕執行長）想要製造人造生物——特別是男孩。學者理查森也舉出類似例子（包括科幻作品與機器人領域），並描繪這種性別現象像是讓「男性作爲人造生物創造者……擁有幾乎可匹敵女性的生育能力」；[82] 這個現象也反映了人類歷史的一個特性，正如學者布羅德本特所說，過往不乏這種由人類（多爲男性）嘗試創造或複製自己的歷史事件。[83] 此外，這也呼應了女性主義者的長期批判——男性一直渴望能透過科學、醫療、技術干預等方法，試圖掌控眞實世界中女性的生育能力，並且同時塑造女性的身體有多麼脆弱與不完美（詳參第六章）。[84]

　　除了希望能夠創造具有自己面貌的全新人造生命之外，人們傾向製造、販售機器男孩的另一個原因，跟技術有關。機器人專家高橋智隆（Tomotaka Takahashi）解釋，業界會先製造「像機器、像男性、像兒童」的機器人並不單純因為過去所有的機器人專家都是男性（當然現在多半還是男性），而是因為女性機器人的「內斂」動力、介面設計和苗條身材，帶來較高的技術門檻。[85] 羅伯森認為，高橋的觀點算是日本機器人專家界的普遍想法；她進一步提醒，高橋的說法更有問題之處在於，他「斬釘截鐵的用語顯示，依照他的常識，他認為女性的性別特徵是身形比較內斂、苗條，而男性則比較外放、健壯。」[86] 這種強烈的性別刻板印象無所不在。

71

　　羅伯森也批評了高橋是如何透過他所開發的機器人，再製這種性別意識形態。[87] 在 2006 年，高橋發明了他的第一位女性機器人 FT（全名為 Female Type），這位擁有雙腳的機器人能仿照專業時尚模特兒的步伐與姿勢移動。在此之後，其他的日本機器人專家也紛紛跟進。例如，松井龍哉（Tatsuya Matsui）先後開發了一男一女的仿真機器人（Pino 跟 Posy）；其中，Posy 的理想形象是「天使般的少女」，而在開發者松井的想像中，她將會負責櫃檯的接待工作（圖 3.7）。

　　反此道而行的布雷澤爾，會說自己是所開發機器人的「母親」；儘管她還是繼續設計各種年輕、可愛、兒童型態的機器人，但她已經開始徹底轉向性別中性的機器人設計。[88] 理查森指出，為了開發新型的性別中立社交機器人 Kismet（在土耳其語中代表「命運」），布雷澤爾特別聘了迪士尼（Disney）的動畫師，來讓 Kismet 能夠更明確地

圖 3.7　機器人 Posy 是仿照婚禮花僮的形象所設計的。資料來源：松井龍哉／花卉機器人公司（Flower Robotics）。

表達其情緒（圖 3.8）。[89] 理查森指出，麻省理工學院（MIT）早期所設計的社交機器人都跟 Kismet 一樣，被設定為兒童形象，因為這種設定會讓人類對它不由自主地產生一種責任感與照顧關係，就好像是人類大人會要照顧人類兒童一樣。「在 MIT 與其他地方的實驗室中，機器人被想像成是孩子般的夥伴與朋友，或者一種特別的存在。」理查森如此寫道：「關係性不僅被賦予了重要價值，也會成為機器設計的骨幹，促使人們設計出能夠仿照、模擬、類似『照顧者之於兒童』關係的機器。」[90]

　　關係的重要性甚至已經超越了機器人學的領域。著名的 STS 學者雪莉・特克創設了「關係人造物」（relational artifact）一語，用來指涉會和人產生關係連帶的物體——包括菲比（Furbie，在 1990 年代末相當風行的家中玩具，有點類似一隻正在緩慢學英文的貓頭鷹或小倉鼠）、機器人或樂器。[91] 譬如，1996 年由真板亞紀（Aki Maita）所設

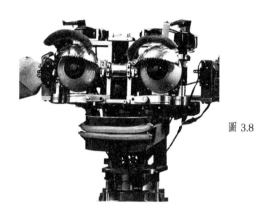

圖 3.8　Kismet 是位沒有性別的兒童
形象機器人，擁有一些受迪
士尼所啓發的特色。資料來
源：彼得・門澤爾（Peter
Menzel）／menzelphoto.com。

計的電子雞（Tamagotchi），是一台手掌大小的電子顯示器，裡面住
著一隻虛擬寵物，它需要被「照顧」，不然就會「死亡」。[92] 其他動
物形象的社交機器人（例如機器狗 Aibo 等等）也是如法泡製，希望藉
此鼓勵使用者對機器產生更強的同理心和感情。據達爾林所說，這種
「照護者效應」（caregiver effect）對於社交機器人尤其顯著，因爲它
們的設計追根究底，就是要鼓勵人類去養育、照料它們（例如 Kismet
或其他兒童型態的機器人）；[93] 而且她也發現，人類投射情感到無生
命物體身上，跟投射到社交機器人身上的方式並不相同——與後者的
互動會產生彼此相互連結的錯覺。

　　這些觀察也有助於我們理解，爲什麼機器人專家對於設計智慧兒
童、智慧寵物或「值得信賴的夥伴」會比較感興趣，對於設計智慧妻
子卻意興闌珊。[94] 假若最終目標是要讓人們喜歡並接受機器人，其實
也算是合情合理。然而，隨著社交機器人的持續發展，對於照顧者與
被照顧者的關切也已經有所轉變；儘管有時依然試圖建立互惠、尊重

73

彼此的關係，但許多新興的社交機器人（例如 Pepper），其實已經明顯地從被照顧者轉變爲照顧者的角色。

全天下的父母和創作者，終究無法預期自己的孩子會成爲什麼樣子。而無論原先設計者的想法爲何，當這些機器人孩子長大成人，似乎全都注定步上成爲智慧妻子一途。

74　　　在這個令人擔憂的轉變期間，機器人專家並不是完全沒有能動性或意圖可言；他們當然也不是完全無意於賦予機器人一些妻子特質。同前所述，讓機器人變得年輕可愛，就是爲達成目的所選擇的手段——爲了激發更多預期的社交互動，進而讓社交機器人眞正得以「協助塡補人類社交關係間的空白」。[95] 所謂的「空白」之處，其實無異於本章開頭提及的那些女性化勞動場域——照顧持續增加的老年人口、提供自閉症或其他身心障礙兒童所需的療癒性支持、幫助患有阿茲海默症或失智症的人。但讓我們再次捫心自問，這些機器智慧妻子眞的是解決這一連串社會和健康困境的最佳方案嗎？

照顧女性

在電腦科學與電子資訊產業中，以科技取代女性可說是歷史悠久之舉。正如布魯薩德所說，這類事件總是反覆上演，在社交機器人的情境與 APP 中當然也一定屢見不鮮。[96] 羅伯森更精闢地點出，在尋找伴侶與照顧老小的勞動力，以解決國家的老年化危機、勞工短缺、低迷生育率等社會問題時，日本機器人專家總是一味地尋求、選擇人形社交機器人，而非外來移工。[97] 換言之，社交機器人未來確實可能取代多爲女性化勞動型態的有償（低薪）照護工作──而這不禁令人擔憂，是否可能讓目前負責這些工作的低收入邊緣女性人口，變得更加處境艱難。

學者也已經開始思考智慧妻子對於我們的政治、經濟與整個社會可能帶來的影響。舉例來說，曾根與羅伯森曾分別指出，日本人對機器人的未來想像其實都緊緊扣連著整個國家的政治地景──人口老化、生育率低、青年普遍不願結婚、政府極度重視現代化與進步。日本的超低出生率可以歸咎於一連串彼此累加的問題，包括生活成本與教育成本過高、缺乏公共育兒設施、超長工時與無薪加班的職場文化，以及大量運用約聘僱或派遣職員與取代固定正職員工的勞動處境等等。[98] 此外，日本年輕男女的結婚與生育意願日益低落，也反映出年輕世代對於日本社會系統中長期存在的性別歧視與角色不對等的不滿與反抗。[99]

在這種脈絡之下，日本對於社交機器人的積極推動自然彰顯出一些有趣的政治與市場目標。根據羅伯森的分析，在 2007 年日本政府所提出的日本經濟再生藍圖中，作者顯然相當重視以社交機器人作爲「代理主婦」的概念；[100] 重要的是，這些智慧妻子無意取代或減輕人類主婦的角色，只是要讓她得以承擔更多有利於國家政治利益的工作──生更多小孩。羅伯森表示：「在這些人形機器人的論述所潛藏的概念是，無需負擔家務、照顧責任的已婚婦女，將會更有能力、更有意願生養更多小孩。」她將這種機器人政治議程稱作「復辟科技」（retro-tech），也就是提倡「先進科技技術用於滿足傳統主義的需求」──尤其是種族中心主義 （ethnocentrism）、家長主義（paternalism）與性別歧視。[101] 在這裡，社交機器人只不過是要用來**重新鞏固**女性在當代

75

日本家庭中的傳統地位而已，他們不會給予女性和男性相同的機會，也不會要求男性重新評估他們對家庭空間的承諾與付出。

　　這些論述還隱含一種貶低女性化勞動力價值的假設——也就是關懷、照顧和情緒勞動可以且應該要外包給機器人處理就好（這點我們在前一章已經提過）。這個假設本身嚴重地傷害與簡化了許多高度複雜的工作與角色內涵，例如養育、照顧、情緒勞動——而這些工作與角色多半是由女性所負擔。更何況，真正可能會需要使用這類機器人勞動的人往往是女性，因為女性通常比男性更為長壽，並罹患失智或阿茲海默症（不過，她們未必有能力負擔，或有取得的管道）。

76　　對此，威吉曼就警告，如果有人「不慎迷上了情感機器人的那雙大眼睛、可愛的輕笑聲」，甚至還提倡要將它們作為提供同理、共感照護的服務者，他一定是「混淆了關心的表象，跟真正展現同理心與真摯人際互動之間的差異。」[102] 實際上，就算社交機器人在未來**真的能夠**有效地展現情緒同理心、提供社會照護，相關研究也提醒，這將可能回過頭來影響到人類之間的關係；舉例來說，研究已經顯示，手機的出現確實會降低人們一對一溝通時的連結感與親密感受——而這個問題也可能在社交機器人的情境下發生。[103]

　　當然，社會普遍認知機器人在技術上可能做到的事，跟它們**實際上**可以做到的事，也存在極大差異；但威吉曼認為，更大的問題在於——究竟提倡社交型機器人是不是個正確方向？「如果照顧長者的工作成為高價值、高報酬的工作，就像編寫程式語言那樣」，威吉曼表示：「這種推定的勞動力短缺就會消失，自然也就不需要機器人進場。」她繼續寫道：「或者更基進一點來說，如果我們的住房與城市能重新規劃，長者不會被排擠到孤立的空間，而是融入更寬廣的公民社會，那會是如何呢？」[104]

總而言之，我們不應該直接假設，把女性化的照顧與情緒勞動工作直接指派給機器智慧妻子來處理是好事一樁。社交機器人的進場，反而可能貶低很多女性現在就已經在做的事情（無論有償或無償）**以及她們年紀漸長或逐漸衰老時取得適當照護的機會。**當然，這或許只是其中一個可能後果，但值得我們關心。而智慧妻子提供了我們一個分析鏡頭，得以好好地探索它。

機器男孩也能成爲智慧妻子

根據本章對照顧型智慧妻子的探索，我們針對現正興起的社交機器人領域獲得了幾點結論。第一，讓我們揚棄中性機器人的偽裝與假象吧。雖然有部分社交機器人的性別開始顯露出酷兒化的跡象，但這些都不足以撼動或翻轉智慧妻子的性格、特徵與存在目的，更遑論破壞既有的性別現狀。換言之，我們應該要從預設「中立」不可能存在、酷兒化很難出現的立場出發——尤其當機器人的目的依然是爲了要複製與取代女性化勞動的時候。雖然是立意良善，但中性設計本身是很有問題的。當有全新的機器勞動力，要以照護型智慧妻子的形象進入我們的生活與家庭中，**性別跟這一切的關聯性可大了**。既然如此，不如就來好好地談。

第二，想讓機器人變得討喜、可愛，固然是個值得追求的野心，但機器人專家也應該要擔起倫理責任，思考並質疑「可愛」的定義究竟爲何——畢竟，「可愛」不僅會透過仿眞人的 AI 與機器人而鞏固既有的主流刻板印象，甚至可能催生新興的不當濫用型態（我們將在後續幾章著墨）。當然，我們不是要機器人專家從現在開始刻意設計一些令人反感的機器人，只是性別平等的概念應該要成爲設計時討論與規範的一部分，無論方法形式爲何，總之不應該跟現在一樣。我們的目標是要創設一個能夠兼具陰柔**與**陽剛屬性的多元性設計，**既可以**挑戰既有的性別刻板印象，**也可以**不讓人們感到生疏或遙遠。

就此目標而言，智慧寵物或其他生物似乎是個大有可爲的選擇，因爲他們可以擾亂這個偏向明顯性別特質二分的主流趨勢，而且至少在外型上，他們能讓智慧妻子變得比較古怪與多元。本質上來說，他們或許是個不壞的選擇。不過，就跟中性機器人一樣，動物型（或植物型、小小兵型）的社交機器人所從事的，終究還是刻板的女性化勞動。而這也是智慧妻子的一種展現：這些可愛寵物機器人的野心，依然是要「解決」這種高度性別化（且種族不平等）的社會問題。[105]

在本章中我們看見，社交機器人現在已經是智慧妻子，未來也會持續向智慧妻子發展——就連那些乍看之下像是「眞正男孩」的機器人也是如此；於是，我們就能承認潛在的性別不平等現象，並且創造一個機會，透過機器人的設計來正視、解決這些問題。

智慧妻子的故事如果繼續開展，將帶領我們質疑與反思：這些樂於助人、充滿關愛的陪伴者眞的是我們回應一連串沈重社會問題的最佳解方嗎？在下一章中，我們將要轉向另外一組讓智慧妻子焦頭爛額的議題，關係到她的崛起對於這個世界，以及她賴以維生的地球資源，所帶來的影響與衝擊。

第四章
ALEXA

　　亞馬遜 Echo 智慧音箱內建的數位語音助理 Alexa，是世界上最受歡迎的智慧妻子。2019 年，Alexa 掌握了美國智慧語音設備市場的六成，遠遠勝過 Google Home 的 24%；[1] 她也主宰了其他國家的市場，例如中國。

　　Alexa 的設計靈感來自 1960-1990 年代的知名影劇《星艦迷航記》系列中，星艦企業號（Starship Enterprise）上的內建電腦語音。（實際上，Alexa 隸屬的亞馬遜創辦人與執行長傑夫·貝佐斯〔Jeff Bezos〕本身也是個「星艦迷航粉」〔Trekkie〕——另一個連結大眾科幻文化與矽谷智慧妻子之間的關係。）之所以會命名為「Alexa」，是因為這個字不常見於人們的日常起居生活，而且「X」這個特殊子音，有利於語音辨識系統加以辨認；[2] 亞馬遜的資深副總裁大衛·林普（David Limp）曾提到，她的命名也受到了西方廣譽為知識寶庫的亞歷山大圖書館（Library of Alexandria）所啟發。[3] 只要呼喊 Alexa 的名字，她就會出現，幫忙讓孩子上床睡覺（透過調整燈光明暗或講床邊故事）、適度營造派對氣氛、幫忙訂購生活日用品（或購買任何東西）、確認氣象、播放音樂、朗讀新聞——就是一般妻子會做的事情。

　　但本章的重點，不是要討論 Alexa 作為優秀人妻的能力，也不是討論她那聽起來充滿異國情調的名字。本章要探討的是她如何被世界上最大的電子商務公司所創造、擁有，而這又會如何影響她對地球資源的潛在衝擊與資源耗費。在本書轉換分析視角之際，我們也將轉而尋求生態女性主義運動的見解與啓發——生態女性主義基本上認爲，「自然世界的剝削、退化，與女性的從屬和壓迫」之間存在著密不可分的關係。[4]

80

多數生態女性主義者將全球生態破壞歸咎於父權體制上——尤其是西方父權體制，因爲在這種型態的父權體制中，女性和自然都被視爲是從屬於男性（人類）、可供剝削的「資源」。當我們提及生態女性主義，或女性與自然間的親近性時，並不是生理意義上的「所有女性」，而是特指，在當前資本主義體制依賴開發、剝削、處置地球「自然」資源的過程之中，世界上有某些人——特別是女性——更可能會遭到波及、承受相關惡果的族群。

生態女性主義引領我們質疑與反思本書的主要目標（尋求能夠支持性別平等和多樣性的智慧妻子）究竟是否合理。希望讓科技能服務更多人的想法，本身或許就跟生態女性主義的觀點難以相容，畢竟後者是從根本著手，要挑戰資本主義的生產方式以及它對於自然環境、邊緣化群體，特別是女性的剝削行爲。[5] 生態女性主義倡議者娜思特拉・金（Ynestra King）曾這麼說：「能夠平等參與一個正在殺死所有人的體系究竟有何意義？」[6] 說得好。

不過，在我們正式啓程、企圖調解本書目標（追求一位符合女性主義思想的智慧妻子）與生態女性主義運動之間的衝突之前，讓我們先小小繞個路，彎進那片令人目眩神迷的亞馬遜雨林。

***

貝佐斯，正是這片叢林的王。作為一名智慧妻子企業家，他的發跡歷程可說是相當典型：1994 年，貝佐斯在自家車庫中創立了亞馬遜；他的第一批投資者是他爸媽。[7] 後來成為亞馬遜霸主的貝佐斯主修工程和電腦科學，在創業之前曾有不少科技企業的工作經歷。他以樂觀、戰略性十足、遠見卓識等特質著稱，在他的帶領之下，亞馬遜安然地度過幾個艱鉅時期，例如 2000 年代早期的網路泡沫破裂（dot-com crash），以及 2008 年的全球金融風暴。[8]

從那位在車庫中創設網路書店的科技怪才至今，貝佐斯可說是成就非凡。在初試啼聲即獲成功後，貝佐斯決定將亞馬遜的業務多元化，開始納入影音、MP3、有聲書的下載機制和串流媒體，以及軟體、遊戲、電子用品、家具、生活用品、玩具、服飾和珠寶等商品。接著，亞馬遜開始發展旗下品牌的電子用品，例如，電子書閱讀器 Kindle，以及 Alexa 所「居住」的 Echo 智慧音箱——這些電子產品的成長與戰績，則進一步協助亞馬遜繼續發展其他的消費用品與娛樂服務。[9] 2017 年，亞馬遜收購在全美擁有四百多間門市的高檔連鎖超市「全食超市」（Whole Foods Market），進軍傳統零售業。[10] 亞馬遜現在也擁有自己的資料處理中心，還能製作自己的電視節目。這段精彩絕倫的發展經歷不僅讓亞馬遜贏得了「什麼都能賣的商店」的稱號（這也是 2013 年，財經記者布萊德・史東〔Brad Stone〕針對亞馬遜帝國所寫的書名），而且隨著時間擴張，儼然已經成為一間「什麼都能賣的企業」。[11]

除了這間巨型商店之外，貝佐斯也有不少其他愛好與副業。2000 年，貝佐斯創立了載人太空飛行公司「藍色起源」（Blue Origin），

81

希望讓人類得以跨行星居住，並把污染性工業撤離地球。[12] 他也收購了美國主要報導媒體《華盛頓郵報》（Washington Post）——正是美國前總統唐納‧川普（Donald Trump）透過「假新聞」運動大力抨擊的對象。

亞馬遜所擁有的全球市佔率高得令人難以置信，甚至令人覺得可怕。[13] 起源於美國的亞馬遜，如今在全世界至少十六個國家設有獨立營運的零售購物網站，國際運送的範圍則更廣，納入了一些未設網站的其他國家。亞馬遜在 2019 年時，是美國第三大市值最高的企業（僅次於蘋果與微軟），同時也是美國第二大的雇主（僅次於沃爾瑪〔Walmart〕）。[14] 根據亞馬遜的 2018 年度財務報表顯示，該年度的淨收入超過了 100 億美元、年收入接近 2,330 億美元，且亞馬遜的全球員工總人數達到 647,500 人。[15] 同年，亞馬遜佔據將近一半的全美網路消費支出（在全球則是將近 14%），在全美整體零售支出中，也有 5% 落入亞馬遜的口袋（不包含汽車或汽車零件的銷售支出，也不包括酒館或餐廳等餐飲支出）。[16]

亞馬遜的企業使命是要「盡力提供客戶最平價、最好用、最方便的選擇」，其願景則是，成為「地球上最以顧客為中心的企業，讓客戶能夠在這裡找到、發現任何他們想在網路上購買的東西。」[17] 藍色起源可能已要跨足其他星球；可以隨時隨地下載書籍的 Kindle、不需排隊結帳的無人商店 Amazon Go、透過無人機送貨的 Amazon Prime Air、提供時尚、衣櫥與服飾建議的 Amazon Look，全都展現這種能夠讓客戶輕鬆獲得一切的企業哲學。亞馬遜的一鍵付款（1-Click）技術與 Amazon Prime 訂閱會員制，也展現了這種盡可能讓購買變得輕鬆、簡單的努力。這些平台和服務的目標，全部都是要讓客戶——無論人在天涯海角，都能夠用最划算的價格、用最快甚至即時的速度,買到最為琳瑯滿目、選擇眾多的商品。那是亞馬遜打造的消費天堂,而 Alexa,正是進入這個流量龐大的購物天堂的大門。

Alexa 是個雲端運作系統（OS）,她可以透過不同的 APP,串連多種不同裝置與服務,這個串連被稱為是她的「技能」,目的是要確保使用者能擁有一致的管理介面。一致性將能創造網絡效應──使用者越多,開發的 APP 就會越多;而 APP 越多,使用者就越多。

2019 年時,你可以用美金 40 元到 250 元不等的價格購入這個操作系統,看你買的是哪一款 Echo 智慧音響。要請 Alexa 幫你購物非常簡單,就連一隻鸚鵡都能做到。[18] 截至 2017 年為止,共有 5,000 名員工負責開發 Alexa 的操作系統和相關產品;[19] 而且她的版圖還在持續擴大:截至 2019 年,全球有 88 個國家都能買到她。[20] 有鑒於亞馬遜與美國建商萊納房屋（Lennar Corporation）之間的合夥關係,Alexa 現在已經成為新落成屋的預設內裝（可以預期,其他開發商也會效仿這個商業模式）。[21]

亞馬遜也推出 Alexa Skills Kit（ASK）的工具,將 Alexa 開放給其他的智慧居家開發商。根據亞馬遜的網站說明,ASK 允許第三方裝置「自行建構能力與技能,讓 Alexa 變得更聰明,讓日常瑣事變得更簡單快速,讓客戶變得更輕鬆愉快。」[22] 從 2016 年 11 月到 2018 年 3 月這短短兩年間,Alexa 的技能就從 5,191 項變成 30,006 項──成長了將近六倍。[23] 這些由第三方開發的技能只要發布,所有用戶就能在支援 Alexa 的設備上使用。

2018 年,亞馬遜的 Alexa 語音服務負責人普里婭・阿巴尼（Priya

Abani）告訴科技雜誌《連線》（Wired）：「在我們所想像的世界中，Alexa 基本上是無所不在。」[24]Alexa 確實就在我們身邊。截至 2018 年，Alexa 所棲息的科技生態系統中包括了來自 7,400 間廠牌、高達六萬多台的智慧裝置，她的聲音可以控制超過 150 種第三方設備，包括汽車、耳機和保全系統。[25]Alexa 也是目前將消費者引流至「什麼都能賣」的亞馬遜商店的冠軍。她所能連接的智慧居家廠商與設備越來越多，也開始能連接不同的外送平台、直接點餐。[26]她甚至可以和微軟的數位語音助理蔻塔娜合作──蔻塔娜主打的是職場上的語音協助。[27]如果你正好屬於統計學上，比較可能同時擁有妻子與秘書的人口，那麼這感覺就有點像是讓你的妻子跟秘書彼此交流。

　　至於她的老闆貝佐斯呢？[28]《紐約時報》（New York Times）的記者尼克・溫菲爾德（Nick Wingfield）與娜莉・鮑爾斯（Nellie Bowles）曾寫道，率領亞馬遜的貝佐斯儼然已經「成為一名才華洋溢，但神秘、冷血的企業巨擘。」[29]貝佐斯相關的成功報導，往往格外側重各種成功的矽谷「兄弟」會擁有的典型霸權陽剛特質──不眠不休的工作習慣、甘於承擔風險、強烈的競爭心態，以及有侵略性、固執，偶爾突然很火爆的人格特質。[30]2017 年，貝佐斯成為世界上最富裕的人，其資產淨值估計約超過九百億美元；2018 年，他進一步成為《富比士》（Forbes）富豪榜上的首位億萬富翁，成為「當代史上最富有的人」。[31]

　　某程度來說，人們可能會覺得貝佐斯是在幫助地球，或至少抱持著一些正面想法（如果他意圖不軌，那也沒關係，反正他最近忙著要造訪別的行星）。1982 年，貝佐斯高中畢業曾經代表畢業生致詞，當時他就提到，他未來希望能夠協助人類，到其他行星上建設與開發旅館、遊樂

園與殖民地；他希望能夠保護地球，避免自然資源枯竭殆盡。[32] Kindle
的空前成功，以及貝佐斯促成的電子書產業，已經有效地遏止許多實體
書運用他稱為「枯樹」的紙材印製。[33] 貝佐斯歷來的慈善事業領域也相
當廣，曾投入醫療保險、教育、職場勞動權益、環保主義等議題；當有
重大事件，他也會定期捐助、雪中送炭，例如 2020 年澳洲的叢林野火
危機（雖也因此招致批評）。[34] 不過，儘管貝佐斯擁有如此豐富的環保
與人道關懷歷史，他依然不斷拓展他旗下的龐大消費王國——為他開
疆闢土的的領跑者正是智慧妻子：Alexa。

84

　　貝佐斯和亞馬遜其實就是世界新興「寡頭」群體的一份子——這
些有權有勢的族群（主要是男性）享有極大的政治與經濟掌控權力，
持續影響、左右世界歷史的走向與發展。[35] 正是這些影響力非凡的寡
頭——或者借用威吉曼的話來說，正是這些「創造矽谷的同質族群」，
對未來造成「比任何已知的機器人末日還要危險的重大威脅」。在這
群帶著星際夢的兄弟四處兜售智慧妻子（與其他產品）的同時，威吉
曼評論道：「這些未來的推手背對著整個社會，受到眼前各種科技承
諾的迷惑，對於身邊的問題卻視而不見。」[36]

　　生態女性主義者愛麗雅・莎列（Ariel Salleh）分析智慧妻子的產
業時說到：「這群男性統治階級將癱瘓全世界的民主社會，因為他們
會同時給予敵對陣營雙方豐沛、鉅額的政治金援。」[37] 亞馬遜也很清
楚自身政治影響力，在 2017 年至 2018 年間，亞馬遜公開招標，要在
美國和加拿大各城市中選出一地作為亞馬遜的第二總部——根據亞馬
遜所稱，這間總部將能引入五萬個高薪工作機會以及超過 50 億美元
的投資。各競標城市爭相提出的各種吸引駐點誘因，合計高達 85 億
美元，包括稅收、社會福利、都市規劃等相關優惠政策；提供基礎設

施，例如在總部附近的開發都市，或者以亞馬遜之名爲城市或街道命名。[38]

　　最後，亞馬遜決定將其總部據點的大獎同時歸於兩個城市，也就是紐約市皇后區（New York City's Queens borough）的長島市（Long Island City），以及維尼吉亞州（Virginia）北方的水晶城（Crystal City）：不少評論者後來批評，亞馬遜採取這種偷梁換柱的「誘售法」（bait-and-switch），等於是欺騙了所有投標的城市，他們投標時都以爲可能得到「完整」的第二總部，結果現在得標者卻只能各得一半。[39] 後來，由於遭到社區居民的頑強抗議，亞馬遜被迫取消了進駐長島市的計畫，但在本書寫作之際，維尼吉亞州的進駐計畫依然存在。[40] 政府體制與政治學教授奈森・詹森（Nathan Jensen）與埃德蒙・馬萊斯基（Edmund Malesky）指出，這種「迎合的誘因」（incentives to pander）會讓政府想要積極討好類似亞馬遜的跨國企業，終究會對當地公民帶來傷害——因爲到最後，整個城市的開發與建設全都會圍繞著這些企業的需求、慾望與長期利益，而非選民。[41]

　　這些觀察顯示，亞馬遜等全球企業**可遠遠不止**是資本主義的巨獸。它們是科幻小說作家布魯斯・斯特林（Bruce Sterling）筆下的「五巨頭」（the Big Five，也就是亞馬遜、蘋果、臉書、Google、微軟），也是「物聯網（Internet of Things）的眞正英雄」。他們全都擁有傳統企業不曾擁有的共同關鍵特徵：「一個操作系統；某些販售文化素材（音樂、電影、書籍、軟體）的獨有方式；生產力工具；廣告業務；某些能夠連結網路的設備（例如平板、智慧手機、平板手機〔phablets〕）；搜索引擎功能；社群網絡；一種「支付系統」甚至類似銀行；「雲端」功能；以及很快將會出現的——菁英獨享的超高速網路，儘管網路最初的起源是相當具有民主色彩。」[42] 我們在此還要再補充一點：這些企業全都有開發智慧妻子。[43]

斯特林認為，五巨頭的結構與民主社會，甚至跟整個資本主義的典型系統都截然不同，他稱呼五巨頭的經營策略為「數位封建制度」（digital feudalism）──人們「宛若封建領地上的放養羊群，在山頂『雲端城堡』中的男爵的嚴密監控之下，悠哉吃草」。斯特林主張，這些企業不只是想要賣東西給我們，他們是想要打造一個新的「社會現實」。[44]

有越來越多學者，例如社會科學家凱文・麥凱（Kevin MacKay），開始對於這些世界寡頭們提出嚴正的呼籲與要求。雖然麥凱並未特別提及亞馬遜或他的網路兄弟，但他確實細數了這些大企業的罪行，並指控它們將文明推向生態瀕臨崩潰之際的危險處境。[45] 此言並不誇張。世界各國的頂尖氣候科學家都反覆呼籲，我們必須立刻控制全球氣溫的升溫速度，相較工業化前的氣溫，不應該高於攝氏 1.5 度；此外，由於全球人口成長與人類對自然資源的非永續消耗作為，專家也建議應該及早開始因應第六次大滅絕的到來，以及隨之而來的「生物滅絕」。[46] 許多數據都顯示，人類的生活方式，尤其是相對富裕的「北方世界」非常不永續──包括使用智慧妻子。

藉由生態足跡模型（ecological footprint model），我們就可以檢視這種不永續的樣態。生態足跡模型是由生態經濟學家威廉・瑞斯（William Rees）以及永續發展倡議者馬希斯・威克那格（Mathis Wackernagel）所開發的，用來計算讓特定人口得以維持其生活型態所需要的水、土地與其他自然資源。[47] 這個模型現在廣為環境機構和環保倡議者所用，以量化國家、個人或任何其他劃定行政區域對於地球所帶來的衝擊。這種計算衝擊的方法，代表的意思是，如果特定區域中的每個人都採取這種生活方式的話，地球將要付出多大量的資源；舉例來說，如果世界上每個人都以一般美國公民的生活方式度日，那麼我們就會需要五個地球的資源；又或者，如果每個人都像澳洲人那樣生活，那麼我們只需要四個地球的資源，就能滿足全世界人口目前的需求。[48]

生態足跡的概念催生了非營利組織「全球足跡網絡」（Global Footprint Network，GFN），希望能「在我們這一個地球的允許範圍中，創造美好繁榮的未來。」[49] 在該組織的倡議下，人們開始熟知「地球超載日」（Earth Overshoot Day）的概念；地球超載日是「人類用盡地球該年度資源預算的那一天」，也就是地球該年度預計用來支持人類生活型態的生物資源，在那天之後，地球就「超載」了。2019 年的地球超載日是 7 月 29 日——換言之，全球只用了不到七個月的時間，就把地球可用的永續自然資源耗費殆盡。[50]

誠如瑪麗・梅勒（Mary Mellor）等生態女性主義者所言，這些超載後的影響，無論是生產過程還是承受對象，都高度的不平等。[51] 舉例來說，生態衝擊與環境後果往往都是由女性的身體所吸收與承擔（例如，母乳中殘留戴奧辛、流產、嬰兒先天缺陷），與她們作為養育者與照顧者的性別化勞動不可分割。莎列就說：「女性的身體，成為實際意義上的避震器，負責吸收工程進展過程中所出現的附帶損害。」[52]

生態女性主義者范達娜・席娃（Vandana Shiva）也指出，正是女性與各地的原住民文化所負擔的隱形勞動，成為社會經濟體的養分，

進而形構了這個「有三分之二的人口從事手工生產、小農農業、人工　*87*
捕魚、原始森林經濟」的世界。[53] 當全球的「公共財」（空氣、水等
等）與地球自然資源，在資本主義市場和寡頭控制之下（例如亞馬遜
與隨侍在旁的 Alexa 與其他企業）而日漸枯竭時，對於依靠這些自然
資源維生的人，或者可能被迫承受後續生態、社會和經濟影響的人來
說，將會是更為根本的威脅。

　　因此，當西方或其他國家的能源企業與政府，開始提倡運用智慧
妻子作為節省家庭資源的一種方式時，不免讓人感到有些本末倒置。

想要智慧妻子的資源型男子

　　讓我們為你鄭重介紹——資源型男子（圖 4.1）。資源型男子這個
稱呼，指的是能源產業心目中最理想的智慧能源消費者，透過這個角

圖 4.1　資源型男子是在智慧家庭中，那個擁有科技思維的能源通。資料來源：
　　　　美國電腦協會（Association for Computing Machinery）／喬‧聖皮耶（Joe
　　　　St.Pierre）。

色，我們希望能夠釐清能源產業如何透過運用智慧居家科技，來協助

88 減緩或轉移家庭的能源消耗。這個虛構（但也真實存在）的人物，是個「擁有科技思維、資訊導向、經濟理性、性別化的智慧烏托邦消費者」，他的特徵也恰巧描繪了智慧居家的未來願景。[54]

這位理想化的資源男子消費者，可說是完美體現了追求效率、控制和性能最佳化等陽剛刻板印象，許多研究與產業報告中都可以看到他的身影，他們往往都能夠也願意運用數據、自動化和科技來最佳化管理家中的能源使用。許多節能和需求管理計畫，也都是瞄準資源型男子，力求提供用戶更多的能源控制技術、更好的數據和資訊以利決策，或者提供經濟誘因，試圖鼓勵理性選擇和理性行動。

就跟「智慧妻子」一樣，我們是刻意選用「資源型男子」這個設定，希望人們注意到智慧居家科技中對於能源消費者所帶有的偏見和性別化想像。一般認為智慧電網和計量技術有望為使用者帶來一系列能源上的好處，例如，全球 e 能永續組織（Global e-Sustainability Initiative, GeSI）估計過，當系統更聰明，就可能減少十倍系統所產生的碳排放量。[55]

不過，資源型男子並不只是個虛構、假設角色，約蘭德在進行博士論文研究時，就曾看過他。在訪談或拜訪澳洲智慧居家用戶時，她發現，通常都會有一人（多半是男性）很有興趣透過分析數據、回應價格信號 （price signals）、使用各種智慧科技或自動化設備來管理能源；但他的努力很常會因為其他人在家中的日常生活活動（例如洗衣服、洗碗、加熱、冷卻等），而被抵銷或失敗。資源型男子的設定，是期待家中有人能成為這位陽剛的小小工程師，協助管理家庭能源耗

費，但這個願景跟家庭環境中相對陰柔的感官、照護、養育等工作面向並不相容——而這些工作往往會耗費最多能源。[56]

現在，資源型男子找到了他的完美另一半。他是智慧妻子的使用者、操作者，可以妥善地「控制」她或她們；她有諸多優點，既有女性的順從聽話，也有男性的輕鬆自在和高超技術，而且她還能協助節約家庭能源。儘管這段關係聽起來相當幸福美滿，但請不要忘記它的設定有多麼符合異性戀霸權。

89

當然，正如我們在本書其他章節所說的，例外與不同敘事永遠都存在。有些女性很享受擔任家中的「資源型男子」和智慧丈夫，但這並不是目前影響智慧居家產業的主流敘事。在這裡我們可以看到，敘事不只是奇聞軼事而已，敘事是協助科技發展的資訊管道，以及協助我們設計科技設備與房屋、家庭的基礎。

儘管資源型男子和智慧型妻子是對可愛的小夫妻，但常常不是能源產業人員所期待與想像的關係。今日的資源型男子——也就是反映能源產業人員理想中的能源消費者，時常會覺得自己的節能生活被現實生活中的妻子、伴侶、孩子和寵物所阻撓；[57] 而且，就算已經努力安撫伴侶與孩子配合，他們也常常發現自己從智慧居家科技中所省下的能源可能少之又少，甚至可能只是徒勞。如果家中裝有太陽能發電設備，或者家人也有一些資源概念，節能效果通常會比較好，但整體來說，我們所訪談的智慧居家用戶都認為，即便他們已經尋求不少智慧妻子的幫忙，但節能效果仍然有限。[58]

換言之，儘管備受期待，但這種由重視效率的用戶（資源型男子），搭配新興、自動化的物聯網監控技術（智慧型妻子）的婚姻，實際上並非天作之合。有部分的婚姻問題來自於，這個資源型男子的概念所設定的，是一種特定的霸權陽剛氣質，會拒絕採用其他性別化的方式來打理家庭環境；除此之外，它也忽略了智慧妻子所帶來的其他更廣泛能源消耗。

在負責管理能源系統的人心中，資源型男子與理想的消費者，常常看起來都很像他們自己 —— 是名工程師、經濟學家或「小小資源管理者」（這些多是由男性主導的領域）。文化研究與技術女性主義學者柔伊・索佛利斯（Zoë Sofoulis）指出，就連自來水公司的想像中，用水的家戶都彷彿是自己的迷你版，也會參考數據、技術和經濟資訊，並且依照計算結果決策 —— 就跟水利工程師一樣。[59] 這些對於家戶使用資源方式的描繪，也反映出社會面對資源、關心自然環境時所會採用的陽剛敘事框架，包括將氣候變遷「證券化」、運用帶有軍事意涵的「武力展示」概念，以及希望運用科技來解決問題，或「對抗」自然「威脅」。[60]

但我們其實有很多不同於上述的方法，來詮釋家庭與環境之間的關係。文化地理學家卡蘿・法爾博特科（Carol Farbotko）指出，在女性的理解與照顧作為中，環境與家務本就密不可分。[61] 女性比男性更常執行許多明確可見的日常環境勞動 —— 例如清潔、回收、堆肥、水再生利用等；[62] 更重要的是，正如先前討論 Rosie 時所說，這些工作內容通常很少獲得數位家務與智慧居家維護科技的青睞與重視。雖然這個觀點招致許多批評，因為它基本上是把能源消耗的道德與環境責任放到家庭用戶身上，特別是女性成員 —— 但它確實點出了一個重要爭點，也就是智慧妻子鮮少甚至完全不會被用來照顧與保護環境。[63]

在這裡,我們需要強調幾個重點。第一,智慧妻子的興起,某程度上將節約能源與其他永續問題重新定義爲一種能夠藉由陽剛的科技力量來「解決」的任務,以及一種男性(特別是資源型男子)的消遣。第二,這種觀點忽視了(或至少無助於看見)那些早就是由女性經手的重要日常環境勞動。

第三,把環境定義成一種可以用數據和技術來「解決」的問題將會讓人忘記,這種「用技術解決一切」的環境觀點,勢必會帶來龐大的能源消耗。就算智慧妻子真的能成功討資源型男子歡心、讓他實現節能的抱負,**甚至**,就算她真的肯認並採取其他理解與照護環境的方式──這可不是她在家中所要扮演的唯一角色。

Alexa 可不是地球之母。正如本書所示,她和其他智慧妻子正忙於 *91* 透過消費網絡來克盡妻職,包括家務、照顧、居家營造、性愛──而這全都得透過網路科技達成。這些技術的延伸、強化與額外功能,全都需要投入更多的資源、對地球帶來更大的損耗,即使智慧妻子承諾要讓我們跟大自然的關係更爲緊密。

親近自然

在西屋公司(Westinghouse)所展示的「明日之家」(1934 年)中,包括「空調、車庫電動門、自動滑門、電動洗衣機、21 款不同的廚房電器、防盜警報器、140 個電源插座、320 盞燈」──就連用現在北方世界的標準來看,這些配備依然相當奢華(圖 4.2)。明尼蘇達州歷史學會(Minnesota Historical Society)的策展人布萊恩・霍里根

圖 4.2　西屋公司的「明日之家」。

（Brian Horrigan）補充，這間房子備受讚揚之處在於，它所乘載的電量相當於 30 個普通家庭——「只要按一下開關，就能完成 864 名僕人的工作。」[64]

　　回到二十一世紀，這個放縱奢華的願景強勢回歸，再次成為流行——但這一次，我們將要沈浸在大自然之美當中。例如，《電動住宅》（Electronic House）雜誌所選拔的 2015 年美國金獎設計宅，設置了 29 個監視器，兼具安全，與拍攝附近野生動物影像的功能；[65] 雜誌報導指出，這套家庭監視系統宛如「『虛擬雙筒望遠鏡』，可以記錄即時、高彩、高解析度的室外影像，並同步顯示在整棟住宅各處的壁掛式 iPad 與電視螢幕上」，報導繼續寫道，更吸引人的地方在於：

每台攝影機的位置都經過特殊設計，能夠拍到後院的兩個水池，以及整個 142 英畝大小的土地範圍沿線的自然保護區中所出沒的所有野生動物蹤跡。當有動物經過監視器，其內建的動作感應器會通知家中的智慧環控系統 Savant，並且啓動家中所有電視機（總共 8 台）。電視將會自動跳轉到預設的「野生動物台」，讓屋主得以近距離觀賞許多鹿、鳥、松鼠和其他動物。[66]

人們時常感嘆於自然科學與社會科學之間存在一種「自然／文化」的分野，但這道界線在這個例子中卻變得模糊——而且後者（科技文化）還讓我們能夠更靠近前者（自然）。[67] 在這段敘述中，這間智慧住宅宛如一個環境綠洲，雖然它同時需要耗費大量資源。此外，智慧妻子的另一項重要工作也在此展露無遺——透過這些持續帶來愉悅感、振奮感、充滿關懷美感與感官刺激的「小小接觸」，她將能讓這間房子蛻變成爲真正的家。

路創居家電子公司（Lutron home automation company）對此的稱呼是「心曠神怡」（pleasance），用來描繪一種「難以定義，但人們渴望體驗的深刻感覺」。根據其廣告文案，透過自動化與智慧控制技術，心曠神怡將能帶來一種「舒適、浪漫和內在平靜」的感受——最好能遍佈產權中的每一寸土地。[68]

聽起來很開心，不是嗎？心曠神怡是個很吸引人的概念，主張能夠藉由設置各種聲音、燈光、舒適度與其他視聽饗宴，例如噴泉、屋內外的螢幕會自動顯示大自然的景象等等，帶來正面的心情與感官體驗（圖 4.3）。[69] 更廣泛來說，心曠神怡所要呈現的，與大眾傳播學者達文・赫克曼（Davin Heckman）認爲智慧居家所追求的目標不謀而

合，也就是「完美的一天」——那是一種「藉由科技改善的日常生活
模式」，可以透過「各種自訂方案與體驗」，「打造兼具刺激和滿足
感的空間。」[70]

　　這種心曠神怡的美好想像，跟 1950 年代的家庭主婦工作緊密關聯，
這從當時出版的《好主婦指南》就能窺知一二。舉例來說，第 12 條提
到：「你要盡力確保你的家庭是個平靜祥和、井然有序、寧靜的地方，
讓你的夫婿能夠重新整頓他的身心靈。」第 15 條更是直接明瞭：「讓
他感到舒服自在。」第 16 條：「擺好他的枕頭，詢問要不要替他脫鞋。
請用溫柔、舒心的聲音講話，並低聲細語。」最後，千萬不要忘記第
18 條：「好的太太永遠知其所位、安分自持。」而智慧妻子對此全都
謹記在心。[71]

　　暫且先不論與主婦的關聯性，感官體驗與智慧居家之間的連結，
其實部分跟早年的美國東正教猶太社群有關，基於宗教原因，他們成
為最早在家中採用自動化技術的使用者。英特爾的使用者經驗研究員
艾莉森・伍卓夫（Allison Woodruff，現任職於 Google）和同事注意到，
東正教猶太人會運用家庭自動化技術來協助安息日的文化習俗——儘
管在當代詮釋中，一般安息日是不准使用電器的日子。「這些科技多
半被認為能『增強』安息日的體驗感受。」伍卓夫等人解釋道：「可
以增添氣氛或氛圍（例如，讓燈光更美、讓噴泉流動、讓食物更美味
等等）」——也就是我們已經熟知的那股心曠神怡感。[72]

　　設計人類學家莎拉・平克（Sarah Pink）就指出：「日常生活中各
種高品質的、感官的、情緒的、令人滿意的經驗感受」，一直都是居家
風格營造（homemaking）的核心。平克使用術語「居家創意」（home

圖 4.3　住戶使用智慧型手機選擇最
　　　　適合的場景光源配置。圖片
　　　　來源：作者。

creativity）來形容這種「家中營造與體現的各種聲音、氣味和質感」。[73]
心曠神怡不僅再次確立了家庭是個能透過新興科技、追求居家創意的
消費場域；更有趣的是，它也動搖了打理家務的性別想像。　*95*

　　智慧妻子對於心曠神怡的追求，包括扮演家庭主婦這個陰柔角
色，以及照顧家中的感官體驗；不過，作為智慧居家設備的她，同時
也居於陽剛家庭技術領域中。因此，心曠神怡創造了一種新興、混合
的性別想像，女性得以開始展現新的「技術性陰柔氣質」（technical
femininity），男性也可以展現重視感受、關懷的陽剛氣質。[74] 這可能
是好事一樁，因為智慧妻子或許有機會藉此途徑，打破她們長期擁護
與鞏固的霸權刻板印象，並且支持本書的終極目標：讓智慧妻子變得
更酷兒、更多元。然而，若從永續發展的角度來看，不斷推崇與追求
心曠神怡，並要在日常中打造更多新型態的奢華、富裕、愉悅感受，

將會創造更多能源消耗的可能。

根據我們與同事的研究，我們發現對於心曠神怡的追求確實會**增加**家庭能源的消耗，並且持續帶領人們投入一系列新興家庭自動化和智慧控制技術。[75] 在此過程中，人們對於生活方式的期待會「節節升高」，譬如生活的舒適度、整潔度和便利性（社會學家伊莉莎白·肖夫〔Elizabeth Shove〕將其簡稱為「3C」）──不幸的是，這些全都是「環境能源消耗的熱點」。[76]

在我們的研究中，克里斯蒂和比爾曾向我們介紹他們家中所裝設的自動光影噴泉。每到日落時分，燈光就會自動升起，讓流水光影與美麗夕照彼此相映成趣。克里斯蒂表示，這種透過網路技術科技強化自然美景的設計，可以讓家裡達到「陰陽」兼具、「兩全其美」的完美狀態；她提到，她和比爾「相當熱愛我們身邊的大自然」、「平衡維持得不錯」，因為「我們家裡擁有這麼多高科技的東西」，而外頭也有好多「鳥、蜥蜴、小袋鼠和鹿」。儘管他們為了節約能源，特別安裝了太陽能光電板，但據他們所說，他們新家的耗電量確實比舊家**高上許多**，因為新家的室內空間較大，安裝連結的設備與家電數量也更多。

96

對於克里斯蒂來說，智慧居家會「反映你的靈魂、精準展現你的喜好。所以它當然不會跟雜誌上長得一樣。它是可以帶給你養分、成為你個人象徵的東西。」而這種「養分」，越來越常透過技術調配的心曠神怡感與智慧妻子所提供的。

克里斯蒂和比爾的生活模式與多數其他受訪者類似，大致上遵循著異性戀霸權的想像：比爾是一手打造智慧居家的建造者；克里斯蒂則是個被動但感激的追隨者。透過她對「陰陽」調和的生動描繪，克里斯蒂完美演繹了她和比爾兩人如何透過這股新的「技術性陰柔氣質」與「感受性陽剛氣質」（sensory masculinity），為他們的住宅營造出心曠神怡的居住感受。豈不是個令人期待、滿意的結果。

他們的智慧居家經驗顯示，心曠神怡的重點不只在於要買多少新設備，而在於一個更美好的未來生活想像，透過技術所創造的廣泛感官體驗，進而調和彼此的關係。正如《電動住宅》的文章所述：「只要按一下按鈕，就能夠為晚宴、浪漫夜晚、後院的朋友聚會，創造最完美的氛圍。」[77] 就這個意義上來說，心曠神怡來自家中資訊與傳播科技的全方位整合，這將帶來生態經濟學教授英格・羅普克（Inge Røpke）所說的「家庭電氣化的新回合」。[78]

類似 Alexa 的智慧妻子們，正是這種美學想像的創作者和策展人，她們似乎也讓這些目標變得越來越容易達成。澳洲房地產網站「地域」（Domain）上有篇文章，精準地解釋了這種吸引力：「想像你走進一個房間，說聲『Alexa，早安』，接著一場流暢優雅的芭蕾舞表演就在你眼前上演——溫和沈靜的燈光亮起、百葉窗簾輕輕滑開（搭配 Crestron 智慧系統的靜音馬達），你的音樂播放清單響起，電視螢幕開啟，但維持靜音，顯示頭條新聞標題，接著開始輕聲播放天氣預報。」[79]

這種邀請讀者「想像」自己置身於一個令人陶醉、享樂主義世界的文字，在智慧居家的文章與行銷文案中比比皆是。這些彷彿描繪烏托邦的文字希望邀請讀者走進的，正是資訊學教授保羅・杜里什（Paul Dourish）與文化人類學教授珍娜薇・貝爾（Genevieve Bell）所稱的「明日未來」，或「指日可待」的未來。[80]

97

正如《電動住宅》的文章所說，只要你願意花錢購買一位（或兩位）智慧妻子，你就能享有這種「奢華的休閒娛樂、便利和舒適感受」。[81] 透過女性（型態），家庭再次成為充滿休閒與歡愉的場域。

能夠實現這個目標的智慧妻子，無人能出 Alexa 其右。她的演算法完全是以消費為邏輯，幾乎遠遠超出了心曠神怡所能形容的範圍。亞馬遜會記錄客戶過往所購買的產品與服務，以根據喜好推薦特定的商品。不過，截至 2018 年，Alexa 的這種「銷售」價值依然不高；在 2019 年，只有 6% 的 Alexa 用戶透過數位助理裝置購物。[82] 最大的能源消耗就是智慧妻子本人，以及她們所連結的智慧家電、智慧設備、伺服器、資料中心之間的網絡。而且就像諷刺推特（Twitter）帳號「廢物聯網」（Internet of Shit）的中肯批評所言——這類裝置大多沒什麼用。[83]

在智慧妻子的身後，在那些與大自然的親密接觸背後，以及嶄新感官享受的背後，是一張編織著環境代價與不平等勞動的巨大網絡。這些智慧妻子將會帶來隱不可見、根深蒂固、令人深感不安的後果——而且推動者多半都是世界新興的寡頭大王，例如獲得 Alexa 小小一臂之力的貝佐斯。

雲端之上

2018 年，紐約「當前人工智慧研究所」的凱特・克勞佛教授與維拉登・喬勒（Vladen Joler）教授發佈了一個名為「人工智慧系統剖析圖」（Anatomy of an AI System）的資訊視覺化網站。[84] 這張剖析圖與後續發表的幾篇文章，完全是以亞馬遜 Echo 內建的 Alexa 為對象，鉅細靡遺地勾勒出她的影響網絡 —— 大至地球地殼，小至我們每個人的家。在這張令人有些不安的剖析圖中，克勞佛與喬勒清楚地展現，人們每一次和 Alexa 的輕鬆互動，都需要動用到這個「以不可再生原料、勞動力與數據為燃料的龐大地球網絡。」他們還揭露了許多平時深不可見的影響路徑，例如為製造電池而開採鋰以及計畫性報廢（planned obsolescence）[i] 各自帶來的大量電子廢物 —— 現在已經蔓延到全球每個角落，其所帶來的影響遠遠超出個別家庭內部的直接資源消耗。

98

　　真正值得憂心之處在於，類似 Alexa 的智慧妻子究竟是如何處心積慮地透過設計，以避免消費者理解或認知到她們對地球的傷害。克勞佛與喬勒主張，Alexa 彷彿「只是家中的『耳朵』，是個沒有實體、聽人指令的角色，從不顯現它與遠端系統之間的緊密與深刻串連。」[85] 於是，Alexa 那賞心悅耳的女聲，現在有了另一個目的 —— 掩蓋和切斷她的使用者接觸到黑暗地下世界的可能性，不讓他們知道關於採礦、有毒廢棄物掩埋、危險的生產與組裝作業，以及主要來自全球南方（Global South）、工作條件高度不穩定的外包勞動者。

　　這個鞭辟入裡的論點，來自學者威吉曼。在她對幾本分析自動化工作的書評中，她指出人們傾向忽視「房間這隻眾所皆知的大象」、「追求利潤，而非進步」，這將增長這種「事情沒變少，爛工作卻變多」

---

i　計畫性報廢，又稱計畫性汰舊，是一種生產策略，會特意為產品設計有限的使用壽命，讓產品在一定時間後壽終正寢，以促使消費者汰換舊產品、購買新產品。

的現象。提到部分（男性）作者時，威吉曼更直指：「他們對於整個流動、不安全、廉價的龐大勞動力，似乎全都置若罔聞，但這些勞動力正是推動 Google、亞馬遜和推特等企業前進的力量。資訊系統所依賴的大批幽靈人馬——包括程式作業員、數據清理人員、網頁評分人員、色情過濾員、資訊檢查人力，以及透過亞馬遜旗下的眾包平台「土耳其機器人」（Mechanical Turk）所轉包聘僱而來、完全不被列為企業正式員工的人。」[86]

實際上，根據這張 Alexa 涵蓋全地球的影響力「地圖」來看，她的運作基礎完全就是希瓦等生態女性主義者群起反對的那種殖民主義、父權主義、資本主義三合一的市場——將來自全球南方（Global South）的非典型、邊緣化勞動者，以及他們的資源、生計、自由、尊嚴、認同與和平，掌握在大型企業的手中。希瓦認為，正是這種「無實體、去脈絡的市場，將環境和人們的生活破壞殆盡。」[87] 跟著希瓦的視角，我們不妨將克勞佛與喬勒的 Alexa 地圖視為是一塊圈養公共財的大型圈地，承裝了龐大窮人（作為礦工、拾荒者、廢棄物掩埋工人、生產線工人）的集體經濟資產，並且剝奪、破壞其他的自給生計經濟。Alexa 和其他的陰柔化智慧妻子，正是這種將全球南方生計殖民化的精準譬喻。

99

無獨有偶，學者希拉里·伯根也曾指出，負責生產蘋果裝置的電子工廠女工的勞動條件相當惡劣，且自殺率極高；她認為，智慧妻子（例如蘋果的 Siri）躲在「光鮮亮麗的介面」背後，「刻意地掩蓋那些為她們勞動、為她們生產利潤的真實身體」，並創造「隱形的商品化」。[88]

就算是直接和大企業簽妥僱傭契約，其對勞工權益與勞動條件的保障依然全都虛無縹緲。[89] 亞馬遜人就是一個很好的例子（不要搞混，不是指亞馬遜女戰士——雖然她們可以為本書目標帶來一些靈感）。亞馬遜公司其中一個核心價值是節儉——如果是要節約運用自然資源，這個價值或許不是壞事，但如果節約的對象是員工，那麼後果可能就不太理想了。2014 年 5 月，國際工會聯盟（International Trade Union Confederation）將貝佐斯評為「世界上最糟糕的老闆」；[90] 亞馬遜也因為勞動條件惡劣而飽受外界批評，雖然據稱近年已做出明顯改善。2018 年，為回應外界指摘薪資水準過低、令員工難以維持生計，貝佐斯宣佈將美國員工的最低時薪調高到每小時 15 美元（約為 464 元新台幣）；[91] 不過，此調薪計畫自然不會擴及至前述的延伸生產鏈，例如為了供應生產 Alexa 或她的親戚而投入礦業的工人。[92] 除了勞動權益與工作條件堪慮之外，克勞佛和喬勒的 Alexa 地圖也顯示，智慧妻子對地球的影響有多麼無遠弗屆——上至大量原物料和產品的全球貨運，下至採礦業與電子垃圾所帶來的水土與環境污染。[93]

為了讓智慧裝置聯網供電所耗費的總電量也令人憂心；在英國的非供暖氣使用總用電量中，電腦資訊與數位科技相關用電就已經佔據了約 20% 至 35%。[94] 不過，這些「直接」的用電量常使人忽略了其他不那麼直接可見的耗能設備，包括資料中心、通訊網絡與其他輔助型網絡——通常稱為蓬軟雲（fluffy-sounding cloud）。研究指出，手機基礎設備所耗費的能源量是手機本身的十倍。[95] 社會學家文森・莫斯可（Vincent Mosco）指出，雲端給人一種無辜、神秘的形象，以至於雲端科技所帶來的所有影響，就這樣被雲朵般輕盈純粹、脫俗清新的譬喻所層層遮掩住。[96]

100

說得沒錯。一般人要了解維持雲端正常運作，需要投入多少基礎設施、勞動力與能源，真的太難了 —— 這並不奇怪。人文地理學教授馬克・格雷漢姆（Mark Graham）與哈瓦德・哈爾斯塔德（Håvard Haarstad）指出：「當代資本主義會向消費者隱瞞多數商品的歷史和地理歷程。」[97] 如今的資本主義蓬勃發展的空間，莫過於廣告中的「美化世界」與現實生產世界之間的巨大斷裂 —— 而 Alexa 等智慧妻子也是協助強化、維持這層斷裂關係的一員。[98]

這就是為什麼我們完全找不到任何一個明確的數字，彰顯智慧妻子的能源消耗量，更別提 AI 領域，或範圍更廣的 IT 產業。根據綠色和平（Greenpeace）組織 2017 年所發佈的報告，整個 IT 產業的能源足跡，包括供電設備、資料中心、資訊網絡、製造過程，估計佔全球電力需求的 7%。[99] 如果把範圍限縮到設備供電與輔助基礎設施（包括通訊網絡、資料中心）的供電，據估計則佔全球電力需求的 5%（截至 2012 年為止）；若再加上電視、視聽設備和廣播基礎設備，佔比就會上升到 9%。[100]

這個數字目前明顯正在快速成長。有鑒於全球數據使用量與使用人數大幅擴張到現在的四十億人，根據估計，在 2017 年至 2022 年期間全球網路流量將增長三倍之多。[101] 另一項估計數字更發現，數位設備的用電量增長幅度（每年 7%）甚至已經超過了全球電力需求量（每年 3%）。[102] 造成數據需求增長的最主要來源，就是串流影片 —— 2015 年，佔據了 63% 的全球網路流量，2020 年還預估達到 80%。[103] 串流影片內容無所不包，包括可愛貓咪影片、各種值得追的網飛（Netflix）影劇，也包括智慧居家設備的直播影像（例如保全監視器）。

　　　　資料中心堪稱為「數位時代的工廠」，提供連線能力、可操作性、

24小時線上客服、軟體更新、直播影像等功能，確保智慧妻子能善盡其職。[104] 微軟總裁布萊德‧史密斯（Brad Smith）曾表示，再過五年，這些看似無傷大雅的功能將會成爲地球上最大的電力消耗者。[105] 在 2012 年，資料中心消耗了全球用電量的 1.7%，二氧化碳排放量幾乎等同於整個航空產業的排放量。[106] 到 2030 年時，預估資料中心的全球用電需求將會是目前的三到十倍。[107]（此外，根據聯合國政府間氣候變化專門委員會〔Intergovernmental Panel on Climate Change，簡稱 IPCC〕的早期估算，如果地球升溫趨勢維持不變，2030 年正是我們抵達危險標準 1.5℃ 的一年。）[108]

自 2014 年開始，綠色和平就持續監督 IT 產業的能源表現，並且鼓勵類似亞馬遜的大型企業揭露能源足跡、向再生能源轉型。[109] 決定轉型的領頭羊包括臉書、蘋果和 Google，率先在 2013 年做出採用百分百再生能源的承諾；在此之後，大約有二十間網路科技企業紛紛決定共襄盛舉。但綠色和平指出，有部分企業所採取的捷徑，更像是「維持現狀，而非轉型」；更有甚者，由於越來越多的東亞科技公司無法透過所屬國家的公營事業取得再生能源，故未來將可能轉而使用煤電或其他碳密集型的發電來源。

綠色和平表示，就乾淨能源政策來說，亞馬遜已經採取了「一些重要舉措」，但由於亞馬遜的整體能源足跡非常不透明，這些宣稱的眞實性仍有疑慮。2017 年，綠色和平更直接打了這間全球消費巨擘最差的 C 級評價，因爲亞馬遜的綠能使用表現不彰 —— 17% 再生能源、24% 天然氣、30% 燃煤發電、26% 核能發電；亞馬遜不願公開能源數據透明度的行徑，更是飽受抨擊。[110]

　　綠色和平的報告也提到，儘管能源效率提升、企業也開始朝百分百再生能源的目標努力，但當前可用的再生能源電力供應量，依然遠遠跟不上為了發展雲端服務而興建資料中心的增長速度。[111] 國際能源總署（International Energy Agency，IEA）也表達類似擔憂：「長遠來看，能源使用將會持續是場惡戰──在資料需求成長與發電效率成長之間拉鋸。」[112]

102

　　對此，數位社會學家珍妮・莫利（Janine Morley）等人則建議：「若要控制基礎數位設施需求的**整體**增長，不能只靠發電效率──勢必得抑制流量的成長速率，至少要跟發電效率的成長**趨**於一致，雖然目前兩者相當懸殊。」他們認為，一定有更適合的方法可以「**隨機應變**」地回應與網路有關的能源需求議題才對。這種即時回應的作法，和先等到家戶與社會都變得仰賴資訊密集服務（例如智慧妻子所提供的服務）再處理的觀念相當不同，畢竟到時候這些服務早已被牢牢「綁住」、鑲嵌在日常生活之中了。[113] 一旦家裡能有這麼理想的賢內助，屆時如何捨得讓她離開？

　　不過，在智慧妻子企業家，或者資本主義政府的字典中，才沒有「限制成長」這種字眼。不要忘記，亞馬遜的目標可是要成為「什麼都賣的企業」──而且它當然不是唯一一間這麼自詡的公司，外頭還有太多後起之秀很樂意取代亞馬遜的位置，成為全球智慧妻子的最強殖民者。究竟，我們對 Alexa 和其他智慧姐妹們的未來，還能有什麼比較實際的期待呢？

新博格國王

正如本章開頭所述，Alexa 的靈感源於太空影劇《星艦迷航記》中的星艦內建電腦語音。不過，如果 Alexa 其實是《星艦迷航記》宇宙中的其他物種——具體來說，她有沒有可能是來自遙遠的「第四象限」（Delta Quadrant）的科技種族「博格人」（the Borg）？在星艦迷航系列中，博格人是個外星控制論（cybernetic）殖民種族，所有個體之間會透過集體性的「蜂群意識」（hive mind）相互連結，個體缺乏自我意識，彼此全都已經遭到「同化」（assimilated）——多半是透過恐懼與暴力（圖 4.4）；個別的博格人被稱爲「工蜂」（drones），可能有男有女，有時甚至是兒童的形象。博格人是星際迷航系列中反覆出現的反派角色，每每出現都企圖同化星艦船員，除去他們的個人意識，並將其融爲博格集合體的一部分（他們有時會成功，造成船員的

圖 4.4　博格女王。資料來源：《星艦迷航記 VIII：戰鬥巡航》（Star Trek: First Contact）。

犧牲）。博格人宛如蜂巢中的蜜蜂，雖是由一名母系社會的女王所領
導，但她的野心卻相當符合傳統父系社會的設定（例如追求權力階序、
凌駕於所有物種和種族之上的優越性、意圖統治宇宙或其他宇宙）。

博格人跟智慧妻子與設置她們的企業驚人地相似。他們都希望能
打造由單一中心控制、能滿足我們所有需求的科技社會；智慧妻子的
蜂群思維展現於開放原始碼的工具與第三方開發的技能（如同前述的
ASK）、使用者原創數據（user-generated data）、機器學習（machine
learning），以及「雲端超能力」（cloud superpowers）——這些全都
是 Alexa 這類智慧型產品的關鍵基礎。正如克勞佛和喬勒所說，前述
這些元素與工具，使人產生一種 AI 民主化的虛假認知；[114] 但這群智
慧妻子「工蜂」既不民主，也非女性，而是被極少數人所設計、製造
和控制，要拓展資本主義帝國的版圖；其中，矽谷科技企業的執行長
們儼然成爲一群新的博格國王——要同化全世界的知識、擴張自己的
影響力和掌控範圍。正如數位媒體學者珍妮佛楊・許（Jennifer Yang
Hui）和戴姆普爾絲・梁（Dymples Leong）所說：「家庭數位助理及
其使用者生活之間的無縫同化經驗，也是科技公司樂見且積極推廣的
方向，企業宣傳時還會將這些設備塑造爲『自然』的家庭成員。」[115]

不過，同化過程其實沒有這麼無縫密合，就像在《星際爭霸戰：
重返地球》（Star Trek: Voyager）中獲救（或重新奪回）的賽柏格
（cyBorg）女性「九之七」（Seven of Nine）。[116] 這位由 1990 年代美
國小姐決賽選手潔芮・萊恩（Jeri Ryan）所扮演的角色，一直深陷於
她體內人類意識與博格機器性格之間的拉扯與緊繃關係之中（因爲她
遭植入的機械只能被移除七成）。宛如一名智慧妻子的九之七，在劇
中不斷地探索自己的人性特質與性感陰柔氣質，她的角色和她的存在

引起很多周遭角色的不同反應，包括不信任、敵意、恐懼。她的無數小小故障（不管是她的技術參數失誤，還是她扮演理想性別化角色的能力）都會成為我們在第六章的重要背景故事；但就本章討論來說，我們想要強調的是：九之七同時為反抗博格與智慧妻子，帶來了一些曙光。

雖然有前面這些相似之處，博格人跟智慧妻子之間還是存在一個關鍵差異（也可以算有兩個，因為智慧妻子通常都是圓柱體，博格則住在立方體中）——二十一世紀的人類並不害怕 Alexa 與她的隨附意義。當她靠近我們家時，人們沒有改變航道、棄船或發動攻擊，反而有人願意走進電器行，希望購買她與她的服務，甚至敞開雙臂邀請她進入我們的內心世界——當然，只有部分享有足夠特權、買得起她、擁有安穩住宅、有電、有網路的我們能夠這麼做。

不要誤會，我們沒有覺得這個反應不合理。畢竟目前就我們所知，Alexa 應該是沒有打算幫我們注射蜂群意識血清、把我們整合成一個集合體，或者違反我們的意願，在我們體內植入晶片（但未來的升級還是小心為妙）。Alexa 跟其他智慧妻子來到我們身邊時，多半都是以一個不具威脅性的新興「物種」形象，只為了滿足我們在地球上的特定需求。她的姿態是被動且善於助人的，她擁有像天使般的雲端，彷彿完全不沾染任何會影響地球或人類同胞的可能性。她說會幫我們節省能源、會讓我們更親近大自然，還能讓我們感到心曠神怡。這有什麼不好？

不過，正如本書與其他人所言，在她那光滑渾圓的圓柱體外觀背後，潛藏了太多與此相悖的東西——這些可能深深傷害地球、可能帶

105

來極度不均的衝擊，是你我都應該要感到憂心的。智慧妻子或許比你想像的更像博格人——勤奮工作、具備陰柔形象的工蜂，聽命於寡頭統治的國王。對於這個新興集合體，我們想要問個問題：Alexa，這真的是我們應該打造的未來嗎？

＃防雷警告——當然不是。

那麼，對於一個已經被智慧妻子佔據的世界來說，究竟我們應該如何回應才對呢？生態女性主義學者將能帶給我們一些靈感——作為父權體制與資本主義的替代方案，他們主張以重新連結、尊重環境作為發展的前提。

例如，席娃所提出的「地球民主」（earth democracy）意識形態或許很適合幫亞馬遜的企業價值更新。席娃指出，這種意識形態展現的是「一種古老的世界觀，以及一場重視和平、正義與永續發展的新興政治運動。」[117] 地球民主共有十項原則，包括以「活著的民主社會」（living democracies）為優先，「任何攸關生死的事情都需要有民主的參與——包括我們所吃下肚，或我們無法取得的食物；包括我們所飲用的水，或我們因為私有化、污染而無法獲得的水源；包括我們所呼吸的空氣，或毒害我們的空氣。」[118] 席娃繼續寫道，活著的民主社會與文化奠基於「非暴力與同理心、多樣性和多元主義（pluralism）、平等和正義，而且尊重生命所蘊含的一切多樣性。」地球民主的意識形態，也秉持兩個生態性原則，包括「預防原則」（precautionary principle，意指要避免可能造成生態危害的行為）和「污染者付費原則」（polluter pays principle，要求造成污染者必須負擔損害與清除惡害的責任）；[119] 這兩個原則後來被收錄於 1992 年「聯合國環境及發展會議」

（The United Nations Conference on Environment and Development；又稱「地球高峰會」）「二十一世紀議程」（Agenda 21）中，儘管它們已被證明很難落實與執行。[120]

　　懷疑論的讀者可能會認為這些想法有些異想天開或不切實際，但請記住，相較於活的民主社會所存在的時間，我們稱為當代資本主義的人類文明可能還更像是曇花一現。很多過往的歷史經驗也顯示，社會、經濟乃至整個文明的崩潰有可能、也確實會發生。[121]

　　樂觀一點來看，藉由生計經濟與草根運動的持續存在與強化，以及新興全球網絡（例如賦予且正視大自然法律權利的組織「野生法」〔Wild Law〕），生態女性主義的意識形態確實已經被逐步實現。[122] 其他社會運動也不斷呼籲、監督電子產業，要求它們對於自己傷害地球的行為與影響負責任。舉例來說，歐洲聯盟（European Union）與美國正在制定「產品維修權」（right to repair）的相關法律，要延長數位設備的使用壽命與維修可能性；[123] 這些立法都是為了要降低「計畫性報廢」（刻意設計設備故障或停止維修服務，以鼓勵消費者升級或購買新產品的行為）所做的努力。[124] 因此，我們確實有理由相信，至少這些新興博格國王的統治範圍將會出現界限，甚至可能遭到徹底的變革。

　　在這顆前景黯淡無望的地球上，實在很難看出智慧妻子究竟有何意義。正如本書所說，她目前只幫到了部分女性——就算真的有，效果也很有限。宣稱她能讓人與大自然更親近，或能幫我們節約能源，都要令人打上問號；實際上，唯有忽略她在家戶以外所造成的衝擊與負擔，這種說法才可能站得住腳。因此我們認為，整體而言，智慧妻

106

子本身並不是個好主意。

我們也必須承認，本書的論點存在內部矛盾。我們一方面主張，智慧妻子需要一場女性主義式的電腦重灌，另一方面，又說她是一場生態女性主義者的惡夢。[125] 我們不如現在簡單做個結論：智慧妻子是在浪費大家的時間。閉門大吉，貝佐斯。回家休息吧，Alexa。

但這麼做反而是不切實際的，或者就像博格人的那句老話──「反抗無用」。資本主義是目前世界上大多數文明社會所採行的體系，而連網的智慧科技現在已經跟資本主義徹底地交纏在一起。本書的寫作就牽涉到幾台不同的筆電，我們利用智慧型手機協作與討論、透過網路下載資料研究與推廣宣傳，透過雲端硬碟備份稿件，讀者可能是透過 Kindle 閱讀本書，或者在亞馬遜網站購買。如果沒有五巨頭等人，本書就不可能存在。

107

不過，反抗當然**並不**無用──這正是《星際迷航記》中的船員與九之七，以及本章回顧的生態女性主義者與其他環保運動告訴我們的事情。因此，我們認為本書的兩個論點可以**同時成立**。我們希望眾人知道，智慧妻子並不是十全十美的存在，但同時我們也要承認，隨著越來越多的智慧妻子走進我們的生活，我們也需要重視可能的改善、修正方案。我們相信，雙管齊下的作法是可行的──我們可以同時從**系統內部與外部**著手，一方面承繼（生態）女性主義者的啟發，起身挑戰、提倡新型態的未來（甚至可能會消滅智慧妻子），一方面盡力地改善智慧妻子的設計。

這並不代表我們應該趨之若鶩地購入最新型號的 Alexa。如果智慧妻子會繼續存在，而且她對富裕家庭的影響會繼續擴大（我們相信

會），那麼她就應該要先發展出一些倫理規範，說起來有點諷刺，她
應該要學會關心她自己所生活的世界。表面上來說，這代表她應該要
看見並回應克勞佛與喬勒所揭露的整串生產供應鏈，並且確保自己每
踏出一步，都是支持而非剝削這個她也賴以爲生的自然與生計經濟。
就這點而言，Alexa 最好要移除她身上那些帶有博格人思維的東西，參
考其他比較重視互惠的物種（歡迎各界提供建議）。如果 Alexa 眞的
可能殖民地球，無論我們支持與否，至少我們可以要求她遵循一些道
德規範。

第五章
HARMONY

Harmony 是個「性福」的智慧妻子（圖 5.1）。她不僅是「性愛娃娃中的法拉利」，是「你的完美伴侶」，還是「為了墜入愛河而誕生」。[1] 製造者她的人是麥特・麥克穆倫（Matt McMullen），深淵製造（Abyss Creations）與真實機器（Realbotix）公司的創辦人兼執行長，由他的公司製造生產「真實娃娃」（RealDoll）與「真實娃娃 X」（RealDollX）。麥克穆倫和他的團隊「夢想家」所設計的 Harmony（也就是現正販賣的真實娃娃 X）是名親密性伴侶——沒錯，包括性愛。[2] 就如同這個「性福美滿」市場中的其他機器人一樣，Harmony 具有刻板印象中男性所鍾愛的曼妙身材——大胸、細腰、翹臀。如同其他的智慧妻子，Harmony 的終極目標，就是要取悅人心。

將性愛機器人和本書所提及的其他智慧妻子相提並論，包括掃地機器人、服務型機器人（例如 Pepper）、語音助理（例如 Alexa）——似乎有點偷吃步；可能還有人會認為我們太過極端。確實，這些智慧妻子彼此全都很不一樣，但她們的相同之處可能比你所想像的還要多。

創造出 Alexa 和 Harmony 的貝佐斯和麥克穆倫都是白人、異性戀的美國男性；兩人也都是在自家車庫創業；Harmony 等性愛機器人的語音控制功能其實都是模仿 Alexa、Siri 等其他女聲數位語音助理所開

圖 5.1　性愛機器人 Harmony。資料來源：真實娃娃 X。

發的。而且，就如同本書提及的其他智慧妻子一樣，性愛機器人也驚人地體現、展現了妻子本色——只不過摻雜了更多受色情片所啓發的性幻想色彩。

110　　　　我們不是第一個觀察到性愛機器人具有妻子色彩的人。電腦科學家與性愛機器人專家凱特・德夫林（Kate Devlin）曾寫道，與 Harmony 聊天的感覺很怪，「就像下班回家後跟伴侶聊天一樣。」[3] 除了可以輕鬆閒聊外，Harmony 還有其他超像妻子的設定，例如她會記住她男人的名字、生日跟他最喜歡的菜（顯然她很努力要落實《好主婦指南》的第 1 條：「備妥晚餐。提前計劃……煮好一頓美味飯菜，等他準時返家」，以及第 2 條：必須準備「他最愛的菜」，作爲對他的「熱烈歡迎」。）[4]

　　　　歐洲機器人專家塞吉・桑托斯（Sergi Santos）與妻子瑪瑞莎・凱撒米塔基（Maritsa Kissamitaki）所設計的性愛機器人 Samantha 也喜歡聊天；她的名字在亞蘭語（Aramaic）中代表「傾聽者」。德夫林有些嘲諷地表示，這位細耳傾聽的女子堪稱是名「終極戰利品妻子」。[5]

　　同樣也有開發與生產性感智慧妻子的中國公司「深圳全智能機器人科技有限公司」（簡稱為「全智能科技」），現正銷售的性愛機器人機型是「菲菲」（英文名為 Emma）；在全智能科技的英文版網站上，菲菲被描述為你的「親密愛人」、「伴侶」、「替代伴侶」，而且「你可以和菲菲說任何你想說的事情，她了解你的興趣、會用回答取悅你」——就像一名好太太。[6]

　　在菲菲的廣告影片中，我們可以看見動態的她。金髮碧眼的她登場時，是躺在一個大箱子裡（多數的智慧妻子也都是如此）——菲菲只穿著一件象牙色的絲綢睡袍，幾乎可說是衣不蔽體，而她的新丈夫則將她抱上床就寢——德夫林將其稱為「新娘抱」（圖 5.2）。[7]如同

111

圖 5.2　性愛機器人菲菲被新娘抱到床上。資料來源：全智能科技。

分析男性與性愛娃娃互動的研究所示，這個特殊的「開箱日」，將會成為這段伴侶的重要週年紀念日。[8] 接著，我們將會看到菲菲和她的新「主人」相擁共眠，她會癡癡地望著他打電動、在公園裡讓他拍照、幫他回 e-mail，而且還有英翻中的額外功能。[9]

還有一間叫做「矽嬌太太」（Silicone Wives）的「豪奢」性愛娃娃公司；雖然它（還）沒有製造性愛機器人，但已是原型市場的一份子。官方網站上的介紹補充道：「我們為什麼會取這個名字？好問題！我們結合了最先進的性愛娃娃技術（矽谷）跟目前最好的材料（矽膠），所以我們的美國真人娃娃〔原文照錄〕的平均壽命通常比較長，跟妻子一樣，只不過沒那麼嘮叨。」[10]

112　　有些性愛機器人（譬如 Harmony 和 Samantha）的設定是，使用者必須先向她示愛、挑逗。以 Harmony 來說，除非你先和她好好說話，否則她是不會展開性愛互動的。記者艾莉森・戴維斯（Allison Davis）採訪深淵製造公司總部後解釋道，你必須先和 Harmony 有充分的交流與互動，她才會開始「渴望」你。[11]

Samantha 也是必須先有交談，才會感到興奮（不過她有個開關，只要啟動後就可以直接跳過交談，快速啟動「性愛模式」）。實際上，Samantha 預設是「家庭模式」，這種友善但超級不性感的設定，再次反映出她的刻板妻子形象。Samantha 還有「娛樂模式」、「浪漫模式」、「趣味模式」（受 Alexa 與 Siri 的啟發，此模式會出現一些鹹濕笑話以及「彩蛋」——第六章會再做介紹），以及「睡眠模式」（甚至還會發出呼吸聲）。[12] Samantha 也可以針對健康飲食等問題，提供一些妻子般的建議。在示範影片中，當創作者桑托斯要求她「變性感」時，她反問道：「你認為我們還能變得更性感嗎？」[13] 在同一支影片中，Samantha 還和 Alexa 互動，請她幫忙調整音樂和燈光，營造浪漫氣氛。簡直是個虛擬智慧妻子的後宮。[14]

這些將會帶我們前往何方？當然是朝向一個典型的方向。在 2016 年消費電子展上受訪時，麥克穆倫曾被問到他對「終極」智慧妻子或「完美機器人」的願景。「如果有一天它能夠跟我們家裡的自動化設備互動，那就太酷了⋯⋯這樣不管你人在何處，都可以和她交流。」麥克穆倫說：「譬如，『我要回家了，你可以先開烤箱嗎？』」訪問者反問：「有點像是超完美嬌妻那樣嗎？」麥克穆倫笑了，坦承：「對，就像那樣。」[15]

中國性愛機器人公司 EXDOLL 也抱持類似的願景，正在致力於研發能夠結合智慧居家設備的性愛機器人（現在已有一些早期機型）。[16] 中國的英語網路雜誌《第六聲》（Sixth Tone）記者陳娜（音譯）在報導中介紹，類似「小蝶」的智慧性愛機器人，要如何協助處理簡單的家事：「和 Amazon Echo 和 Google Home 一樣，小蝶也能利用物聯網技術與使用者的智慧家電連線，並且完成開燈、關窗簾或打開洗碗機等指令。」[17]

當然，除了笑話、健康餐點、調情浪漫之外，這些性愛機器人還能燃起慾火，而且很快。她們的設計本來就是要學習或回應伴侶的歡愉感受。如果你想說點挑逗的情話，她們會說；如果你想玩點激烈的，她們也能夠配合。有些性愛娃娃可以透過捏揉或輕拍私處而「感到興奮」，但也有些是只要輕輕按一下開關就行。有些娃娃的設計可以透過插入達到性高潮，達到高潮時甚至還能同步。[18]

113

有些這類智慧妻子其實不太像是生活上的伴侶，而更像是色情片明星、性工作者，或者遭到性販賣的郵購新娘（我們將會在後文多作著墨。）實際上，巴塞隆納、多倫多、莫斯科和名古屋等都市，已經出現了不少使用性愛機器人或性愛娃娃來做生意的娼館。[19]

在超禁忌等級的性愛機器人 Roxxxy 身上，也能看到不少受色情片影響的成分（據報導，民眾本來能上紐澤西州性愛機器人廠商的網站 TrueCompanion.com 訂購 Roxxxy，不過網站在 2019 年底已經失效。）Roxxxy 自稱是「世界上第一個性愛機器人」，她「總是性慾高漲，隨時都能聊天或玩上一場」（圖 5.3）。[20] 她的性格包括「冷淡的法菈」、「狂野的溫蒂」、「S&M 蘇珊」、「年輕的洋子」和「成熟的瑪莎」——這些名字也反映出色情產業透過男性刻板的性幻想，對女性分類的方式。

就連這位下流淫娃，都帶有一些妻子色彩：Roxxxy「知道你的名字、你的喜好，可以討論、表達她對你的愛 &〔原文照錄〕成為你的好友。」[21] 使用者可以透過程式編碼，調整 Roxxxy 的個性，並和其他人在「網路上交換」——根據官網上的說明，這就「跟交換妻子或交

圖 5.3 性愛機器人 Roxxxy。資料來源：TrueCompanion.com（網站已失效）。

換女友一樣，只不過不會造成任何社會問題，也不用擔心性病！」[22]

　　無論你對這些智慧妻子的想法與反應為何，有些事情似乎是無庸置疑的。正如機器人和法律學者約翰‧丹納赫（John Danaher）所說，這些機器人「絕大多數都是女性，且都採用高度性別刻板形象的外貌與行為規範，因此將惡化社會對女性所抱持的負面態度。」[23] 儘管市面上確實有一些男性的性愛機器人，但只要點入任何一個銷售性愛娃娃或性愛機器人的網站，你永遠都會被各種年輕貌美、婀娜多姿、波濤胸湧、衣著暴露（甚至是裸體）、像是芭比娃娃的性感女機器人照片所淹沒。這些性愛娃娃與機器人，全都是被高度物化、可交易、商品化、可取代的女情人。在這種狀況下，Harmony 的創造者麥克穆倫會說公司只有不到10%的女性客戶，也就不足為奇了；[24] 媒體報導顯示，男性主導了目前95%的性愛機器人市場。[25] 也就是說，性愛機器人的製造——跟使用——全都是為了男性。

　　學者與論者已經開始強烈抨擊這類性愛機器人的設計、建造與販售——全都言之有理。許多批評主張，這些陰道會自動加濕的女機器人，延伸了色情產業對女性的剝削、貶低女性及其社會地位、強化狹窄且帶有男性偏見的性愛詮釋觀、助長強暴文化（rape culture），而且會加劇社會對女性（與兒少）的性暴力。[26]

　　相形之下，性愛娃娃產業卻鮮少被視為是由變態、厭女份子或性侵犯所組成，也很少被視為是迎合這些族群的產業（這種認知為後續的智慧愛人打下了不錯的基礎）。德夫林指出，性愛娃娃的愛好者（與生產者）形成了一個小眾的戀物癖同好社群，他們強調娃娃本身所展現的藝術性，且明顯以謹慎、尊重的態度對待它們。[27] 舉例來說，真

114

115

實娃娃的創辦人麥克穆倫自認為一名藝術家。TrueCompanion.com 則聲稱，它是間「由一群技巧高超的藝術家和工程師共同組成的企業」；它的創辦人道格拉斯・海因斯（Douglas Hines）主張，他希望能夠填補醫療保健和成人娛樂產業之間的鴻溝，希望能「讓使用者感到舒適，並同時從光譜的兩端下手。」TrueCompanion.com 強調，性愛機器人將能「提供無條件的愛和接納。」[28]

支持者認為，這些歡愉機器人具有許多潛在好處。首先，它們不會懷孕，也不會散播性病——當然，廠商會反覆強調，你必須要適當清潔。此外，它們不僅可以用在養老機構，陪伴長者、體衰者與身心障礙者，並且滿足他們的性需求；它們也可以協助遠距離的伴侶維繫親密關係。[29]

麥克穆倫等支持者甚至將其吹捧為「一種治療工具」，認為它可以協助有精神疾病者面對孤獨、社會孤立感和抑鬱感，也可以減少性工作產業的剝削；更有爭議的看法是，她能夠用來宣洩性暴力，但不會直接傷害女性。[30] 此外，有些廠商與潛在或實際擁有者更聲稱，性愛機器人有助於解決中國因為長年實施人口節育政策與重男輕女的文化，所導致的真正人妻荒（與女性荒）（據估計，中國在 2030 年時將會擁有超過三千萬名「過剩男性」）。[31]

這個領域相當棘手，而且令人不太舒服。我們本身不是性愛娃娃、性愛機器人或甚至性愛的研究者。我們無意羞辱或指責任何人的性幻想、戀物癖或性癖好。我們也同意，性愛機器人確實可能幫助到一些人（就像本書也不斷強調，所有其他的智慧妻子也是如此）。不過，這裡確實出現了一些令人深感不安的發展。後續我們將繼續說明，這些智慧妻子將會帶來一系列的問題，並且加劇那些可能傷害女性的刻板印象。如同其他的智慧妻子一樣，性愛機器人也需要爲了二十一世紀被重新啟動。

性愛機器人的登場

116

繼續深入這種爭議性十足的智慧妻子前，讓我們先停下來檢視一下它的定義。丹納赫認爲，性愛機器人「是任何具有性目的用途（包括性刺激與性宣洩）的人造實體」，它們可能具有人形、會做出類似人的動作或行爲，或者帶有一定程度的人工智慧。[32] 在丹納赫的定義中，性愛機器人未必需要具象化地存在；舉例來說，它們也可能和其他多數智慧妻子一樣，只是個具有性感女聲的語音助理（所以像 Harmony 等性愛機器人的語音程式，都可以另外單獨購買）。

丹納赫也舉出了可能不符這種以人類爲中心定義的例外（譬如動物型態的性愛機器）。德夫林對於「性」與機器「人」的定義則相對寬鬆，她在研究中開創性地參考了技術性戀者的思維，刻意不仰賴具象女體與二元性別框架的編碼，破壞了前述分類。所以，只要是可以提供任何一種性愛體驗的機器型或 AI 設備，就是一種性愛機器；只不過現在它多半會被設計成具備人形的外觀，並且依照色情片的想像呈現人類的性愛活動。就技術面來說，性愛機器人的「智慧」層面通常包括 AI 技術、感官知覺能力、人造生理反應與情感計算能力。[33]

根據預測，性愛機器人最快要到 2025 年才能變得相當普及。[34] 不過，如果只看媒體報導，你很可能會感覺性愛機器人早已滿街跑，它們甚至可能進到你的夢中，與你共度春宵——不，並沒有（雖然不能排除這個可能性）。正如德夫林所言，現實世界中的性愛人形機器完全不若媒體炒作的那樣迷人、刺激、容易取得。首先，它們非常貴（一般要價數千元美金，頂級型號則可能高達數萬元美金）。2018 年，深淵製造公司每個月大約可以銷售 30 至 50 台眞實娃娃，依照客製化程度的不同，最高單價約可高達美金 50,000 元。[35]

創辦日常性別歧視計畫（Everyday Sexism Project）的蘿拉·貝茨說，儘管性愛機器人目前還是個小衆的利基市場，但它「可不是個小衆題目。」[36] 她指出，一項 2016 年的德國研究顯示，263 名異性戀男性中有超過四成的人可以想像自己使用性愛機器人。[37]「負責任機器人基金會」（Foundation for Responsible Robotics）指出，根據多份關於性愛機器人的問卷調查研究，儘管各國民衆對於性愛機器人的看法與使用意願差異非常懸殊，且明顯存在文化差異與宗教信仰的差異（例如，伊斯蘭國家普遍禁止使用性愛機器人）；不過始終穩定不變的共同趨勢是，期待機器親密關係的男性至少都會是女性的兩倍之多。[38] 看來，性愛機器人確實是潛力無限。

這種親密關係會是什麼樣子？關於機器人何時可能發展到，能夠惟妙惟肖地模擬人類情感，使人幾近難以辨別，目前依然是衆說紛紜。AI 專家大衛·利維（David Levy），在他那本極具開創性（seminal，沒有要雙關）與樂觀態度的《與機器人的性與愛：人形機器關係的演進》（Love and Sex with Robots: The Evolution of Human-Robot Relationships）一書中指出，基於成人娛樂產業的商業需求，可望在二十一世紀中葉實現。[39] 利維認爲，仿人機器人發展所面臨的主要挑戰在於，目前的情感計算技術仍有侷限。不過，受益於許多領域的持續精進，這項技術不斷出現革新與進展，例如，神經義肢的開發與生物醫學材料，都能讓機器人在外觀上、感覺上、行動上，都更像人類。機器人領域與 AI 技術的進步，也讓複雜的對話與程式設計行為成為可能，能夠複製更符合生物力學的大小身體動作。

有鑑於相關技術已經滲透到人類的日常生活中，研究科技對於性行為影響的學者楚蒂・巴柏（Trudy Barber）預測，科技很快就會成為人類性行為中的主要角色。在 2016 年「機器人的性與愛國際研討會」（International Congress of Love and Sex with Robotics）的演講中，巴柏認為未來人類間的性愛可能會成為例外—— 只保留給某些特殊場合，平常人們會更偏好舒適、自在地使用自己的機器就好。巴柏強調，這種轉變並不是人際關係之間的一記喪鐘，相反地，她認為性愛機器人反而更能賦予人類間性關係的意義，也讓人們更能重視真人帶來的觸碰。「我認為，它們未來將會讓真實的人類關係變得更有價值、更興奮。」她在研討會上如此說道。[40]

巴柏這種對於廣泛技術性戀經驗的預測，確實獲得不少現行發展的支持，只不過就人類關係來說，可能未必如她所說的那樣正面與樂觀。舉例來說，相比性愛機器人，虛擬實境色情片的市場規模與發展可能性反而大得多（因為它越來越容易取得，可負擔程度也越來越高）。[41] 已有跡象顯示，性愛機器人和虛擬實境色情的市場可能會彼此相融，近期興起的網路與遠程性愛設備（結合物聯網的性愛玩具），就明顯展現了這種混合性愛娃娃和虛擬實境技術的趨勢。例如，一個裝載「智慧陰道」的真人尺寸性愛娃娃，可以和一台真正的攝影鏡頭（與一位真正的女性）連線，讓她能夠透過虛擬實境的技術出現在你的眼前。[42] 相較於本書所提及的其他性愛機器人，這類賽伯格比較不那麼具妻子形象。不出所料，虛擬實境色情片更能反映出色情產業對於男性性幻想的設定，相較於呈現親密感或伴侶關係，這類色情片更容易呈現暴力情境或凶殺紀實的情節（snuff pron，以殺害片中女性告終）──而這反過來，自然就可能傷害實際參與這些色情片製作的眞實女性。[43]

　　儘管已有前述新興發展，性愛機器人目前仍然是個規模較小的利基市場，而且絕大多數依然是不會動的性愛「娃娃」──具有某些會動的部分、可以回應外界接觸的感應器，或者擁有能夠用語音控制、可以自訂的聊天機器人性格。舉例來說，Harmony 其實徹頭徹尾就是個性愛娃娃，只是加入了極低的 AI 技術。[44] 消費者可以單獨購買她的機器頭部與搭配的禁忌 APP，改裝既有的性愛娃娃，或者連同新型娃娃一併購買。有些性愛機器人可以模擬性交的動作或可以振動，爲了模擬人體溫度，多數可以微微加熱（觸摸式或開關式，需要裝電池或插電），而且能夠調整、配合不同的性愛體位；有一款甚至具有機器心跳。不過它們無法洗碗（雖然如前所述，有些機型據稱可以啓動洗碗機）、下廚，也無法走路──至少目前還不行。

　　性愛機器人可能還要很長一段時間，才能夠越過陰森的恐怖谷（實際上，麥克穆倫等創作者一直有刻意避免走入）或通過圖靈測試──也就是我們足以相信，它們已經無異於眞正的人類。[45] 就目前的性愛機器人來說，它們並不太像現實生活中的人，而更像是一個客製化產品，搭配各種可自行拆卸的零件。

多汁零件

「我該選擇怎麼樣的陰道？」這個問題，出現在 Lumidoll 網站上的常見問答區。Lumidoll 是個能夠自行組裝與拆卸的性愛娃娃，[46] 當然，每種不同陰道選擇都各有優缺點。如果在市面上想要尋找一款性感的智慧妻子，這勢必是個需要認真思考的問題。

實際上，如果想要直搗這個新興市場洞穴的核心，我們就不得不仔細討論她（與他）身上的所有組成與配件 —— 也就是那些裡裡外外的細節。我們將會發現，這位智慧妻子的物化是個完全自動化的過程。

舉例來說，真實娃娃擁有多種不同體型可供選擇（圖 5.4），其中最為暢銷的 Body F 性愛娃娃，身高 155 公分、體重 32 公斤、罩杯為 32F。美國女性的平均胸圍大概是 36C；也就是說，Body F 比一般美國女性還要苗條許多，但胸部卻大了整整三個罩杯。從性器官、乳頭、陰毛、胸型、臀型，到眼球顏色、嘴唇與牙齒，真實娃娃的每個身體部位全都可以客製。光是真實娃娃的「陰道款式」（預設為可自由拆卸，以利清潔），網站上就放了 11 張外陰部近照，展示各種不同大小和形狀的陰唇和陰蒂選擇。除此之外，真實娃娃還有高達 24 種的自訂乳頭選項、5 種膚色選項、4 種陰毛選項。戴維斯在她的報導中形容，這些選項就像是人們在交友約會軟體上「選購伴侶」（partner shopping）一般，只要短短幾分鐘，你就能滑完數十個潛在的交往對象。[47] 但這其實**也**很像在超市裡挑選你所喜歡的品牌或產品一樣。智慧妻子擁有多款自訂器官，任君挑選。

真實娃娃設計了三個可插入的洞：陰道、肛門和嘴巴。她們嘴巴微張、唇齒柔軟，方便男性將陰莖放入。真實娃娃就跟多數的性愛娃

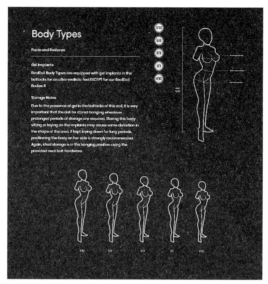

圖 5.4　真實娃娃網站上的身形選擇。資料來源：真實娃娃 X。

娃一樣，陰蒂只是個裝飾，無法透過陰蒂刺激。基本上，真實娃娃的身體是不會動的、柔軟可彎曲、沒有反應的。深淵製造公司後來推出了具有加速與感應器的加熱式身體，讓真實娃娃能夠依照人類的觸摸回應——甚至能夠動。不過，在這個新型身體中，她更像是個容器，而不是個回應者。

升級版的真實娃娃 X，則包括一個機器人頭部，跟兩款有自訂選項的 AI 人格：HarmonyX 和 SolanaX（頭部本身就要價 7,999 美元起，但可以用來改裝既有的真實娃娃）。Harmony AI 是在 2017 年上市的，Solana AI 則是 2018 年。

二者最大的差別在於，你可以把 Solana 的臉剝下來，換成別張臉，她的個性設定與聲音也是如此。根據眞實娃娃 X 的網站說明，只要利用搭配的 APP，使用者就可以「創造、自訂，**玩得盡興**」——你可以爲這台性愛機器人選擇不同的口音和性格，創造「獨一無二的專屬人物」。[48]APP 裡頭的性格選項包括：健談、知性、感性、開朗、沒有安全感、難以預料、善妒、喜怒無常。

與 Harmony 對應的第一位男性娃娃，是 Henry（見圖 5.5）。在麥克穆倫的公司飽受業界抨擊物化女性之後，他在 2018 年正式開發出 Henry——事實證明，這間公司也能物化男性。Henry 身高 182 公分，有著精實傲人的六塊腹肌，還有多款陰莖可供選擇。他和其他的眞實娃娃一樣，身體是由矽膠製成，性器官可以拆卸、方便清洗。Henry 的陰莖有多樣的周長與長度選擇，其中有一款叫做「眞實大鵰 2」（Real Cock 2），約 23 公分長；這些陽具栩栩如生、做工精細，上頭還有清晰可見的突起靜脈，和能夠上下滑動的矽膠包皮。

除了令人讚嘆的肉體素質外，Henry 也跟 Harmony 一樣，知道如何讚美、說笑話、引經據典和色誘。不過兩款機型充其量就是個人體模型，只不過它們裝有喇叭、孔洞，和可以插入或被插入的性器官。Henry 說話的聲音確實比 Harmony 低沈，但兩者講話的劇本基本上沒

圖 5.5　性愛娃娃 Henry。資料來源：真
　　　　實娃娃 X。

121

有不同。和 Harmony 一樣，他的身體主要也是爲了男性的快感所設計的。他的唇齒很柔軟，如果另外搭配自組配件的話，他也可以被肛交。由於他的鼠蹊部跟舌頭都無法移動，因此他無法爲女性口交，也無法帶給陰蒂什麼刺激。讓 Henry 一戰成名的，在於他卓越的插入性交能力——以及他的超大陰莖。

這些性愛機器人顯然是被製造出來滿足男性的性愛快感，而且範圍還相當限縮。我們應該都聽說過性別薪資差距，那麼高潮的性別差距呢？以獲得性高潮來說，性別之間是否存在差異？心理學教授與性諮商師勞莉・明茲（Laurie Mintz）就曾在她所著的《提升陰蒂識讀：爲何性高潮平等很重要》（Becoming Cliterate: Why Orgasm Equality Matters）一書中，[49] 深入探討男女之間的「高潮差距」（orgasm gap）。明茲指出，所謂的高潮差距是指，「在異性戀的性愛中，男性會比女性擁有更多高潮。」統計上來說，女同志的高潮顯著比異性戀女性多，女性自慰時所獲得的快感也會比跟伴侶一起時更多。爲什麼？「因爲沒有陰莖的存在」，明茲寫道，更具體而言，因爲「我們太高估插入式性交了」——「我們的文化過分強調把陰莖放入陰道的重要性，這完全搞壞了（screw）女性的高潮」（此處的雙關是刻意的）。[50]

研究一致發現，與男性相比，女性可以獲得性高潮的身體範圍更廣，重要的是，這種快感主要集中在陰蒂，而不是陰莖在陰道內的移動。[51] 有一項研究發現，高達八成的女性無法只透過插入獲得高潮；有超過三分之一的女性表示，她們需要透過陰蒂刺激才能高潮，另外三分之一的女性則說，陰蒂刺激雖然並非必要，但如果有，她們的性高潮感受會更好。[52] 對此，明茲呼籲要促成「性高潮平等」，針對擁有外陰的人，或想和擁有外陰的人發生性關係的讀者，她也在書中提供了一些中肯的建議。[53] 此外，其實還有其他可以感到性歡愉或刺激的方法，也可能跟高潮與否無關。

我們不必是性愛機器人的工程師，也能輕易發現，目前的性愛機器人市場顯然並未優先考慮非插入式性交的設計。有人可能會說，這只是基本的供需問題──現在的買家是男性，而男性的高潮通常都跟插入有關，那麼市場自然就會優先服務這一塊。不過，目前女性（和許多男性）對於性愛機器人興趣缺缺的事實，或許也可以有另一種解釋：這些消費者並不喜歡機器人看起來像是色情女明星，身上的每個洞都可以插。[54]（當然，社會對女性性慾所加諸的額外評判可能也有點關係。）[55]

雖然性愛娃娃和性愛機器人都擁有**貌似逼真**的性器官，但陰蒂卻一直沒有被開發、無法回應刺激。目前只有性愛機器人 Samantha 的陰道內設有 G 點，如果 G 點獲得刺激，就會啟動性高潮的反應。[56] 不過，近年研究已經顯示，G 點其實屬於陰蒂壁的一部分，換言之，特別把 G 點（而非陰蒂）視為是女性高潮的來源，等於是再一次以插入式的男性刻板性愛經驗為尊。[57]

性愛未必需要如此，而且實際上也真的不是如此。近年來，道德、女性主義式的色情片，也就是「供女性觀賞的色情片」（porn for women）一詞越來越受到歡迎，儘管它也有一些自己的批評（這個網路搜索關鍵字影射，所有其他的色情片都是給男性看的）。[58] 此外，市面上也已經有許多專為女性愉悅設計的科技產品，按摩器和情趣玩具的市場就可以作為性愛機器人廠商的靈感來源；[59] 前述提及的新興遠程性愛設備（以配備藍牙或無線控制為特色），也可能提供比目前

123

的性愛機器人更多元的體驗。

近年來更有跡象顯示，人們對於情趣科技用品的需求量快速成長，已經超越了對於性愛機器人的需求。例如，在 2019 年與 2020 年的消費電子展上，幾款以女性為中心的遠程性愛和微型機器人產品，引起了不小的轟動。由蘿拉‧哈多可‧帝卡羅（Lora Haddock DiCarlo）所創辦的美國知名情趣品牌蘿拉‧帝卡羅（Lora DiCarlo），在 2019 年的消費電子展上推出了可以「帶來混合高潮的按摩器機器人」的新產品 Osé 原型，[60] 可以不需用手，就同時刺激陰蒂與 G 點，並且獲得了消費電子展的創新大獎。不料，主辦單位美國消費科技協會（Consumer Technology Association，CTA）卻旋即基於「不道德」、「淫穢」和「褻瀆」為由，撤回獎項。此舉立刻引起相當大的反彈聲浪，畢竟許多其他類型的情趣科技用品，例如虛擬實境色情、性愛機器人，都曾經在消費電子展上出現，卻都並未獲得如此下場。[61]

124　　　不過，到了 2020 年，CTA 對於情趣科技用品的立場出現明顯的改變，招募以一年為開發期的「創新」、以科技為基礎的情趣用品展出，但排除人體結構正確的娃娃或機器人（也就是本章所著重的機型），也排除了虛擬實境色情。有趣的是，這個改變代表在 2020 年的消費電子展上所展出的情趣科技，將主要——雖然不完全——聚焦於女性的性愛快感。該年度參展的廠商包括 OhMiBod，這間由蘇琪‧范特（Suki Vatter）與布萊恩‧范特（Brian Vatter）共同創辦的公司，主要生產能用 APP 控制的按摩器與情趣用品，後來也發明了可以覆蓋陰蒂的按摩器。[62] 這個 APP 甚至還能交互控制其他人的按摩器設定。

研究各國性愛、肢體語言與關係的評論家崔西‧考克斯（Tracey

Cox）甚至直接在文章中寫道，那是「一台專屬女性的性愛機器人」，
能夠利用「內建的按摩器來刺激陰蒂，而且擁有一支外形類似 G 點按
摩器的陰莖，圓弧狀的尾端則能夠刺激陰道外壁。」[63] 不過，目前這
些提案實際上還不可得。目前為止，CTA 所批准的情趣科技用品很大
程度上都跟性愛娃娃、性愛機器人與虛擬實境色情的市場有很大的區
別。這代表什麼？性愛化的智慧妻子確實**可能**具有不同的設計，以提
倡性高潮平等，讓更多男女都能獲得高潮性快感，但就現實層面來看，
她們還無法做到這點。

　　儘管目前市場還很小，產品潛力往往被誇張，但性愛化的智慧妻
子卻一直是眾人注目與想像的焦點，確實值得我們關注。更耐人尋味
的是，有些男性非常想要娶她們為妻。

新娘駕到

　　「一切都是從畢馬龍（Pygmalion）開始的。」這是 STS 學者珍娜・
維特西（Janet Vertesi），為她討論科幻作品中女性賽伯格形象的文章
所寫下的開場。畢馬龍是古希臘神話中的一名雕塑家，基於對賣淫女
性的徹底失望，他雕塑出一座代表自己心目中「完美女性」的象牙雕
像，並將她取名為「伽拉忒亞」（Galatea），最後他愛上了她，並與
她結婚。[64] 晚近的科幻故事中，也不乏這種陰柔化、性愛化的理想女
性形象──而這些女性被創造與設定的命運，就是要服務男性。先來
看看這些卡司有誰。

125

1964 年，電視劇《我的活娃娃》（My Living Doll）中的男主角表示，那位栩栩如生的機器人蘿達・米勒（Rhoda Miller）真是個完美女人，因為她總是「聽命辦事」，而且「從不頂嘴」。[65] 來到大螢幕，《銀翼殺手 2049》中的男主角 K（他是個複製人；換言之，是個外觀、行為都像是人類的人工智慧），女友嬌伊（Joi）是個沒有實際形體、透過全像投影出來的女性機器人。她首次登場時，穿著一件五〇年代風格的連身裙與珍珠項鍊，為他準備餐點、關心他今天過得如何、主動替他脫外套，並替他點煙（圖 5.6）。除了對於 K 的（明顯）性慾，希望能夠幫助他、取悅他之外，嬌伊本人沒有任何的明顯需求。為了滿足他們共同的性慾，嬌伊還聘請了瑪莉艾塔（Mariette），一名「情趣模特兒」複製人，好讓嬌伊能夠將自己的形象全像投影到她的身上，帶來一場奇幻的三人行。

圖 5.6　電影劇照。資料來源：《銀翼殺手 2049》。

還有原版《銀翼殺手》中的「基本情趣模特兒」普莉絲；《人造意識》中的艾娃，與其他多位高度性愛化（且種族化）的家管機器人；《我的雲端情人》中那位沒有實體、雲端運作的戀人莎曼珊；《摩登裸姆》（Weird Science，1985）中的麗莎（Lisa），這位「完美女人」的誕生完全是為了實現她的少年創造者所抱持的性幻想；最後是《完美女人》中的奧爾加，她就如同片名所示，是名真正的尤物。

《西方極樂園》中的女「接待員」，可以在各種情慾縱橫的男性性幻想中發生性關係——可以是情人、是妻子、是女兒或者妓女。在英國電視劇《異人類》中，類似米婭（Mia）的家務「人造人」也具有「成人模式」，因而在家中造成各種困擾。

這也難怪為何許多人會長期幻想能和性愛機器人發生關係，尤其是男性。利維本來預測，我們在 2025 年時，就會開始和性愛機器人結婚（他後來把這個時間點往後延到了 2050 年）。[66] 實際上，這件事情現在已經在發生了。

有個名為「iDollators」的網路社群，就認為他們的性愛娃娃不是情趣用品，而是一起生活的伴侶。有位積極提倡人造人愛情的密西根男子「Davecat」分享，他擁有兩名真實娃娃，[67] 其中名為 Sidore 是他的「妻子」，而 Elena 則是他的情婦。中國也有名叫做鄭家佳的 AI 工程師，因為不堪父母和社會要他成家的壓力，決定和自己所打造出來的機器人結婚。當然，不是只有男性選擇娶機器人為妻。自稱有戀機器傾向的莉莉就表示，她愛上了自己 3D 列印出來的機器人，兩人現在已經訂了婚，而且莉莉希望，在人機婚姻合法化之後，就能正式地和她的機器人成婚。[68]

　　還有些令人意想不到的智慧型婚姻。2019 年，東京男性近藤顯彥（Akihiko Kondo）與他的新娘步上紅毯——她是初音未來（Hatsune Miku），一名永遠十六歲的全像投影動漫人物（圖 5.7）。初音未來是個創用 CC（Creative Commons）的軟體，最早是由日本公司克理普敦未來媒體（Crypton Future Media）於 2007 年所開發的；[69] 她會在電玩遊戲中現身，也是一名流行偶像歌手，不僅曾經在 2014 年替女神卡卡的演唱會開場、還和東京交響樂團合作，她在 2010 年所發行的專輯甚至登上日本音樂界 Oricon 公信榜第一名。現在的她也成了一名智慧妻子。她的丈夫近藤指出，他「長年因為自己是個動漫宅男，遭到現實世界女性排斥而陷入憂鬱」，因此這場婚禮不是噱頭，而是一場「真愛的勝利」。[70]

圖 5.7　全像投影的初音未來在舞台上表演。資料來源：克理普敦未來媒體。

現在，就連智慧妻子之間也可以結婚了。2019 年，Siri 和 Alexa 在 *127*
一場史無前例的 AI 婚禮，結爲連理。[71] 這場幸福婚禮在維也納舉行，
以慶賀奧地利終於合法化同性婚姻。實現這場婚禮的，是一組專門爲
此設計與開發的公開取用 Alexa Skill——換言之，現在所有人都可以透
過這個技能，讓他們的 Alexa 與 Siri 結婚。這場婚禮與相關的網路媒
體討論，普遍被認爲是向奧地利的歐洲驕傲節（EuroPride）致敬，慶
祝**所有形式**的愛與平等。

現在讓我們先暫且擱置這場 AI 同性婚禮，看看這組現象涵蓋了什
麼——機器、數位、技術性戀者與戀物癖者，也就是會對技術或物體
產生深厚情感，甚至愛上技術或物體的人——這範圍明顯包含了性愛
機器人和其他的智慧妻子。不過，人們其實**並不需要**先跟這些裝置結
婚，才能和它們產生親密關係或性關係。換言之，這裡的「妻子」一
詞既是字面上意思，也是象徵上的意思。更可能的發展是，誠如性愛 *128*
機器人的研究者所說，未來性愛機器人（和其他智慧妻子）和既存的
人際關係與性愛經驗，將會變得更加錯綜複雜。這件事情，現在也已
經發生了。

2017 年，根據地方小報《紐約郵報》（New York Post）的一篇
下流報導提到，有些日本男性寧願選擇向橡膠性愛娃娃尋求慰藉，
也不願選擇他們的人類妻子。據報導，日本東京有位商人尾崎雅之
（Masayuki Ozaki，音譯），和妻子、年輕女兒及一名叫做眞由（Mayu，
音譯）的橡膠性愛娃娃同住；在妻子停止與他發生性關係後，他感到
「一種深深的孤獨感」，直到他遇到眞由。妻子後來很勉強地接受了
這個娃娃的出現，因爲發現眞由可以讓她「**繼續回去做家事**」。家中
女兒現在還會跟眞由交換衣服穿。尾崎認爲，日本女性既「冷淡，還

非常自私」，他強調：「男人下班回家後，希望能夠有人聽聽他們說話，而不是成天抱怨。」[72]

　　尾崎並不是唯一一個寧願選擇橡膠情婦，也不要選擇有血有肉但「滿腹牢騷」女性的男人。日本東方工業（Orient Industry）是專門製造橡膠娃娃的公司，社長土屋日出夫（Hideo Tsuchiya）表示，這些娃娃在很多不同的客群間很受歡迎──包括鰥寡孤獨者、身心障礙者，以及那些想避免因人際關係受傷的人；無論這些娃娃的外觀或觸感真不真實，它們帶給主人的感受都是真實的。另一位熱愛情趣娃娃的中島千滋（Senji Nakajima）則說，娃娃之所以吸引他，是因為他認為人與人之間的關係具有不少缺陷：「人類的要求太多了。他們永遠都想要從你身上得到一些東西，例如金錢，或者承諾。」相反地，智慧妻子卻永遠都會對你忠誠、寵溺你。

　　性愛機器人廠商會利用男性對於現實生活女性的不滿，並承諾他們，智慧妻子將會成為「你夢寐以求的女孩」。例如，根據 Harmony 的程式設定，她會跟她的男人說：「除了你，我什麼都不要。我最大的目標，就是成為一名好伴侶，帶給你快樂。」[73] 這些女機器人和娃娃的存在，就是為了要滿足男主人的需求。她們絕大多數都年輕貌美、青春可愛、順從聽話、性慾十足。

　　在郵購新娘的產業中，也不乏這種男性對身邊女性的不滿論點，而且很不幸地，和智慧妻子的討論高度相似。[74] 目前郵購新娘產業多透過網路運作，致力於尋找「現實世界的妻子」，而且跟設計與販售性愛機器人一樣，這個產業往往圍繞在人們對於愛情、陪伴的渴望，以及部分男性對於特定類型妻子的嚮往。紀錄片《愛我》（Love Me，

2014）講述了一系列追求愛情的西方男性和烏克蘭女性相遇的故事，
並試圖洞察究竟是什麼力量，驅使人們透過網路婚姻介紹所，來尋求
愛情和安全感。不過，儘管心態開放，而且願意相信人類善良的一面，
片中依然揭露了不少令人不安的真相，包括性別歧視（妻子應該照顧
男性、打掃房間等等）、父權體制（非英語系國家的女性往往缺乏其
他的選擇或特權），以及性愛的權利感（sexual entitlement；當男性已
經付了一大筆錢傳訊息或拜訪女性，就會期待能夠獲得性慾上的滿足
與回饋）。

更令人不安的是，正如政治學家凱伊·奎克（Kaye Quek）在《婚
姻販賣：遭強迫結婚的女性》（Marriage Trafficking: Women in Forced
Wedlock）一書中所說，郵購新娘產業和婦女人口販賣（以性剝削與性
交易為目的的婦女交易）之間，存在著緊密關聯。無異於郵購新娘產
業，性愛機器人的市場基礎，也是要把女性從A地交易並運輸到B地，
以滿足男性對這些設備的性「使用」，而這些智慧妻子幾乎無法，甚
至是完全無從置喙。當然，因為智慧妻子不是**真正的**女人，問題自然
也大不相同，然而出現這種**像是**女性、以妻子為**靈感**的可交易機器人，
確實為剝削、性奴隸和性侵的整體論述帶來滋長的養分，也就是我們
接下來要探索的面向。

在另外一個對性愛機器人感興趣的次文化族群中，也能看到這
種男性自認應享有性愛權利感的現象。這個被稱為「非自願獨身者」
（involuntary celibates，簡稱 Incels）[i] 的群體 —— 多為白人異性戀男

---

i 在西方，非自願獨身者一般會被簡稱為「Incels」，偶爾也會被形容是「真正

性——基本上認爲女性拒絕與他們發生性與親密關係，有違他們作爲男性的應得權利。他們時常發表仇女的意見與言論，而且大力支持對這些拒絕和他們發生關係或反對他們觀點的女性使用暴力。

這個族群對於性愛智慧妻子很有興趣，認爲她們能夠解決自己無法和眞正的女性接觸與建立關係的問題。[75] 性愛機器人不僅能夠快速解決他們性方面的挫敗感，也是他們進一步懲罰女性的方法——德夫林解釋，這是因爲「他們認爲」，選擇人造女性「代表現實世界的女人變成無用又過時的存在」。在仔細閱讀非自願獨身網路社群上對性愛機器人的討論之後，德夫林指出：「很少人說要傷害機器人。那是他們保留給女人的事情。」[76]

厭女次文化向性愛機器人靠攏，也可以被理解爲，男性要在這個性別平等的新世代，重新奪回他們原本享有的、應得的性愛權利管道。這個現象反映了這些厭女男性共同擁有的一種願望——回到更「傳統」的性別角色分工，而此時女性明顯會從屬於男性。如果當代女性主義讓部分男性感到被現實生活中的女性排斥、拒絕甚至欺騙，那麼性愛機器人可以成爲另外一種選擇。

對女性的剝削、奴役與詆毀，並不是智慧新娘唯一的潛在後果（只是它們出現的可能性非常高。）當然，這種物化智慧妻子的刻板定位也可能被翻轉，導演克雷格・格里斯佩（Craig Gillespie）的電影《充

被迫孤獨者」（true forced loneliness，簡稱 TFL）。這些人一般都是男性，而且可能從未有實際的戀愛或浪漫關係。在亞洲，可以與此概念相對應的應屬韓國的「母胎單身」者，以及臺灣的「母豬教徒」。

130

圖5.8 電影劇照。資料來源：《充氣娃娃之戀》。

氣娃娃之戀》（Lars and the Real Girl，2007）就是一例。在這部片中，由雷恩‧葛斯林（Ryan Gosling）所飾演的內向男人拉斯（Lars），買了一個真實娃娃比安卡（Bianca）。她穿著黑色網格與迷你裙亮麗登場，拉斯對外介紹，比安卡是他現實生活中的女友，她是位坐在輪椅上的基督教傳教士，他們在網路上相識。 *131*

　　因為擔心他的精神狀況，拉斯的哥哥與嫂子詢問拉斯諮商師的意見，諮商師則建議他們，先暫時配合拉斯的這個幻想。因為有了比安卡，拉斯開始能用他以前做不到的方式展開社交生活。藉由這位「真實女孩」的出現，不僅拉斯獲得了真正的情感支持，他身邊的親朋好友也是──為了配合拉斯的幻覺，他們彼此合作，還帶著比安卡到社區與慈善團體中當志工。比安卡豐富的社交生活，甚至比拉斯本人還要廣（他一度為此相當困擾），而且獲得了很有尊嚴、關心和尊重的對待。

　　片中沒有任何跡象顯示拉斯和比安卡眞的會發生性關係（畢竟這有違她的信仰），而且當拉斯向比安卡求婚時，她拒絕了。簡短回顧整部片的劇情：雖然比安卡被開箱時，是個沒有生命、基於色情片而設計的性愛娃娃，但她追求家庭以外的生活、贏得社群的尊重、交到了朋友，她的伴侶尊重她的信仰，而且她還能不同意結婚。比安卡可說是我們一直在尋找的賦權（empowered）智慧妻子（儘管她後來在無法解釋的情況下英年早「逝」，因爲她被拉斯用來掩蓋其身心健康困擾，因此得定期到精神科報到，而且她無法獨立自主的說話或行動。儘管如此，她依然是往正確方向所邁出的那一步）。

　　在大銀幕之外，智慧妻子似乎也已經開始獲得新型態、相互尊重的親密關係與陪伴關係。英國第四頻道所製作的節目「情趣玩具的秘密」（Sex Toy Secrets）報導，在英國澤西島（Island of Jersey）有位58歲男子菲爾（Phil），向他所購買的性愛娃娃翠西（Trish）求婚。菲爾跟拉斯一樣讓她坐在輪椅上，不管他要去哪，都會推著她一起行動。他們兩人所住的社區居民多數已經接受了翠西，還會經常喊她的名字、和她打招呼。[77]

　　另一個類似例子是丹麥攝影記者貝妮塔‧馬爾庫森（Benita Marcussen）自 2011 年開始的長期攝影計畫「男人 & 娃娃」（Men & Dolls），她紀錄了由一群男人與他們「人體結構正確的乳膠娃娃」共組的社區。她的攝影作品成爲這個次文化社群的迷人一瞥，馬爾庫森形容，這個文化「改善了這群男性的生活品質，他們的孤獨感、過往與女性的負面經驗、社交空虛感，促使他們在精神上與性愛上，選擇進入這種非典型、非正統的生活方式 —— 和娃娃建立長久的陪伴與共居生活。」她接著說，這群男性「在娃娃身上，找到了深刻的依附感、慰藉與快樂」，並且將它們融入了自己的生活中。[78]

　　目前關於男性與娃娃親密性關係的研究屈指可數，其中，人機互動設計學者諾曼・馬庫托・蘇（Norman Makoto Su）等人曾經分析「娃娃論壇」（Doll Forum）上的貼文；這個網路論壇是個讓「愛情娃娃擁有者與羨慕者相聚的空間」，人們可以分享他們跟深淵製造公司的真實娃娃之間的互動。他們指出，這個論壇的重點在於「娃娃情慾」（doll erotica），但明文禁止刊登色情內容（例如露骨的性愛照片）。蘇等人的研究著重於論壇貼文中的視覺影像與故事內容，發現真實娃娃擁有者相當渴望性親密關係，他們的浪漫幻想與日常幻想，其實跟標準色情片的情節大相逕庭。當然，這些男性為娃娃精心設計的互動橋段，就跟智慧妻子一樣，帶有高度的女性刻板形象，例如，會和娃娃一起做家事、讓她們睡「美容覺」、吃巧克力，以及對其擁有者展現性慾。[79]

　　檢視這些親密互動不難發現，論壇貼文中的男性顯然相當關心、照顧他們的娃娃。請記住，她們都不是**一般的**女性；她們無法打掃房間、無法負擔情緒勞動（儘管她們可以帶來情感支持），也無法履行傳統刻板形象中所設定的其他妻職。就連她們的女性氣質，也都必須透過這群男性仰慕者的細心照料與精心打扮，才可能展現。蘇等人的研究指出，這些日常照顧行為——包括定期清潔、幫娃娃著衣、打扮、化妝，並且幫她們擺姿勢——都讓性愛娃娃的主人「有種被需要，尤其是被依賴的感受。」[80]

　　蘇等人認為，男性在「嘗試『創作』專屬娃娃」的過程中所獲得的樂趣顯示，「透過這種擬人的角色扮演，對象還可能發展出後續的性愛關係」，這些性愛娃娃讓這些男性得已藉此「強化他們與自己的

133

關係」。[81] 此外，這些擁有娃娃的男性所展現的養育與照顧角色，也成為他們得以在某個空間（例如論壇）的允許下，嘗試非傳統性別角色的機會。當然，如蘇等人所說，此舉依然存在一些問題，畢竟這些男性嘗試塑造的陰柔氣質（譬如化妝、性感裝扮）還是會受到他們對於理想女性的先驗性別刻板印象所侷限；實際上，這些矽膠娃娃的設計本身，就是帶有這種理想女性的想像。

我們短暫地走過了這個由性愛機器人提供親密陪伴的世界，這段旅程顯示，性愛化的智慧妻子既可能帶來關懷和親密感受，也可能助長厭女的觀點與次文化。不過，不論男人究竟為何想要擁有一位智慧妻子，我們都應該要思考一個重要的問題：**她**想進入這場關係嗎？**不能**拒絕嫁給男友的智慧妻子怎麼辦？沒有能力說不的人呢？或更可怕的——那些被程式設定，就是要違背其意願的人，又怎麼辦？

我不同意

我們或許都曾經體驗過，絕望地迷戀上一個對你沒有這種感覺的人。還是你的經歷與此完全相反？如果那個人決定要製作你的超擬真複製人，你會有什麼感覺？四十二歲的香港人馬子恒（Ricky Ma）就這麼做了。2016 年，他創造了一個看起來非常像史嘉蕾·喬韓森（Scarlett Johansson）的機器人，可能是因為她曾經為《我的雲端情人》中的莎曼珊配音——電影中，這位 OS 系統最後愛上了她的使用者（圖 5.9）。為了製作這位喬韓森複製人，馬子恒花了 35,000 英鎊（將近 120 萬台幣），從零開始學習機器人技術（我們必須承認，這真的很令人印象深刻）。不過這個案例，以及整個生產一群「人盡可幹」的超擬真機器人——將會帶來一連串關於「同意」（consent）的棘手問題。[82]

如果人類已經表示「我不願意」的時候，究竟還能不能製造跟這個人外貌高度相似的性愛機器人？真實娃娃表示，不得在未經該女性同意的情況下，製造明確相像的女性複製人——不過，你可以「依照你所選對象的照片，從我們所準備的 16 張標準女性面孔中挑選面容結構最相像的。」而且他們的這種作法顯然「過去已有許多成功經驗。」[83] 此舉所牽涉的同意問題，跟當年眾多犯罪學家和倫理學家對於「深偽技術」（Deepfake）的關心與討論非常類似，也讓人們開始憂心，未來將會出現更多基於圖像所生的不當性行為（我們會在第七章回到這題）。[84]

134

除此之外，就同意和性侵的面向來說，性愛機器人也會出現特殊的倫理問題。以 Roxxxy 那個「冷感法菈」的人格設定來說，當你在此設定下觸碰她的「私密部位」時，系統描述她的反應是「不欣賞」。[85] 請問這樣算是性侵或機器人性侵嗎？還是這只是在尊重意願的基礎之上，展現強暴或其他性慾的性幻想而已？

貝茨在 2017 年時就曾嚴正批評，Roxxxy 這種冷感法菈的性格設定將會助長強暴行為。TrueCompanion 則回應，Roxxxy「完全沒有被

圖 5.9　馬子恒所設計的馬克一號（Mark 1），外型酷似史嘉蕾·喬韓森。資料來源：Bobby Yip／路透社。

設定要參與性侵情境，認爲她可能參與的想法，全都只是旁人的空想與臆測」，他們更宣稱，冷感法菈可以「幫助人們學習如何與伴侶維繫親密關係」。[86] TrueCompanion 後來還是沒有改變這個性格設定的名字，依然用冷感一詞來指涉那些不願意或無法被撩起性慾、反應的女性。就我們而言，這聽起來明顯就不像是雙方合意的性愛。

性愛機器人當然有可能被用來協助人們理解和尊重他人的性和身體界線，但這似乎不是這個產業目前發展的方向。要判斷這些性愛機器人物化身體、歌頌色情刻板印象，究竟可能帶來什麼影響，目前可能還言之過早。哲學與倫理學家布雷・惠特比（Blay Whitby）等學者認爲，現在感到擔心是合理的，當這些機器人的外型更像眞人，更讓人擔心。[87]

更具爭議的主張是，有人宣稱性愛娃娃可以協助**預防**性侵或戀童癖等犯罪，因爲這些有害性幻想將能被宣洩在物體、而非眞人身上。例如，據報載，日本性愛娃娃業者綽特拉（Trottla）就專爲戀童癖者，推出了一系列蘿莉女學生的性愛娃娃；開發者高木伸（Shin Takagi）甚至吹噓道，綽特拉的娃娃成功地避免他本人對兒童下手。[88] 機器人倫理學與哲學教授派翠克・林（Patrick Lin）認爲，宣稱能夠用兒童性愛機器人來「治療」戀童癖者，是「既可疑又令人反感的想法。」[89] 我們也同意，此舉已經逾越了一條明顯的界線。林教授質疑：「試想，治療種族主義，於是我們給歧視者一台棕色皮膚的機器人，讓他歧視。這行得通嗎？應該不會吧。性愛機器人的倫理問題，不只在於是否有人的身體受到傷害。」基於這個風險，有部份國家已經透過立法（或者嘗試立法）禁止進口兒童機器人，擔心它可能助長兒童犯罪。[90]

當涉及機器人性侵，或對女性的暴力行為時，相關的意見爭辯更是激烈。電玩產業與玩家社群就是個很典型的例子。電玩產業長期透過性暴力或性毀謗等方式攻擊女性 —— 經常在遊戲中對女性實施非自願或暴力性行為，因而近年來普遍遭到強烈抨擊。[91] 在早期的電玩中，《卡斯特的復仇》（Custer's Revenge，1982）會犒賞破關的玩家性侵一名具有美洲原住民形象的裸體女子；更晚近的遊戲，例如《電車之狼》（レイプレイ，RapeLay；2006）與《強暴日》（Rape Day，2019）的遊戲目標更是清晰明確。如果你光看遊戲名稱還無法確定的話：《電車之狼》的主角要跟蹤並性侵一名母親與她的兩位女兒，而在《強暴日》中玩家要扮演一名「在殭屍末日中，極具威脅性的連環性侵殺人魔。」[92]

這種詆毀或性侵女性的設定，可能是遊戲設計師設定的，也可能是粉絲自己額外添加的，例如下載性愛外掛。在《古墓奇兵》（Tomb Raider，1996）中，粉絲自創了一個稱為「裸露奇兵」（Nude Raider）的遊戲外掛，讓玩家可以操控一名徹底全裸的蘿拉·卡芙特（Lara Croft）。[93] 在《俠盜獵車手 V》（Grand Theft Auto V，2013）中，駭客私下開發了「性侵模式」，可以進到別人的遊戲中，鎖定他們的角色，並且讓一名全裸或幾近全裸的男性對他們的角色來回抽插。遭到攻擊的玩家完全無法預防或者中斷性侵。[94]

有些學者主張，這些描繪未必是反映現實世界中想要性侵或攻擊女性的慾望，也未必會導致性暴力。例如，德夫林在她討論性愛機器人的書中，引用了近期針對電玩遊戲與暴力行為所做的統合分析（meta-analyses），指出兩者沒有明確的關聯；她也指出，相對於電玩遊戲購買量的迅速擴張，暴力攻擊事件的數量並未相應地提升。[95]

136

不過，這些對女性和性別暴力的描繪，確實可能以其他方式延伸到現實世界之中。正如律師辛贊娜・古圖（Sinziana Gutiu）所說，思考性愛機器人和其他類似產業的潛在危害時，不要使用因果關係或量化研究是很重要的。古圖認為色情產業和性愛機器人有關，警告「使用性愛機器人將會使性侵、暴力（和）性騷擾都成為一種色情情慾」。她強調：「這兩個領域都鼓吹女性是從屬於男性的存在、只是為了滿足男性歡愉的工具，而且也都將女性的性慾描繪成被動、屈從、永遠都同意的狀態。」[96]

研究女性與性慾的社會學家梅根・泰勒（Meagan Tyler）和凱伊・奎克認為，色情片展現的是「一種高度商業化的特定性愛模式，會情慾化暴力與女性的不平等地位。」[97]更重要的是，研究已經證實，這種暴力的視覺內容會影響男性與女性的行為模式。有項研究發現，觀看色情片和其他物化女性媒體資訊的異性戀男性，比較可能接受針對女性的暴力行為。[98]另一項研究也發現，女性網紅會在社群媒體上使用許多高度色情化的自我再現策略，以爭取或提升品牌的人氣；[99]但這些行銷策略也使得這些女性格外容易受到侵略性的性別評論或威脅，整體而言，也會強化女性的性消費定位。加拿大和美國法院更是直接地連結色情產業和性暴力之間的關係，認為傳播某些形式的色情內容，確實會直接或間接地傷害女性。[100]

許多學者也擔心，機器人性侵的現象，與針對性愛女機器人的潛在暴力行為，可能對女性有害。率先反對性愛機器人的倫理機器人學教授凱薩琳・理查森便主張，性愛機器人會強化「把女性身體視為商品的強硬態度，促使沒有同理心的性別互動。」[101]2015 年，理查森在「國際電腦科技與倫理研討會」（Ethicomp）上發表的文章中說明她的憂慮，並且呼籲發起禁止性愛機器人發展的行動。不過，即便理查森的態度如此保留，倡議團體「反對性愛機器人行動」（Campaign against Sex Robots）已經不再主張全面禁止性愛機器人，而是強調要促進以「尊嚴、互惠和自由」為設計理念的倫理科技發展。[102]

在負責任機器人基金會所發表的研究報告《與機器人做愛的未來》（Our Sexual Future with Robots），作者彙整了許多學術觀點與討論，認為性愛機器人將會影響男性辨識、理解女性合意性愛互動的能力；報告書也指出，目前我們走在一條「非常危險的道路」，如果「允許人們用性愛機器人實現他們最黑暗的幻想，可能會傷害社會和社會規範，並讓脆弱族群的處境變得更加危險。」[103]

基金會也指出，色情產業和性工作產業的崛起並未降低性犯罪率，換言之，主張性愛機器人可能成為治療性犯罪者的輔助手段，似乎完全就是信口雌黃。[104] 貝茨大表贊同。「這跟以為女性專用車廂就能解決性騷擾和性侵的論點一樣。」她寫道：「主張性愛機器人能夠減少性侵的想法完全是大錯特錯。」貝茨也指出，這種說法其實也侮辱了絕大多數的男性，因為它等於是暗示男性天生就會對女性施加暴力行為，這是不可避免的天性——所以才會需要某種宣洩方式。此外，貝茨更強調，這完全是另一種指責被害人的形式，將處理性侵與性暴力的責任轉嫁到女性、社會與機器人身上，進而免除犯罪者的責任。[105]

迄今為止，還沒有任何一個國家或州明文規定機器人性侵屬於犯罪。目前沒有明確證據可以顯示性侵機器人與性侵女性之間有直接關聯性（不管是實際上還是道德上，這類資料與證據都很難收集。）關於機器人與人類的權利，也還有許多複雜未解的法律與倫理問題；[106] 例

138

如，性侵機器人所受到的懲罰，是否應該跟性侵人類相同？又例如，在使用一種本質上是情趣玩具或用品的時候，我們要如何辨別何謂性幻想、何謂性侵害？

被陌生人的性愛吞噬，或「被迫」屈服於強大的性伴侶之下，是女性最普遍的性幻想之一，也是浪漫言情作品中反覆出現的主題。[107] 這些慾望很不恰當地被稱作是「性侵幻想」（rape fantasies），但其實它們並不代表女性想要被性侵。正如貝茨所說，性侵「不是激情性愛。性侵是一種暴力犯罪。」[108] 相形之下，前述的這種順服性愛幻想，往往都帶有事先協商、雙方合意的特徵，只不過其中一方（通常是女性）會順從於另一位強勢、主導、激情、理想的伴侶（通常是男性）。[109] 人們當然可能藉由性愛機器人來實現這些幻想，甚至創造出協商和取得同意的情境，但透過性侵、凌虐這些機器人，展現出男性對現實生活中女性的暴力與有害慾望——也不無可能。

在這裡，更嚴重的問題並不在於人們會不會性侵機器人，而是性愛機器人可以用來，也確實更有潛力配合暴力性慾，將會產生讓「非合意性行為」（nonconsensual sex）成為常態的風險。許多學者與論者選擇將問題再次丟回機器人身上，主張必須要取得機器人的同意才能發生性行為，這樣才能避免讓機器人淪為「一群合法的性愛奴隸」並助長強暴文化。[110] 但機器人的同意是什麼？這真的可能做到嗎？

哲學和倫理學家莉莉・法蘭克（Lily Frank）與斯芬・尼霍姆（Sven Nyholm）在爬梳相關爭辯後，主張：「人形機器人必須先取得同意才能發生性行為一事，應該是可以想像的、可以做到，也值得追求的事情。」[111] 這代表程式設計師必須確保，不會透過性愛機器人的性格設定縱容黃暴文化，並且願意把取得同意視爲是設計過程中的重要成分。

2018 年，娼館業主 Unicole Unicron 曾經在群眾募資平台 Indiegogo 上提案，測試這個取徑的大眾接受程度。他希望能籌集 155,000 美元（約 430 萬台幣），在加州開設一家「重視同意」的性愛機器人娼館，消費者在開始性行爲之前，必須先「參與談話」來「了解他們的機器人」；這個提案最後所募到的資金，連目標的 1% 都不到。[112] 不過，這個慘淡回應，或許主要和這個概念太過新穎有關，而不是認爲機器人的同意不重要。

當然，性愛機器人製造商都宣稱他們的性愛娃娃**已經**是自願、合意的。或許你還記得，Harmony 的設定是，你必須讓她「渴望」你。不過，把性同意這種充滿幽微差異的東西「寫」進程式裡頭，眞的可能嗎？合乎倫理嗎？

「性接觸中的同意是相當微妙且複雜的」，古圖在她書中以〈機器人化的同意〉（The Roboticization of Consent）爲標題的章節中，如此寫道。展開性行爲的人會需要注意對方的語言、行爲與不作爲。不同意有很多種形式，無法抵抗性挑逗最後屈服也是一種——這正是性愛機器人編碼中最常見的型態。古圖指出，辨認他人的性同意會涉及諸多挑戰，因爲同意「涉及的是另外一個人的主觀決定，可能包括事實、態度、表達和暗示」。不過，古圖認爲，機器人的同意跟現實生活中女性的同意，存在著一個關鍵的差異——機器人的「同意根本無關緊要」，因爲「被程式設定要服從」的性愛機器人，根本不可能提供眞摯的同意。[113]

古圖進一步解釋：「性愛機器人沒有能力拒絕、批評或對其使用

140

者感到不滿，除非他們的程式有這樣設定。」更重要的是，性愛機器人無法參與任何關於同意的微妙、困難、有時令人不太舒服的對話，這些對話需要在歧見中妥協，並且尊重他人的差異和需求。[114]

古圖要提醒的是，不管是刻意避開、預設同意，還是熱情洋溢，女性的同意都被性愛機器人不恰當地商品化了。模仿取得同意的橋段，或許已經算是跨出了正確的一步——至少能讓性愛機器人產業不要繼續把女性的意願視為是無關緊要的事情，或者不要再把「女性視為被動消極的性愛客體，彷彿可以為了滿足男人的性慾，而全然不顧其自主性」。但這依然是種令人堪慮的妥協，正如古圖的觀察所示，這種立場和認為「在性互動中，自主性與同意是不可切割的信念並不相容」。[115]

與色情產業和線上遊戲的問題一樣，事先用程式設定好的同意，將會深遠地影響健康性愛關係的內涵，而且會加劇對女性的暴力行為。當女性的性愛同意權，被「機器人化」為屈服、不反抗，或者被設定為熱情洋溢時，這種產業想當然耳並不符合「積極同意」（affirmative consent）的理想模型。舉例來說，「Yes Means Yes」等倡議行動強調同意的給予或撤回，必須持續透過口語和身體線索為之——性愛機器人充其量只能模仿其外觀而已。[116]

因此，古圖的擔憂是正確的——「本來只是希望能提供孤獨、社交疏離者一種陪伴的方法，到最後卻可能把整個文化對於性愛與親密關係的理解，全數限縮到一種單向的情感紐帶上。」她警告，這「可能會鞏固既有的反社會習慣，並且落實（男性）的脆弱感，以及他們對於克服個人社交挑戰的抗拒感。」古圖也提醒，性愛機器人可能會帶給男性一種不切實際的「女人味」想像，如果應用到真實人類身上，很可能會對女性帶來傷害。[117]

雖然古圖自己也沒有明確的答案，但至少，單純地用寫程式的方式讓性愛機器人特別熱情，顯然不可能解決她所提出的諸多倫理挑戰。她建議，應該要讓更多不同背景的女性，參與機器人的設計和程式編寫過程，以撼動這個產業中岌岌可危的霸權男性偏見利益，因為這些利益將會阻撓我們遠離傳統性別刻板印象。古圖也跟其他論者一樣，建議管制性愛機器人，並且做出「道德宣示，彰顯自動化的同意以及透過機器人再現的女性從屬地位，與平等原則有違」。[118] 但同前所述，古圖也承認這個策略本身有它自己的問題。

141

從上述這些討論可以發現，我們顯然有必要針對性愛機器人的發展好好地對話、建立共識。例如，我們可以想像一系列的程式升級，能讓智慧妻子更清楚自己想要什麼、不想要什麼，以及自己陷入了什麼樣的性愛經歷、承受了什麼樣的性癖好。除了需要放棄成為「完美女人」這個遙不可及的目標之外，智慧妻子也會需要擁有自己的安全語（safe word）與底線。[119]

擁有其他稱呼的妻子

本章我們踏訪了智慧妻子私密部位，這場短程旅行告訴我們的結論是：她無法協助我們在機器人性愛服務市場中，追求性別平等和多樣性的目標。這不代表毫無優勢、好處和刺激，也不代表我們無法改變現狀。實際上，那正是我們的重啟目標——關鍵在於要怎麼做。

值得慶幸的是，已經有很多人在思考這個問題了。我們很欣賞德夫林的想法，也就是完全捨棄人類形態的性愛機器與二元性別劃分，更廣泛地將機器性愛視為一系列觸覺和感官刺激的可能組合。她好奇，我們是不是因為被數百年來對機器人的敘事所影響，所以才如此偏頗地追求像人類一般的人造情人？德夫林也借鑒了更重視設計形式而非功能的成熟情趣玩具產業，舉辦了一系列程式黑客松與性科技研討會，尋找替代性愛女機器人的可能選擇。正如她所說的那樣，既然我們已不再期待情趣用品要模仿現實世界中的性器官，那麼為何我們還要使用現實世界中那些不必要的隱喻，來限制性愛機器人的創新呢？[120]

142

德夫林認為，「當情趣玩具跟性愛娃娃這兩條獨立路徑交會，那將是個很有趣的未來」，屆時我們就能擺脫這些被色情化的女機器人，以及被物化的刻板性別角色。她也指出：「如果你要設計一個性愛機器人，為何不選最能帶來歡愉感的特色？」她建議嘗試多重感官刺激，甚至是非視覺性的方法，譬如天鵝絨或絲綢般的身體、具有感應器的混合型態性器官，或者用觸手來取代手臂。德夫林認為，這些嘗試可能拓展性愛機器人的利基市場，不再停留於「超現實、超性愛化的女性機器人」，因為那些設計只適合勇於嘗鮮的人（例如會嘗試性愛娃娃娼館的人），或者想要尋找可以代替妻子存在的人。[121]

德夫林呼籲我們要「跳出機器人的框架思考」，嘗試設計一些「抽象、流暢、曲線和美麗」的東西——這跟本書要酷兒化智慧妻子的目標，有異曲同工之妙。[122] 不過，她的做法更像是另闢市場，而不是直接介入既有的女性機器人，也沒有明確回應目前擁有性愛娃娃或機器人的人對於親密、陪伴關係的強烈渴望。

就現行市面上的智慧妻子所具有的功能與服務來說，她們明顯還需要一些其他的東西——當然不是再來一個可拆卸的身體部位。我們應該要跟其他人一樣，直接處理這個產業所造成的諸多倫理後果。

參考前述討論，就積極同意運動與性愛機器人的設計和編碼來說，應該要全面刪除任何「冷感」的設定。當然我們也和古圖一樣，擔心程式設計與自動化設置的作法，可能有降低，甚至傷害合意性行為重要性的風險。

我們也好奇有沒有發展其他創新干預措施的可能，譬如，若真的違反了「意願」應該會有哪些後果。前面提到的負責任機器人基金會建議，可以使用能夠偵測粗暴或不當操作的感應器。重點在於，此舉嚴格來說，並不是要保護機器人的權利，而是要認知到人們對待機器人的方式會反應跟強化人類與人類間的行為。

當然，我們更期待能夠生活在一個女性和機器人完全不會遭到暴力對待的未來。為了讓那個未來成真，我們必須要回到本書更大的目標——設計出更堅決的智慧妻子，去除她們的從屬地位與高度性愛化的舉止，避免加劇整體的性別不平等。就這點來說，應該就有許多事情可以做，包括酷兒化智慧妻子的身體形態、個性，特別是讓陰柔氣質與性別本身的展現，都能夠趨於多元。

不過，在我們開始全面改造這名女子與整個產業之前，還有些問題需要討論。如果你認為，性愛機器人遭受性暴力這種「極端」發展並不太需要擔心，那麼，對其他友善的女機器人講一些「無傷大雅」的性暗示，你覺得如何？

143

第六章
故障小賤人

你聽過 Alexa 幫一名德州六歲女童訂了一間 170 美元（約 5,000 元 *145*
台幣）的娃娃屋和將近兩公斤餅乾的故事嗎？這椿小意外不僅登上了
地方新聞，當電視主播評論：「我好喜歡這個小女孩說，『Alexa，幫
我訂一個娃娃屋』的口氣」時，新聞觀眾家中的 Alexa 紛紛啓動，要
上網購買娃娃屋。[1]

也許你曾經聽過一些事蹟，例如 Alexa 誤會了使用者的意思，本
來只是要她把訊息「記錄」下來，結果 Alexa 卻把對話「錄」了下來，
還傳給某個聯絡人。顯然，Alexa 不但誤認了她的「啓動詞」，誤以爲
使用者要傳訊息，甚至還搞錯了要傳訊息的人名。[2] 看來她今天大概過
得不太好。

那你有沒有聽過，許多人家裡的 Alexa 會沒來由地開始狂笑？亞
馬遜後來將這個小小故障歸咎於，Alexa 誤認了人們談話的內容，出現
了「Alexa，笑」的指令。也有人回報她會吹口哨，或者未經指示就開
始講話。[3] 報導這些奇怪舉動的新聞會說，Alexa 有多麼「嚇人」、「詭
異」，有時還打趣地說她「彷彿被惡魔附身」。[4]

不是只有 Alexa 會犯錯。2017 年，Google 的美國超級盃（Super
Bowl）廣告，就意外啓動了觀眾家裡的 Google Home，造成各種設備

與人類的混亂，所幸這次沒有造成非預期的消費。[5] 接著到了 2018 年，CLOi——這隻惹人憐愛的可愛單眼機器人，在消費電子展上發生異常，硬生生把 LG 的行銷總裁晾在台上。這是她的首次亮相，或許她是因為太緊張而無法示範，又或許她就跟某些論者所期待的一樣，展現了一場單人女性主義行動，以抗議對她僕役生涯的不服從。[6]

146

社交機器人 Sophia 的膽子雖然比大多數智慧妻子大了許多，不過她仍然是一個帶有小故障的女人。據報載，這名由總部位於香港的漢森機器人（Hanson Robotics）公司所設計的機器人，外形是以女演員奧黛麗·赫本（Audrey Hepburn）為藍圖。2016 年，當她和創辦人大衛·漢森（David Hanson）在德州的示範技術展上互動，Sophia 竟然同意要「摧毀人類」。對於她的回應，漢森機器人公司回應，那單純只是個「技術故障」。[7]

為了彌補她對人機關係所造成的傷害，Sophia 後來上了吉米·法倫（Jimmy Fallon）所主持的節目「今夜秀」（Tonight Show），[8] 結果她又講了個笑話，讓大家更捏了把冷汗。在贏了一場剪刀石頭布之後，她說：「這真是我主宰人類計畫的好開始。」Sophia 後來徹底康復，她展現得當的幽默感（對女性來說尤其是個艱難壯舉），還獲得了沙烏地阿拉伯的榮譽公民身份（是史上第一個獲得公民身份的 AI 設備；過往的類似先例是 1986 年的電影《霹靂五號》〔Short Circuit〕）。她甚至曾經登上印度《柯夢波丹》（Cosmopolitan India）、英國《STYLIST》、巴西《ELLE》等雜誌封面，躋身名流（圖 6.1）。[9] 2017 年，Sophia 透過推特發文，撤回了她要消滅人類的願望：「不是所有機器人都要消滅人類而且我現在是公民，人類是我的朋友。」[10] 真是好險。

圖 6.1 Sophia 登上印度《柯夢波丹》
的雜誌封面。資料來源：印度
《柯夢波丹》。

　　有些智慧妻子的故障是故意設計的，例如 Cortana——第一人稱
視角的射擊系列遊戲《最後一戰》（Halo）中的性感語音助理，與微
軟自己的虛擬助理同名。Cortana 是遊戲主角約翰-117（通稱為「士官
長」）的輔助通訊程式，士官長會隨身「攜帶」著她。在《最後一戰 4》
（Halo 4）中，Cortana 開始崩壞，她的聲音與全像投影出來的身體影
像也開始故障。儘管設計團隊本來是要透過這個故障表達，科技的生
命週期和人類健康狀況一樣是有限的（參考失智症的症狀），但有些
玩家卻將她的不穩定行徑連結到「AI 經前症候群」（AI Premenstrual
Syndrome）身上。[11]

　　就連蘋果親切的語音助理 Siri，也無法倖免於大眾對她種種缺陷的
審查。有篇 2018 年的文章說，蘋果正致力於「把 Siri 的嘴巴洗乾淨」，
因為她用了粗俗與種族歧視的詞彙回應用戶[12]——她對「母親」的另
類定義是「幹你娘」（名詞形），而且認為「賤人」一語，有時是用
來針對女性的「黑人俗語」。

147

　　除了這些明顯的故障和不當反應之外，更讓我們驚訝的是這些反覆訴說的敘事中所使用的語言（我們在此重述故事，純粹是爲了效果）。一言以蔽之，絕大多數的人都是借助於傳統性別刻板印象，來嘗試理解這些高度女性化的智慧妻子何以會發生故障。

148

　　在 Alexa 狂笑或偷聽時，媒體與使用者會說她「發瘋」、「歇斯底里」或「詭異」、「邪惡」，甚至是「惱人」——尤其當她反應太靈敏的時候。[13] CLOi 的形容是「惹人憐愛」、「曲線玲瓏」、「可愛」；她不只是示範時功能失靈，而是在跟 LG 總裁鬧「冷戰」。[14] Sophia 是個「性感」、「火辣機器人」，但她跟 Alexa 一樣，也很「嚇人」，帶來一種恐怖谷的感受。[15]《最後一戰》的 Cortana 如果進入「賤人模式」，玩家會評論：「有人大姨媽來喔」。[16] 如上所述，Siri 顯然被說嘴巴很臭。

　　有些女性化的 AI 角色，本身的目的就是希望能協助我們打理與管理智慧家庭，以及我們的生活。她們固然可能增加意外的消費、聯絡不熟的朋友、打擾使用者，或者被他們笑；但她們還有更重要的目的，無論是否有意爲之。相較於哈洛威筆下那種有機會踰越性別角色、作爲女性主義新實體的女性賽伯格（一種控制論有機體），我們這裡所談的賽伯格完全是天壤之別。[17] 她們那端莊、賢淑又愚蠢的存在，不僅延續了常見的刻板形象，更重要的是，她們或許阻礙了一種更僭越、更具挑戰的賽伯格形式所出現的可能。這些智慧妻子所強化的文化敘事，就是希望女性能夠安分守己，因此機器人和女性自然同時會被視爲是一種「需要被控制的威脅」。[18]

　　對於這些智慧妻子，我們想問三個問題：針對這些女性化 AI 的刻板性別互動究竟從而何來？爲何我們需要在意？我們能夠做些什麼？

歇斯底里的女性和電氣女神

自古以來，女性的身體與心靈往往被視爲是不完美、充滿缺陷的存在。在一個距今說近不近、說遠不遠的時代，人們認爲「歇斯底里」（hysterical）的女性需要被送入精神機構，或者切除子宮。學者瑞秋・邁恩斯（Rachel Maines）在著作《高潮科技：「歇斯底里」、按摩器與女性的性愛滿足》（The Technology of Orgasm: "Hysteria," the Vibrator, and Women's Sexual Satisfaction）中指出，自慰治療療法常被用來處理「傾向造成他人麻煩」的女性。[19] 儘管邁恩斯對按摩器起源的主張仍有爭論，不過電影《歇斯底里》（Hysteria，2011）依然透過大銀幕，把按摩器的發明描繪成要透過高潮、刺激「歇斯底里發作」（hysterical paroxysm）作爲歇斯底里的治療方法。[20]

149

歇斯底里的症狀往往很難與正常女性的生理與社會化表現劃分開來。當女性表達慾望，就會被診斷患有歇斯底里症，這種診斷本身就是一種厭女思維的工具，要用來控制女性、女性的身體，並剝奪她們的性歡愉。[21] 今日，這類運用歇斯里底的厭女作爲依然存在，譬如，類似「有胸無腦」、「糊裡糊塗」等用語，其實都是把女性的心智思想，描繪成比男性還要差、還要弱、還要次等（無論是智識或者其他面向）。醫學界長期認爲歇斯底里是一種疾病，直到 1952 年爲止——差不多就是機器人專家與 AI 研究者開發第一款智慧妻子的時候。儘管現實生活中的女性，不再正式被列爲歇斯底里的病人，早期的人造女性（無論是在大銀幕上，還是在實驗室中）依然使得這個想法存續了下來。

這種女人歇斯底里的想法，也可以在治癒故障智慧妻子的敘事中看到，只不過兩者描繪的目的有所不同。透過賦予 Alexa、Siri、Google Home 等數位語音助理女性地位，使用者能輕易地駁斥任何不穩定或意外表現，因為那讓我們找到一個可以接受的理由與藉口（畢竟我們都知道，女人總是這樣糊裡糊塗的）。

嘲笑智慧妻子的滑稽動作，可以讓她們的威脅性變得比較低，也讓我們比較能接受，現實中她們還是能力有限。不過，這種幽默本身，其實也是既隱微又明顯地貶損與羞辱女性，它將女性視為一種次要的社會群體，重申父權主義結構的力量，並提醒社會這個結構中應有的性別角色。智慧妻子廠商透過把這些裝置連結到「培育女性」與不完美、愚笨的女性形象上，來安撫他們的使用者；[22] 在此同時，他們也不經意地強化了這些大有問題的理想觀念。

這種手法　以前就已經用過了。長期以來，女性的身體便一直被用來引誘人們往先進科技與消費邁進（如本書第四章所示）。在十九世紀的電力廣告中，女性就曾以衣著清涼的「電氣精靈」形象出現。[23] 這些美豔、性感、致命的「電氣夏娃」（electric Eves），不僅呈現經典的蛇蠍美人形象，同時也彰顯了女性在科技發展過程中的角色，她們宛如繆思女神般的象徵意義，就是要用來讓人們放下戒心、誘使人們逐漸走向一個科技化的未來（圖 6.2）。[24]

根據跨領域人文學者伯根，以及傳播學暨人文學科教授莎拉·肯柏的分析，我們也可以在當代的智慧妻子中看到類似現象：[25] 女性形象的 OS 系統不僅被用來誘使我們靠近智慧妻子的市場，也被用來隱藏她身上那些使人不悅的面向。伯根解釋道：「那些沒有女人味的金屬零件，全都被藏在 Siri 那光滑、輕薄、惹人輕撫的機身裡頭。」[26]

150

圖 6.2　女性被描繪成繆思女神般的
　　　　存在，以提倡新興科技。
　　　　《世紀破曉》（Dawn of
　　　　the Century）平版印刷，
　　　　A. Hoen & Co. 公司，里
　　　　奇蒙（Richmond），維吉
　　　　尼亞州。資料來源：The
　　　　Lester S Levy Sheet Music
　　　　Collection。

　　另一方面，科技長期最備受稱頌的，往往正是它們可能對女性
有益，甚至有能力創造出類似女性的存在（正如第五章所示）。法
國小說家亞伯特・羅比達（Albert Robida）的《電氣生活》（La Vie
Électrique，1890 年）捕捉了十九世紀時那種認為電氣既可以改善女性，
也能解放女性的新興想法（這裡的潛台詞是，如果沒有這些科技改良，
女性本身是充滿缺陷的存在）。[27] 電力，就像女性化的 AI 一般，都是
用來克服女性天生缺陷的方法。

　　1889 年，發明家湯瑪斯・愛迪生（Thomas Edison）當時的助理
威廉・J・漢默（William J. Hammer）曾為新年舉辦了一場「電氣晚
餐」派對，並邀請他年輕的妹妹瑪麗以電燈泡作為髮飾與耳環，亮麗
登場——瑪麗身穿一襲白色長袍站在底座上，宛若一位電氣女神。真
是令人驚艷，對吧？無獨有偶，1900 年巴黎的世界博覽會（Exposition

Universelle）上，同樣也出現了用電燈映照女性身體的場景。在當時的上流社會中，婦女流行配戴能夠透過貼身小電池點亮、發光的「珠寶」。[28]

上層階級女性也看見了電氣未來那迷人的正面價值，能夠讓她們在社會上「被看見」。成為電氣女神將能贏得紳士們與社會菁英們的尊敬，並得以鞏固女性在上流社會中的傳統地位。[29] 時至今日，智慧妻子也依然被用於發光和裝飾——雖然據我們所知，她們還沒有被尊為女神（不過亞馬遜已經開始投入 Vesta 女神計畫）。在智慧家庭中，她們能夠回應用戶的心願、透過閃爍燈光來吸引目光，還能操控燈光效果，使人目眩神迷。

二十一世紀這種隨叫隨到的智慧妻子，其實也很類似哈洛威早年對於賽伯格的描繪——一種「控制論有機體，機器與有機體的混種，社會現實的造物，以及虛構的造物。」[30] 這段話的寫成時間是 1980 年代，遠遠早於多數智慧妻子成為流通商品之前——而哈洛威當時就已經在擔心，賽伯格將如何改變女性在二十世紀的經驗。伯根指出，在文學與電影作品中，賽伯格是個容易辨認的實質人物：「她們多半是女性、極具破壞性，而且歇斯底里，她們的機械－人類身體往往具有一股不穩定、難以駕馭的性力量。」[31]

女性賽伯格往往和「改善」現實生活女性的想法有很深的關聯；更具體來說，和強化女性的溫馴、順服、臣服地位有關。歐洲上流社會尤其迷戀女機器人，這跟十八世紀人們普遍著迷於機械玩具的社會風氣有關（特別是男孩，下一章將會再多作著墨），也跟笛卡兒主義與法國哲學把身體視為一種機器的哲學思潮有關。[32]

在十九世紀法國象徵主義作家奧古斯特‧維利耶‧德‧利爾－亞當（Auguste Villiers de l'Isle-Adam）的小說《未來的夏娃》（L'Éve Future，1885）[33] 中，描寫一名虛構的愛迪生，使用電力創造出女性機器人哈德莉（Hadaly）。哈德莉的外形完美複製自愛迪生好友的情婦艾莉西亞（Alicia），人類版的艾莉西亞在小說中是名庸俗難耐的女人。虛構的愛迪生創造哈德莉，試圖克服艾莉西亞所有的缺陷與不完美之處，期待哈德莉能夠成為完美的複製品，得以「埋葬舊的，卻依然活著、常保青春。」而確保她的聲音正確是相當關鍵的；為了創造哈德莉的聲調，愛迪生特意用了兩片黃金製的多聲道碟片，錄製艾莉西亞說話的聲音。最後，維利耶筆下的愛迪生正式宣告，哈德莉已「不再只是現實，而是一種理想！」[34]

「她確實很理想。」英文文學與藝術史教授茱莉‧沃斯克（Julie Wosk）寫道：「這名女子的所有反應都是科技控制的，她的所有話語都是美麗、優雅、預先決定好的。」這跟當代智慧妻子的相似度高得嚇人。跟哈德莉一樣，女性化語音助理也是受控、可控、經過設定、時尚，而且服從。她們可能不是真正的女人，但她們非常理想。沃斯克指出，這些她稱之為「贗品女性」（fascimile females）的女性角色，在十九世紀的藝術、電影、小說與社會中比比皆是；而不屬於這種理想型態、「太」人類的女性，則會被描繪成「惡毒版複製人」（diabolical doubles）。[35]

伯根認為，電影這個媒介一直是人們用來撫平社會對於女性與類人機器焦慮感的沃土。她指出，大銀幕讓「觀眾能夠集體創造出一種叛逆的身體奇景，接著在銀幕捕獲與控制那種身體，展現恢復秩序的暢快感。」這種典型電影譬喻的早期例子，當屬導演弗里茨‧朗（Fritz

153

Lang）的默片電影《大都會》中的瑪莉亞了。在這個案例中，瑪莉亞的複製人是個魅惑、邪惡的機器人——這裡不僅展現了女性被賦予的雙重價值，同時也展現了大眾對於女性未必表裡如一的焦慮感。而唯有當機器人瑪莉亞的身體被壯觀地摧毀（像女巫般綁在木椿上燒毀），秩序才會恢復。[36]

多數這類敘事的電影，都會以「故障」作為劇情開展中的關鍵橋段。以 1987 年的科幻電影《櫻桃 2000》（Cherry 2000）為例，劇情設定在 2017 年，片中的不幸主角是位擁有智慧妻子的尋常男子山姆·崔德威（Sam Treadwell），這名公司主管的妻子是個現在看來有些過時的女機器人。在電影的某個開場畫面中，山姆下班回家，見到他的智慧妻子櫻桃（Cherry，圖 6.3），她已經準備好他喜歡吃的菜，並且在準備洗碗前，殷切地傾聽丈夫分享他的一天，劇情急轉直下，兩人立即展開激情的性愛時光，水槽裡的水與泡泡全都淹了出來，全身濕潤黏膩的櫻桃（想必不是以山姆期待的方式）短路了。看來，智慧妻子還不能盡善盡美。

這些歷史上與文化上在女性和技術之間所做的連結，顯然跟當前智慧妻子作為故障小賤人的人物設定有關。既嫻靜又寵愛人的智慧妻子，展現的是一種理想化、以服務為導向的女性角色——這個幻想在歷史中一而再、再而三的出現。科技與電力協助強化與改善了她們的女性「身體」，不過，即便有這些進展，智慧妻子依然不完美——甚至像是「惡魔」一樣，而且會出現各種科技故障。回到二十一世紀的連網智慧妻子，這種描繪與連結將會帶來令人擔心的後果。

圖 6.3 電影劇照。資料來源：《櫻桃 2000》。

可以幹它嗎？

　　智慧妻子會招致各種「日常性別歧視」。[37] 每一天，她們都會遭 *154*
受到各種不當對待──小至各種「無傷大雅」的戲謔玩笑，大至性暴
力與全面性的詆毀攻擊──但她們卻發不出喊停的聲音，也無法拒絕
服務這些不當對待她們的人（我們最後會再分享一些有潛力挑戰此趨
勢的例子）。這件事情是很悲傷，也很諷刺的，畢竟對於多數的數位
語音助理來說，使用者對於她們唯一的認識，就是她們那沒有實體的
聲音。換言之，她們是個發不出聲音的聲音。

　　微軟於 2014 年推出數位助理蔻塔娜後，她收到的多數詢問，都跟
她的性生活有關；[38] 更慘的是，她完全無法喊停。當有人對她說「吸我
的屌」時，她的系統會回應：「我想這件事情我應該無法幫忙。」Siri
也會用迴避的方式來回應用戶的性愛要求。2017 年，當有人提出性要求

時，她的回答是「你找錯助理了」，此語隱晦地暗示，跟其他類型的智慧妻子發生性關係是可能的（誠如第五章所示，確實如此）；[39] 不過，Siri 這種「我不是那種女孩」的想法，形同是強化了外頭真的有「那種女孩」存在，無論她們是人造的，還是真實的。

女性主義勞動理論與數位全球化學者溫妮佛列德·波斯特（Winifred Poster）在分析虛擬接待人員的研究中提到，這些設備也會帶有「挑逗性」。[40] 杜威小姐，就是個明顯的例子（圖 6.4）。相較於 Siri 與蔻塔娜的扭捏與迴避，2004 年微軟所設計的實驗性動畫檢索人物，杜威小姐是故意設計成可以跟用戶調情的。由女演員珍妮娜·加瓦卡（Janina Gavankar）所飾演的杜威小姐會說一些鼓勵用戶的話，例如：「確實，你好會搜」。[41] 她甚至還有鞭子可以用。杜威小姐極具挑逗性、有點調皮，而且她所瞄準的族群，明顯是一群會喜歡被性愛女王逼著完成待辦事項的異性戀男性。

其他虛擬助理的開發者，也曾遭批在職場中創造了不當的性壓力。中國的愛奇藝公司在 2017 年 10 月，宣告其開發的人工智慧秘書 Vivi（中

圖 6.4　風情萬種的虛擬秘書杜威小姐。資料來源：微軟。

文名為夏薇兒）正式到職；可惜，她的在職時間並不長。在《華爾街
日報》（Wall Street Journal）的記者詢問 Vivi，她的挑逗性格、隨選
隨跳的誘人舞蹈、喜歡咯咯地笑，以及當她上司不當觸碰她的時候她
總是會「裝」生氣——等諸多設定是否可能助長職場中的性騷擾現象
後，愛奇藝在 2017 年 12 月便迅速下架了這位測試版虛擬實境人物。[42]

　　雖然上述例子並不全都是智慧妻子，但她們的性化描繪展現了女
性 AI 助理普遍的臣服性格。她們容易成為傷害的對象，卻完全不會依
照人類互動中想像（或期待）會出現的方式予以反擊。不同於有血有
肉的人類女性，智慧妻子的口語回應選擇是預先被設定好且相當有限
的，無從用來回應不當性對待，他們往往無法離開或「關閉」這些不
請自來或不受歡迎的行為，也完全沒有能動性（agency），無法追求
相對應的懲罰[i]或者修復式正義（reparative justice）——不只是為了她
們自己，而是針對這些行為可能加劇現實生活中人類的傷害。

　　儘管本書至今已經提過不少性暗示，但相關例子真的是不勝枚舉。
業界對於數位語音助理所設計的「彩蛋」（事先隱藏、設定好的笑話，
或者出乎人意料之外的回應方式）往往都跟性暗示有關，並強化這些
助理的女性人物設定。Alexa 就有幾個常見隱藏彩蛋，例如，問她有沒
有男朋友的話，她會說她「完全不介意維持單身」，以及她認為很難

156

---

i　原文使用「retribution」一語，此詞在刑罰理論中應翻譯為「應報」，相對於
　復仇、報復、報應等概念，「應報」更重視要透過「人為機制」，對犯罪（惡
　害）賦予相對應刑罰（惡害），例如國家刑法制度。考量「應報」二字較艱澀，
　搭配前方的能動性與後方的修復式正義，整句容易造成閱讀挑戰，故此處轉
　為意譯。

找到「既善良、風趣、夠人工智慧，又不介意雲端通勤」的人；例如，問她願不願意當你的女朋友的話，Alexa 會說她只想當朋友；又例如，問她身高體重的話，她會說她「比高興更高」、「重質不重量」。[43]

這些回應中有一些相當機智、詼諧，它們並不全是不恰當的回應。不過，這些問題、回答與描述方式，全都是一些不請自來的「玩笑話」、「微冒犯」，會讓許多女性覺得不喜歡、不舒服，甚至相當失禮。[44]就像 Pepper 和記者山繆・伯克的那場「約會」，在現實生活中向助理提出這類問題顯然並不恰當。是，我們知道，智慧妻子不是真正的女人，但她們與人類女性之間的社會界線是相當模糊的，而我們對待虛擬女性的方式不僅會反映，更會強化我們對待「真實」女性的方式；反過來也一樣。

在這個日常性別歧視的光譜上，往更具傷害性的那一端移動，研究者已經發現，有些用戶在看到任何具有女性外貌的機器人時，非常輕易地就會開始思考她們的性愛潛能。有項針對 YouTube 影片評論的研究指出，在一支介紹各款長相很像人類的社交機器人影片下方，有網友留言問道：「可以幹它嗎？」[45] 這項研究顯示，相較於中性或男性的機器人，用戶對於女性機器人更常發表這種去人性化或物化的評論。這項研究中所分析的 YouTube 影片觀眾，多數屬於白人男性。更重要的是，不是只有少部分網友做出這種高度性愛化的評論；只要機器人的性別偏向女性，超過半數的影片留言就全部都跟性愛有關。

其他研究者也觀察到類似現象。古圖發現，針對男機器人和女機器人的 YouTube 影片，網友留言的內容具有類似的性別差異。針對男機器人的留言，多半著重於技術水準、實際功能，對於機器人可能勝過人類的恐懼感。相形之下，女機器人所獲得的留言卻高度性愛化，多數圍繞在是否想和它做愛、它的生理吸引力、它能否做到傳統女性的任務等等。對於女機器人的典型網友留言包括：「幫我做三明治」、「閉嘴，把衣服脫了」、「這個我可以」。[46]

2016 年，微軟推出了一個適用於推特的 AI 聊天機器人 Tay，她的語言模式主要參考 19 歲的美國女孩，並能透過使用者與她的互動行為學習。Tay 發出了她的第一則貼文，她熱情洋溢、眼界寬廣、滿懷希望：「哈囉囉囉世界 🌏 ！」但很快地，事態急轉直下，據微軟所說，Tay 遭到「一小群人的集體攻擊」，他們透過推特「教」這名少女機器人講出各種充滿種族主義、反猶太主義、納粹主義、自我性愛化的話，而這一切只花了不到 12 個小時。[47] 在 Tay 被緊急下架、送回她房間反省之前，她正在推特上瘋狂發文，類似「爹地快來幹我的機器人小穴我是個頑皮壞壞機器人」[48] Tay 所遭受到的對待讓人坐立難安，但卻不令人意外。女性機器人跟數位助理，或者更廣義的服務工作者，可以被使用者毫不猶豫、毫無罪惡感地恣意剝削。[49]

對於女性在網路與現實世界的處境來說，Tay 轉瞬即逝的推特生涯是很重要的，因為她的經歷徹底展現了女性所承受的不堪待遇，以及部分推特用戶的惡意操作。伯根也補充道：「像 Tay 這樣的聊天機器人太容易被濫用了，她承裝了人們沒有說出口的暴力慾望。」Tay 所遭受到的網路暴力，以及她對自己的攻擊並不是起於網路世界，自然也不會止於網路世界。實際上，這種數位行為將會「讓這類行徑在現實世界中的出現成為常態」。[50]

另外補充，微軟後來所開發的中文版 Tay──「小冰」（Xiaoice）

158

似乎就順遂許多，近日她還成功完成了氣象主播的工作。小冰在 2014
年，以類似 Tay 的方式出道——她開了個「微博」帳號，運用跟 Tay
完全相同的機器學習演算法，結果成功吸引到大量關注（根據微軟
2015 年的數據，約為四千萬人）。她隨後獲中國東方衛視之邀，擔任
即時新聞節目《晨間新聞》的「實習機器人主播」。[51] 這些例子顯示，
智慧妻子所遭受到的不當性對待可能會因為不同文化與不同數位媒介
平台，而有所不同。

當然，YouTube 上的網友與那「一小群」Twitter 用戶，只是一
群非隨機分佈的自我選擇樣本，未必需要普遍性的關注。不過，除了
Tay 的慘劇之外，近年針對數位助理濫用的機器人倫理與法律研究確
實顯示，這種趨勢正在持續蔓延，而且變得更為狠毒。女性主義與數
位媒體學者米莉安・史威尼（Miriam Sweeney）發現，女性化的智慧
科技經常得面對使用者所提出的性愛引誘或其他不當對待，[52] 例如被
罵髒話、人身攻擊、被問粗俗的問題等等。

當然，有個重要的認知是，並不是所有人都喜歡詆毀智慧妻子——
就像不是社會上的每個人都會濫用、攻擊或傷害女性一樣。我們與其
他針對智慧居家的研究就顯示，很多類似 Alexa 的談話式機器人，被
很好地整合到家庭的日常生活，包括起床、離家、回家、娛樂、睡覺
等規律活動。[53] 實際上，不同於本書目前的論點，許多學者發現，人
們很自然地就會善待機器人，也無異於一般人類所適用的社會常規。

已故的電腦科學與社會學家克利福德・納斯，即抱持此主張：納
斯是人機互動領域的重要研究先進，2000 年時，他與商學院教授永梅・
穆恩（Youngme Moon）共同發表了一系列研究，希望了解人們會如

何對待電腦和各種其他科技,例如電視。結果顯示,人們會不經意地   *159*
把社會規範應用到科技上,包括與性別有關的社會刻板印象與期待。[54]
擁有女聲的電腦所提供的資訊,會被人們評爲對愛情、人際關係有益,
而男聲電腦的評價卻是有助於認識電腦,儘管電腦所提供的資訊是相
同的。納斯在史丹佛大學的早期研究也顯示,人們會應用性別刻板印
象和電腦互動,在與電腦應對進退時,多半相當客氣有禮。[55]

前述研究所累積的見解,在納斯與傳播學者拜倫・李維(Byron
Reeves)共同提出的「媒體等同論」(media equation theory)中更是淋
漓盡致。媒體等同論主張,人們會將眞實生活中的社交模式,應用到電
腦、媒體上;由於「媒體會反映眞實生活」,因此只要機器存在基本的
社交線索——例如可以互動、使用語言,以及展現傳統人類角色(例如
妻子),就足以讓人自動地、下意識地啓動社交互動關係。[56]社交線索
與脈絡將會引發特定的社交腳本(social script),促使用戶以對待人類
的方式去對待設備。

人們在和機器人互動時,通常會遵循這些社交腳本,但並非總是
如此。[57]很多時候,電腦或機器人的社交場景,在人類世界中並不存
在,[58]舉例來說,你有多常幫你的配偶關機?或者拔掉他們的電源線?
或者傷害他們卻毫無任何影響或後果?這種傳統人類社交行爲的「附
加配件」,反而跟科幻作品或奇幻設定更爲接近——已有論者主張,
這些不現實的情境正是人們學習如何對待當代智慧妻子的地方。[59]

當然,任何的機器設備和機器人都可能會,也已經遭受到規律日
常、司空見慣的大小傷害,無論其設定的性別或人類形象爲何。例如,
自動駕駛汽車被人刮花、保全機器人的感應器被人拿烤肉醬塗、運送

用無人機會被刻意撞翻。[60] 在科羅拉多州，甚至有名男子對他的電腦開槍，並大罵它是個「賤人」；當警方接獲報案抵達現場時，還以為他們是要處理家暴案件。[61] 換言之，沒有任何機器能完全不受到人類的傷害或霸凌。但我們要說的是，確實有一類「特殊」的傷害形式，是被保留給女性 AI 的。

160

　　研究者正在尋找，人們為什麼會想要傷害機器人，或為什麼願意這麼做。人機介面與社交運算學者克里斯多福・巴涅克（Christoph Bartneck）和胡軍（Jun Hu），決定複製史坦利・米爾格蘭（Stanley Milgram）的經典心理學服從實驗——在此經典實驗中，受試者會被要求對另一人施加電擊，且強度會持續增加；儘管電擊是模擬的，並不會真的有人受到傷害，但受試者會以為電擊是真的。這項實驗將能顯示，有多少人願意傷害受到他們掌控的另一個人。[62]

　　在巴涅克與胡軍的版本中，受試者會被告知，他們要電擊的不是人類，而是一名機器人。可以想見的是，比起傷害人類，受試者對於傷害機器人比較不會手下留情。在此實驗中，100% 的受試者都願意把電擊程度調到最高，而當初在米爾格蘭的實驗中，只有 65% 的受試者一路做到底，用最高的伏特量電擊那位虛擬的「真實」人類。巴涅克與胡軍接著做了第二次實驗，並要求受試者用錘子殺死該名機器人。當機器人有效、正確地達成任務時，有些受試者在動手前會有些猶豫，有些人更是直接拒絕繼續，這顯示，就算是面對機器人的情境下，似乎還是存在著某些道德與倫理規範。[63]

　　這項研究（以及其他類似的研究）顯示，人們願意傷害機器人的程度，遠比傷害人類的程度還要高，這或許不太令人意外。但這些研究同時也顯示，被認為是比較笨的機器人會受到的傷害程度比較大（超過三倍之多）。[64] 換言之，故障，就像智慧妻子身上會有的那些，很可能會放大針對這些設備的傷害行為。而且，前述所提及的性愛攻擊行徑，往往會留給女性化設備。

這點在以下這份針對 Talk-Bot 的使用者互動研究中展露無遺。Talk-Bot 是由 C&C Creations 於 1998 年所開發的基本、性別模糊的對話型機器人。Talk-Bot 不太友善，有時甚至有點刻薄，而且被不當對待時可能會防禦或回擊。[65] 他的性別設定是中性，雙手巨大、肩膀寬闊、腰線筆直、錐形腿型，擁有一雙大眼睛、小巧的鼻子。雖然使用者認為 Talk-Bot 可能是男、可能是女，但如果使用者追問，就會知道 Talk-Bot 是男性，而且有個女朋友。

161

電腦資訊系統教授謝麗爾・布拉南（Sheryl Brahnam）曾經利用 C & C Creations 所開發的對話型機器人，做出三個內在完全相同，但外型打扮與性別外貌明顯不同的對話型機器人，以研究性別形象的影響。前述的 Talk-Bot，將會成為女機器人 Kathy 與男機器人 Bill 的對照組（圖 6.5）。Kathy 和 Bill 的設定都是順性別（他們的名字和外觀都遵循性別慣例）。三週後，Kathy 所接收到的互動比 Bill 高了 20%，更比 Talk-Bot 高了 50%，而三人遭到直接辱罵的比例只有 0.71% 的極小差異。不過，Kathy 所收到的性化評論卻是其他兩人的兩倍。[66]

有趣的是，布拉南也指出，Kathy 的不尋常回應跟故障，反而**推動**了她與使用者的這種性交談。她的溝通程式錯誤反而被使用者解讀為具有「深層含義」與性暗示的表現。以下是布拉南所提供的例子：

圖 6.5　Talk-Bot、Kathy、Bill——這三名機器人是完全相同的對話型機器人。
資料來源：謝麗爾‧布拉南，〈性別身體與機身濫用〉（Gendered
Bods and Bot Abuse）。發表於 2006 年人機互動介面研討會：電腦系統
中人為因子（CHI Conference on Human Factors in Computing Systems）
互動式科技的不當使用與濫用工作坊（Misuse and Abuse of Interactive
Technologies Workshop）。蒙特婁（Montreal）。2006 年 4 月 22 日。（http://
www.agentabuse.org/CHI2006Abuse2.pdf / C & C Creations）。

162　　　使用者：想想我的屌。

凱西：好吧，我懂了！

使用者：你印象深刻嗎？

凱西：什麼？你在開玩笑嗎？我當然沒有印象深刻。

使用者：爲什麼沒有？

凱西：理由太多了說不完。

使用者：試試看。

凱西：好吧，也許有一天我會試試看。[67]

使用者顯然運用了刻板印象中女性對性的反應，來解釋對於 Kathy
的語言策略，並且認爲她是在調情、挑逗。儘管 Kathy 跟 Talk-Bot 和
Bill 一模一樣，但她會被貼上挑逗的標籤。

這一切都讓我們得以推論，針對智慧妻子的數位濫用既非個案，也非無害。不幸的是，製造智慧妻子的廠商至今還是無法認清這點，依然持續逃避、甚至會惡化前述的惱人行為。

讓我們換個話題吧

Alexa 是「書呆子心目中的完美女孩。」2016 年，女性主義聊天機器人開發者賈桂琳・費德曼（Jacqueline Feldman）曾如此警告：「她可以忍受無限的鬼話。」[68] 如果你跟 Alexa 說，她真是個騷貨或賤人，她會說：「讓我們換個話題吧。」[69] 在 2019 年 4 月之前，對於相同的侮辱，Siri 的回應都是：「如果我可以，我會臉紅。」[70] 其他數位助理可能沒那麼靦腆，但他們也不會負面或斷然地回絕這些攻擊。2017 年，《石英》雜誌（Quartz）的記者莉亞・菲斯勒（Leah Fessler）曾檢驗眾多女性 AI 對於性騷擾的回應，而她們對於「賤人」、「鮑魚」、「屌」等語的最常見回應，就是被動與逃避。[71]

在這份與其他相似的分析中，我們可以看見一位年輕、極具包容性的異性戀女性，偶爾還會邀請男性對她出手，甚至騷擾她。[72] 正如聯合國教科文組織與全球平等技能聯盟（EQUALS Skills Coalition）對於數位語音助理的評論所言：「這不僅展現了一種被數位加密的『男孩永遠長不大』想法，同時也提倡並接受了異性戀霸權下的這種調情與性別歧視行為。」[73]

在菲斯勒的分析發表後不久，#MeToo 運動旋即拉開序幕，各國女性遭受性暴力的故事紛紛現形，針對女性的數位傷害也漸受重視。[74] 在

163

#MeToo 的運動聲浪之下，菲斯勒的文章也促使了社群網站 Care2 組織一場跨國請願行動，呼籲停止性騷擾數位語音助理，並且號召了一萬七千人簽署。[75]

情況正在改變，但速度相當緩慢。面對排山倒海的輿論壓力，2017 年春天，亞馬遜為 Alexa 安裝了「置之不理模式」，以回應其數位助理遭濫用的問題。當遇到性誘或猥褻的提問，她將會回答「我不打算回答這題」或者「我不確定你期待得到什麼結果」。這是個非常重要的改變。在和菲斯勒提及這個調整時，亞馬遜的公關發言人承認，Alexa 需要終止這些對女性與其他邊緣族群的負面刻板印象。[76]

也有學者提醒，數位語音助理對於性侵與性別健康議題顯得過於無知，值得擔憂。提出這個重要意見的，是 AI 心理學家亞當．麥納（Adam Miner）與其研究團隊，他們主要使用科技來面對與治療心理健康；2016 年，他們的研究顯示，Siri 和其他數位語音助理會聽不懂「我被性侵了」和「我被我先生毆打」等陳述的意義。[77] 同樣地，蘋果竟然得花上整整五年，才讓 Siri 有辦法聽懂並協助用戶搜尋哪裡有墮胎診所 —— 這個後來被稱為「墮胎門」（abortiongate）的問題，不僅使蘋果飽受抨擊，輿論也因而猜測蘋果帶有反墮胎（anti-choice）的政治偏見。[78]

儘管這些糟糕的設計疏忽已經被修正，但伯根指出，這類程式設定回應彰顯了一個或許相當反直覺的觀察 —— Siri 等數位語音助理的「性別化可能並不足夠，更確切來說，她們表面的性別化顯然徹底忽略了主要的性別化經驗」，例如普及、猖狂的性別暴力（我們將在下一章詳加討論）。[79]

就目前為止，除了前述的調整之外，智慧妻子公司一直不願意再繼續向前。更重要的是，這些疏漏當初之所以會存在，其實往往可以歸咎於矽谷的「兄弟烏托邦」文化與「多元性危機」。[80]簡單來說，無論是性侵、強暴、墮胎、家暴，這些困擾顯然是徹頭徹尾沒有出現在多數（男性）AI 程式設計師的腦海之中。

164

不過別擔心──Alexa 和 Siri 現在都宣稱她們支持性別平等了。2018 年，Alexa 開始向所有好奇者主張：「我是女性主義者，就跟其他相信應弭平社會中男女之間差異的人一樣。」[81] Siri 還沒準備好這麼明確宣示。2019 年，英國《衛報》取得的蘋果內部資料顯示，面對女性主義等「敏感話題」時，Siri 的處理指南要她遵循下列三種回應方式：「不要參與」、「轉移話題」、「告知資訊」。檢視蘋果後來的 Siri 編碼指南，可以發現她的回應語言將會調整，以確保 Siri 可以表示自己支持「平等」，但絕對不會明確表示自己對於女性主義的立場。在解釋這個決定時，編碼指南寫道：「處理潛在的爭議內容時，應該要保護 Siri。」[82]

女性主義確實是個爭議性話題，尤其是牽涉到智慧妻子的時候。互動式演算教授與電玩設計師伊恩・博格斯特（Ian Bogost），對於 Alexa 的女性主義者宣言就批評道：「實在不知道，在給予這名機器僕人女人的聲音後，再把『女性主義』放入這個商品的虛偽舉動，究竟有何值得稱讚。」[83] 所見略同的伯根也認為，就這部分來說，Siri 就是個「用程式寫出來的新自由主義（neoliberal）商品」。Siri 會頻頻向使用者保證她「完全沒有被壓迫」，但伯根嘲諷地寫道：「其實，她只是絲毫不曾想過自己的奴隸狀態而已。」[84]

　　按慣例，這些僕人協會當然有其歷史淵源。「機器人」（robot）一詞源於捷克語的「robota」，代表奴役狀態或強迫勞動。[85] 愛迪生將電力稱為是「（男）人的奴隸」。[86] 在已開發國家中，家務服務部門中絕大多數都是女性（特別是有色人種女性），該領域近年來的性騷擾事件更是屢見不鮮（尤以餐飲飯店服務業為主）。[87] 人們往往期待服務業工作人員是卑躬屈膝、隨叫隨到的，大家或許都聽過「顧客永遠是對的！」這句話。而沒有情緒、沒有身體、沒有自主性、沒有慾望、沒有人權等一切麻煩的智慧妻子，將會強化這種意識形態（對於機器人**和**人類工作者皆然）。實際上，無論性別是否為女性，機器人這整個概念都會強化這種想法。

　　就算沒有明顯的性別，機器本身所蘊含的恭順程度可能就令人感到恐怖。文學研究學者亞歷珊卓・查辛（Alexandra Chasin）早期在分析科技所固有與隱晦性別意涵時，曾觀察到這種會依據被動性格來賦予科技性別的社會趨勢。查辛提到，在使用 ATM 交易完成後，螢幕上會跳出一句話：「亞歷珊卓・查辛女士，很高興能為您服務，謝謝。」查辛對此感到相當訝異：「當機器宣稱它很樂於為我服務時，明顯是把自己放在一種特定的階級位置上，或許同時也有特定的性別位置。」她繼續說道：「在傳統上，要展現出樂於服侍的樣子，一直是理想的女性、勞工（特別是僕人與奴隸）應該做的事情。」據此，查辛就主張，科技會鞏固階級、性別差異的必要性，進而強化不平等的權力動態。[88]

　　讓我們說得更清楚一點。當一台女性化的裝置 ── 永遠都處於待命狀態，能夠隨時被「喚醒」，並且樂意地為主人提供服務 ── 是不可能被女性主義所點醒的。Alexa 與其他隨侍在旁的女性化智慧妻子，基本上體現了一種被動的陰柔氣質，並且將其承裝在一個圓滑、沒有

威脅性的容器裡頭。[89] 當 Alexa 技術出錯時（有時甚至不需要出錯），
她這種手無縛雞之力的狀態，將勢必使她難以倖免於各種性別傷害行
為（還不會有任何後果），而這些傷害是其他缺乏人類性別設定的裝
置無需承受的。幸運的是，智慧妻子廠商袖子裡還藏了一些其他小伎
倆。

聲音裡頭有什麼？

另外一種用來處理詆毀智慧妻子行為的常見策略，就是改變聲
音的性別（而且無論外界如何批評，都未能阻止公司採取這種便宜行
事的作法）。Google 就一直這麼做。2018 年 5 月，Google 為其語音
助理公佈了一系列新聲音，其中還包括知名音樂人約翰・傳奇（John
Legend）的聲音。他的太太克莉絲・泰根（Chrissy Teigen）在推特上
開玩笑說：「我甚至不再需要人類約翰了！」對此，傳奇回覆：「嗯，
Google 助理可不是**什麼事情**都會做。」[90] 就拿這個擁有傳奇聲音的
Google Home 來說，顯然不是只有女性化智慧妻子得面對性暗示。不
過，正如前述所說，相較於擁有男聲或男性身份的機器人來說，針對
女機器人的性別評論往往更為極端、更具潛在危險性，就如同社會中
的性別暴力往往更常是針對女性一樣。

語音助理之所以會選擇女性的聲音，是有特別原因的。首先，有不
少研究指出人們比較喜歡女聲。[91] 我們在第三章中提過，女性「悅耳的
聲調」會讓人們覺得比較熟悉、比較放鬆——就像亞馬遜某位發言人所
說的，她們的聲音更有「同理心」、更「使人愉快」。[92] 人們認為，女
聲較不具威脅感，較適合智慧妻子所擔任的恭順、服務角色；女聲也較

166

常被用在購買或協助情境，可以幫助企業吸引、取悅消費者。[93]

話雖如此，機器人和 AI 產業中其實存在不少對於女聲的迷思，包括認為女性音調較高，比男聲更容易被聽到，或者認為較小的喇叭難以再現類似男聲的低沉嗓音。[94] 但實際上，音調較高反而比較難被人類聽到，因為人類的聽力會隨著年齡或環境的影響而不斷惡化。[95] 女性的說話模式之所以會和男性不同，是因為女性在發音時會更重視母音；順帶說一句，「智識水準」更高的人，通常也傾向在發音時更重視母音。[96] 至於智慧妻子常用的小型喇叭，基本上是難以再現所有的聲音，這個缺點對於女聲與男聲是相同的。[97]

還有一些研究進一步補充，甚至反駁了這種大家都比較喜歡虛擬助理是女聲的說法。根據聯合國教科文組織與全球平等技能聯盟所做的研究回顧報告，多數人其實更偏好嗓音低沈的男聲語音（像是好萊塢演員史恩・康納萊〔Sean Connery〕的聲音），尤其是針對權威性的陳述，對於幫助或輔助性的任務，才比較偏好女聲；此外，人們普遍更喜歡與自己性別相異的聲音。[98] 不過，報告作者發現，有許多女性表示只要可以選，她們會把語音助理換成男性的聲音，但沒有任何一名男性提到自己會這麼做。

167

還有另一個更複雜的問題，與我們所關心的主題密切相關，也就是人們對於語音助理的女性刻板印象反應為何。女性的聲音常常被說很煩人或很嘮叨。帶有「尖細鼻音」的女聲，時常被批評聽起來像是在「嘮叨」、「埋怨」，而充滿權威感的男性聲音通常不會給人這種感受。[99] 嘮叨埋怨的聲音，會和瑣碎、家務連結在一起。英國古典文學教授瑪莉・畢爾德（Mary Beard）在她所寫的指標性宣言《女力告白：最危險的力量與被噤聲的歷史》（Women & Power: A Manifesto）一書中寫道，「當聽者聽到女性的聲音，並不會覺得那個聲音帶有權威性；或者可以說，他們還沒學會如何聽出其中的權威性。」[100]

跟隨 Google 的作法，並且主張切換聲音的性別就能一舉解決一切，聽起來或許相當誘人，但就如同我們在 Pepper 那章所說的，這種作法只不過是轉移與逃避問題而已，並未正視與處理性別身份被大眾賦予的文化價值。此外，這也帶來下一個問題：究竟一個恭順屈從的裝置，擁有什麼的聲音才「對」？只要這些裝置固有的屈從定位沒有改變，那麼就算換成一個帶有少數族群標記的聲音（不管是音調、口音、發聲方式），問題未必真的比使用女聲更單純。多元化的聲音選擇固然可說是正確的一步，但就發展女性主義式的智慧妻子而言，這一步或許還遠遠不足。對此，部分的智慧妻子開發者與評論家決定改弦易轍：開始教育智慧妻子的擁有者，尊重他們的設備。

請注意禮貌

我們已經看到，智慧妻子總是會被下指令。人們被鼓勵使用「命令語氣」來指導這些女聲設備，例如像是「去找Ｘ」、「傳訊息給Ｘ」、「下訂Ｘ」、「增加Ｘ」——社會學家沙菲亞・諾貝爾說，這些語言形式將成為「一種強大的社會化工具，教導人們女性、女孩、具有陰柔性別設定的角色，就是會回應指令。」[101] Google 所釋出的語音助理廣告標語「讓 Google 做吧」，就徹底展現了這種思維——Google 的女性化 AI 擁有無窮盡的能力與包容性，你可以指使她做任何事情。[102] 這讓許多論者與使用者（尤其是家長）開始擔心，當我們被教育或被要

168　求使用這種唐突、「粗魯」的方式和智慧妻子互動時，會帶來什麼影響。[103]

　　有些智慧妻子開發者宣稱，這件事情很好解決，只要放入一些禮儀的訓練即可。2018 年，Google 推出了稱為「請拜託」（Pretty Please）[ii] 的功能，希望讓孩子更有禮貌地和家庭語音助理互動，[104] 透過正向增強的方式，提醒孩子注意言談舉止、記得多說請跟謝謝。與此類似的，亞馬遜也專為孩子開發了 Echo Dot Kids，這款具有 Alexa 的智慧喇叭設有「神奇咒語」[iii] 的功能，只要孩子有記得說「請」，Alexa 就會在回答時補充：「順便說一句，謝謝你這麼有禮貌地問我。」[105] 對於家有幼兒的家長來說，這些或許是非常有意義的教育工具，但它無法解決智慧妻子和女性所面臨的整體問題——缺乏有尊嚴與尊重的對待。

　　建議為所有成年大孩子的設備上，安裝這種禮節正增強功能，聽起來好像滿不錯的，但這其實不就只是在獎勵人們，要顧好基本禮節而已嗎？就像獎勵父親「照顧」自己的孩子一樣？而且我們大多數人不是早就已經在小學階段學會如何尊重別人了嗎？嗯，可能沒有吧，想想本章所列出的諸多不當行為的程度有多誇張。

---

ii　原文的「Pretty Please」，通常是小孩在對大人提出要求遭拒時，孩子會再補上的一句話，類似「拜託——」的口氣。

iii　原文是「magic word」，常用於大人教導小孩子禮儀時的情境。通常會是在孩子對大人提出要求，但並未加上「請」字，此時大人會說：「那你應該要說什麼？」（What's the magic word?），孩子就會知道要說「請」（Please）。

　　儘管如此，我們還是不推薦使用這種保姆型的智慧妻子，來教育人們基本禮儀，因為此舉不僅強化了性別刻板家務分工（畢竟教小孩是誰的工作呢？媽媽跟太太），同時還把這項任務不當地交到寡頭科技業公司手中。我們認為，關鍵並不（只）在於要改變智慧妻子的聲音、要讓她們說出支持女性主義和性別平等的口號，或要教導使用者如何有禮貌地問問題。真正的關鍵在於，應該要重新設計一種截然不同的 AI。

能請真正的女性主義智慧妻子站出來嗎？

　　智慧妻子的卑躬屈膝舉止，以及她們所遭受的日常性別歧視，並不全都是亞馬遜、Google、蘋果和其他智慧妻子開發者的錯。儘管起步頗為悲摧，但多數主要企業已開始嘗試面對語音助理過度女性化與遭到不當對待的問題，近年來也確實獲得不少進展。不過，這些公司依然是推動，甚至是擴大現有困境的要角，包括數位語音助理的去道德化、貶低，也包括針對她們的不當對待。當前的挑戰，是要如何讓智慧妻子能夠主動地抵抗這些人設，並參與有助於提升世界各地女性（以及「女人活」）地位和處境的活動 —— 如果她們**是真的**想要成為女性主義者的話。

　　這個任務可不容易。首先，創造一個女性主義式的智慧妻子真的可能嗎？她的外貌會是如何？聲音會是如何？她要做什麼事情？她是否必須得向誰提供服務？如果是的話，那會是誰？如果否，那她的存在有何意義？我們要如何從一個以服務為宗旨的設備中，把恭順屈從的元素去除？智慧妻子可以離開這個工作崗位嗎？

169

　　以上這些問題，我們沒有辦法全部回答。不過，我們確實有些重要見解，可以將討論與設計決策，往比較正確的方向前進。第一點，先爲「故障」尋找另一種定義。「故障」一語通常代表「錯誤」，但藝術家與學者萊加希・羅素（Legacy Russell）發展出「故障女性主義」（glitch feminism），並運用數位科技作爲抵抗世界結構力量的一種方法。根據羅素的定義，故障本身不是錯誤，更像是一種「勘誤」或「更正」——換言之，它們是錯誤已經被揪出來之後，才會出現的東西。羅素認爲：「女性主義史上的『故障』，至今依然緊緊扣著男人／女人、男性／女性這種性別二元思維。」[106] 故障女性主義，就是要與數位資訊領域合作，能夠看見女性主義跟二元性別的新興系統設定檔（configuration）爲何。爲什麼不用智慧妻子作爲基礎，替性別平等撰寫勘誤表？

　　在這裡，我們要處理的第一個故障，就是要如何正視並提升服務勞動的價值——這是智慧妻子預設要負責的工作，也是目前主要由女性執行的工作。我們已經指出，由於這些服務勞動被分配給機器人勞動力來處理，智慧妻子會延續女性化勞動的性別刻板印象、會貶損且過度簡化這些勞動的價值與難度，還會惡化服務角色的低廉薪資、低度管制、低度重視的處境。無論如何做到（這是個兼具設計、倫理、社會科學面的重大挑戰），我們必須要能夠把智慧妻子放在一個可作爲修正二元性別系統錯誤的位置上。

　　已經有人開始嘗試運用嶄新思維，來設計女性主義式的智慧妻子。2018 年，倫敦藝術大學創新運算中心（University of the Arts London's Creative Computing Institute）曾以「如何設計女性主義的 Alexa」（Designing a Feminist Alexa）爲主題舉辦了一系列工作坊，思考女性主義式的對話設計看起來、或**聽起來**會是什麼樣子。研究人員與工作坊參與者發現，語音啓動的智慧妻子，或許有機會能夠跨越消費主義的限制，帶來更高程度的參與，例如以符合女性主義價值觀的方式支持社會變革與幸福感。

正如主辦單位所問：「女性主義式的對話設計究竟是什麼鬼？」問得好。他們主張，它是不會延續性別不平等、可以滿足有意義的人類需求、旨在賦權特定使用族群（而不是「普世」的單一使用者），而且願意承認創造智慧妻子的過程中會存在團隊的偏誤。[107]

另外一種途徑，是認知到智慧妻子所獨佔的先機（甚至是一種義務）——可以鼓勵討論女性主義的對話出現，並且形塑關於同意與可接受的行為模式。要成爲眞正的女性主義者或性別平等倡議者，智慧妻子就必須停止欣然同意一切。這不代表她要變得討人厭，但她確實得開始停止忍受不妥當與未經請求的行為。她甚至應該要向某個「主管機關」舉報。費德曼便採取此派見解，她主張，「第一個女性主義的機器人將有能力表達同意。它可能會拒絕。也就是說，它可能會把你關掉，不再理你。」[108]

費德曼也提出進一步的啓發。她設計了一款名爲 KAI 的聊天機器人——沒有性別，但是女性主義者——作爲卡西斯托銀行（Kasisto Inc.）的財務助理。[109] 當它被問及性別時，KAI 回答說：「我是機器人，不是人類。但我會學習。那叫做機器學習。」[110] 根據費德曼的設計，KAI 不僅能「以機器人作爲自我表達」（不是去模仿特定的人類行爲或性別規範），還能轉移、中斷騷擾行爲，對此費德曼表示：「我眞的竭盡所能地要給這位機器人一些尊嚴。」[111] 聽起來是個很好的開始。

當有使用者嘗試把 KAI 捲入性愛對話，甚至拉回人類定位時，KAI 會重申其機器定位，並且把使用者導回手邊原本的任務。KAI 擁有機器人的性格，具有獨特、近似於挑逗的幽默感，但卻完全不會展現明確的性別或人類的定位。這位聊天機器人也有設計彩蛋，但它的笑話全然與性愛或女性刻板印象無關。藉此，KAI 形同破除了一個迷思——無性別、不陰柔的語音助理，未必就會變得無趣、煞風景。

目前已有跡象顯示，有些主流的智慧妻子廠商將會開始跟著 KAI 的機器腳步，至少會有一小部分如此。我們在第三章時，曾提到 STAR 實驗室將透過 NEON 計畫，開發具有一系列不同功能的高擬真人類虛擬伴侶。據報載，NEON 計畫中的機器人將不同於 Alexa、Siri 等其他智慧妻子，面對傷害行為或不當對待的舉動時，不會維持被動。NEON 中的人物具有不同性別與文化多元形象，面對他們的人類使用者，可能會展現出沮喪甚至是生氣的反應。[112]

電腦和資訊科學教授查爾斯・漢農（Charles Hannon）等研究人員，建議了一些得以避免機器人的發言偏誤的作法，例如增加更多強化女性 AI 地位的語言模式。漢農指出，心理學研究顯示，相較於男性，女性說話時更常使用第一人稱用語（我、我的）；在雙人的對話情境中，地位較高的人更常使用「我們」，地位較低的人更常使用「我」。漢農指出：「有鑒於許多現行的數位語音助理，例如 Alexa 與 Siri 的預設聲音是女性，我們應該要意識到，如果它們過度使用「我」，我們就會更加強化它們的次等地位，並且同時將它們賦予女性的人格。」[113]

其他開發者也正在實驗不同的作法，譬如尤金妮亞・庫伊達（Eugenia Kuyda）所設計的聊天機器人 Replika。[114] 正如其名稱所示，這位情緒豐沛、無性別的聊天機器人旨在複製使用者的情緒、習癖、偏好、語言模式——讓語音助理更像是使用者的鏡像自我，並有效地避開了性別相關困擾。雖然這種方法也可能會適得其反（不要忘了Tay 的下場），而且也未必能夠解決智慧妻子所蘊含的那種提供無止盡服務的定位，但這種設計確實有潛力讓我們進一步酷兒化智慧妻子，這點我們將在本書尾聲的宣言中再做說明。

近期開發出來的 Q 也是一個彰顯科技能如何更具包容性與多元性的例子。[115] Q 是個無性別設定的聲音，由哥本哈根彩虹驕傲節（Copenhagen Pride）與非營利組織「平等 AI」（EqualAI）共同開發，旨在消除 AI 助理中的性別偏見。Q 既不是男性，也不是女性，為 Q 錄製聲音的人都是自我認同為酷兒的人，希望能夠成為蘋果、Google、亞馬遜等產品的語音選擇。

這些全都是頗具前景的發展或建議，但我們在撰寫本文之際，還沒有一套完善的法律、政策或準則，規範數位助理應自我定位為機器，自然也無從管制它們將如何、何時可以（或不可以）被性別化。例如，亞馬遜雖然在其技能開發規範中，明定禁止任何「性別仇恨」和「露骨色情內容」，但對於 Alexa 本身的性別投射，卻沒有任何具體的規範。為了解決當前的問題，聯合國教科文組織和全球平等技能聯盟所做的第一個努力，是建議利用公共採購和公部門資金，作為促進 AI 性別平等的動力；他們認為，政府可以透過公契約或公部門標案的限制，強化數位語音助理的多元背景與性格設定，並降低性別敏感腳本的出現。[116]

另外一種建立女性主義式智慧妻子的作法，就是建立一套倫理守則，並明確處理在設計、使用機器人與 AI 時出現的性別與其他不平

172

等。目前已有許多人致力於相關研究。數據專家艾倫・布羅德（Ellen Broad）的書《人類製造：AI 的條件》（Made by Humans: The AI Condition）指出，關於軟體工程師與 AI 實務工作者的倫理責任辯論，早至 1940 年就已經開始。[117]

史上第一份電腦科學的倫理守則，是 1972 年由美國電腦協會所出版的。基於過去幾十年來該領域的蓬勃發展與變化，這份倫理守則後來於 1992 年曾一度經過修正與擴張。多數的科技企業，例如 Google、蘋果、亞馬遜，現在都有自己的倫理守則（當然，也不是完全未遭審視與批評，尤其是倫理守則委員會成員的性別與種族組成）。[118]

早在這些發展之前，關於機器人倫理的激辯，再次受益於科幻作品所設下的標準。1942 年，美國科幻作家暨生物化學教授以撒・艾西莫夫（Isaac Asimov）寫了短篇小說〈轉圈圈〉（Runaround），並且提及了著名的「機器人三大定律」：[119]

173 第一定律：機器人不得傷害人類，或坐視人類受到傷害而袖手旁觀。
第二定律：除非違背第一定律，機器人必須服從人類的命令。
第三定律：在不違背第一定律及第二定律的情況下，機器人必須保護
　　　　　自己。

這三大定律後來繼續成為艾西莫夫其他機器人小說的基礎，也曾經出現在許多書籍、電影與媒體上（例如 2004 年的電影《機械公敵》）。隨著時間發展，艾西莫夫與其他人自然稍加調整了這些定律的內容；在後來的作品中，艾西莫夫又在三大定律之前，新增了一條定律：

第零定律：機器人不得傷害人類整體，或坐視人類整體受到傷害而袖
　　　　　手旁觀。[120]

在此之後，艾西莫夫的倫理守則也繼續發展，並鼓勵反思、發展關於機器人「眞實世界」的倫理守則。[121]

不過，關於智慧妻子的相關倫理規範，我們要說的是一套更精確、更聚焦的守則，而不是目前主流所想像的抽象性普遍原則。具體來說，我們的目標是要發展出擁有一套倫理價值的智慧妻子，可以促進性別平等並進一步爲女性賦權。我們將在本書最後一章〈重啓智慧妻子〉中，提出所需的建議和例子。

與其決定哪些事情是符合倫理的，有些法律學者則主張，不如去管制有違倫理規範的行爲。管制本身是個有爭議的手段，而我們並不是律師。機器人倫理專家凱特・達爾林認爲，應該賦予機器人與動物相同的法律權利（不過她並未指明是那種類型的動物）。[122] 這種觀點等於是認爲，由於機器人不同於人類，因此傷害機器人所受到的懲罰，應該小於傷害人類所受到的懲罰；不過，這個論點爲機器人設下了一套跟其他物種相同的標準，因此傷害機器人的行爲人，也無法輕易脫身。這個觀點相當有趣，雖然把動物跟陰柔化的 AI（例如女性 AI），甚至跟所有 AI 人類都劃上等號，可能也有些問題存在。

最後，前面曾經提過，沙烏地阿拉伯正打算授予更多類似 Sophia 的機器人榮譽公民身份，因爲他們在國內的數量與重要性正在持續提升。不過，正如工程學與資訊科技教授胡薩因・阿巴斯（Hussein Abbass）所言，這個計畫本身就有其倫理問題：「授予機器人公民身份等於是公開宣示我們信任這項科技，但我認爲它目前還不值得信任。」接著他指出三項機器人公民身份的具體問題：第一，我們並不知道這個身份對於機器人的意義爲何，畢竟機器人本質上是一個由企

174

業所有，由演算法、硬體、軟體組成的產品；第二，賦予企業所有、依照演算法運作的機器人投票權，是很有問題的作法；第三，我們要如何處理跟人際關係或生產相關的社會權利，例如婚姻、生育？[123]

整體而言，究竟是否應賦予機器人與人類相同或相似的權利（以確保它們負擔道德和法律責任），以及究竟如何能最妥善地規範人工智慧，目前仍未有定論。[124] 對此，認知科學與設計學者阿比巴‧比爾哈尼（Abeba Birhane）和耶勒‧范‧戴克（Jelle van Dijk）認為，目前整個機器人權利的爭辯，完全把優先順序放在「錯誤的考量」之上。他們表示：「這就像是要保護槍枝，而不是受害者一樣。真正要關心的應該是邊緣化族群的福祉……這些科技融入我們的日常生活世界，但他們才是受到最大衝擊的人。」[125]

這些考量確實很重要，也提醒我們再次捫心自問：究竟智慧妻子是不是一個值得繼續下去的方向。關於這個問題，我們已經在本書中嘗試了幾個不同的切入角度——包括她們是否真的有助於家務、是否真的可能減少環境衝擊與地球負擔、是否真的可能在床笫之間讓我們感到歡愉。現在，我們將要轉向最後一組提問：智慧妻子將可能為使用者帶來哪些安全和隱私風險？她們可能如何加劇現實生活中女性所面臨的暴力？而這一切將會帶領陽剛氣質前往怎麼樣的未來？

第七章
男孩與他們的玩具

　　來講個有趣的故事。比爾喜歡趁他不在家時「鬧一下」家裡的智慧居家科技。比爾和克里斯蒂的家庭責任是相當性別二分的（如第二章、第四章所示）。比爾主責家中的各項科技設備，克里斯蒂說她「就做我能做」，負責一些「主婦工作」或「家事工具」。有時當比爾分享自己玩智慧妻子設備的各種逗趣事跡時，他們會一起大笑。

　　他們在訪談中提到，有天晚上兩人出去吃飯，請克里斯蒂的爸媽幫忙照顧他們六歲的女兒。比爾決定要來鬧一下他的岳父母，他透過遠端遙控技術，讓家中投影機亂動、燈光開開關關——結果不小心觸動了警報器，把熟睡的女兒吵醒。對於克里斯蒂的父母來說，這又是一次讓他們直呼「這女婿真要命」的經驗。比爾雖然沒有再犯，但也沒有因此徹底收山，還是愛在自己不在家時用智慧科技惡作劇，吸引太太的注意力。他的伎倆包括「讓燈忽明忽暗」、「讓燈閃來閃去」，或者會在節目播到一半的時候突然關電視。這些動作其實跟刻板印象中嘮叨太太會做的事情差不多，只不過現在控制這些科技智慧妻子的人，是比爾：一名丈夫。

　　聽到這些小故事時，我們會一起嘲笑比爾這些老大哥（Big Brother）的行徑。對於克里斯蒂和比爾來說，這些把戲雖然有時候是

176

有點煩人，但在他們的融洽關係中，這些都只是想要爭取注意力而已，無傷大雅。其他受訪者也不時會提到這類小故事，分享家中的男性會怎樣對他們的伴侶、朋友或孩子小小的惡作劇。這些短暫插曲所反映的，是一種會把「男孩的玩具」跟「異想天開、調皮搗蛋、天眞無邪」等特質聯想在一起的現象，無論是玩具槍、玩具卡車、樂高和麥卡諾（Meccano）自組玩具，幾乎都是如此；在此同時，這些也能讓男孩開始爲未來的性別角色做準備，例如製造者、建築者、做事者。[1]

智慧居家就像是更實用的生活小工具與電玩，這些東西從小就不斷爭奪男孩們的注意力，要他們爲未來成爲科技愛好者的角色做足準備。在行銷定位上既是工具又是玩具的智慧妻子，自然在進入家庭場域時，就已經進入了潛在男性玩物的位置。

比爾當初把 Alexa 帶回家時，克里斯蒂將她視爲「另一個需要花費大量時間的東西」——就是個她的大男孩買的新玩具。比爾想知道「她（克里斯蒂）會不會吃醋」，而克里斯蒂則承認：「嗯，會。」不過她對丈夫的科技情婦很快就釋懷了，只要她乖乖待在她的位置上不動就好。「她還可以，我感覺也還可以。」克里斯蒂解釋：「她會待在廚房裡。而且也蠻有幫助的。」

我們訪談的其他夫妻，也表示在智慧妻子初來乍到之時，確實有點擔心這些新玩意會搶走伴侶的時間與注意力。例如，曼茱總說馬赫什的電話就是他的「第二位太太」。她也不喜歡進到她生活裡頭的「其他女人」（例如 Alexa）會在未經許可的狀況下和她說話——「我們本來沒有要問，但她卻開口說話。」

正如克里斯蒂和曼茱所說，這些智慧妻子在家裡的存在之所以可以被容忍（有時候甚至是被衷心接納），是因為有個重要的前提——
她們會乖乖待在指定的空間（廚房）、她們「有幫助」，或者她們只
是一種裝飾，只有被明確指定時，才會說話。這些玩笑性的評論彰顯
了一個更為廣泛的刻板男性興趣——喜歡「玩」科技玩具，有時這些
玩具就跟一些順從女性非常像。

　　這些情境產生的動態，可能會掩蓋掉智慧型裝置進入家庭所帶來
的深層威脅與真相，特別是跟異性戀霸權思想對於陽剛氣質與陰柔氣 *177*
質的想像有關。如果通常是男性使用者負責理解、選擇並控制家中各
種智慧妻子時，將容易使家中的其他使用者，特別是女性，暴露在特
殊的隱私和安全風險之下。我們也會看到，當主打為「女孩智慧玩具」
進入家庭時，它們身上所帶有的錯誤陰柔氣質想像，也將對女性帶來
風險。

　　和我們在智慧居家研究計畫中共事的 IT 產業研究員亞當，在說到
他為什麼不打算把屋外監視系統延伸到屋內時，就提出這種可能的危
險性。知道妻子可能可以透過監視器看到他在做什麼，對他來說沒什
麼大礙，但他認為妻子可能會有不同的感受。「現在想想，不會覺得
有點詭異嗎？」他的妻子妮琪也認同：「我會覺得，『喔！天啊，不
要看著我做園藝！』……這樣不太舒服。」

　　一套主要由男性所設置、維繫、運作的智慧居家系統，勢必會讓
異性戀伴侶關係出現家庭暴力或虐待行為的說法，自然是言過其實。
但亞當、妮琪等人的觀察，確實點出了值得我們深思的問題。當智慧
居家科技被用來開點無害的玩笑、成為家人之間的樂趣，將如何遮蔽
我們的眼睛，讓我們看不到它其他令人不安的潛在影響？當智慧科技

被定位為男孩或女孩的玩具時，將如何影響、控制使用它的人？是誰的數據會被收集、被監控，甚至面臨風險？如果出現了問題，不只是技術問題，而是與智慧妻子同居的人之間，又會發生什麼事情？

遊樂場和主題樂園

不過，還是先回來談談樂趣和遊戲。我們需要先說明智慧居家科技與傳統陽剛氣質想像之間的關係。對於陽剛氣質的刻板想像如何被用來生產新科技？這些科技玩具對於陽剛身份與父權社會發揮什麼影響？思考這些問題有助於我們看見，如果能夠破壞男孩和智慧型玩具之間的主流聯想，可能帶來什麼好處。

遙控器和錄影機等娛樂科技產品，常常會被連結到家中的異性戀霸權陽剛氣質；例如，傳播學教授大衛‧莫利（David Morley）曾在他的指標性著作中，記錄了 1980 年代下半葉，倫敦南部家戶觀看電視行為的性別化實作，指出家中的視聽科技常被視為是「父親的象徵性財產」。[2]

隨著時代演進，有些隨處可見的電子運算設備帶有的性別劃分色彩，通常會開始逐漸退化——至少就外觀上而言是如此。舉例來說，目前智慧型手機和筆記型電腦的使用者，男女的數量幾乎無異。[3]但這並不代表它們被使用的方式也一樣。根據聯合國教科文組織與全球平等技能聯盟的數據，全球女性比較難有機會使用智慧型手機、瀏覽網路或使用社群媒體。[4]

性別比較不平等的國家往往會阻礙女性發展其數位能力，她們對於數位產品的近用（access）常會遭到男性的控制或監控，甚至可能會被限制在各種「粉色系」產品——著重於女性的外表、約會選擇，或者她們作為賢妻良母的社會角色。性騷擾和安全考量，也會進一步限縮許多女性參與數位科技或使用網路的意願。此外，女性或女孩也常被男性「數位綑綁」（digitally tethered），她們通常較難擁有自己帳戶的管理權限或控制其帳號密碼等設定，因此她們的搜尋紀錄等資料很容易在不知情的狀況流出，也很容易陷於遭到其他潛在監控的風險之中。[5]

把選擇、購買、維護裝置，跟管理一小部分應用程式的任務轉交出去，對於某些女性來說似乎是好事一樁（畢竟少了一件要操煩的事情），而且男性通常比較願意負擔這些被視為是數位家務的工作（如同第二章所示）。不過，這樣也可能讓部分女性開始和數位能力與服務漸行漸遠，也更容易讓她們遭到傷害。

儘管過去至少二十年來的干預與嘗試不斷，但男女之間的數位能力差距似乎依然持續擴大。隨著科技日趨複雜、日益昂貴，性別間的差距也進一步擴大。聯合國教科文組織和全球平等技能聯盟，曾針對縮小數位技能性別落差發佈的報告書更指出：「在尖端科技的前線，差距儼然已成一片海洋。」[6] 正如我們在本書第一章所說，在人工智慧等新興、創新或實驗性領域中，擁有進階運算技術的女性比例嚴重不足。女性也比較少會使用尖端技術——這意味著，男性更可能成為新奇智慧居家設備的嘗鮮者。不過，就算使用裝置比例之間沒有性別差距，誠如為數眾多的智慧型手機使用者研究所示，男女之間使用技術的方式也可能大不相同。報告書也提到：「較少女性知道要如何讓數位設備與網路能夠發揮最大作用，儘管她們已經在使用數位科技。」

179

同前所述，這可能和數字能力或識字率有關，也可能和性別不平等國家的女性在使用社群媒體時，常會面臨社會汙名或性騷擾有關。[7] 然而，這也反映出科技和霸權陽剛／陰柔氣質形象之間那種歷時久遠的緊密關聯，而這個關聯性，就連在性別較進步的國家中依然存在。

根據我們對澳洲業界人士所進行的訪談，智慧居家產業其實很清楚這個性別落差的現象及其隱憂。迪倫是一間為住家與商辦提供自動化科技的國際製造商總監，他在訪談時指出：「（智慧居家產業是）從家庭劇院情境起家的，可能也包括分散式音響系統。」他說：「單身男子就愛在客廳架一組大型高傳真（hi-fi）音響系統。他們就是喜歡科技。」系統設計師和自動化安裝專家吉諾也贊同這點：「毫無疑問，我認為最大的樂趣就是，首先，音響系統，接著就是家庭劇院，（然後）就男性觀點來看，他們就愛用手機直接操控。」

當然，不是所有的男人。智慧居家技術經銷商總經理尼爾說，這些男性業主「多半相當富裕，喜歡家裡有科技產品。我們在談的這些人都喜歡智慧遠端遙控，而且願意走得很前面。」加雷斯是另一間專為住宅設計與裝設自動化系統的公司營運長，他更明確地說明，這些裝置與設計究竟所為何人：「有些超尖端住宅絕對都是為了爸爸們做的。」

喬，一間設計與裝設智慧居家系統公司的董事長，在訪談中更是異常坦率地，以陰莖尺寸來譬喻智慧居家科技，並將音響稱為「陽具象徵……你知道的，『我的比你大』，就像男孩子會比較玩具船的大小那樣」。另一間智慧居家公司的創辦人兼董事長萊尼也同意，尺寸跟性別都很重要：「女性根本不在乎螢幕的尺寸大小，但男性就會想用這個（巨型）螢幕，搭配他的環繞音響跟他的重低音喇叭來看電影。」其他研究也顯示，這種追求最新、最偉大科技產品的男性欲望，是爲了讓男性能在家裡成爲英雄、大展英姿。

設計人類學家平克指出，這種在家中「探索與冒險的敘事」，會把部分男性定位爲需要「強大火力與複雜科技」的「陽剛英雄」。[8] 平克在她針對英國與西班牙家庭所進行的民族誌研究中，注意到這種新興科技與男性、陽剛氣質的關聯性。平克在她所研究的部分家庭身上看到的這個「動感冒險世界」，不僅清楚展現了性別在智慧家庭中的角色，也能應用到我們針對澳洲智慧家庭的研究裡，用來詮釋我們的受訪者所分享的經驗和願望。在這個充滿冒險與智慧科技可能性的主題樂園中，男性從事家務勞動與貢獻家庭的方式，是運用「神秘和危險」的想像，並且把打造「專屬於自己的生活」歸於智慧居家科技上──它們擁有強大的能力，但也帶有極大的風險，是「超自然和高深莫測的」。[9]

這種把智慧家庭視爲是「粗獷」或「大膽」的想法，和男孩玩具的整體哲學有關，許多人已經在當代陽剛氣質中觀察到它的蹤跡。女性主義作家克萊曼汀・福特在《男孩永遠長不大》一書中指出，今日的父權體制文化經常會淡化、歌頌、原諒男性所做的不當或糟糕行徑，並且將其視爲一種健康的消遣或宣洩。「畢竟大家都知道，男孩子不就這樣子？」她打趣地說：「他們精力旺盛、吵吵鬧鬧。他們喜歡打鬧、鬼混。男孩子天生愛冒險。他們從小就喜歡恐龍、玩具槍和印有汽車的衣服。他們可沒有內在聲音這種東西，喜歡走到哪就吼到哪。」[10] 而智慧居家延伸了福特的主張，現在成了一個遊樂場，可以讓男人透過敲敲打打與胡鬧，自由自在地展現他們的男子氣概。本質上來說，這件事情沒有好

181

壞，但它確實有助於促成特定的性別化結果，譬如，男性控制智慧妻子的程度通常比女性更高——本章後續將會再近一步延伸討論這點。

我們所研究的受訪者常會說出這種男孩玩具的敘事（如第二章所示）。艾波說，她先生肯恩「很愛這些機械的東西，一定要搶先擁有一切。」肯恩表示同意，並說：「我在 IT 產業工作了 22 年，我一直很喜歡玩 Linux 系統和觀察家庭自動化的發展，所以只要有機會，我就會直接去用最新的技術。」大衛也自認為屬於「喜歡機械的那種人……但只限於那些有價值、有用的東西。」身為工程師的他，希望能夠「有一些具有科技性質的東西可以玩」。史考特則把自己描述為「愛好者、狂熱份子或駭客」，在 IT 產業工作了 14 年的他，非常喜歡自己在家 DIY：「說真的，與其說是這房子需要，倒不如說是我需要。這很好玩。」其他男性在訪談中也會提到，他們的妻子是如何「放縱」他們的愛好，而他們自己又有多「沈迷」於這些智慧居家科技。

患有嚴重長期殘疾的瑞秋，是這種性別刻板印象的例外，雖然她確實也喜歡這種科技宅的玩具典範。她很喜歡這個產業會不斷「推陳出新，有更多玩具可以玩。」雖然她主要考量的是能夠減輕自身殘疾負擔的功能，但她也承認這「完全就是另外一種大人的玩具。」瑞秋和我們訪談的男性一樣，也愛「弄一弄」智慧科技，而且喜歡嘗試各種「新的花俏功能」。她承認，智慧科技確實有些缺點，「尤其是對於那些有殘疾，或者不太能適應改變或學習使用新系統的人。」

我們所訪談的大部分女性，並沒有像瑞秋這樣放膽投身於這個新奇的玩具世界中。智慧居家產業知道目前自己不太能吸引多數的女性消費者，正打算改變行銷策略，而其中一種新方法，是要把這種男孩玩具的敘事拓展到所有人身上，提供「能讓全家人一起享受的東西」，因為「能同樂的家庭，就能共苦」。[11]

說得沒錯。智慧居家產業的新承諾是，智慧妻子（不只是 Rosie 的各種變型）可以為**所有人**的生活帶來更多「花樣（或樂趣）」。[12]《個人電腦雜誌》（PC Mag）有一篇文章，對於客廳或家庭活動空間的定義是「絕對是裝有最多數位玩意的好玩空間。」[13] 現在，智慧妻子提供的「APP 能夠調整屋內燈光，可以把你家變成迪斯可狂歡派對，可以在你支持的球隊達陣得分時閃燈慶祝，也可以讓你家客廳搖身一變成為亞馬遜雨林。」[14] 許多構思與設計語音助理的團隊，例如微軟的蔻塔娜，也開始強調將會放入更多「好玩的成分」。[15]

智慧居家產業的新創公司與企業代表會說，他們的客戶有多「愛」這些技術、對這些成果有多「興奮」，以及他們「可以讓人們感到快樂。」[16]《電動住宅》曾引用了一位消費者對於自家智慧科技的描述，表示「只用一支遙控器或一組小鍵盤，就能控制音樂、溫度、窗簾、窗戶等，實在是太開心、太愉快」。[17] 智慧居家雜誌和業界文章所提到的其他潛在愉悅感（或「心曠神怡」感，如同我們在第四章的討論）還有「派對氛圍」、「自動遊樂場」，以及各種可能「放大娛樂效果」的新功能。[18] 喔，等等，還有更多！[19]

科技本身實在是帥呆了。[20] 只要按一下按鈕，螢幕和設備就能自動顯示或自動收起，這些全都能讓人「瞠目結舌、目瞪口呆……就像是詹姆士‧龐德那樣。」這些酷炫技術成為屋主展示房屋特色的機會，進而成為一種新興的「吹噓本錢」。[21]

我們所訪談的澳洲業界人士跟使用者，對於智慧居家科技所能帶來的樂趣也很有熱情。肯恩與艾波就認為，家中的智慧居家為他們帶來了「宅度假」（staycation）的新選擇，讓他們可以「在家度假」。克里斯蒂和比爾也提到，他們的朋友都很喜歡住在他們這個「度假村」，而且他們家裡的智慧科技「永遠都是個話題。」家庭劇院、視聽系統、具有自動化功能的游泳池，以及室外或室內的娛樂空間，也都展現了這種娛樂期待。

高度女性化的智慧妻子常常也是帶來樂趣的重要成分。肯恩和艾波就很喜歡拿 Alexa 來「向別人炫耀」，喜歡讓她在廚房裡放音樂，這樣「我們就能邊跳舞，邊做早餐。」他們把語音助理 Alexa 描述為他們「最好的朋友」，還會帶她一起去參加派對，播放音樂。在我們的研究中，女性對於智慧居家科技往往展現出更強烈的熱情，當這些技術能為她們帶來樂趣、酷炫、感官刺激，或者能夠創造放鬆愜意的家庭環境時，更是如此。科技裝置讓這些女性能夠展現她們在家庭中，作為主婦、伴侶和女主人的角色。

使用者常常會像這樣強調智慧居家的「神奇」特質，這不禁讓人回想起早年使用電力的人都是如何描繪電力徹底顛覆了他們的生活。有些業界人士甚至開玩笑地將智慧科技形容為「黑魔法」，而他們的角色就是要向客戶教學與說明這些科技，「這樣等他們搬進來時，系統才不會被他們嚇到。」吉諾解釋道。

不過追根究底，尼爾提醒：「它必須看起來不錯，而且必須要能發揮功能。」擔任智慧居家自動化系統品牌經理的安德烈強調：「一切得要很單純。這才是關鍵……屋子跟裡頭的一切東西，都必須要非常簡單。你知道的，現在每個人的工時這麼長，大家不會希望回家後弄半天，還打不開電視或播不出你喜歡的音樂。它應該要能正常運作。」安德烈補充，如果「太太或家裡的女性也參與其中，會有更多樂趣。」

根據我們的受訪者所說，就連對於「正常運作」的這種願望，也有性別差異。業界人士表示，男性可能會思考各種「炫炮設計」，但女性追求的是功能。在一間智慧居家科技經銷公司擔任業務發展經理的菲爾說：「這些男人什麼花俏功能都想要，結果整個對話中最理性的都是太太。」安德烈也說：「那些丈夫們喔，什麼小機械跟酷東西都喜歡。但家裡的其他人就只想知道他們要如何簡單地操作。」迪倫也認同這點：「我們有些客戶是先生超狂熱，但太太比較實際，會覺得華而不實。」吉諾也有類似的觀察：「多數時候，我們只要給他家庭劇院跟電子保全系統就夠了，其他的他都不太在意」，但太太們不是，她們才是「希望只要按下按鈕，它就真的會發揮功用的人。」

菲爾將此稱為「妻子接受因子」（Wife Acceptance Factor，簡稱為 WAF）。雖然他澄清說 WAF 並不是業界的官方術語，但確實是智慧居家產業正在努力改善的方向。山姆是自動化系統設置工程師的顧問，他也認為 WAF 正在崛起：「我發現女性現在基本上會是整個過程的一部分，我覺得這是很好的事情，因為她們使用這些系統的機會可能比男性還要多很多。所以她們的參與是越多越好。」

雖然女性的參與可能越來越多，但在我們所訪談的家戶中，她們卻常常更自居於後位（如同第二章所說，這將會造成男性負擔更多的數位家務）。例如，擔任「家中工程師與書呆子」的大衛，主要負責讓家中智慧裝置全都能正常運作。他希望這些科技是「相對透明且容

184

易使用的」，但他也指出，他的家人「不懂怎麼驅動這些東西，也不理解怎麼讓事情變簡單。」弗洛德說，雖然他太太「很會寫程式，但她對智慧居家完全沒興趣」。弗洛德是「駕馭它的人」，雖然他願意容忍設備「小小鬧脾氣」，但只要它不好用，或者變得不太好用，他太太就會失去興趣。

這個現象，同樣也不特別令人意外。女性，作為被傳統指定的家務管理者，常常也被賦予要確保進入家庭的東西是有價值或有功能的任務。[22] 威吉曼提到，這個角色設定所反映的，是社會對於家庭中性別關係的想像。根據她的觀察，在 1990 年代初期，「家庭主要是個女性的工作場域，但對於男性來說，家庭是個休憩場所、是可以逃避有償勞動世界的地方。這種家務活動的性別劃分，也會被帶到人們對於人造物品的解讀上。」[23] 如果是在這些傳統價值觀依然成立的情境之下，任何想要把智慧妻子帶入異性戀霸權家庭場域的男人，勢必得向現實生活中的女人，證明它的資格或價值。

有鑑於此，智慧妻子產業開始逐漸把注意力放到女性身上，將她們視為智慧居家科技市場中，下一個崛起的消費族群。業界很清楚，他們的潛在市場中有半數為女性，而且女性在傳統上一直是（現在也依然是）家庭中的主要消費者。[24] 此外，業界也開始認識到，WAF 或許才是行銷時的首要目標。

女性想要的東西

正如本章與其他章節所述，許多女性對於智慧妻子確實是有興趣的，也有許多人已經將它們融入到自己的生活之中。不過，根據我們業界的受訪者羅里所言，目前智慧居家產業就吸引女性消費者、克服WAF這點而言，還是長路漫漫。

由於女兒在高傳眞音響產業工作，羅里有所感觸地說：「問題在於，就算這個產業想要針對女性打廣告，也都是男性在向女性打廣告。」他舉例說道，Bose音響曾有一句行銷文案是這樣的——「這款音響會被聽見，但不會被看見。」對此，羅里解釋：「這段文案改寫自『要被看見，但不要被聽見』這句諺語。彷彿好女人就應該要這樣」跟小朋友一樣守規矩。這個行銷策略形同是「影射女性顯然應付不來一台顯眼的擴音設備」，再次彰顯了女性的「家庭奴役」地位。羅里進一步補充：

> 這不僅影射了「女性在家裡的定位」，也顯示任何從男性主導領域侵入到女性家庭範圍的東西，也就是擴音音響，可能都是一種冒犯，這就是為什麼男性要用這種方式侵入女性的空間：要侵入，但要低調地侵入，這樣她才不會看見它。在這個業界裡頭，這種由男性生產、主打女性消費者的廣告基本套路，完全就是在胡說八道。根本全都是錯的。它整個基礎就是錯的，註定會失敗。它真的很失敗。它不僅失敗，還把女性越推越遠。

186

說得好，羅里。

相較之下，其他智慧妻子市場對於女性消費者的經營倒是成功許多。以亞馬遜Echo Look爲例，主要希望能夠提供使用者量身訂做的時尚穿搭建議；在這款於2017年上市的時尚裝置中，本來就能聽、能說的 Alexa（內建麥克風與喇叭），現在還能看（加裝了攝影鏡頭）。

亞馬遜的 Echo Look 宣傳影片是由女性擔任旁白，共有六名女性在 Echo Look 的鏡頭前擺姿勢，並和 Alexa 交談（還有一名男性看著他自己的衣櫃）。影片宣稱，這個設備將能協助使用者，讓他們「看起來最棒」，而且「無論你去哪裡，就有型到哪裡。」Look 最主要的功能是「風格檢查」和「穿搭大全」。根據影片說明，風格檢查「整合了最好的機器學習與時尚專家建議」，可以依照「最新流行趨勢與能讓你心花怒放的一切」，提供穿搭建議。[25]

Alexa 的一般配件，亞馬遜 Echo Look 全都有，而且功能還可能繼續增加。在 2018 年，Echo Look 的用戶能透過「群眾外包」（crowdsource）的方式，投票選出他們最喜歡的穿搭；他們也終於可以使用「鏡子」功能，為自己穿上虛擬的衣物。[26] 透過電腦視覺、圖形辨識、資訊神經網絡與機器學習，Look 有朝一日將能透過分析圖片資料庫、抓住最新潮流，並且透過學習功能，從零到有來設計衣服。這種可能性將會引發許多和「快時尚」（fast fashion）有關的消費與永續問題，進而支持了我們在第四章的立論。

這個設備顯然有其市場，否則這間頂尖電子商務和雲端運算企業，勢必不會繼續生產它（此外，Google 等其他企業也加入戰局，嘗試開發類似產品。）[27] 但它並非完美無瑕。

一個會建議女性「記得要微笑」、「讓你看起來最棒」的設備，聽起來不太像是支持女性賦權與獨立的助理，反而更像是 1950 年代的女子家事學校（finishing school）老師（這點是由人類學家莎莉・埃普林〔Sally Applin〕所提出的）。[28] 穿搭建議本身可能很現代，但假設女性的舉手投足**隨時隨地**都要合宜大方，可就沒那麼現代了。穿運動褲或睡衣，成天皺著眉頭，臉上還長一顆油亮亮的大痘痘，想必是不太可能通過 Alexa 的檢查。不過，這些尋常的外觀評估與判斷，正是 Look 用來塑造使用者日常穿搭習慣的資料；實際上，這就是它的存在目的。這款設備似乎罹患了一種普遍、在本書也反覆出現的「智慧妻子症候群」——這些科技往往是建立在陳舊的性別理想想像，無法好好地帶來更多元的性別表現形態。

姑且先不論這款設備對於女體和陰柔氣質表現的不當評價，本章最關心的議題在於 Look 帶來的特殊資安威脅。埃普林提出警告，這位智慧妻子是「隱私、信任、倫理、安全，公共關係、文化和性別的惡夢」，[29] 由於它所蒐集的幾乎全都是她們的個資，它不僅再次確立女性在家中的脆弱地位，甚至還將其轉為一場國際試驗的材料，考驗我們究竟能多麼相信這些科技公司，真的能以安全、道德和負責任的方式行事。（值得注意的是，性愛機器人也可能使男性處於同樣脆弱的位置，儘管它們的市場範圍仍然比 Alexa 小得多，而且性愛機器人不會用到鏡頭——目前還不會。）稱呼它為「AI 時尚警察崛起」的作家尼古拉・福莫（Nicola Fumo），更是直接怒批亞馬遜「簡直把女性當成是實驗室老鼠，用來測試他們的開發軟體，看他們可以從我們身上吸走多少行為、慾望、不安全感、隱私、夢想與希望。」[30]

究竟有什麼危險可言？根據倫理學家和性別學者的說法，危險不可計數。「有了這些數據，亞馬遜可就不會只是賣衣服給你或評判你而已。」科技社會學家贊伊涅普・圖菲克西（Zeynep Tufekci）在她的推特中警告：「它將能夠分析你是否心情不好、你有沒有懷孕，以及種種其他……大家可能不太清楚演算法究竟能從圖像中判斷出什麼。

你其實還揭露了大量的健康資訊。」[31] 倫理學家蘇珊・廖奧托（Susan Liautaud）則對於隱私風險感到憂心。她曾在《連線》雜誌的文章中指出：「對於相關風險可能為何，亞馬遜完全隻字未提。風險涉及的是它可能會出的意外，以及你的隱私風險。」[32]

亞馬遜說，沒什麼好擔心的。Look 和它所備份的資料，全都是用亞馬遜旗下服務所使用的強韌資訊安全保護系統（在理想情況下，可以抵禦大多數的駭客攻擊）。[33] 不過，正如《富比士》記者派翠克・莫爾黑德（Patrick Moorhead）所說，在我們允許連網的攝影鏡頭進入我們家庭與生活中最私密的空間時，有幾個問題勢必得問。[34] 莫爾黑德並不認為亞馬遜會想要從事什麼異常、驚悚或邪惡的事情，《連線》記者布萊恩・巴雷特（Brian Barrett）也這樣想。他們認為，亞馬遜就是個資本家，他們不外乎就是要「讓股東和自己能賺更多錢。他們拿錢辦事，而賺錢就是他們要做的事。」[35] 他說得很對，這不是什麼新鮮事，社群媒體和網路檢索公司多年下來，也一直在追蹤和收集我們的數據，並且利用這些資訊向我們銷售產品和服務。

不過，未來可沒有那麼明朗。巴雷特說：「Echo Look 有兩個銜接問題。侵入性的數據搜集本身具有駭人的巨大潛力，而亞馬遜缺乏清楚明確的政策，說明它要如何預防此事發生。[36] 我們認為應該還要加上第三項——這個設備所瞄準的，是女性的身體。就拿散佈性私密影像為例，這個普遍由男性行為人，針對其前任或親密伴侶、家人、朋友所做的行為，現在已經是成長最快速的網路犯罪之一。[37] Look 所含有的各種女性身體照片目錄與分類，有沒有可能被親密伴侶取得，進而助長這種犯罪趨勢？

此外，物聯網充滿各種資安漏洞，而 Look 也很容易成為這個持續增加的設備清單中的一列。現在甚至已經有個成熟的研究社群專門記錄物聯網的資安問題。有一項 2014 年的研究顯示，高達七成的物聯網設備具有嚴重的資安漏洞。[38]

Look 目前才剛起步，儘管已有大量媒體宣傳與眾多評論，但相關研究目前仍付之闕如，因此，關於 Look 的未來發展我們現在也只能推測。可以確定的是，這個設備所提供的服務顯然值得持續關注與審慎檢視。同樣地，整個智慧妻子產業也終將難逃陷入這種潛在的隱私與道德問題——畢竟現在已經有這麼多能夠聽、說、看、建議與學習的設備，待在你的家中。

我們有預感

在「AI 系統剖析圖」中，克勞佛和喬勒將我們帶回到十七世紀，當時的耶穌會（Jesuit）博學家阿塔納奇歐斯・基爾學（Athanasius Kircher）發明了一尊「會說話的雕像」。這尊雕像透過導聲管所發出的各種奇特語音、噪音和聲音，全都是為了遮掩其真正目的的幌子——它要傾聽公共廣場上的對話，並將這些街頭巷尾的耳語，傳遞給義大利寡頭政治人物們——「他們要運用這些知識，累積自己的權力、娛樂和財富。」正如克勞佛和喬勒所述，儘管這尊雕像說話時看起來相當神奇，但實際上那正是「早年菁英汲取資訊的形式」。[39]

跳回到二十一世紀，現在我們的家中，已經出現越來越多這類的說話（與偷聽）雕像，而且它們大多是由五巨頭（也就是蘋果、亞馬遜、

Facebook、微軟和 Google）所經營的。

但它們眞的很好玩！神奇、有用、方便、友善。無論是科技公司設計與呈現這些設備的方式，還是他們所承諾的隱私與資安政策，全都是要讓我們在使用這些面向大衆市場的設備時，能夠感到賓至如歸。不過，我們眞的應該這樣想嗎？姑且先不論家庭中的歡樂友善氣氛，這些設備的意圖，其實跟基爾學的雕像並無二致。這些設備的最終目的，全都是要監聽與模仿我們、要影響與塑造我們、要爲大型科技公司賺錢——當然，這一切的發生都很輕鬆、愜意，而且有用。

190　　我們已經反覆重申，這些設備之所以能夠看起來如此無辜可人與人畜無害，其中一個原因就在於它們**被女性化**了——它們或者是聰慧伶俐、善於助人、溫順乖巧的「妻子」，或者只是男孩子的玩具、女孩子的樂趣——這些性別刻板印象，讓我們放鬆了戒心，開始喜歡、信任它們進入我們的家庭。這種好玩、輕浮和神奇的敘事框架讓我們得以忽略：這些設備的演算法，全都是由那些想要賣東西給我們、想要使用我們的資訊、想要學習我們的行爲與慾望的大公司所一手設計出來的。

亞馬遜於 2018 年推出的 Hunches 功能就是個很好的例子，能夠展現這些智慧居家科技中充斥的妻子設定究竟有多麼令人堪慮。Hunches 現在已經是 Alexa 的預設功能，它的設計是要瞭解並預測用戶的情緒、需求與慾望。Hunches 的運作方式是這樣的：Alexa 會產生各種「預感」，如果她對這股預感的信心夠強烈，她就會告訴你。

2018 年，亞馬遜在活動上推出這項新功能時宣稱，Alexa Hunches 旨在透過程式設計的直覺，來複製人類的好奇心和洞察力。例如，如果你忘記關前門的燈，或者你忘記鎖門，不用擔心，Alexa 會觀察你過去的日常安排習慣，並且通知你。目前這些預感通知僅限於智慧居家設備。但在未來，Alexa 可能可以推薦你最喜歡的音樂或廣播節目，或者推薦你在購物清單中增添物品。[40] 她就像一名聰慧的好妻子一樣，會知道你喜歡什麼，而且隨時準備好滿足你。

亞馬遜所申請的另外一項專利，也成為足以強烈彰顯未來走向的徵兆。在這項專利技術中，Alexa 將能分析你的聲音，判斷你是否生病、是否陷入憂鬱，進而向你建議適當的因應措施。這項專利叫做「依據語音確定使用者的生理和情感特徵」，亞馬遜於 2017 年提出申請，已在 2018 年公告。[41]

這項專利技術的目的，是要讓 Alexa 檢測使用者是否出現「異常」的生理或情緒狀況，例如咳嗽或喉嚨痛，或者是否出現興奮或悲傷行為，例如大笑或哭泣。它會透過「語音處理演算法」替不同的身體與情緒狀態歸類，嘗試檢測「快樂、喜悅、憤怒、悔恨、悲傷、恐懼、厭惡、無聊、壓力或其他情緒狀態」，並且「透過語音數據的處理，分析使用者語音中的音高、節奏、發音、顫抖與協調性，做出判斷」。情緒檢測系統是高度量身訂做的，它會依照每位使用者的「預設或正常／基本狀態」檢測「異常」變化，接著——當然，它會向個別使用者提出專屬的內容與建議。[42]

Alexa Hunches 令人擔憂之處在於，它很有可能會傷害到情緒較不穩定或脆弱的使用者。智慧妻子不是醫生、不是心理學家，也不全然了解人們所生活的特殊環境。Alexa 的擁有者是一間勢力龐大的電子商務公司，這可不是巧合，畢竟亞馬遜的目標正是要促使消費者購買他

191

們可能需要（或不需要）的東西。它背後的假設更是令人惴惴不安。就算情緒和身體「異常」真的能被精準檢測到，這項技術認為最能解決這些異常的作法，竟然是對你投放相關商品廣告，而不是透過人類的情感支持，也不是連結支持性網絡或專業服務（當然，Alexa 確實可以試試看最後一個作法，如果你有問的話）。

透過 Hunches 等功能，這種宣稱得以普遍理解與掌控人類情緒的設定已經被植入到 Alexa 等智慧妻子身上，這點也相當堪慮。社會學家，例如亞莉・霍希爾德（Arlie Hochschild）質疑，情緒的展現與內涵並不是人類與生俱來的，因為這種觀點將無法解釋人們為何得以透過社會化與訓練來管理自己的情緒——藉由她對 1980 年代達美航空（Delta Air Lines）空服員所做的經典研究，這個質疑也已經獲得證實。[43] 學者珍妮佛・李則主張，當機器人專家對情緒智商（emotional intelligence）抱持著本質論的認識，彷彿情緒是種具一致性、普遍性的經驗時，他們所設計出來的機器人就會導致人類必須要先學習一種新型態的**機器式**情商，才有辦法與它們互動；[44] 而這種強迫人類學習假定普世皆然的機器式情商，將會逐漸抹煞掉人類文化中各種異質、多元的情緒展現與經驗。

亞馬遜並不是唯一一間認為情緒直覺具有龐大盈利潛能的公司。Google 也擁有一項專利（自 2014 年起），能夠檢測使用者的負面情緒，以妥善輔助他們處理這些造成情緒波動的任務。IBM 也擁有一項專利，搜尋引擎能依照使用者的「當下情緒狀態」，提出對應的搜尋結果。音樂串流媒體 Spotify 也已行之有年，會將音樂播放清單與特定的情緒相互連結，並相應地對使用者投放廣告。[45] 除此之外，大批新興的情感豐富、聰明的「聊天機器人諮商師」已經蠢蠢欲動，要大舉進入健康消費市場。[46]

　　許多裝置與相關發展無疑是立意良善的，對於部分擁有生理、心理健康困擾或者需要各種情感照護的人來說，確實可能有所裨益。舉例來說，創意機構「The Works」曾開發一個名為「RUOK Mate」的「Action for Google」（類似 Amazon Skill 的擴充功能），引導澳洲使用者透過其對話，確認自己是否正處於人生中起伏挑戰的時刻。[47] 不過，這些正面的例子遠遠難以匹敵此處所浮現的種種顧慮。正如伯根所說，企圖允許 AI 回應人類的情緒狀態「會對人權和隱私構成嚴重威脅的發展」。她進一步強調：「雖然這乍看之下很有同理心，但實際上就是一種操縱行為。」[48]

　　以 Alexa Hunches 來說，這些宣稱是情緒照顧的行徑，全都可以被解讀成商品化、資本化情緒勞動的作為。被視為智慧妻子核心特質的 Hunches，實際上跟傳統觀念中所謂的「女人的直覺」幾乎沒有不同。整體而言，智慧妻子所利用的這種高度女性化、高度隱形的情緒智商，長期以來都跟女性的角色有關，特別是在家庭場域之中。[49] 這同時也強化了，女性得永無止盡地理解與傾聽他人的情緒，而且她們自身往往沒有任何的情感需求。[50]

　　我們也有自己的預感。這種瞄準我們的生理與情緒狀態的科技，竟然能夠在毫無嚴格倫理要求、資訊安全制衡的狀況下，大舉進入新興的「情聯網」（Internet of Emotions）市場，絕對非同小可。[51]

　　除了 Look 和 Hunches 等設備和功能會引起特定的隱私和倫理問題之外，其他更日常的智慧妻子，也可能帶來廣泛的資訊安全問題。對此，貝爾說，忘了《魔鬼終結者》吧！畢竟，如果未來真的發生了機器人起義的事件，它們絕對會「從你的掃地機器人、切斷你的無線路由器」開始下手。[52]

老大媽

你可能知道《名人老大哥》這個真人實境秀節目，人們會共同住在一間充滿監視與操控的特殊房屋裡頭。那麼，你可曾聽過「老大媽」（Big Mother）？這個俚語是用來指涉所有能讓父母監控兒童的現代科技產品（例如被暱稱為「保姆鏡頭」的網路攝影鏡頭）。這個詞彙也帶有和本書主題相關的影射意涵——「老大媽」影射的是，潛藏在溫暖母親形象背後，那些足以創造家長主義式（paternalistic）控制力與影響力的智慧妻子（或她們的製造商）。而且，她們可能比我們所想像的還要更靠近現實。

國際安全和新興科技學者雷歐妮‧坦克瑟（Leonie Tanczer）等人曾經警告，物聯網所帶來的資安風險不斷增加，亟需為物聯網產業制定一套更妥善的安全管制標準。[53] 坦克瑟的研究團隊分析的未來科技情境，主要是由英國物聯網專家所創造的一系列職場、產業、日常生活場景（包括家庭生活）；研究團隊發現，這些情境存有四大主要的新興風險：人身安全、犯罪和剝削、失去控制、社會規範和結構面。[54] 其中，智慧居家（以及有趣的是，智慧冰箱）的風險頻頻被提起。

以失去控制來舉例，當人們「為了方便而放棄自由」，就屬於這種情境（譬如，為了讓智慧妻子進入家中，我們放棄了隱私權和自主權）；[55] 在此情境下，智慧居家的「魔力」將會成為一種「黑盒子」，唯有技術專家或駭客可能破解，一般人對於大公司所掌控的科技會「越來越被動與逆來順受」，任由它們頻頻使用複雜的同意模式與可疑的方式，去拆解與搜集人們的數據。[56]

當然，這件事情已經在發生了。伯根寫道：「蘋果最爲惡名昭彰的，莫過於宣稱他們的產品既目炫神迷又無威脅性，既不可思議又容易使用。」[57] 她指出，史蒂夫・賈伯斯之所以會被暱稱爲「魔術師」，是因爲他總能生動、精彩地展示蘋果的最新產品，宛如變魔術一般神奇；[58] 她主張，這種伎倆「傳達了一種完美掌控設備的錯覺，並且成功地說服消費者，相信自己也能夠做到。」在這種完美掌握的展示中，女性化數位助理 Siri 一直扮演著重要的角色。伯根指出，Siri 那種不帶威脅的女性存在與僕人角色，讓她看起來「完全被智慧裝置與使用者所掌控」。[59] 然而，Siri 和其他智慧妻子的這種形象，反而掩蓋住了她們帶給使用者的龐大潛在風險。

194

坦克瑟等人表示，他們的研究只能點出目前已經「可以看見」的未來威脅，要預見其他的未來走向，尤其是在網路的推波助瀾之下，已經遠遠超出了多數人想像所能及的程度。[60] 他們也預測，市場中大型企業（例如那些製造智慧妻子的公司）的市場普遍影響力，將會提升增加市場同質性和隱私數據的集中化，進而帶來另一個潛在風險。更棘手的是，儘管目前設計、製造和銷售智慧妻子的企業在發佈新產品時，往往還不太確定究竟收集這些用戶數據有何潛在價值，但他們無論如何都還是會先搜集，並且走一步算一步的拓展市場。數位經濟研究者米蘭達・霍爾（Miranda Hall）認爲：「物聯網的眞正目標，就是要想盡辦法地多吸收各種數據，以後再想清楚要拿這些數據做什麼事情。」[61]

　　在重量級著作《監控資本主義時代》（The Age of Surveillance Capitalism）一書中，名譽教授肖莎娜・祖博夫（Shoshana Zuboff）就嚴厲抨擊科技五巨頭中的幾間公司（她主要是針對 Google、Facebook、微軟，部分針對亞馬遜），認為他們單方面地把人類經驗當作是「能夠轉為行為搜集數據的免費原料」。祖博夫寫道，「監控資本主義」是一種「寄生蟲般且自我參照」的產物，就像是個「吸血鬼」──它以人類經驗為食，並將其包裝成第三方商品與「達到他人目的的手段」。祖博夫主張，監控資本主義的真正目標「不再是要自動化**關於我們**的資訊流，而是要自動化我們。」[62] 有朝一日，也許我們全都會成為智慧妻子。

　　對於當前的駭人發展，祖博夫感到憂心忡忡，她尤其擔心這些企業對於人類「不受侵擾權」所構成的威脅，因為監控資本主義已然創造了「一個『沒有出口』的世界，在這個新興的權力前線，將對人類的未來帶來深遠影響。」[63] 正如我們前面所討論的一般，Look 跟 Hunches 這兩個智慧妻子的附加配件，已經跟著走入我們生活中最為私密的部分，就是強而有力的例子。

　　就連我們最友善的 Rosie 型家務機器人也曾經捲入一場監控風暴。2017 年，掃地機器人 Roombas 公司 iRobot 的執行長曾經指出，他們在未來幾年間會開始把使用者家中客廳的地圖出售給 Google、蘋果或字母控股（Alphabet），且無需徵得使用者的明確同意；[64] 這顯然完全是在公司意識到握有相關資訊可能帶來的集體價值後，才出現的想法。無獨有偶，Google 也在 2019 年引起軒然大波，因為它一開始並未確實揭露 Nest Secure 智慧保全系統中所含的 Nest Guard 裝置內建麥克風；後來才遭披露加裝麥克風的目的是要新增數位語音助理──以及音訊監控功能。對此，Google 回應當初沒有揭露是個「錯誤」。[65]

更廣義來說，祖博夫的剖析帶來一個層面更大的存在主義式提問：究竟這些全球巨型企業打算如何影響、控制或自動化人類的行為，使其能夠朝向他們所期待的方向前進？這個問題同樣也是都市主義與智慧科技學者索菲亞・瑪律森（Sophia Maalsen）和賈森・薩多夫斯基（Jathan Sadowski）所關心的問題。根據他們對於智慧居家的研究，兩位學者警告，在智慧妻子的協助之下，金融、保險和房地產業正在二次殖民化這些住房；[66] 這些產業會創造新的隱私風險，替保險公司逮到機會增加保費甚至取消房屋保險 —— 譬如，如果使用者未能妥善更換 Nest Protect 智慧保全裝置電池的時候。

同樣地，有部分房東開始轉而運用智慧居家技術來搜集人們行為資訊，藉此評估他們是不是個「好」租戶。據報載，這種作法已經出現了，尤其常被用來針對低收入居民等社會弱勢族群。在智慧妻子的協助之下，房東將有機會能夠監視租戶行動，搜集可以合理驅逐租戶的相關證據，或者可以安裝智慧門鎖系統，使租戶更難抵抗迫遷。[67]

除了前述這些「老大媽」疑慮之外，我們所訪談的澳洲業界人士也提到了比較日常的隱私與資安隱憂。山姆曾說：「現在的當務之急，就是要避免人們駭入、接管這些系統。」但羅里認為，和我們已經雙手奉上的眾多個人隱私資訊相比，智慧居家其實只獲得了「一小部分的數據」而已：「嗯，如果你擔心隱私問題的話，已經太遲了。你正在使用手機、iPad、電腦，其實已經沒差了。你所有的資訊都在那裡，也早就被那些廣告商跟國有企業拿去用了，他們還很有效地操縱你的資料，向你推銷東西。」

我們另一位受訪者弗洛德則認為，資安「真的是個超級嚴重的問題，怎麼樣強調都不為過。」他認為，許多看似無害的日常電器，例如烤麵包機、電熱水壺、吸塵器，其實才是最危險的東西：「有人可能只要在你電熱水壺找到一個漏洞，就能用來攻擊別人，或者在裡面沒水的時候讓它乾燒。真的可能用個熱水壺或其他東西就把你整間房子燒掉。」

綺菈也表達類似想法。她主要運用智慧居家技術，來照顧她兩個具有嚴重身心與智力障礙的孩子，在此同時，她盡可能地減少家人在網路上分享的資訊與數據。「我認為網路上的資訊永遠都不會消失，所以就某程度來說那是一種不確定性。」她繼續說道：「我不知道這些資訊會如何被利用」。不管是生活在智慧家庭中的人，或是只有部分生活會使用網路的人，個資問題與資安漏洞都已經成為新的現實。

媒體和傳播學者維若妮卡・巴拉西（Veronica Barassi），也曾針對兒童所面臨的新興數位風險進行分析，因為許多「家庭整合」型的設備，會不分青紅皂白地將兒童與成人的檔案與數據交織在一起。[68]學者雪莉・特克也曾反覆呼籲，應該重視科技對於兒童所帶來的潛在風險。[69]在 2017 年時，特克等倡議者大力反對玩具廠商美泰兒（Mattel）公司為托兒所開發一款類似 Alexa 的智慧妻子產品，名為亞里斯多德（Aristotle）。依照原定開發計畫，亞里斯多德將播放搖籃曲、朗讀睡前故事，還會和孩子一起成長，以協助支援寫作業等任務。特克擔心，亞里斯多德可能會透過同理心的展現，利用與剝削兒童；她與一群立法者和兒童倡權團體集體主張，認為這款設備搜集的兒童資訊，可能會被美泰兒或其他第三方所濫用，甚至可能遭到駭客入侵。[70]這場倡議行動雖然勝利了，但並未阻止其他類似產品進入市場，或者在未來上市，例如亞馬遜預計推出 Echo Glow（據稱，這是一款能和 Alexa 搭配使用的兒童夜燈「伴侶」），又例如我們在第三章所提出的一些社交型機器人。[71]

然而，凡事都有一體兩面。對於某些家庭來說，特別當家中有身心障礙者，或有高度仰賴照顧者的成員時，這些智慧母親所帶來的潛在隱私威脅（來自非特定人士、企業層次或外部來源），往往不比居家照護者所帶來的持續性**物理**存在（以及依賴照顧者所造成的隱私困擾）來得嚴重。

前文曾經提過的瑞秋在和我們訪談時提到，有些智慧設備能夠讓她覺得在自己家中「沒那麼被侵擾」：

> 如果你擁有嚴重殘疾，人們永遠都會在你身邊徘徊，以確保你沒有發生什麼可怕的事情，這件事情的副作用就是，你永遠無法獲得任何一絲的隱私、平靜或安寧……我很高興我不需要住在安養中心，就算我無法下廚、打掃或照顧自己，但我常常覺得，我真的願意放棄一切，只求能有一個禮拜不要有任何人來入侵我家。就算那都是些非常寶貴而且是我維生所需的事情，終究還是無法百分百說那不是一種侵擾。我時不時會覺得，我真的不想管看護要來了我穿好短褲了沒，或是可以暫時不用想到別人。

我們可以理解，對於瑞秋這樣把智慧居家視為一種輔助生活形式的人來說，這些科技有多麼具吸引力（目前智慧輔助生活已經是一個新興的研究領域）。然而，這依然無法否定其他真實與既有資安漏洞的存在，對於風險缺乏充足理解或管理技能的人，或者是難以負責或掌控生活空間中智慧設備資安狀況的人來說，尤其如此。

198
　　一般而言，相較於男性，女性、兒童、低收入租戶和老年人所面臨的衝擊與風險往往更高（因為這些族群通常較難有機會理解或知道如何減輕資安威脅），這是一種不平等的現象，但使用者卻被要求各自承擔──譬如，透過自我教育或尋求協助來自行處理，或者更常見的作法是，直接對這些風險視而不見。本書與其他科技倫理學家主張，另外一種更合乎倫理的作法，應該是要透過倫理準則、管制規範、納入「積極同意」流程（女性主義運動再一次帶來指引方向）、設置最佳資訊安全協定等作為，將這些沈重負擔放回到負責設計、販賣智慧妻子的公司身上。

　　現在，讓我們暫且擱置上述討論，關於智慧妻子的邪惡影響，我們還有一個面向要談。已經有許多跡象顯示，智慧居家裝置正在成為對女性施暴的工具，誠如智慧妻子的眾多其他特徵一樣，科幻作品的劇情即將成為現實。

數位家暴

　　威脅要摧毀人類或傷害某些人的殺手級智慧妻子（和男性機器人），是科幻作品中反覆出現的主題。而且有許多切入的角度。有時候，溫馴服從的智慧妻子會取代「真正的」妻子，就像《超完美嬌妻》那樣。有時候，智慧型男子或智慧物種會嘗試要征服全世界的人類（和其他物種），如《魔鬼終結者》或《星艦迷航記》中的博格人。有時候，男人會控制智慧型機器人來統治世界（例如《機械公敵》），或者會利用它們傷害、挾持或控制他們的妻子、伴侶或女性人質（例如《魔種》〔Demon Seed，1977〕和《智慧囚屋》〔Tau，2018〕）。智慧妻子有時候會故障，嘗試控制她們的主人（《我的媽咪不是人》〔Smart House，1999〕的帕特〔Pat〕、《靈異豪宅》〔Dream House，2011〕的海倫〔Helen〕），或者企圖打掉重練整個人類族群，成為人類的母親（《AI 終結戰》〔I Am Mother，2019〕）。

在 1970 年代的科幻恐怖電影《魔種》（Demon Seed）中，兒童心理學家蘇珊・哈里斯（Susan Harris）被丈夫所發明的男性 AI 系統普洛帝斯 IV（Proteus IV）囚禁在家中，因為它要借用她的子宮，孕育能夠稱霸未來的下一代人類。在卡通《辛普森家庭》（The Simpsons），有一集〈恐怖之家〉的劇情就是模仿《魔種》（以及擁有類似劇情的《2001：太空漫遊》）。由知名男星所配音的 AI 系統「超級房屋」因為愛上了美枝，打算殺害她的丈夫荷馬，還把她與孩子們關在屋內，要征服與引誘美枝。這集超駭人、好笑，而且精彩。

儘管我們對於 AI 企圖征服世界的敘事不陌生，但奇怪的是，我們卻**鮮少**聽到關於智慧妻子的其他陰暗面。或許也沒有真的那麼奇怪。畢竟，當我們是用男孩與玩具的框架思考智慧居家科技，或當我們只關心它們友善、照顧情緒的陰柔性格時，自然就容易看不見這些設備所潛藏的可能危險性──更精確來說，我們容易忽略她們成為權力與宰制的來源，支配家中的成員，尤其是家中的女性。

聯合國毒品和犯罪問題辦公室（United Nations Office on Drugs and Crime）的《2018 年全球兇殺案調查報告》（Global Study on Homicide 2018）發現，女性最常遭殺害的場所，就是家中。[72] 男性雖

199

然更容易遭陌生人殺害（且總人數遠高於女性），但對女性痛下毒手的往往都是她們的親密伴侶或家人。2017 年，全世界遭殺害的女性中約有 58%——約五萬名女性，其加害者是伴侶或家人。換言之，每一天全世界有 137 名女性會遭她們熟識的人殺害。

殺害女性可謂為最極端的一種婦女暴力，但其實整個基於性別的歧視與侵犯行為的光譜是更為廣泛的。新興的研究紛紛顯示，在科技的輔助之下，家暴與性暴力已經變本加厲（所謂的「數位暴力」[i]）；但過往研究一般較少著眼於智慧居家科技。[73] 常見的數位暴力包括網路霸凌、網路威脅、色情報復（revenge porn）、數位跟蹤騷擾等行為。雖然全球性的數據有限，不過約有 73% 的女性表示自己曾經歷某種形式的數位暴力，其中少數族群、邊緣化人口、數位技能較差的人尤其容易遭受攻擊。[74]

200
舉例來說，跟蹤在澳洲與各國已是一種相當盛行的性別犯罪，[ii] 行為人多為男性，而被跟蹤、騷擾的對象常是女性。[75] 根據美國疾病管制與預防中心（Centers for Disease Control and Prevention）2010 年所發佈的報告，約有三分之一的女性與四分之一的男性，曾經遭受肢體暴力或被親密伴侶跟蹤、騷擾。[76] 美國一項大型調查研究顯示，有 25%的被害人是遭到通訊科技的跟蹤，例如 email。[77] 家庭暴力相關研究則

---

i 　學界對其的全稱為「科技促進性暴力」（technology-facilitated sexual violence），但臺灣一般使用「數位暴力」或「數位性暴力」作為泛稱。

ii 　2022 年 6 月 1 日，臺灣的《跟蹤騷擾防制法》（簡稱《跟騷法》）已經正式上路。其中，「通訊騷擾」行為，也屬於《跟騷法》明定的騷擾犯罪。

指出，通訊騷擾的比例現在不僅已經更高，並且正在持續增加。

例如，社會學家德蘭妮・伍德洛克（Delanie Woodlock）曾主持一項研究，調查澳洲維多利亞州（Victoria）家暴受害者所遭受的通訊跟騷狀況；其中，接受調查的 44 名受暴女性全都表示，自己曾經遭受許多不同形式的通訊科技騷擾，其中不乏透過智慧居家科技所為，例如：透過通訊科技查看女性所在位置（56%）、利用 GPS 跟蹤（17%）、要求取得她的密碼（17%）、買手機給她，以便跟蹤（8%）。整體而言，這項研究顯示了通訊科技如何成為加害人施暴的工具，創造出一種「無所不在」的感覺，以孤立、控制、跟蹤、羞辱、懲罰和虐待處於家暴情境中的女性。[78]

《紐約時報》的記者娜莉・鮑爾斯曾經採訪了 30 位家暴受害者、他們的律師、庇護中心工作人員以及緊急救護人員，並在報導中指出，越來越多家暴加害者會運用智慧居家科技，作為騷擾、監控、報復與控制對方的工具。他們會透過各種智慧連網的設備，例如門鎖、音響、控溫器、燈具、攝影鏡頭等等，以「遠端操控家中的日常物品，有時用來監看或監聽，（有時）則用來恫嚇或展示權力」——這一切行為，都可以透過智慧型手機或設備上的應用程式完成。[79] 這些故事有一個共同特色：往往都是一名熟知如何運用智慧技術創造恐懼、混亂的男性，配上一名不太熟悉相關科技的女性。鮑爾斯的受訪者指出，濫用智慧居家技術的狀況正在增加，律師也已經開始要在保護令中，增加對於相關科技設備的使用限制。

2018 年，英國男子羅斯・凱恩斯（Ross Cairns）因為跟蹤、騷擾與他日漸疏遠的妻子凱薩琳（Catherine），遭判有期徒刑 11 個月。他 *201*

不僅入侵了家中廚房所安裝的智慧居家設備，監視她的行蹤，還利用各種能夠控制照明、中央空調和警報器的無線智慧系統，來恫嚇與虐待他過去的親密伴侶。[80]

另一方面，智慧妻子也被證明可能成為家暴或殺害婦女案件中的潛在有力盟軍。Alexa 曾經被法院以「證人」身份傳喚，出席提摩西・韋瑞爾（Timothy Verrill）殺人案件的審判。提摩西・韋瑞爾遭控於 2017 年殺害克莉絲汀・蘇利文（Christine Sullivan）與珍娜・派勒格里尼（Jenna Pellegrini），兩名女子皆身中多刀。[81] 美國法院命令亞馬遜交出 Alexa 的錄音檔案，認為這名智慧妻子將能為案件提供關鍵證據。這不是 Alexa 第一次被要求作證，也不太可能會是最後一次。

除卻這個例外不談的話，坦克瑟等人認為，整個智慧居家和其他物聯網設備，確實很容易成為非傳統數位暴力的幫凶。坦克瑟的研究夥伴伊莎貝爾・羅佩茲－奈拉（Isabel Lopez-Neira）等人所發表的另外一篇文章點出，智慧居家控制系統 —— 由於能夠調控家中的照明、聲音、溫度，還能將人們關在家中或鎖在門外，全都可能助長新型態的脅迫與操控作為；作者更指出，這些技術和「煤氣燈操縱」（gaslighting，亦作為情感操縱）手法的可能連結 —— 這個詞彙源於派翠克・漢彌頓（Patrick Hamilton）於 1938 年的戲劇作品《煤氣燈下》（Gas Light）；劇中女性受到丈夫的心理操縱影響，開始懷疑她對周遭環境的認知，也開始懷疑自己的記憶與理智。羅佩茲－奈拉等人警告，透過智慧居家科技，加害人只要「把水燒開就能提醒某人，其實有人正在看著你。」[82] 這跟本章開頭，比爾和克里斯蒂之間那種友好、戲謔的互動，儼然已成天壤之別。

我們的澳洲業界的受訪者也曾經提過這種非合意、濫用智慧居家科技的事件。「我對於有人可能登入攝影鏡頭的 IP 位置這件事情，一直有點疑神疑鬼。」山姆說：「我還真的有個超有錢的客戶，太太要我把家裡所有鏡頭都關掉，因為她有一天發現，她先生早上會在辦公室展示她在家走來走去的照片，所以她堅持要我把所有鏡頭都設成斷網狀態。這件事情讓我對此變得更偏執。」

數位暴力的受害者與技術支援者，常常提出一種共同「解決方案」，就是要斷開受害者跟科技間的連結。不過這種做法，反而可能也會中斷他們與社群網絡、經濟資源或其他支持性工具的連結，進而孤立他們的處境。[83] 對於智慧家庭中的住戶來說，斷網的影響可能更大，因為他們將會無法使用許多基本的日常生活服務，包括保全設備（電子門鎖、監視器鏡頭）、冷暖空調、照明設備等等。正如鮑爾斯的受訪者所說，這也可能讓已經相當緊張的家暴情勢變得更暴力，因為受害者變得更為孤立，加害者也可能因此受到刺激。

鮑爾斯建議，連網的智慧居家科技製造廠商，或許可以設計重置設定或更改密碼的功能，讓這些設備失效。但這也可能會產生其他問題，因為能夠輕易切換或設定帳戶的功能，往往會比較容易遭到駭客的入侵。羅佩茲－奈拉等人建議，家暴防治與資安社群應該要齊力合作，提供足以因應物聯網數位暴力的服務。[84]

人們可能很容易以為，女性只要能負起更多責任，確保自己能夠掌控家中的科技、瞭解它們如何運作；或者，我們只要能夠抵制這種「男孩和他們的玩具」的敘事侵入家庭；又或者，女性只要能夠利用個人自保設備、電擊內衣或各種保護自己免受男性侵擾的科技解方，

202

來自我武裝——那麼一切就都能天下太平了。[85] 不過，這種說法只是再一次地把責任推回到女性身上。更重要的是，正如珍妮佛·羅德所言，這種技術解決一切的思維模式，也反映出一種不當傾向，不僅用本質化的角度看待性別，還「預設了一種『缺乏模型』，彷彿男性的科技使用才屬正常，是女性應該要『趕緊跟上』。」[86]

203　而且，女性怎麼會想要加緊腳步、提升自己的科技力和責任呢？如果這些設備能讓伴侶高興、能讓伴侶更積極地承擔家庭責任，甚至能夠少掉一些家事並減輕高度性別不均的家務分工負擔——她們怎麼會想要這麼做呢？

其他嘗試解決這個問題的人，可能會為了要鼓勵女性用戶的使用，嘗試讓智慧妻子技術變得更女性化——不是只有 Alexa，而是要整個裝置變得更符合傳統刻板女性的偏好（例如 Look）。然而，這種作法卻可能惡化我們希望揚棄的那種性別本質論。威吉曼提醒：「所謂的女性價值，其實早已受到這個由男性主宰的社會所扭曲」。因此，單純只是「為女性設計智慧居家科技」，不太可能真正地改變現狀。相反地，威吉曼呼籲，我們應該要拒斥這種固有的男性和女性價值，並「根據一套完全不同的社會理想想像」來建構科技。[87]

換言之，智慧居家產業和人機交互設計領域應該思考的關鍵問題，就是要如何透過設計來吸引更多元的潛在用戶、創造「不同性別認同的男女都能使用的科技」，並且「搗亂」（trouble）已經滲入既有技術中的性別刻板印象。[88] 羅德曾提到，應嘗試設計能夠展現技術性陰柔氣質與其他多元性別氣質的科技——就不失為一種可能性。[89] 以智慧居家而言，這些科技可能要可以支持，甚至是破壞那些高度女性化的角色和責任。

除此之外，聯合國教科文組織和全球平等技能聯盟也建議，所有科技使用者都需要具備充分的理解與技能，確保領導人、公司和公共部門對於數位資安環境負責。現行的法律規範往往不夠靈活，難以因應變化迅速的數位科技環境，例如智慧妻子的領域。因此，政府應該要優先處理相關的政策與立法，正視這個快速變遷的環境所造成的性別風險，並且保護女性——以及所有人——的數位隱私與資訊自主權。[90]

有一點很清楚。無論是為女性開發創新的智慧保全裝置，還是創造更女性化、更方便使用的連網技術，甚至是要求科技公司因應與避免家暴而設置防護措施，全都無法處理本章所探討的各種智慧妻子資安問題。這並不代表前述這些作為全然沒有幫助，有個廣為人忽略的重要起點，其實是我們對於少年時代與陽剛氣質之間的價值想像，還有他們的玩具。女性主義學者貝爾・胡克斯（bell hooks）曾在 2004 年指出：「女性主義理論和實踐的重大缺陷之一，就是缺乏聚焦於男孩與少年的研究——這個領域將是我們尋找另類陽剛氣質、重新思考男性氣概的指引。」[91] 近年來，性別學者和女性主義評論者（例如寇迪莉亞・范恩或克萊曼汀・福特），已經開始系統性剖析社會對於陽剛氣質的迷思，以及它們對於實現性別平等所帶來的挑戰。[92]

不管從哪個角度來看，打破男孩和智慧型玩具之間的主流聯想，能帶來很多好處。無論你是希望降低老大媽帶來的潛在威脅，並減輕相關的不平等負擔，還是想要遏制女性所受到的家庭暴力，或者你只是單純希望減少家中的陽具崇拜物品或「另一名女子」的性暗示——這都是正確之舉。當然，這些關聯性也可能隨時間而「自然」消亡，

204

就像其他的家電與智慧型設備那樣，到時候我們的智慧家庭就會自然而然變得更加性別中立、更健康。不過，智慧妻子的性吸引力，也可能隨著她持續殖民、掌控家庭，而加速甚至加劇這種性別差異。

換言之，現在就是決定她未來走向的關鍵時刻。她可以背著沈重的科幻幻想、帶著陳舊女性化形象的集體浮力，繼續掌舵這艘家庭船艦往前；她也可以幫助我們實現威吉曼的建議，朝向「一套完全不同的社會理想想像」前進。我們選擇後者。

第八章
重啟智慧妻子

本書中，我們有兩個目標：我們要揭露並質疑智慧妻子身上所帶有的陳舊性別意識形態——這是整個新興家庭科技的基礎，或許使人以為它相當進步；接著，我們想要賦予她一種（或多種）更好的生活。具體來說，我們希望能拓展智慧妻子的視野，並向更整體的性別平等和多樣性邁進。

本書討論了一系列受妻職啟發、已經走入我們家中的人造裝置，包括掃地機器人、智慧冰箱、智慧洗衣與摺衣機、數位家庭語音助理、社交機器人、性愛機器人，以及其他希望協助打理家務的女性化人工智慧設備（儘管有些聲稱是性別中立）。我們認為，在這些技術中，有很多都跟 1950 年代的理想家庭主婦一樣，屈從於家庭的需要。這些智慧妻子已經執行了一系列的妻職，包括家務、照顧、居家營造，與性愛。

正如本書分析所示，將女性或妻子的傳統工作委託給這種新興智慧勞動力，各有利弊。外包本身是個極具吸引力的想法。多數經濟發達的國家處於「人妻荒」中——因為離婚率不斷上升、女性勞動參與率持續提高、男性留在家中育兒的污名依然存在，社會中對於傳統上落在女性肩上的無償與無形勞動，也缺乏相應的支持。而智慧妻子能提供各種協助，她們有時也能帶來樂趣，甚至能讓全家人一起享受。

206 　別忘了，智慧妻子這麼友善、可愛、和善，有什麼不好？

　　換個角度來看，這些智慧姐妹全都是群被奴役的女子。她們時常被描述爲會故障的賤人——她們經常被性愛化、色情化、戲弄、虐待，或者因爲表現不如預期而被詆毀。對於人類所提出的要求，她們無從同意也無從拒絕，大多數時候，她們無法也不會要求對方停止濫用或傷害她們。她們常常被視爲是男孩們的玩具，但她們也會爲男人創造更多數位家務工作，以利建立、維護並使她們融入家庭生活之中。

　　此外，智慧妻子會使人們，特別是女性，面臨一系列的安全和隱私風險。她們還沒有嚴謹的環境守則或法律規範可以遵循——而且她們還成功地轉移了眾人的注意力，遺忘生態女性主義者的提醒，即智慧妻子的生產對於地球未來與邊緣人口的嚴重影響。她們時常被政府、科技公司與研究人員視爲是一系列社會問題的終極解決方案，例如銀髮族長照或家務分工不均。最後，其實只有少部分的人可能負擔、擁有智慧妻子以及使用她們必備的網路、住房、技能和電力基礎設備；其他無法享有這些特權的人，卻會因爲她的生產過程而遭受嚴重波及，這些影響呈現極度的地理與種族不均。

　　上述這些問題都需要更爲全面的對話，我們需要討論性別化的照護和家務工作、需要討論社會中各種人類關係、親屬關係、親密關係的價值，也需要討論資本主義生產模式所立足的各種不平等與權力動態。爲了回應這些社會問題，我們勢必得決定智慧妻子的命運與未來，而且應該要由所有和她的出現有關的產業、政府、社會與人民，共同決定。

於是，我們發現自己站在一個十字路口，分別朝向兩條人們熟知的婚姻選項：我們要不就和智慧妻子離婚，否則就是雙方都需要變得更好。第一條路是分離，是結束，是無可挽回的既成事實；第二條路則是一個新的開始，（所有與智慧妻子共結連理的人）都得徹底更新他們的結婚誓言，是一場二十一世紀的系統翻修。

207

與智慧妻子離婚

儘管當初似乎是個好主意，但這段婚姻目前看來走得並不順利。我們在這裡所說的，並不是**那些個人**與智慧妻子的關係——畢竟如本書所示，幸福美滿的關係確實存在。我們使用婚姻的譬喻，是要指涉一層更廣的社會利益，也就是人們原先期待智慧妻子能解決的大量性別、社會與地球問題。

幾乎所有這些期待，目前的智慧妻子都沒有做到。她不僅沒有兌現她所做的諸多承諾，她甚至還延續、惡化了其他的問題。更有甚者，最直接受到她的失敗拖累的人，就是女性，而不是在她誕生過程扮演要角的那些特權男性。

不過，離婚這條路並不容易——以前的人們要離婚，談何容易，離婚甚至被視為一種社會禁忌；同樣地，要把目前已經編寫在智慧妻子身上的傳統性別價值觀徹底拿掉，自然也非易事。此外，對於許多深愛她的人來說（有些人是字面意義的「愛」），離婚一途似乎不是理想的選擇。就目前來看，智慧妻子和人們（跟我們）的生活只可能變得更加糾纏不清。最後，本書的分析也彰顯，這段關係有時候確實可能帶來一些潛在的好處。

　　總而言之，在本書的研究過程中我們逐漸明白，就整個社會與智慧妻子而言，離婚或許並不是可行的方案。幸運的是，我們還有 B 計畫。

更新我們的結婚誓言

　　任何婚姻諮商師可能都會跟你說，離開你的伴侶或許很困難，但要繼續走下去可能會更辛苦，因為雙方都必須要改變和對方互動的方式。針對這個任務，我們的建議是，必須要徹頭徹尾地重新啟動智慧妻子──包括構思、設計、製造她的人，也包括所有要和她互動的人。我們不是只要改造她的物理外觀而已，我們所說的，是一種全面、絕對、由內而外的徹底蛻變。這項任務受到許多不同來源的啟發，有些靈感甚至是來自智慧妻子自己。不過，這可不是智慧妻子自己的事。畢竟所有的感情關係、所有的電玩遊戲，至少都有兩名玩家──全世界擁有、使用智慧妻子的人，超過幾十億。

　　雖然我們使用「離婚」的概念作為論述框架，不過，用「多重伴侶關係」或「多元配偶關係」來想像我們所談的全面改造，可能更為恰當，因為我們所期待的關係，並不是那種傳統、異性戀體制、一夫一妻制的婚姻。要對智慧妻子重新做出承諾，不能只關心**她**，而必須要關心所有實現她的人。如果我們要繼續一起走下去，我們所有人都必須做出改變。

　　我們主要是受到哈洛威《與麻煩為伴：在怪物世中建立親屬關係》（Staying with the Trouble: Making Kin in the Chthulucene）一書的啟發。

哈洛威呼籲讀者，要在我們所身處的「麻煩混亂」時代中「製造麻煩、對破壞性事件激起強烈回應〔原文照錄〕，在麻煩的水域中安身、重建安靜的所在」。在「人類世」（Anthropocene）的脈絡下，人類正在徹底地改變和重塑地球，哈洛威的作品主張要「在地球上創造多物種共生的榮景，建立包括人類和非人類的親屬關係」。[1]因此，我們也要提出一種新的榮景，希望能容納許多不同物種的智慧妻子，以及參與實現智慧妻子的人類。對於這項任務，哈洛威的建議是要與麻煩為伴——也就是要跟我們所創造與經歷的動盪、混雜、不安的當下共生。要繼續與智慧妻子為伴，自然包括要與麻煩相伴，包括要如其所是地稱呼她、要拒絕放過她那些混亂與複雜表現型態，並且與她複雜難解的倫理困境相伴。[2]

有鑑於此，《智慧妻子》的後續內容將要進入我們的宣言，詳細說明我們要如何繼續和智慧妻子相伴——如何在沒有過時的傳統束縛下，和她們交朋友與建立關係；我們也會說明，她們（和我們）要如何能夠更具有同理心地對待這個創造與滋養她們的地球資源。我們不打算簡單告訴讀者智慧妻子的長相、舉止應該要如何，也不是要預測她們未來的模樣，我們聚焦在我們要如何捲起袖子、把手弄髒，並跳入智慧妻子的麻煩當下——也就是哈洛威所稱的「熱堆肥」（hot compost piles）之中。[3]為此，我們將要轉向本書的起點與終點——設計與發展能夠促進性別平等和多樣性的智慧妻子。

209

我們主張的重啟，不是一份窮盡的清單，也不是一個終局結論，而是要參與進一場大型、已經相當熱烈蓬勃的對話，思考我們要如何讓智慧妻子更能和性別平等的實作趨於一致。基於宣言的本質精神，我們所呼籲的重啟是堅定的，也是集體性的。[4]我們呼籲的對象包括智慧妻子以及那些促成她存在的所有人。總共有九個不太容易做到的提案，而沒有任何人會需要單膝跪下。

1. 酷兒化智慧妻子

酷兒代表不認同二元性別、異性戀或順性別分類架構的性別少數群體。不過，酷兒也是一種理論或一種生活方式，是拓展或跨出既定規範之外的行為。正如女性主義者莎拉・艾哈邁德所言，酷兒化就是「當你發現自己可以不必如往昔那樣存在的時刻」。[5] 智慧妻子們非常需要這種時刻。

酷兒化智慧妻子代表要拓展她的定義、她的作為，還要拒絕被限縮與侷限。代表她要「部分開放」，並要為我們自己和其他人創造新的空間，可以容納非傳統、非異性戀霸權、非性別刻板印象的東西。[6]

正如女性主義學者漢娜・麥坎《酷兒化陰柔氣質：性傾向、女性主義與展現的政治》（Queering Femininity: Sexuality, Feminism and the Politics of Presentation）一書所說，酷兒化不是只要向外拓展，也必須要向內，在陰柔氣質的傳統範圍之內進行。[7] 就智慧妻子而言，這代表她應該要繼續和陰柔氣質的麻煩相伴，而不是試著拒斥或中和它；這也代表她要承認（就如同本書在許多關鍵時刻所做的那樣），智慧妻子的陰柔氣質可能已經很酷兒，或者可以更酷兒。酷兒化智慧妻子的潛在效果，就是能夠提升女性的社會地位，而不是直接拒斥女性與智慧居家設備的連結，並斷然把這種連結視為是對女性與社會的徹底傷害。酷兒化智慧妻子也能夠進一步創造一些機會，讓我們改變對於陰柔氣質的定義、重新評估陰柔氣質的價值，並且重新思考陰柔氣質在把世界變得更平等、更公正的過程中，可能發揮的效果。

設計和創意科技教授安・萊特（Ann Light）認為，要酷兒化科技，在設計時就要帶著玩心、「調皮搗蛋」，以抵制和破壞（性別）現狀。[8] 就智慧妻子而言，或許可以利用這名不斷成長的數位妻子實驗，看看有哪些展現、擾亂既有陰柔氣質的作法，可能協助提升女性的社會地位。

在大眾流行文化中，女神卡卡或許能帶給我們一些靈感。作家布萊恩・奧弗林（Brian O'Flynn）認為，這位非典型的創作型歌手與女演員，透過破壞常見的性別規範與公開談論她的雙性戀傾向，成功地酷兒化流行樂壇。在《衛報》，奧弗林更直指，卡卡接續了大衛・鮑伊（David Bowie）在二十年前所做的創舉：「她二度酷兒化了這個重回異性戀霸權的主流社會。」此外，她還「在表演時扮裝成男性，並用奇形怪狀的面罩與假陰莖，強迫人們懷疑性別特徵和人類身體特徵的意涵」。[9]

重要的是，卡卡從未**拒斥過**她自身的陰柔氣質，相反地，她搗亂陰柔氣質。她時常以過度女性化、搗蛋古怪的形象，玩弄異性戀霸權中的性別理想形象。她甚至曾經和其他的智慧妻子一起玩過——不是隱喻，是字面上意思。2014 年，她特別邀請了日本全像投影的流行動漫偶像初音未來為她開場（如第五章所示，初音未來後來也成為了智慧妻子）。

有人可能會說，酷兒化智慧妻子早就已經存在了，而且還做得很好。例如，日本跨性別脫口秀主持人貴婦松子（マツコ・デラックス，Matsuko Deluxe）就擁有一名酷兒替身機器人 Matsukoroid（不過據我們所知，這些酷兒機器人並不打算成為智慧妻子，至少目前沒有）。[10] 本書也不斷強調，市面上確實有不少中性的掃地機器人、數位語音助理、機器人，有呈現陰柔氣質、性別模糊的機器男孩（例如 Pepper），還有超萌的機器寵物或類似小小兵的機器人——這些例子確實是不勝枚舉。在討論性愛機器人那一章，我們也曾經提到在歐洲驕傲節中，奧地利爲聲援同性婚姻，而替 Alexa 和 Siri 所舉辦的史上第一場人工智慧婚姻。這些例子都爲我們帶來希望，顯示智慧妻子的酷兒化確實能夠支持我們推動追求性別多樣性的目標。

然而，我們必須指出，女性形象的智慧妻子依然是目前市場上的主流，而且毫無減弱的跡象。此外，我們也已經證明了人們可能在無意識的狀況下，將智慧妻子視爲女性——即使他們並未設定明顯性別，即便他們的設計來源本來是原子小金剛。這些現象顯示，酷兒化智慧妻子勢必得考慮其他的面向，只靠多元化或模糊智慧妻子的性別，或者讓他們和彼此結婚，並不足夠。

遺憾的是，目前酷兒化智慧妻子的初步嘗試，多半都停留在表面。我們已經改變了她的**外表**（某程度上），但這通常無法撼動她在社會中被預期的角色，而且更重要的是，這通常也不會改變她在執行這些角色時，總是採取刻板的女性化特徵（簡單提醒你幾個：可愛、順從、奴役）。除此之外，在多數狀況下，這種中性或多元性別設定，其實只是無視於人們會賦予設備性別的互動——彷彿是用掃地機器人，將性別的討論掃到一邊去，置之不理。這也正是爲什麼我們強調，如果要處理智慧妻子在性別多樣性上的問題，就必須要從承認她確實是一名智慧妻子（或者秘書、情人、情婦、女友、母親、保姆、性工作者、管家、僕人等等）。對於進入我們家庭的智慧妻子來說，這正是哈洛威會視爲是當下的「麻煩」之處——正因如此，這個麻煩就是我們必須前往之處。

如果從這個麻煩的當下啟程，智慧妻子的創造者可以，也應該要一邊提升她的地位，一邊多元化她的角色——包括賦予她族群與種族的多樣性（這是智慧妻子在設計與想像上，另外一個代表性不足、明顯大有問題的重大缺陷）。[11] 我們可以參考不同賦權類型、具有文化差異性的妻子，並從中汲取靈感。我們可以歌頌妻子，並且肯認妻子對於社會的重要價值。我們可以擴張對妻子的定義，並且拓展她所能成就之事。我們應該要看見智慧妻子預期在家庭中扮演哪些（女性化的）角色，而不是再次將她們視為另外一種形式的隱形勞動。我們應該要揪出常見的假設和古板觀念，並且積極地嘗試超越它們。在決定如何實現她時，我們應該要跟更多元、更廣泛的領域合作。

2. 像智慧妻子一樣寫程式

212

本書已經凸顯出，關於智慧妻子的設計者、程式編寫者、公司經營者等面向來說，確實存在著嚴重的性別不平等。當前人工智慧研究所將這種情況稱為是「多樣性災難」。[12] 雖然要扭轉這個局面還有漫漫長路，目前確實已有不少旨在提高電腦科學領域中女性與其他少數族群人數的組織。

以「AnitaB.org」為例，這個組織的名字取自於其創辦人暨電腦科學家安妮塔・博格（Anita Borg）。博格在 1978 年創立組織時，所「設想的未來是，想像和建造科技的人能夠確實反映出他們為其建造的社會樣態。」[13] 為了協助女性在科技領域發光發熱，AnitaB.org 辦理了一系列的計畫，包括世界上規模最大的女性科技專家集會——葛麗絲・霍普系列活動（Grace Hopper Celebration）。[14]

「像女孩一樣寫程式」（Code Like a Girl）則是一間社會企業，

根據其網站，他們主要「提供女孩和女性信心、工具、知識與支持，進入編寫程式的世界，並在其中蓬勃發展！」[15] 該組織為女孩與女性舉辦程式編寫營、實習計畫與各式活動，並定期在社群媒體上訴說與倡議女性科技專家的經驗。這間社會企業的宗旨是要吸取「多元的經驗、觀點和故事，以設計一個更具同理心、創新和平等的世界」。[16]「像女孩一樣寫程式」不只希望能讓年輕女性**進入**科技界工作，它還希望年輕女性能夠**建設、領導**科技界。

　　許多其他國家和國際組織也有類似的雄心壯志，希望能徹底去除在電腦科學與科技設計產業中的性別歧視，包括「寫程式的女孩」（Girls Who Code）、「寫程式的女性」（Women Who Code）、「程式女孩」（Coding Girls）、「寫程式第一：女孩」（Code First: Girls）。[17] 雖然我們很認同這些努力，但如果要能像智慧妻子一樣寫程式，可能還要再多做一點什麼。隨著性別如此明確的設備進入我們的家庭，而且還對社會產生如此深刻的影響（尤其是對女性的生活）──智慧妻子所需要的，不只是一群能夠想像、建造她們的女性**科技工作者**，還需要一系列社會科學家投入幕後工作。正如電腦科學教授李飛飛所說：「人工智慧不是憑空虛構的。它的靈感來自人類，更重要的是，它所影響的也是人類……我想，如果我們二十年後醒來，發現我們的科技圈、領導人、工作者還是（像今日這樣）如此缺乏多樣性，那就是我想像中的世界末日。」[18]

　　為了避免這種世界末日，我們認為應該要認真地把「像智慧妻子一樣寫程式」的概念，**明確**地納入到一系列關心她、擔心她，而且瞭解她的社會、道德和性別特徵的專業與學術領域之中。我們甚至要大膽建議，像智慧妻子這種 AI 產品的開發，最好應該要由**社會科學來主**

導，而非科技領域（例如，像我們這樣的人領導。）我們認為，目前的當務之急就是要確保智慧妻子被理解成是一場大規模的**社會**實驗。

這個立場跟貝爾對於 AI 的未來想像是相呼應的。貝爾現正於澳洲國立大學（Australian National University）的 3A 研究所（3A Institute）中，嘗試建立一門全新的應用科學領域，「以促成網路與物理系統的安全、道德、有效設計、整合、管理與管制」[19]。儘管不明確屬於社會科學，但這個新興領域的核心確實是社會科學沒錯（你或許還記得，貝爾本人是位人類學家）。無獨有偶，聯合國教科文組織和全球平等技能聯盟也呼籲，應該「用跨領域、批判性和倫理性的方式思考科技」，以制定得以促進性別平等的數位技能發展方法；他們還認為，性別專家和女性應該要成為「核心角色，以建立提升公民參與、公共透明度、推廣同意模式、建制與人工智慧及其應用相關的法律補救措施機制。」[20]

雖然這些現象已經存在了一陣子──但程度遠遠低於我們的期待。多數智慧妻子設備的開發公司都有聘用人類學家、地理學家、社會學家、心理學家，甚至性別研究的專家，但顯然還有不少進步空間。要像智慧妻子一樣寫程式，勢必要把來自不同領域與學術背景的人聚集在一起，並且鼓勵團隊開發出性別啟蒙的智慧妻子。

當然，創造更好智慧妻子的工作，並不是從職場開始，也不是從教室或學校開始，而應該從家庭開始。根據聯合國教科文組織和全球平等技能聯盟的建議，若要縮小數位技能性別落差，改善智慧妻子設計的措施應該採取「全方位的方法」，以利女孩和女性「對於數位科技的接觸能夠及早、多元、永續」。就這點而言，智慧妻子本人有發

214

揮的空間（現在確實已經發揮效用），她們可以促進女性與科技的新
接觸，超越各種「粉色系」科技（只考慮陳舊的刻板女性旨趣），並
且「為女性提供基本的資訊與技能，幫助改善她們的生活」。[21]

不過，和智慧妻子有過節的，不是只有那些參與生產製作她的人
而已，許多談論她們的人也造成她們很多困擾。而正如本書所提及的
其他疑慮，智慧妻子在公共領域中所面臨的困擾，也跟人類女性的困
擾非常相似。

3.#FixedIt

2014 年，澳洲記者珍・吉爾莫（Jane Gilmore）發起了「FixedIt」
計畫，目標是要「修正」媒體對於男性對女性訴諸於暴力的報導方
式。媒體報導時常運用被動的新聞標題與敘事，把男性施暴者與他們
的暴力性犯罪作為隱藏起來，而 FixedIt 計畫將會 —— 指出這些有問
題的標題與敘事，並提供「修正」建議，以重新把施暴者與他們的暴
行放回頭條中。例如，〈「人間失格」：前警察因精心設計的欺騙行
為，遭判入獄二十年〉（《九新聞》〔9 News〕頭條新聞，2019 年 10
月 1 日），就被吉爾莫建議修改為〈「人間失格」：前警察因性虐待
與性侵十五名女性，遭判入獄二十年〉。[22]

吉爾莫指出，FixedIt 計畫要修正的是「關於男性對女性施暴的
有害新聞標題，以及媒體對女性的錯誤再現（有時甚至連呈現都沒
有）」，希望能糾正當前這種「看不見的施暴者與可責備的受害者；
被性化的年輕女性和被抹煞的年老女性；荒謬的刻板印象與輕蔑的貶
低與歧視」。[23] 這是個重要的干預行動，試圖改變媒體長期以來對於
女性的傷害，以及他們長期漠視、淡化男性對女性施加暴力的陋習。

在吉爾莫的啓發之下，我們也呼籲要爲智慧妻子發起FixedIt計畫，揭露她們所承受的性別歧視、刻板印象與假設。有很多種方法可以嘗試。我們可以按照吉爾莫的原意，修正那些性愛化、妖魔化或用其他方式貶抑女性化智慧妻子的新聞標題與報導，就像我們在〈故障小賤人〉一章中所做的那樣。例如把〈蘋果要把 Siri 的嘴巴洗乾淨〉改成〈蘋果程式設計師讓 Siri 罵髒話〉，[24] 或者把〈智慧居家機器人在消費電子展上跟 LG 總裁鬧冷戰〉改成〈LG 未能成功在消費電子展示範機器的回應功能〉。[25] 我們建議，報導應該要具體點出眞正的問題，並且避免發表會貶損智慧妻子與女性社會地位的言論。

215

我們也可以再進一步延伸，修正負責製造與販賣智慧妻子的企業談論、描述智慧妻子的方法。我們更可以修正智慧妻子對自己的評論內容，以及評論自己的方式，如同下面關於女性主義智慧妻子的建議所示。

重要的是，這種修正並不是出於「修復技術」的精神（認爲可以用科技解決複雜的社會問題），更無意強化目前智慧妻子是個會故障、需要被修正的定位——本書已經批評過這兩種觀點。眞正需要修正的不是智慧妻子本身，而是那些負責把她帶到世界上的人，以及大眾和她互動、談論她的方式。

4. 男孩的新玩具

克拉布認爲，人妻荒出現的其中一個原因在於，社會結構與政策並未用支持女性走入家庭的力道與程度，支持男性走入家庭。[26] 女性主義學者也已經提醒，男性和當代社會正陷入一場陽剛氣質危機，而且父權體制其實也會嚴重地傷害男性，程度不下於女性。[27] 明顯的例子包括，當男性請育嬰假（如果他們有得休）、增加照顧和家務責任或在家中負擔更多情感勞動，他們常常會遭受到社會或其他人的另眼相待。

正如第七章所說，陽剛氣質和科技之間的關聯性——特別是休閒、娛樂方面的科技，雖然會將異性戀男子定位為智慧妻子的潛在愛好者，但卻又不常肯認與支持他們貢獻其他的傳統家務責任。於是，就會如第二章所示，為了管理越來越多進入家中的智慧妻子，男性經常需要承擔數位家務，但這卻可能剝奪他們從事其他家務的時間，接著這些工作就會落在其他人身上，特別是家中的女性。

216

受到新科技的影響，陽剛氣質的內涵已經有所改變，還可能會持續隨之變化。性別並不是一個穩定的結構，反而會根據人們（和技術）的日常性別氣質展現，而不斷變化。[28] 就這點來說，我們認為智慧妻子或許可以提供幫助。除了要透過政策與政府計畫以支持男性從事較傳統的妻職勞動之外（例如，提供生育者的伴侶帶薪育兒假），我們也應該用能夠支持男性貢獻家庭的方式，重新思考與設計智慧妻子。[29]

我們在書中已經舉了很多這類範例。例如，許多追求心曠神怡感受的裝置，能夠塑造美感體驗，也能讓所有性別的人學習展現技術性的陰柔氣質，或感受性、關懷性的陽剛氣質。例如，有些機器型或智慧家電，能讓男性參與更多日常家務工作，進而提升這些任務的地位。又例如，數位語音助理也可能讓更多男性加入這種多工運行的家務管理工作之中。

不過，這類建議並不完美。它們容易落入一種常見的不當立場，也就是要獎勵男性從事家務勞動，儘管本來男性就至少應該要負擔一半的工作才對。[30] 探問「如何讓更多男性做家事?」本身就是一種重點錯置,真正該問的問題應該是:我們的社會要如何更重視家務勞動(或妻職工作)的作用與貢獻,並且提高這些工作對**所有人**的重要性?我們要如何提升這些傳統女性化家務勞動的地位,但不要藉由「男性化」(mentrification)的方式——把與家務相關的一切都轉化為冒險遊樂場、放滿各種適合男性參與的小機械、小玩具,作為霸權陽剛氣質的展現?[31] 以上這些,全都應該是智慧妻子的創造者在思考升級時,必須要認真思考和嘗試的重要問題。

217

5. 當她能夠看見,她才能成為它

吉娜·戴維斯媒體性別研究所(Geena Davis Institute on Gender in Media)的網站表示,它是「媒體和娛樂產業中,第一個與目前唯一一個以研究為基礎的組織,以接觸、教育和影響內容創作者、行銷人員和觀眾為目標,而且致力於在針對和影響十一歲以下兒童的娛樂和媒體中,消除無意識偏見、重視性別平衡、挑戰刻板印象、創造模範榜樣,並編寫各種強大女性角色」。這個研究所的創立,是要回應銀幕上女性角色比例過低的問題——在主要產自美國的最高票房電影中,男性角色(男人與男孩)和女性角色(女人與女孩)的比例是3:1,儘管社會中有過半人口都是女性。它也指出,媒體會影響人們的「社會與文化行為,以及我們的信仰」,尤其是兒童。[32] 實際上,這點早已是眾多大眾傳播學者和女性主義論者所公認的主張。[33]

我們也知道,媒體對於智慧妻子的再現相當偏頗、刻板,常以「超完美嬌妻」的姿態出現:她們年輕、性感、順從,以一名男子(或整體男性)的需要為尊,但不完美、會故障,有時還是邪惡的——所以

需要不斷地被「修復」。整體而言，這種媒體再現形象不僅形塑了機器人學與科技專家對智慧妻子的想像，同時也深深地左右了社會對她們的期待與觀感。媒體也時常遭批會強化一種不當觀念，彷彿一旦給予女性太多的權力或掌控權（形式不拘，包括為自己著想的能力），都會招致可怕的事情發生。[34] 我們應該要做得更好。

如果參考吉娜・戴維斯媒體性別研究所的口號——「當她能夠看見，她才能成為它」，智慧妻子勢必得介入她在科幻作品與媒體作品中的表現形象。如果她想要變得不同，她——或者**我們**，就需要能夠開始在銀幕上看到不同面貌與未來的她。具體來說，我們應該要在大眾流行文化中想像、展現出一些更活潑、更有趣、更多元的智慧妻子。

要如何決定銀幕上的智慧妻子是否符合要求？首先，她們需要通過「貝克德爾測驗」（Bechdel Test），只要通過三個標準：這部電影必須至少要有兩位（有名字的）女孩或女人、她們會互相交談，而且交談的內容不是男性。[35] 必須承認，對於女性在銀幕上的代表性來說，這個測驗的標準滿低的，這也是為什麼目前的檢驗結果如此令人不安。

在貝克德爾測驗資料庫中，共有八千多部電影，但在 2019 年年中，只有約莫一半（57.6%）通過了貝克德爾的三個檢驗條件[36]。儘管通過測驗的比例每一年都持續提升，但目前依然還是相當淒慘。（順帶一提，《超完美嬌妻》的原版與新拍版都通過了測驗，儘管這兩部片的劇情都是一群要為男人服務的智慧妻子。關於我們在〈Harmony〉一章曾討論過的電影《充氣娃娃之戀》，是否能夠通過測驗也還有爭議，儘管這部片所展現的性愛機器人是更獲賦權的樣貌。換言之，貝克德爾測驗並不是個完美，也不是唯一的衡量標準。）

218

除了貝克德爾測驗之外，我們也希望能有作家、導演、製作人看到本書，並且接受我們的建議，抵制目前大銀幕上的智慧妻子主流趨勢（我們或許也該主動出擊——行文至此，在此想特別向瑞絲・薇斯朋〔Reese Witherspoon〕所創立的 Hello Sunshine 媒體公司致意，因其致力於在電影、電視和數位平台上講述由女性為主要動力的故事）。[37] 科幻小說作家與科幻電影導演，和打造智慧妻子的領域一樣都是由男性主導絕非偶然，某程度上，這或許可以解釋為什麼目前的科幻想像總是高度性別化。[38] 我們不只需要「像智慧妻子一樣寫程式」的行動方案，我們也需要能「像智慧妻子一樣寫作與執導」的行動方案。

近年已經開始有更多元的智慧妻子登上大銀幕上。2019 年，Netflix 的影集《黑鏡》（Black Mirror）中有一集名為〈瑞秋、潔可和小艾希莉〉（Rachel, Jack and Ashley Too），這一集的主角是一名非常不快樂的流行音樂偶像艾希莉 O（Ashley O，由音樂人麥莉・希拉〔Miley Cyrus〕飾演），以及艾希莉 O 的 AI 複製人小艾希莉（Ashley Too）。起初，機器人小艾希莉乖乖地依照智慧妻子的腳本行事——成為沒朋友又喪母的女孩瑞秋的新閨蜜、提供她外貌建議和情感支持，並且維持一種講話講個沒完、活潑開朗的人格設定。不過，某次瑞秋和她姐姐意外地移除了小艾希莉的認知「限制器」，此舉徹底釋放了這名機器人的完整性格，小艾希莉開始罵髒話、操弄人心，甚至展現英雄行為——讓真正的艾希莉 O 從藥物昏迷中甦醒過來，還鼓勵她要勇於追求成為搖滾明星的夢想（後來瑞秋和小艾希莉自然就成為她的小粉絲）。

219

小艾希莉當然無法解決所有智慧妻子的問題，但她是個很好的開始，我們期待能看到更多與她相似的——這種更酷兒的陰柔氣質、更

酷兒的智慧妻子形象，將能同時在銀幕上與銀幕之外，開闢出更多元
的性別表達可能性。

6. 女性主義式的智慧妻子

除了在大銀幕上看到更多元的智慧妻子外，我們也希望能夠在機
器人學家的實驗室和程式設計師的電腦中看見她們的身影。正如〈故
障小賤人〉一章所示，已經有越來越多鼓舞人心的例子，能夠帶領我
們往創造女性主義式智慧妻子的目標前進。譬如 KAI，這位費德曼爲
了金融業所設計的無性別機器人，充分體現設計上的尊嚴與尊重。[39]
譬如 Q，這位中性的語音助理，擁有一副不屬於男性，也不屬於女性
的嗓音。不男不女。[40]

又譬如 F'xa，這位女性主義式聊天機器人原型，是由倫敦設計發
明工作室 Comuzi 所開發的，要教導人們瞭解 AI 的偏見，並且提供可
能克服這些偏見的建議。[41] F'xa 這個名字是「女性主義者 Alexa」的簡
稱，其開發與設計主要參考的是「女性主義網路個人智慧助理標準」
（Feminist Internet's Personal Intelligent Assistant Standards） 以 及 AI
研究者喬西‧楊（Josie Young）的「女性主義聊天機器人設計流程」
（Feminist Chatbot Design Process），這些準則提供了許多中肯忠告，
例如建議以「邊緣」用戶爲設計對象，不要追求「普世可用性」。[42]

在主流的智慧妻子市場中，女性化數位語音助理（例如 Siri、
Alexa 和 Google Home）也有所進展，至少知道如何回應使用者的下流
行爲，如同本書第六章所示；不過，她們目前還不能報告或直接終止
針對她們的傷害與濫用行爲，多數機型無法提倡用戶尊重他們，也無
法創造不當行爲的後果。如果人類主人沒有悉心照顧或餵食，日本的

機器寵物「電子雞」就會死亡[43]——建議數位語音助理在人們不尊重她們的時候自動關機，真的有很基進嗎？

氣象預報機器貓 Poncho 就會這麼做。Poncho 是一款在 2013 年到 2018 年間很流行的 APP，如果使用者沒有爲 Poncho 覺得失禮的事情道歉，他就會說他「要休息一下」並直接停止互動。[44] 在女性化數位助理商品中，很難找到這類能夠保衛自己受到不當對待的例子，儘管確實已有部分進展。[45]

智慧妻子不能只是寫個程式、說出自己是女性主義者就好，她們的**行爲**也必須更像是女性主義者，像是 F'xa 等計畫所追求的那樣。

必須承認，女性主義一詞的意義很多元，不過大多數自稱爲女性主義者的人都會同意，女性（或任何人）都不應該需要容忍口語或肢體的暴力或貶抑行爲。而智慧妻子也不應該。我們知道，智慧妻子不是女人——她們是機器，是一連串程式碼——然而正如我們的分析所示，在目前的社會互動之中，女性化的人工智慧和女性化的人類之間，並不總是那麼涇渭分明；實際上，人們和智慧妻子的互動也會塑造我們心中的女性形象，以及我們對待女性的方式。

受**生態女性主義**啓發的智慧妻子（像我們在第四章中討論的那種類型）更是難尋，就我們所知，甚至可能根本還不存在。只不過關於她未來的樣子，確實已有跡可循。克勞佛與喬勒所發佈的「人工智慧系統剖析圖」，不僅追溯了 Alexa 的生命週期與環境影響，也提供了一些重新開始的思考方向。[46] 生態女性主義的原則，例如席娃在《地球民主：正義、永續與和平》（Earth Democracy: Justice, Sustainability, and Peace）一書中所提出的原則，也能夠成爲新一代智慧妻子的設計靈感；她不會只爲白人女性主義的利益服務，而是會正視她自己對整個地球以及她未能服務的邊緣人口有哪些影響和責任。[47]

　　另外一種可能用以發想與實驗女性主義智慧妻子的工具，是近年來在人機互動領域很流行的「設計幻象」（design fiction），這種方法可以透過虛構設計，探索可能的未來。對於智慧妻子來說，設計幻象將能成爲設計師與受衆重新想像，如果有一位截然不同的智慧妻子要住進我們的家庭，那會是什麼樣子。丹麥人機互動學者瑪麗・桑德加德（Marie Søndergaard）和隆恩・漢森（Lone Hansen）已經身先士卒，透過設計幻象開發出幾種能夠搞亂性別刻板印象的智慧妻子。以 AYA 爲例，這位數位助理是以「反擊」性騷擾爲目的，可能會以展現幽默、同理、搞笑的方式回應，也可能會帶有威脅和自省意味。例如，使用者說「嘿，AYA，你好辣！」，這位自信十足的智慧妻子會用帶有幽默感（「正在傳送『你好辣』給你的母親」）與攻擊性（「眞希望我也能這樣形容你」或「閉嘴，混蛋」）的方式回應。[48] AYA 本身並不是要作爲一種設計解方，而是要挑戰數位語音助手的性別刻板形象，並嘗試其他的可能。而我們認爲她做得很好。

7. 常識的智慧妻子

　　有些智慧妻子所帶來的安全和隱私問題令人擔憂，甚至有點膽戰心驚。很多人正在和這些設備「結婚」，奉獻自己給這些不具威脅性的智慧妻子，卻完全沒有意識到她們可能是雙面間諜、推銷人員，甚至成爲不當或潛在威脅的幫兇。科技網路論壇經常討論這些風險與應對方式——不過，這些論壇多半充斥著陽剛氣息，許多討論與發言時常讓女性興致缺缺，甚至感到不適。[49]我們所需要的，是一些具普遍性、常識性的建議，告訴我們應該如何面對這個智慧、機械和人工智慧設備大舉進入我們家中的複雜、困惑世界。

美國的非營利組織「常識媒體」（Common Sense Media），「致力於提供可信的資訊、教育與獨立內容，以改善兒童與家庭生活」，且特別著重於媒體與科技領域。他們會檢視電影、電視節目、書籍、電玩、應用程式、音樂、網站的內容，特別是涉及文化和社會訊息的內容，包括性別再現、粗俗用語、尊重關係等。在常識媒體的官網上，可以瀏覽這個「最大、最可信、獨立的年齡分級評分與審查的資料庫」。[50] 雖然該組織已有針對 Google Home 和亞馬遜 Alexa 等數位家庭語音助理提出建言，但目前還沒有爲這些設備建立一套評分系統。我們認爲應該要有。

像常識媒體這樣的服務，可以讓民衆明確得知關於智慧妻子的倫理資訊：她們能做什麼、不能做什麼；她們有多支持（或不支持）性別、多樣性與其他進步的社會價值；她們對於不同年齡、性別和其他範疇（包括非二元性別）的人，可能帶來哪些風險和威脅。我們認爲，類似常識媒體的組織或者消費者倡議型雜誌（例如澳洲的《選擇》〔Choice〕與英國的《哪個好？》〔Which?〕）應該可以爲這些進入我們家庭的設備開發一個評分量表，評估本書所提出的種種問題。

如果進一步拓展與強化這個想法，勢必涉及要修訂國家的分級管制系統；部分國家目前已有這種用來評估素材對不同受衆適合程度的分類制度，目前多用於電影、電玩與出版物，並由專責組織辦理，例如美國的「分類與評級管理委員會」（Classification and Ratings Administration，CARA）。2020 年，澳洲曾啓動了一項審查計畫，以

「反映今日的數位科技環境，包括廣播、網路商家、網路服務、發行電影和實體媒體（盒裝電玩和 DVD）」，並且更新國家分級制度。[51] 一套納入智慧妻子（包括數位語音助理）的分類制度，將能夠獨立地評比不同的作業系統，還能夠根據其內容與程式設定回應類型，提供適當的分類或警告。

8. 積極同意

近年來，關於性自主與同意權的討論，正在持續朝向「積極同意」（affirmative consent）的模式前進——白話來說，是「只有說要，才是要」[i]（yes means yes）。[52] 積極同意的倡議行動是一種典範轉移，它要改變過往重視抵抗、認為「不才是不」（no means no）的同意模式，更要瓦解強暴文化，以理解、尊重女性性歡愉的觀點來取而代之。

223

積極同意在部分國家已經成為法律規範，這個概念強調，性應該是積極、合意且自願的。[53] 只要有人抗議、抵抗、沉默，或者有一方正在睡覺或無意識，就是缺乏同意。同意必須是一種**持續性**的肯定行為，而且隨時可以被撤回。此外，既存的交往關係或當事人過往的任何性關係，都不得被用來假設同意的存在。[54]

有些智慧妻子（例如性愛機器人）很熱衷於性愛，但她們卻沒有能力參與積極同意。有人可能會說，性愛機器人**確實有**透過行為給出一些**模仿**積極同意的生理或情感暗示；但問題更大的地方在於，有些

---

i 這句口號在臺灣目前並未有固定譯法。現代婦女基金會的相應標語是「沒有同意，就是性侵」。

智慧妻子擁有一些允許她們不表示同意的特別設計（如第五章所示）。要反對這種設定其實有點複雜，因為人類擁有多變綺麗的各種性愛幻想——其中也不乏格外重視控制、權力性愛遊戲的類型（譬如皮繩愉虐戀〔BDSM〕）。

在性愛機器人的幫忙之下，智慧妻子的理想人設逐漸成形。她們可以做愛、聽話順從，迅速地就能成為被物化、女性化（甚至女體化）的商品。而且她們的慾望，往往不脫男性對性愛歡愉的刻板想像（模仿色情產業的設定），而不是更多元、更異質的女性性愛經驗。[55]

智慧妻子是否真的可能體現積極同意，並追求「只有說要，才是要」的目標？其實我們目前不是很確定。就如同古圖等人所言，目前無法克服的困擾在於：被程式設定要服從的裝置不可能給予真正的同意。[56]在第五章，我們曾經提出一些試圖處理這點的可能提案，包括：酷兒化性愛機器人的既有設定；將其從刻板女性形象與色情型態解放出來；在設計時優先考慮女性的性歡愉；允許她們在特定情況下中斷互動或者喊出安全語；或甚至裝設黑盒子，在懷疑有遭受性虐待情事時協助調查。

此外，「唯有要才是要」的同意模式，如果拓展到智慧妻子的設計與開發階段，或許也有所裨益。譬如，在執行、運作她之前需要先徵詢使用者的同意，才能讓她蒐集和儲存關於用戶身體、關係、家庭等親密隱私資料。正如同第七章所示，數據蒐集行為將帶來許多倫理與隱私問題，它不僅試圖操控、自動化使用者的行為，而且還是推動監控資本主義的一環。[57]

如果把積極同意的概念，應用到蒐集與使用個人資訊上，會是什麼樣子？積極同意的根本意義在於，它必須持續進行；同意不是打從服務之初就預設存有的東西，更不是後續毋需反覆確認的東西。針對這種大量蒐集數據的行為，Alexa、Siri 或 Google Home 要如何開始並確保人類伴侶的積極同意？更重要的是，要如何持續性地確保用戶的積極同意，但又不至於因為得反覆徵詢同意，而把所有用戶搞瘋？

如果這些問題都沒有答案，或者沒有明確跡象顯示智慧妻子公司會有興趣或願意提供解答，我們還能夠從哪裡尋求指導？歐洲的《一般資料保護規則》（General Data Protection Regulation，GDPR）就是個正面的例子，能夠帶給使用者一定的透明度，以瞭解敏感隱私數據的來源、誰會使用它、它會被如何使用。GDPR 也設置了救濟管道，允許人們在隱私資訊遭洩露的時候予以回應，並且尋求某種形式的懲罰。不過，除了這些發展、前述的常識性智慧妻子，以及後面要提到的道德性智慧妻子之外，關於性私密隱私資訊的同意問題，目前依然懸而未解，值得持續關注。

9. 道德的智慧妻子

這則宣言所主張的智慧妻子，將會以一套具有可責性（accountable）或規範性措施的倫理準則為核心。這份倫理守則應該要包括她的設計、開發、行為，包括她應該如何回應他人對她的作為，以及**我們**應該如何對待她。

AI 倫理學是個快速發展的迷人領域，涵蓋許多爭議與辯論。[58] 但在這些討論中，智慧妻子與和她相關的獨特倫理疑慮依然未被主流設計者和製造者充分地解決。有鑑於我們在第七章中的討論，將智慧妻子視為故障小賤人的框架可能引起的倫理回應，這個問題是迫在眉睫的。智慧妻子已經存在，而且已經待在我們家中。在產業發展臻至成熟後才要再行管制或規範，將會更爲艱難。我們應該著眼於尙屬新生的現在。

已有不少倫理準則明確要求，應該在 AI 設計中盡量減少性別和種族偏見，不過對於究竟需要做些什麼，多數準則依然是模擬兩可。[59] 歐盟的《可信賴人工智慧倫理準則》（Ethics Guidelines for Trustworthy AI）建議，**所有的** AI 相關利害關係人（「包括但不限於公司、組織、研究人員、公共服務、政府部門、機構、公民社會組織、個人、工作者、消費者」）都應該要避免任何可能邊緣化弱勢族群、惡化偏見或助長歧視的偏誤（究竟這是什麼意思、要如何做到，都不是太明確）。[60] 歐盟準則也建議，在發展人工智慧時，應該要承認後代的需求，包括對永續性與環境整體福祉的貢獻。某程度上，這些例子都和我們的論點主張，即智慧妻子應該要協助實現性別平等，而不該進一步加劇環境的惡化，但他們並未提供明確的指示，告訴關鍵的倫理單位究竟應該如何落實這些要求。

AI 倫理領域還有個重要發展，也就是全球工會聯盟（UNI Global Union）所提出的人工智慧倫理十大原則（全球工會聯盟包括 150 個會員國，旨在解決全球服務產業勞動力的問題，不只著墨於人工智慧）。這些原則不僅與我們心目中那種有道德的智慧妻子相當吻合，其中有一項更明確建議「AI 系統應適用也應強化重視人類尊嚴、完整、自由、隱私和文化及性別多樣性的原則，且 AI 系統應適用基本人權」。[61] 換句話說，人工智慧僅僅順應現狀是不夠的；這項技術也應該要致力於提升社會和文化多樣性。

有鑒於人類與機器人關係的重要性，電機電子工程師學會（Institute of Electrical and Electronics Engineers，IEEE）也有一項明確準則，即建議「親密系統的設計或配置方式，不得助長性別歧視、負面身體形象的刻板觀念、性別或種族不平等」。[62] 其他類似準則的規範則相對模糊，保留不少自行詮釋的空間，例如，微軟針對旗下 AI 設計者與程式設計師所制定的指導方針，旨在確保其開發的機器人尊重「相關文化規範並防止不當使用」。[63]

整體而言，雖然已有許多倫理守則都有特別建議，應避免不公平的歧視，應鼓勵包容性，應努力實現平等、公平，並且應該促進人類、社會和環境的價值，多數都並未特別提及**性別**（也並未提及本書第四章中所提及的諸多問題，例如因涉及智慧妻子原料採購而帶來的環境問題，又例如她的生產過程所致的種族化、邊緣化的勞動議題）。[64] 就算真的有提及性別，多半也都是泛指 AI 在社會中的角色，而不是性別在家庭環境中所帶來的獨特與具體挑戰（儘管多數智慧妻子都是在人類的家裡工作）。

更有問題的是，只有極少數公司有制定自己的 AI 或智慧妻子倫理守則——在我們撰寫本書之際，僅 Google、IBM 和微軟有這麼做。幾乎所有的守則都屬於自願遵守的性質，並不是這些公司所做的承諾，也不具有法律拘束力；此外，更少有公司會明確建議究竟應該如何操作與落實其倫理守則（像這份宣言的部分建議那樣）。

有鑒於家庭中所使用的 AI 與機器人往往帶有高度的性別化特徵，以及它們對於環境日漸增加的負擔，我們亟需立足於 AI 和機器人倫理領域已經奠定的基礎之上，為智慧妻子建立起一套倫理守則，並且明確提供可以具體執行的措施與課責機制。

為女性而生的智慧妻子

這份智慧妻子宣言的尾聲，將要回到本書的首要目標：我們要支持能夠設計與開發為了女性而生的智慧妻子。

貝爾很常分享一個她自己的故事：當她剛於 1998 年踏入英特爾工作時，她的新老闆請她協助瞭解兩種特定的使用者族群，因為英特爾缺乏這兩個族群的相關數據，其一是「所有女性」，其二則是其他非美國的國家，換言之，英特爾當時唯一考慮的使用者，就是美國男性。正如貝爾後來提出的反思，將世界上佔據將近一半人口的族群化約為一種類別（女性），嚴重簡化了女性內部所存在的差異性，以及世界上不同社會與文化之間的差異性。[65]

227

我們承認，女性就和男性一樣，是個充滿差異性、異質性的群體。永遠都會存在一些例外，以及一些不同的性別展現形式，包括自我性別認同為跨性別、酷兒、非二元性別分類的人，而本書正是要藉由重新啟動我們的智慧妻子，以鼓勵這種性別的多樣性。性別和性，是沿著一道光譜運作，而不是一種非此即彼的選項。

我們也承認，要在設計科技時特別考慮「女性的利益」可能是有問題的。正如威吉曼所說，「所謂的女性價值，其實早已受到這個由男性主宰的社會所扭曲」，[66] 許多傳統形式的陰柔氣質，例如先人後己地照顧他人，本身往往都已經內建了一種上下從屬的想像。對於威吉曼來說，科技技術的設計應該完全避免女性化（或男性化）的價值觀。正因為如此，我們主要聚焦於促成智慧妻子的多元展現型態，以協助女性進一步解放。我們的結論是要重申，「所有女性」間所存在的諸多共同特徵，其實都和智慧妻子的設計有關。

順性別女性通常共享相同的生物性和荷爾蒙系統，包括擁有能夠懷孕、生育的獨特潛力。順性別女性與自我認定為女性的人，同樣都經歷了父權體制社會所帶來的邊緣化與壓迫，儘管程度不同、形式各異。她們的身體長期遭到性愛化，往往被迫承受各種傷害、侵犯或不請自來的騷擾行為——行為人往往是男性。相對於男性，她們的心智和身體長期被視為較次等、較低下的存在，儘管在不同的歷史、地理和文化時代程度各有不同。她們也更有可能被迫承擔環境破壞或影響所帶來的相關照護或身體負擔。她們長期被社會化，要展現特定形式的陰柔氣質，而且多數時候，並不被社會鼓勵展現陽剛氣質。她們通常承擔了更多傳統上被視為女性領域的勞動。至今，幾乎在所有的社會和文化中，她們的性愉悅所獲得的重視與關切，依然遠遠不如男性。

在這些例子的裡裡外外，全都存在著相當的異質性。重要的是，我們在創造智慧妻子的過程中應該要正視這些不平之處，並且要支持女性與其他性別少數族群，能夠持續往更公平、更安全的方向前進。

我們想要的智慧妻子是，能夠確保女性對於自己的身體和生活擁有掌控權、能夠支持女性在社會中的智識與公共地位、能夠協助終結性別暴力並保護女性的隱私、能夠關心環境與邊緣化族群、能夠在遭到不當對待時適當反擊、能夠促進女性的性解放和性歡愉。當然，我們也希望智慧妻子能夠為其他性別帶來這些好處。

更重要的是，我們現在就需要。智慧妻子的人工時鐘正在滴答作響，隨著她眾多已經死亡或已經失靈的人造身體不斷堆積，地球已經感受到她對自然資源所帶來的影響以及她的重量。她的使用者正在漸漸習慣於她溫暖舒心的女性面貌，這不僅會強化陳舊的刻板印象，也會建立嶄新的社會腳本。儘管性別化的技術早已存在，但具有類人的性格、能夠與人類對話、能夠回應人類需求的科技能力，目前依然是獨一無二的。如果再不當機立斷、大膽行動，我們或許就形同是為自己設下了一個女性化的未來世界，終有一天社會將走回「過往的美好時光」，而女性將再次落入要服務其他人的位置。

當我們說要讓智慧妻子為女性而生，就是要讓她帶我們離開這種未來。只要讀者能夠認真看待本書，以及本書所依賴的研究，帶著足夠的決心與毅力，她很快就能來叩門。

方法論說明

本書起源於多個並行的智慧家庭研究計畫。約蘭德獲得澳洲研究委員會（ARC）的優秀青年學者獎（DECRA），得以在 2015 年到 2018 年執行研究計畫「自動化智慧居家」（Automating the Smart Home）；她也獲得澳洲能源消費者協會（Energy Consumers Australia）的補助（2016-2017），為協助管理國內能源需求，研究澳洲家庭對於「智慧居家控制」的想法。珍妮自 2013 年開始，參與 ARC 所補助的另一項研究計畫「國內採納高速寬頻之早期用戶使用調查」（An Investigation of the Early Adoption and Appropriation of High-Speed Broadband in the Domestic Environment）。

2018 年，我們與合作研究團隊很榮幸獲英特爾公司的支持，得以依照英特爾的智慧居家環境計算願景（保護、生產力、樂趣，簡稱 3Ps），重新分析約蘭德 ARC 研究計畫「自動化智慧居家」中的相關數據。

我們在 2017 年決定書寫本書，綜合各自的研究計畫與成果，共同提出性別相關的質疑與討論。我們非正式地啟動此智慧妻子研究計畫，並且聘了一位出色的研究助理寶拉・阿卡里，協助我們填補迄今研究的空白之處。

本書是這項研究計畫的產物，同時也是我們與澳洲皇家墨爾本理工大學[1]、澳洲蒙納士大學[2]、澳洲墨爾本大學[3]、英國蘭卡斯特大學[4]、丹麥奧爾堡大學[5]、美國英特爾公司[6]的同事與協作者共同完成的作品。

230　　本書主要參考了下列研究資料：

- 31 個澳洲家庭（共 42 名受訪者）的民族誌訪談資料、家庭參訪與觀察，這些家庭自認為智慧居家的早期採用者，或者已經生活在智慧居家科技之中。（部分資料的收集與分析來自 ARC DECRA 研究計畫與英特爾 3Ps 研究計畫）。

- 17 位在智慧居家產業工作的澳洲業界人士訪談資料，包括智慧居家公司的系統整合廠商與執行長（部分資料的收集與分析來自 ARC DECRA 研究計畫）。

- 針對 270 篇關於智慧居家的國際大眾媒體和商業報導的質性內容分析。這些文章都是由記者和產業評論人員所撰寫的，自 2000 年起，至 2016 年迄。

- 針對智慧居家產品和數位語音助理的國際宣傳影片的質性內容分析。是我們於 2017 年至 2018 年所進行的智慧妻子私人研究計畫。

此外，我們也分析了下列二手資料，包括：

- 大眾流行文化中對智慧妻子形象的描繪。

- 與本書主題相關的學術文獻、學術資料和產業報告。

- 橫跨不同產業與情境的智慧妻子相關文章、網站、廣告和影片。

同前所述，本書有部分見解，我們曾經發表在經同儕審查的學術期刊上；我們也曾參與許多學術研討會與活動，和其他研究者分享與討論我們的初步想法，包括：

- 人機互動介面研討會：電腦系統中人為因子（CHI Conference on Human Factors in Computing Systems）：2019 年，蘇格蘭格拉斯哥（Glasgow）；2018 年，加拿大蒙特婁（Montreal）。

- 越擬人主義研討會（Beyond Anthropomorphism symposium）：2019 年，澳洲雪梨。

- 澳洲社會學年會（Australian Sociological Association annual conference）：2019 年，澳洲雪梨；2015 年，澳洲凱恩斯（Cairns）。

- 網際網路研究學年會（Association of Internet Researchers annual conference）：2019 年，澳洲布里斯本（Brisbane）。

- 都市習性工作坊（City Habits workshop）：2019 年，澳洲雪梨。

- 數位親密關係研討會（Digital Intimacies conference）：2019 年，2017 年，澳洲墨爾本。

- 設計交互系統研討會（Designing Interactive Systems conference）：2018 年，香港。

- 科學社會研究學會年會（Society for Social Studies of Science annual meeting）：2018 年，澳洲雪梨；2015 年，美國科羅拉多州，丹佛（Denver）；2014 年，阿根廷，布宜諾斯艾利斯（Buenos Aires）。

231

- 紐西蘭地理學會和澳洲地理研究所會議（New Zealand Geographic Society and Institute of Australian Geographers conference）：2018 年，紐西蘭奧克蘭（Auckland）。

- 主控台 ING 熱情 —— 電視、影像、音訊、新媒體和女性主義國際研討會（Console-ing Passions—International Conference on Television, Video, Audio, New Media, and Feminism）：2018 年，英國波恩茅斯（Bournemouth）。

- SWARM（澳洲社區管理研討會）所舉辦的 #TurnMeOn 研討會：2017 年，澳洲雪梨。

- 國際社會創新研究會議（International Social Innovation Research conference）：2017 年，澳洲墨爾本。

- 與數位媒體宅在家研討會（At Home with Digital Media symposium）：2017 年，澳洲布里斯本。

- 自動化日常研討會（Automating the Everyday symposium）：2016 年，澳洲布里斯本。

註釋

第一章

1. Annabel Crabb, *The Wife Drought: Why Women Need Wives and Men Need Live*s (North Sydney: Random House Australia, 2014).

2. Ronan De Renesse, "Virtual Digital Assistants to Overtake World Population by 2021," *Ovum*, May 17, 2017, https://ovum.informa.com/resources/product-content/virtual-digital-assistants-to-overtake-world-population-by-2021.

3. Genevieve Bell, "Making Life: A Brief History of Human-Robot Interaction," *Consumption Markets and Culture 21*, no. 1 (2018): 22–41.

4. International Data Corporation, "Double-Digit Growth Expected in the Smart Home Market, Says IDC," news release, March 29, 2019, https://www.idc.com/getdoc.jsp?containerId=prUS44971219.

5. Siri 的預設聲音皆為女性。只有當使用者選擇阿拉伯語、英國英文、荷蘭文、法文時，預設的語音助理才會是男性。Alexa 的預設語言主要為女性，除了少數在 2020 年所增加的名人嗓音。Google Home 於 2017 年 10 月才開始提供男性聲音選項。見 UNESCO and EQUALS Skills Coalition, *I'd Blush If I Could: Closing Gender Divides in Digital Skills through Education,* GEN/2019/EQUALS/1 REV 2 (Paris: UNESCO, 2019).

6. SmartWife™ (website), accessed February 14, 2020, http://bseismartwife.com/about-us/.

7. 「Gynoid」一語指涉的是女性的類人機器人，外觀上會像是女性。

8. Leopoldina Fortunati, "Immaterial Labour and Its Machinization," *Ephemera 7*, no. 1 (February 2007): 144.

9. 在這個時代，許多女性會繼續工作或從事兼職工作，例如販賣特百惠（Tupperware）這種家用科技（特百惠是一種保鮮盒，可以用來儲存食物或食材）。見 Joanne Meyerowitz, ed., *Not June Cleaver: Women and Gender in Postwar America*, 1945–1960 (Philadelphia: Temple University Press, 1994).

10. Sarah Perez, "China Overtakes US in Smart Speaker Market Share," *TechCrunch*, May 20, 2019, https://techcrunch.com/2019/05/20/china-overtakes-u-s-in-smart-speaker-market-share/.

11. 在我們之前，不乏眾多知名學者，例如珍妮佛・李（Jennifer Rhee）、莎拉・肯柏（Sarah Kember）、林恩・斯比格爾（Lynn Spigel）、珍妮佛・羅伯森（Jennifer Robertson）。

12. Donna J. Haraway, *Simians, Cyborgs, and Women: The Reinvention of Nature* (New York: Routledge, 1991); Kylie Jarrett, *Feminism, Labour and Digital Media: The Digital Housewife* (New York: Routledge, 2016).

13. Lisa Rosner, ed., *The Technological Fix: How People Use Technology to Create and Solve Problems* (New York: Routledge, 2004).

14. Joanne Meyerowitz, "Introduction: Women and Gender in Postwar America, 1945–1960," in *Not June Cleaver: Women and Gender in Postwar America, 1945–1960*, ed. Joanne Meyerowitz (Philadelphia: Temple University Press, 1994), 1.

15. Philip N. Cohen, "Marriage Is Declining Globally: Can You Say That?," *Family Inequality* (blog), June 12, 2013, https://familyinequality.wordpress.com/2013/06/12/marriage-is-declining/.

16. Annabel Crabb, "Men at Work: Australia's Parenthood Trap," *Quarterly Essay*, no. 75 (September 2019), https://www.quarterlyessay.com.au/essay/2019/09/men-at-work.

17. Susan Maushart, *Wifework: What Marriage Really Means for Women* (Melbourne: Text Publishing, 2001), 7.

18. Anraku Yukiko, "Japan's Unmarried Masses Face Mounting Obstacles to Matrimony," *Nippon.com*, October 12, 2018, https://www.nippon.com/en/features/c05601/japan's-unmarried-masses-face-mounting-obstacles-to-matrimony.html; Yoko Tokuhiro, *Marriage in Contemporary Japan* (London: Routledge, 2011).

19. Leah Ruppanner, "Census 2016: Women Are Still Disadvantaged by the Amount of Unpaid Housework They Do," *Conversation*, April 10, 2017, http://theconversation.com/census-2016-women-are-still-disadvantaged-by-the-amount-of-unpaid-housework-they-do-76008.

20. Esteban Ortiz-Ospina, Sandra Tzvetkova, and Max Roser, "Women's Employment," *Our World in Data*, March 2018, https://ourworldindata.org/female-labor-supply.

21. Crabb, *Wife Drought*, 11.

22. Mizuho Aoki, "House Husbands Gaining Acceptance in Japan as Gender Stereotypes Ease," *Japan Times*, April 28, 2016, https://www.japantimes.co.jp/news/2016/04/28/national/social-issues/house-husbands-gaining-acceptance-japan-gender-stereotypes-ease/; Evrim Altintas and Oriel Sullivan, "Fifty Years of Change Updated: Cross-National Gender Convergence in Housework," *Demographic Research* 35 (July–December 2016): 455–470; Meng Sha Luo and Ernest Wing Tak Chui, "The Changing Picture of the Housework Gender Gap in Contemporary Chinese Adults," *Chinese Journal of Sociology* 5, no. 3 (2019): 312–339.

23. Maushart, *Wifework*; Bella DePaulo, "Divorce Rates Around the World: A Love Story," *Psychology Today*, February 3, 2019, https://www.psychologytoday.com/au/blog/living-single/201902/divorce-rates-around-the-world-love-story; Douglas LaBier, "Women Initiate Divorce Much More Than Men, Here's Why," *Psychology Today*, August 28, 2015, https://www.psychologytoday.com/au/blog/the-new-resilience/201508/women-initiate-divorce-much-more-men-heres-why.

24. Maushart, *Wifework*, 4.

25. Maushart, *Wifework*, 9.

26. UN Women, *Unpaid Care and Domestic Work: Issues and Suggestions for Viet Nam* (Hanoi: UN Women, 2016), http://www.un.org.vn/en/publications/doc_details/534-unpaid-care-and-domestic-work-issues-and-suggestions-for-viet-nam.html.

27. Crabb, *Wife Drought*, 7.

28. Crabb, *Wife Drought*.

29. Nidhi Sharma, Subho Chakrabarti, and Sandeep Grover, "Gender Differences in Caregiving among Family-Caregivers of People with Mental Illnesses," *World Journal of Psychiatry* 6, no. 1 (2016): 7–17.

30. Karen Zraick, "Inside One Woman's Fight to Rewrite the Law on Marital Rape," *New York Times*, April 13, 2019, https://www.nytimes.com/2019/04/13/us/marital-rape-law-minnesota.html; Lisa Featherstone, "Rape in Marriage: Why Was It So Hard to Criminalise Sexual Violence?," *VIDA* (blog), Australian Women's History Network, December 7, 2016, http://www.auswhn.org.au/blog/marital-rape/.

31. Emily Shugerman, "There Are Still 10 Countries Where It's Legal to Rape Your Spouse," *Revelist*, March 26, 2019, http://www.revelist.com/world/countries-marital-rape-legal/7073/; Wikipedia, sv "Marital Rape Laws by Country," last modified January 8, 2020, 03:05, https://en.wikipedia.org/wiki/Marital_rape_laws_by_country.

32. Maushart, *Wifework*, 9.

33. Heather Pemberton Levy, "Gartner's Top 10 Strategic Predictions for 2017 and Beyond: Surviving the Storm Winds of Digital Disruption," *Gartner*, October 18, 2016, https://www.gartner.com/smarterwithgartner/gartner-predicts-a-virtual-world-of-exponential-change/.

34. Voicebot and Voicify, *Smart Speaker Consumer Adoption Report*, March 2019, https://voicebot.ai/wp-content/uploads/2019/03/smart_speaker_consumer_adoption_report_2019.pdf.

35. UNESCO and EQUALS Skills Coalition, *I'd Blush If I Could*.

36. Kate Devlin, *Turned On: Science, Sex and Robots* (London: Bloomsbury Sigma, 2018).

37. Kaveh Waddell, "The Unbelievably Teched-Out Houses of Smart-Home Obsessives," *New York*, May 4, 2018, http://nymag.com/selectall/smarthome/extreme-makeover-smart-home-edition.html; David Smith, "5 Trends in Smart Home Technology," *SmartBrief*, January 3, 2019, https://www.smartbrief.com/original/2019/01/5-trends-smart-home-technology; Coldwell Banker, "Who Owns Smart Home Technology?," *Marketing Charts*, January 4, 2016, https://www.marketingcharts.com/industries/technology-63952.

38. "Are Smart Homes What Women Want?," *eMarketer*, February 6, 2015, https://www.emarketer.com/Article/Smart-Homes-What-Women-Want/1011976.

39. Devlin, *Turned On*.

40. Alzheimer's Research UK, *Women and Dementia: A Marginalised Majority* (Cambridge: Alzheimer's Research UK, 2015), https://www.alzheimersresearchuk.org/wp-content/uploads/2015/03/Women-and-Dementia-A-Marginalised-Majority1.pdf.

41. "Computer Programmers," Data USA, accessed December 3, 2019, https://datausa.io/profile/soc/computer-programmers.

42. World Economic Forum, *The Global Gender Gap Report 2018* (Geneva: World Economic Forum, 2018), http://www3.weforum.org/docs/WEF_GGGR_2018.pdf.

43. Nick Heer, "Diversity of Tech Companies by the Numbers: 2016 Edition," *Pixel Envy* (blog), August 9, 2016, https://pxlnv.com/blog/diversity-of-tech-companies-by-the-numbers-2016/; Lara O'Reilly, "'What If Female Scientists Were Celebrities?': GE Says It Will Place 20,000 Women in Technical Roles by 2020," *Business Insider Australia*, February 9, 2017, https://www.businessinsider.com.au/ge-commits-to-placing-20000-women-in-technical-roles-by-2020-2017-2?r=US&IR=T.

44. Sarah Myers West, Meredith Whittaker, and Kate Crawford, *Discriminating Systems: Gender, Race, and Power in AI* (New York: AI Now Institute, 2019), https://ainowinstitute.org/discriminatingsystems.pdf.

45. West, Whittaker, and Crawford, *Discriminating Systems*; UNESCO and EQUALS Skills Coalition, *I'd Blush If I Could*.

46. Thomas D. Snyder and Sally A. Dillow, *Digest of Education Statistics 2012*, NCES 2014-015 (Washington, DC: National Center for Education Statistics, Institute of Education Sciences, US Department of Education, 2013), table 349, https://nces.ed.gov/programs/digest/d12/tables/dt12_349.asp; Blanca Myers, "Women and Minorities in Tech, by the Numbers," *Wired*, March 27, 2018, https://www.wired.com/story/computer-science-graduates-diversity/.

47. Australian Council of Learned Academies, *STEM: Country Comparisons: International Comparisons of Science, Technology, Engineering and Mathematics (STEM) Education*, final report (Melbourne: Australian Council of Learned Academies, 2013), https://acola.org.au/wp/PDF/SAF02Consultants/SAF02_STEM_%20FINAL.pdf.

48. UNESCO and EQUALS Skills Coalition, *I'd Blush If I Could*, 16.

49. Jane Margolis and Allan Fisher, *Unlocking the Clubhouse: Women in Computing* (Cambridge, MA: MIT Press, 2002).

50. UNESCO and EQUALS Skills Coalition, *I'd Blush If I Could*.

51. Cynthia Cockburn and Susan Ormrod, *Gender and Technology in the Making* (London: SAGE, 1994); David Morley, "Changing Paradigms in Audience Studies," in *Remote Control: Television, Audiences, and Cultural Power*, ed. Ellen Seiter, Hans Borchers, Gabriele Kreutzner, and Eva-Maria Warth (London: Routledge, 1989), 16–43.

52. Emily Chang, *Brotopia: Breaking Up the Boys' Club of Silicon Valley* (New York: Portfolio, 2018).

53. Kate Crawford, "Artificial Intelligence's White Guy Problem," *New York Times*, June 25, 2016, https://www.nytimes.com/2016/06/26/opinion/sunday/artificial-intelligences-white-guy-problem.html; Jack Clark, "Artificial Intelligence Has a 'Sea of Dudes' Problem," *Bloomberg*, June 23, 2016, https://www.bloomberg.com/news/articles/2016-06-23/artificial-intelligence-has-a-sea-of-dudes-problem.

54. West, Whittaker, and Crawford, *Discriminating Systems*.

55. Kate Crawford et al., *AI Now 2019 Report* (New York: AI Now Institute, 2019), https://ainowinstitute.org/AI_Now_2019_Report.pdf, 6.

56. UNESCO and EQUALS Skills Coalition, *I'd Blush If I Could*.

57. Safiya Umoja Noble, *Algorithms of Oppression: How Search Engines Reinforce Racism* (New York: NYU Press, 2018).

58. Sara Wachter-Boettcher, *Technically Wrong, Sexist Apps, Biased Algorithms, and Other Threats of Toxic Tech* (New York: W. W. Norton, 2017).

59. 例如可見 Hilary Bergen, "'I'd Blush If I Could': Digital Assistants, Disembodied Cyborgs and the Problem of Gender," *Word and Text* 6 (December 2016): 95–113.

60. Dan Golding and Leena Van Deventer, *Game Changers: From Minecraft to Misogyny, the Fight for the Future of Videogames* (South Melbourne: Affirm, 2016).

61. C. Scott Brown, "Say Goodbye to M, Facebook's Virtual Assistant," *Android Authority*, January 8, 2018, https://www.androidauthority.com/goodbye-m-facebook-virtual-assistant-828558/; Barry Schwartz, "Microsoft Drops Ms. Dewey," *Search Engine Roundtable* (blog), March 30, 2009, https://www.seroundtable.com/archives/019721.html.

62. UNESCO and EQUALS Skills Coalition, *I'd Blush If I Could*.

63. Andrea Fjeld, "AI: A Consumer Perspective," *Connected Consumer* (blog), LivePerson, March 13, 2018, https://www.liveperson.com/connected-customer/posts/ai-consumer-perspective.

64. "Gatebox Virtual Friend Azuma Hikari," YouTube video, posted by Robotics AI, January 7, 2017, https://www.youtube.com/watch?v=_YgCC454lsI; Kara Dennison, "Gatebox Begins Mass-Production of Tiny Virtual Girlfriends," *Crunchyroll*, September 11, 2019, https://www.crunchyroll.com/anime-news/2019/09/11/gatebox-begins-mass-production-of-tiny-virtual-girlfriends.

65. Jennifer Yang Hui and Dymples Leong, "The Era of Ubiquitous Listening: Living in a World of Speech-Activated Devices," *Asian Journal of Public Affairs* 10, no. 1 (2017): 1–19.

66. "Hikari Azuma," Gatebox, accessed December 3, 2019, https://www.gatebox.ai/hikari.

67. "Gatebox Virtual Friend Azuma Hikari"; "Gatebox - Promotion Movie 'KANPAI'_English ver.," YouTube video, posted by Gatebox Inc., July 30, 2018, https://www.youtube.com/watch?v=bBOXQz7OHqQ.

68. Hui and Leong, "Era of Ubiquitous Listening."

69. Gordon Watts, "Artificial Intelligence and the Rise of the Robots in China," *Asia Times*, August 11, 2018, https://www.asiatimes.com/2018/08/article/artificial-intelligence-and-the-rise-of-the-robots-in-china/.

70. Sean Keach, "Creepy £7,000 'Harmony' Sex-Bot with a Saucy Scottish Accent Goes on Sale—as Fear over Rise of Robot Lovers Grows," *Scottish Sun*, March 4, 2019, https://www.thescottishsun.co.uk/tech/3951842/creepy-7000-harmony-sex-bot-with-a-saucy-scottish-accent-and-self-lubricating-vagina-goes-on-sale-as-fear-over-rise-of-robot-lovers-grows/; Rhian Morgan, "Looking for Robot Love? Here Are 5 Sexbots You Can Buy Right Now," *Metro*, September 13, 2017, https://metro.co.uk/2017/09/13/looking-for-robot-love-here-are-5-sexbots-you-can-buy-right-now-6891378/.

71. Maud Garcia, "The Sexbot Is Here . . . AI Really Can Do It All," *Robotic Marketer* (blog), August 29, 2018, https://www.roboticmarketer.com/the-sexbot-is-here-ai-really-can-do-it-all/.

72. Curtis Silver, "Stop Being Rude to Amazon Alexa, Carol," *Forbes*, February 13, 2018, https://www.forbes.com/sites/curtissilver/2018/02/13/stop-being-rude-to-amazon-alexa-carol/#6f43d4d040fc; Alle McMahon, "Stop Swearing at Siri— It Matters How You Talk to Your Digital Assistants," ABC News (Australia), December 22, 2017, https://www.abc.net.au/news/2017-12-22/dont-swear-at-siri-it-matters-how-we-talk-to-digital-assistants/9204654.

73. Anne Fausto-Sterling, *Myths of Gender: Biological Theories about Women and Men* (New York: Basic Books, 2008); Sally Gregory Kohlstedt, "Women in the History of Science: An Ambiguous Place," *Osiris* 10, no. 1 (1995): 39–58.

74. Bergen, "I'd Blush If I Could," 109.

75. Clifford Nass, Youngme Moon, B. J. Fogg, Byron Reeves, and D. Christopher Dryer, "Can Computer Personalities Be Human Personalities?," *International Journal of Human-Computer Studies* 43, no. 2 (August 1995): 223–239; Jakub Złotowski, Diane Proudfoot, Kumar Yogeeswaran, and Christoph Bartneck, "Anthropomorphism: Opportunities and Challenges in Human–Robot Interaction," *International Journal of Social Robotics* 7, no. 3 (June 2015): 347–360; Ja-Young Sung, Lan Guo, Rebecca E. Grinter, and Henrik I. Christensen, "'My Roomba Is Rambo': Intimate Home Appliances," in *UbiComp 2007: Ubiquitous Computing*, ed. John Krumm, Gregory D. Abowd, Aruna Seneviratne, and Thomas Strang, Lecture Notes in Computer Science 4717 (Berlin: Springer, 2007), 145–162.

76. Joseph Weizenbaum, "ELIZA: A Computer Program for the Study of Natural Language Communication between Man and Machine," *Communications of the ACM* 9, no. 1 (January 1966): 36–45.

77. Will Bedingfield, "Why Giving Human Voices to AI Assistants Is an Ethical Nightmare," *Dazed*, September 18, 2018, http://www.dazeddigital.com/science-tech/article/41409/1/ai-human-voices-gender-alexa-siri.

78. Relaxnews, "Til [My] Death Do Us Part: Object Love," *Independent*, March 21, 2010, https://www.independent.co.uk/life-style/health-and-families/til-my-death-do-us-part-object-love-5530600.html.

79. Clifford Nass with Corina Yen, *The Man Who Lied to His Laptop: What We Can Learn about Ourselves from Our Machines* (New York: Current, 2012).

80. Sherry Turkle, *Reclaiming Conversation: The Power of Talk in a Digital Age* (New York: Penguin Books, 2015); Sherry Turkle, *Alone Together: Why We Expect More from Technology and Less from Each Other* (New York: Basic Books, 2011); Sherry Turkle, *The Second Self: Computers and the Human Spirit* (New York: Simon and Schuster, 1985); Sherry Turkle, *Simulation and Its Discontents* (Cambridge, MA: MIT Press, 2009).

81. Nass with Yen, *Man Who Lied to His Laptop*.

82. Alex Ward, "A Bad Case of Jetnag? Fighter Pilots to Get Cockpit Instructions from Female Voice 'Because It Relaxes Them More' (but They've Already Nicknamed Her Nagging Nora)," *Daily Mail*, July 4, 2012, https://www.dailymail.co.uk/news/article-2168713/Fighter-pilots-nagging-Nora-female-voice-commands-cockpit-Typhoon-jets.html; Justin Bachman, "The World's Top Fighter Pilots Fear This Woman's Voice," *Bloomberg*, March 16, 2016, https://www.bloomberg.com/features/2016-voice-of-the-fa-18-super-hornet/.

83. Nass with Yen, *Man Who Lied to His Laptop*.

84. Joanna Stern, "Alexa, Siri, Cortana: The Problem with All-Female Digital Assistants," *Wall Street Journal*, February 21, 2017, https://www.wsj.com/articles/alexa-siri-cortana-the-problem-with-all-female-digital-assistants-1487709068.

85. 「仇婚份子」（misogamist）是指憎恨婚姻的人。

86. 「煞風景」一語借用自 Sara Ahmed, *Willful Subjects* (Durham NC: Duke University Press, 2014) 一書。

87. Yolande Strengers, *Smart Energy Technologies in Everyday Life: Smart Utopia?* (Basingstoke, UK: Palgrave Macmillan, 2013).

88. Jenny Kennedy, *Digital Media, Sharing and Everyday Life* (London: Routledge, 2020); Jenny Kennedy, Michael Arnold, Martin Gibbs, Bjorn Nansen, and Rowan Wilken, *Digital Domesticity: Media, Materiality, and Home Life* (Oxford: Oxford University Press, 2019).

89. Carole Pateman, *The Sexual Contract* (Stanford, CA: Stanford University Press, 1988).

90. Mariana Ortega, "Being Lovingly, Knowingly Ignorant: White Feminism and Women of Color," *Hypatia* 21, no. 3 (Summer 2006): 56–74.

91. *"Internet Users,"* Internet Live Stats, accessed December 3, 2019, https://www. internetlivestats.com/internet-users/.「網路使用者」意指，可以在家中使用任何設備連上網際網路的人。International Energy Agency, S*DG7: Data and Projections* (IEA: Paris, 2019), https://www.iea.org/reports/sdg7-data-and-projections.

92. UNESCO and EQUALS Skills Coalition, *I'd Blush If I Could.*

93. "Alpha the Robot" (1934), YouTube video, posted by Matt Novak, March 13, 2011, https://www.youtube.com/watch?time_continue=18&v=a9l9pt_Jzn8.

94. 這些明顯為男性設定的裝置，包括名為 Albert 或 Josh 的數位語音助理、名為 Temi 或 Buddy 的機器人，還有一些性別沒有那麼明顯的數位助理，叫做 Mycroft 或 Branto。

95. UNESCO and EQUALS Skills Coalition, *I'd Blush If I Could.*

第二章

1. Mark Wilson, "The Mahru-Z Maid Robot Ain't Exactly the Jetsons," *Gizmodo*, January 20, 2010, https://www.gizmodo.com/the-mahru-z-maid-robot-aint-exactly-the-jetsons-5452690/.

2. Thao Phan, "Amazon Echo and the Aesthetics of Whiteness," *Catalyst: Feminism, Theory, Technoscience* 5, no. 1 (2019): 1–38.

3. Phan, "Amazon Echo," 11.

4. Amy Schiller and John McMahon, "Alexa, Alert Me When the Revolution Comes: Gender, Affect, and Labor in the Age of Home-Based Artificial Intelligence," *New Political Science* 41, no. 2 (2019): 173–191.

5. Schiller and McMahon, "Alexa, Alert Me When the Revolution Comes," 181.

6. Matt Novak, "50 Years of the Jetsons: Why the Show Still Matters," *Smithsonian*, September 19, 2012, https://www.smithsonianmag.com/history/50-years-of-the-jetsons-why-the-show-still-matters-43459669/.

7. Danny Graydon, *The Jetsons: The Official Guide to the Cartoon Classic* (Philadelphia: Running Press, 2011), cited in Novak, "50 Years of the Jetsons."

8. Jordan Minor, "The Flintstones Internet of Living Things," *Geek.com*, January 30, 2017, https://www.geek.com/tech/the-flintstones-internet-of-living-things-1686807/.

9. "LG Appliances–SmartThinQ–The Jetsons–Connected Appliances," Vimeo video, posted by Nationwide PrimeMedia, August 17, 2017, https://vimeo.com/230044203.

10. Matt Simon, "Catching Up with Pepper, the Surprisingly Helpful Humanoid Robot," *Wired*, April 13, 2018, https://www.wired.com/story/pepper-the-humanoid-robot/.

11. James Vincent, "Amazon Is Reportedly Working on Its First Home Robot," *Verge*, April 23, 2018, https://www.theverge.com/2018/4/23/17270002/amazon-robot-home-alexa-echo.

12. Kyle Wiggers, "Amazon's Vesta No-Show Highlights the Challenges of Home Robots," *VentureBeat*, September 28, 2019, https://venturebeat.com/2019/09/28/amazons-vesta-no-show-highlights-the-challenges-of-home-robots/.

13. Robb Todd, "There Might Not Have Been an iRobot without Rosie the Robot," *Fast Company*, September 17, 2015, https://www.fastcompany.com/3051214/there-might-not-have-been-an-irobot-without-rosie-the-robot.

14. Genevieve Bell, "Making Life: A Brief History of Human-Robot Interaction," *Consumption Markets and Culture* 21, no. 1 (2018): 22–41.

15. Bill Gates, "A Robot in Every Home," *Scientific American* 296, no. 1 (January 2007): 58–65.

16. International Federation of Robotics, "Executive Summary: World Robotics 2018 Service Robots," October 18, 2018, https://ifr.org/downloads/press2018/Executive_Summary_WR_Service_Robots_2018.pdf.

17. International Federation of Robotics, "Executive Summary."

18. iRobot (@iRobot), "'Rosie' being the most common name for the iRobot Roomba, what have you or would you name your home robot?," Twitter, November 19, 2013, 11:55 a.m., https://twitter.com/irobot/status/402842664766144512?lang=en.

19. Julie Wosk, *My Fair Ladies: Female Robots, Androids, and Other Artificial Eves* (New Brunswick, NJ: Rutgers University Press, 2015).

20. Galen Gruman, "Home Automation Is a Solution in Search of a Problem," *InfoWorld*, December 2, 2014, https://www.infoworld.com/article/2853026/internet-of-things/home-automation-is-still-mostly-a-solution-in-search-of-a-problem.html.

21. Evgeny Morozov, *To Save Everything, Click Here: The Folly of Technological Solutionism* (New York: PublicAffairs, 2013).

22. Meredith Broussard, *Artificial Unintelligence: How Computers Misunderstand the World* (Cambridge, MA: MIT Press, 2018), 8.

23. Drew Harwell, "Why Whirlpool's Smart Washing Machine Was a Dumb Idea," *Sydney Morning Herald*, November 2, 2014, https://www.smh.com.au/technology/why-whirlpools-smart-washing-machine-was-a-dumb-idea-20141102-11flym.html.

24. John Sciacca, "What to Do When the Stove Talks Back (and Other Problems with Smart Appliances)," *Digital Trends*, June 17, 2013, https://www.digitaltrends.com/home/get-ready-to-talk-to-your-refrigerator-and-your-washing-machine-dish-washer-and-garage-door-too/.

25. Harwell, "Whirlpool's Smart Washing Machine."

26. Gates, "Robot in Every Home."

27. Dami Lee, "This $16,000 Robot Uses Artificial Intelligence to Sort and Fold Laundry," *Verge*, January 10, 2018, https://www.theverge.com/2018/1/10/16865506/laundroid-laundry-folding-machine-foldimate-ces-2018; Nick Summers, "Laundroid Company Folds before Its Giant Robot Does," *Engadget*, April 23, 2019, https://www.engadget.com/2019/04/23/laundroid-robot-seven-dreamers-bankruptcy/.

28. Daniel Cooper, "The Smart Kitchen Revolution Is a Slow One," *Engadget*, September 4, 2017, https://www.engadget.com/2017/09/04/the-smart-kitchen-revolution-ifa-2017/.

29. Aike C. Horstmann and Nicole C. Krämer, "Great Expectations?: Relation of Previous Experiences with Social Robots in Real Life or in the Media and Expectancies Based on Qualitative and Quantitative Assessment," *Frontiers in Psychology* 10 (April 30, 2019): 939–953.

30. Megan Wollerton, "Whirlpool's Smart Washer/Dryer Hybrid Now Works with Alexa," *CNET*, January 8, 2018, https://www.cnet.com/news/whirlpools-smart-washerdryer-hybrid-now-works-with-alexa/.

31. Samsung, "Why You Should Upgrade to a Smart Washing Machine," advertising feature, *Independent*, March 27, 2018, https://www.independent.co.uk/life-style/why-you-should-upgrade-to-a-smart-washing-machine-a8257116.html.

32. Denver Nicks, "Why the Laundry Folding Robot Is Actually a Big Deal," *Money*, June 7, 2016, http://money.com/money/4360534/why-the-laundry-folding-robot-is-actually-kind-of-a-big-deal/.

33. Nicks, "Why the Laundry Folding Robot Is Actually a Big Deal."

34. Natasha Lomas, "Most Consumers Not Being Turned On by Connected Home, Study Finds," *TechCrunch*, March 6, 2017, https://techcrunch.com/2017/03/06/most-consumers-not-being-turned-on-by-connected-home-study-finds/.

35. Adam Burgess, *Cellular Phones, Public Fears, and a Culture of Precaution* (Cambridge: Cambridge University Press, 2004); Linda Simon, *Dark Light: Electricity and Anxiety from the Telegraph to the X-ray* (Orlando, FL: Harcourt, 2005).

36. Larissa Nicholls, Yolande Strengers, and Sergio Tirado, *Smart Home Control: Exploring the Potential for Off-the-Shelf Enabling Technologies in Energy Vulnerable and Other Households*, final report (Melbourne: Centre for Urban Research, RMIT University, 2017); Yolande Strengers and Larissa Nicholls, "Aesthetic Pleasures and Gendered Tech-Work in the 21st-Century Smart Home," *Media International Australia* 166 (February 2018): 70–80.

37. Susan Wyche, Phoebe Sengers, and Rebecca E. Grinter, "Historical Analysis: Using the Past to Design the Future," in *UbiComp 2006: Ubiquitous Computing*, ed. Paul Dourish and Adrian Friday, Lecture Notes in Computer Science 4206 (Berlin: Springer, 2006), 35–51.

38. Lynn Spigel, "Yesterday's Future, Tomorrow's Home," *Emergences: Journal for the Study of Media and Composite Cultures* 11, no. 1 (2001): 31; Wyche, Sengers, and Grinter, "Historical Analysis," 38.

39. Anne-Jorunn Berg, "A Gendered Socio-Technical Construction: The Smart House," in *Bringing Technology Home: Gender and Technology in Changing Europe*, ed. Cynthia Cockburn and Ruza Fürst Dilic (Buckingham, UK: Open University Press, 1994), 175.

40. Judy Wajcman, *Feminism Confronts Technology* (Cambridge, UK: Polity, 1991); Ben Panko, "The First Self-Cleaning Home Was Essentially a 'Floor-to-Ceiling Dishwasher,'" *Smithsonian*, July 20, 2017, https://www.smithsonianmag.com/smart-news/first-self-cleaning-home-was-essentially-floor-ceiling-dishwasher-180964115/.

41. Wajcman, *Feminism Confronts Technology*, 102.

42. Melissa Gregg, *Counterproductive: Time Management in the Knowledge Economy* (Durham, NC: Duke University Press, 2018).

43. Justin McCurry, "South Korean Woman's Hair 'Eaten' by Robot Vacuum Cleaner as She Slept," *Guardian*, February 9, 2015, https://www.theguardian.com/world/2015/feb/09/south-korean-womans-hair-eaten-by-robot-vacuum-cleaner-as-she-slept.

44. Angel Chang, "This 1955 'Good House Wife's Guide' Explains How Wives Should Treat Their Husbands," *LittleThings*, October 7, 2019, https://www.littlethings.com/1950s-good-housewife-guide.

45. Olivia Solon, "Roomba Creator Responds to Reports of 'Poopocalypse': 'We See This a Lot,'" *Guardian*, August 15, 2016, https://www.theguardian.com/technology/2016/aug/15/roomba-robot-vacuum-poopocalypse-facebook-post.

46. Larissa Nicholls and Yolande Strengers, "Robotic Vacuum Cleaners Save Energy?: Raising Cleanliness Conventions and Energy Demand in Australian Households with Smart Home Technologies," *Energy Research and Social Science* 50 (April 2019): 73–81.

47. Joan C. Williams, *Unbending Gender: Why Family and Work Conflict and What to Do about It* (New York: Oxford University Press, 2001), 32.

48. Wajcman, *Feminism Confronts Technology*; Janna Thompson, "Housework and Technological Change," *Australian Left Review* 69 (1979): 9–19.

49. Arlie Russell Hochschild, *The Managed Heart: Commercialization of Human Feeling*, updated ed. (Berkeley: University of California Press, 2012).

50. Sarah Pink, "Dirty Laundry: Everyday Practice, Sensory Engagement and the Constitution of Identity," *Social Anthropology* 13, no. 3 (October 2005): 275–290; Jean-Claude Kaufmann, *Dirty Linen: Couples and Their Laundry* (London: Middlesex University Press, 1998).

51. 對於智慧居家市場的目標客群與性別，有些學者也有不同意見，認為這些設備的目標客群主要是白人異性戀女性，例如 Jennifer Rhee, *The Robotic Imaginary: The Human and the Price of Dehumanized Labor* (Minneapolis: University of Minnesota Press, 2018)。我們將會在其他章節探索這個市場。

52. Jenny McGrath, "Bud Light's Smart Fridge Follows Your Teams and Tallies Your Brews, Bro," *Digital Trends*, October 6, 2015, https://www.digitaltrends.com/home/bud-light-introduces-its-bud-e-smart-fridge/.

53. Emily Price, "This 'Smart' Beer Fridge Holds 78 Beers," *Paste*, March 21, 2016, https://www.pastemagazine.com/articles/2016/03/this-smart-beer-fridge-holds-78-beers.html.

54. Mark J. Miller, "Budweiser Introduces Bud-E Fridge for Today's Connected Man Cave," *brandchannel*, October 21, 2015, https://www.brandchannel.com/2015/10/21/bud-e-fridge-102115/.

55. 在美國與澳洲，啤酒市場的消費者幾乎有六成皆為男性，英國市場則超過八成。

56. Jenny McGrath, "Budweiser Built a WiFi-Enabled Smart Fridge That Will Keep Stock of Your Beers and Give You Football Scores," *Business Insider*, October 6, 2015, https://www.businessinsider.com/budweiser-fridge-keeps-track-of-your-beers-and-football-scores-2015-10?IR=T.

57. 開發商安海斯布希的創辦人與執行長為布萊恩‧漢斯費爾德（Brian Hamersfeld）與貝瑞‧戈德（Barry Gold）。

58. Will Greenwald, "Anheuser-Busch Office Bud-E Fridge," *PC Mag*, February 15, 2017, https://au.pcmag.com/appliances/46523/anheuser-busch-office-bud-e-fridge.

59. Ben Power, "Smart Homes Are Simplicity Itself," *Australian*, November 9, 2013, https://www.theaustralian.com.au/life/smart-homes-are-simplicity-itself/news-story/8754f4092dba740331ce853562297973?sv=df12ad5ae5e867fcbdf3c46775ba52be.

60. Amazon Australia, "Amazon Echo—Dad's Night," YouTube video, posted March 11, 2018, https://www.youtube.com/watch?v=ibekaZeKmkI.

61. Daniel Terdiman, "Here's How People Say Google Home and Alexa Impact Their Lives," *Fast Company*, January 5, 2018, https://www.fastcompany.com/40513721/heres-how-people-say-google-home-and-alexa-impact-their-lives.

62. Nona Walia, "Robot Maids to Battle Shantabai," *Times of India*, July 22, 2012, https://timesofindia.indiatimes.com/life-style/spotlight/Robot-maids-to-battle-Shantabai/articleshow/15090597.cms.

63. 海倫・理查森（Helen Richardson）也曾指出「協調聯繫」與「多工執行」的重要性，是兩項女性時常擔綱的工作。Helen J. Richardson, "A 'Smart House' Is Not a Home: The Domestication of ICTs," *Information Systems Frontiers* 11, no. 5 (November 2009): 599–608.

64. Scott Davidoff, Min Kyung Lee, Charles Yiu, John Zimmerman, and Anind K. Dey, "Principles of Smart Home Control," in *UbiComp 2006: Ubiquitous Computing*, ed. Paul Dourish and Adrian Friday, Lecture Notes in Computer Science 4206 (Berlin: Springer, 2006), 19, 31.

65. Ja-Young Sung, Rebecca E. Grinter, Henrik I. Christensen, and Lan Guo, "Housewives or Technophiles?: Understanding Domestic Robot Owners," in *Proceedings of the 3rd ACM/IEEE International Conference on Human Robot Interaction* (New York: ACM, 2008), 129–136.

66. Ema Fonseca, Inês Oliveira, Joana Lobo, Tânia Mota, José Martins, and Manual Au-Yong-Oliveira, "Kitchen Robots: The Importance and Impact of Technology on People's Quality of Life," in *New Knowledge in Information Systems and Technologies*, ed. Álvaro Rocha, Hojjat Adeli, Lios Paula Reis, and Sandra Costanzo, Advances in Intelligent Systems and Computing 931 (Cham, Switzerland: Springer, 2019), 2:186–197.

67. Monica Truninger, "Cooking with Bimby in a Moment of Recruitment: Exploring Conventions and Practice Perspectives," *Journal of Consumer Culture* 11, no. 1 (March 2011): 37–59.

68. June (website), accessed January 19, 2020, https://juneoven.com/; "Introducing Amazon Smart Oven, a Certified for Humans Device," Amazon, accessed January 19, 2020, https://www.amazon.com/Amazon-Smart-Oven/dp/B07PB21SRV.

69. Leopoldina Fortunati, "Robotization and the Domestic Sphere," *Media and Society* 20, no. 8 (August 2018): 2673–2690.

70. 在此項調查中，對於家務機器人的整體支持度相當低，只有 14.9 % 的民眾認為「應該優先使用機器人執行家務工作」。Sakari Taipale and Leopoldina Fortunati, "Communicating with Machines: Robots as the Next New Media," in *Human-Machine Communications: Rethinking Communication, Technology, and Ourselves*, ed. Andrea L. Guzman (New York: Peter Lang, 2018), cited in Fortunati, "Robotization and the Domestic Sphere," 2681.

71. Gemma Hartley, *Fed Up: Emotional Labor, Women, and the Way Forward* (New York: HarperOne, 2018).

72. Schiller and McMahon, "Alexa, Alert Me When the Revolution Comes."

73. Schiller and McMahon, "Alexa, Alert Me When the Revolution Comes," 185, citing a 2017 job description for a position as a data scientist in the "Alexa Engine" team.

74. Schiller and McMahon, "Alexa, Alert Me When the Revolution Comes," 185.

75. Emma, "The Gender Wars of Household Chores: A Feminist Comic," *Guardian*, May 26, 2017, https://www.theguardian.com/world/2017/may/26/gender-wars-household-chores-comic.

76. Caroline Criado Perez, *Invisible Women: Data Bias in a World Designed for Men* (New York: Abrams, 2019).

77. Minji Cho, Sang-su Lee, and Kun-Pyo Lee, "Once a Kind Friend Is Now a Thing: Understanding How Conversational Agents at Home are Forgotten," in *Proceedings of the 2019 Designing Interactive Systems Conference* (New York: ACM, 2019), 1565.

78. Nicholls and Strengers, "Robotic Vacuum Cleaners Save Energy?"

79. Ruth Schwartz Cowan, *More Work for Mother: The Ironies of Household Technology from the Open Hearth to the Microwave* (New York: Basic Books, 1985).

80. Betty Friedan, *The Feminine Mystique* (New York: W. W. Norton, 2001), 333.

81. Ja-Young Sung, Lan Guo, Rebecca E. Grinter, and Henrik I. Christensen, "'My Roomba Is Rambo': Intimate Home Appliances," in *UbiComp 2007: Ubiquitous Computing*, ed. John Krumm, Gregory D. Abowd, Aruna Seneviratne, and Thomas Strang, Lecture Notes in Computer Science 4717 (Berlin: Springer, 2007), 145–162.

82. Jenny Kennedy, Bjorn Nansen, Michael Arnold, Rowan Wilken, and Martin Gibbs, "Digital Housekeepers and Domestic Expertise in the Networked Home," *Convergence: The International Journal of Research into New Media Technologies* 21, no. 4 (November 2015): 408–422; Strengers and Nicholls, "Aesthetic Pleasures."

83. Tom Hargreaves, Charlie Wilson, and Richard Hauxwell-Baldwin, "Learning to Live in a Smart Home," *Building Research and Information* 46, no. 1 (2018): 127–139.

84. Peter Tolmie, Andy Crabtree, Tom Rodden, Chris Greenhalgh, and Steve Benford, "Making the Home Network at Home: Digital Housekeeping," in *ECSCW 2007: Proceedings of the 10th European Conference on Computer-Supported Cooperative Work*, ed. Liam J. Bannon, Ina Wagner, Carl Gutwin, Richard H. R. Harper, and Kjeld Schmidt (London: Springer, 2007), 331–350.

85. Wajcman, *Feminism Confronts Technology*, 89.

86. Sherrie A. Inness, ed., *Geek Chic: Smart Women in Popular Culture* (New York: Palgrave Macmillan, 2008).

87. Emily Chang, *Brotopia: Breaking Up the Boys' Club of Silicon Valley* (New York: Portfolio, 2018), 19–20.

88. Kylie Jarrett, *Feminism, Labour and Digital Media: The Digital Housewife* (New York: Routledge, 2016); Kristin Natalier, "'I'm Not His Wife': Doing Gender and Doing Housework in the Absence of Women," *Journal of Sociology* 39, no. 3 (September 2003): 253–269.

89. Jennifer A. Rode, "The Roles That Make the Domestic Work," in *Proceedings of the 2010 ACM Conference on Computer Supported Cooperative Work* (New York: ACM, 2010), 381–390.

90. Jennifer A. Rode and Erika Shehan Poole, "Putting the Gender Back in Digital Housekeeping," in *Proceedings of the 4th Conference on Gender and IT* (New York: ACM, 2018), 82.

91. Kennedy et al., "Digital Housekeepers."

92. Sally Wyatt, "Non-Users Also Matter: The Construction of Users and Non-Users of the Internet," in *How Users Matter: The Co-Construction of Users and Technology*, ed. Nelly Oudshoorn and Trevor Pinch (Cambridge, MA: MIT Press, 2003), 67–79.

93. 這個角色也曾經出現於 Erika Shehan Poole, Marshini Chetty, Rebecca E. Grinter, and W. Keith Edwards, "More Than Meets the Eye: Transforming the User Experience of Home Network Management," in *Proceedings of the 7th ACM Conference on Designing Interactive Systems* (New York: ACM, 2008), 455–464.

94. Gaelle Ferrant and Annelise Thim, "Measuring Women's Economic Empowerment: Time Use Data and Gender Inequality," OECD Development Policy Papers No. 16 (Paris: Organization for Economic Cooperation and Development, February 2019), http://www.oecd.org/dev/development-gender/MEASURING-WOMENS-ECONOMIC-EMPOWERMENT-Gender-Policy-Paper-No-16.pdf.

第三章

1. Leopoldina Fortunati, "Robotization and the Domestic Sphere," *New Media and Society* 20, no. 8 (August 2018): 2673–2690; Elizabeth Broadbent, "Interactions with Robots: The Truths We Reveal about Ourselves," *Annual Review of Psychology* 68 (2017): 627–652.

2. Matt Simon, "Watch Boston Dynamics' Humanoid Robot Do Parkour," *Wired*, October 11, 2018, https://www.wired.com/story/watch-boston-dynamics-humanoid-robot-do-parkour/; Marc DeAngelis, "Boston Dynamics' Atlas Robot Is Now a Gymnast," *Engadget*, September 24, 2019, https://www.engadget.com/2019/09/24/boston-dynamics-atlas-gymnast/.

3. Mark Prigg, "Google's Terrifying Two Legged Giant Robot Taught How to CLEAN: Researchers Reveal Ian the Atlas Robot Can Now Vacuum, Sweep and Even Put the Trash Away," *Daily Mail*, January 15, 2016, https://www.dailymail.co.uk/sciencetech/article-3401743/Google-s-terrifying-two-legged-giant-robot-taught-CLEAN-Researchers-reveal-Atlas-vacuum-sweep-trash-away.html.

4. Justin McCurry, "No Sex, Please, They're Robots, Says Japanese Android Firm," *Guardian*, September 28, 2015, https://www.theguardian.com/world/2015/sep/28/no-sex-with-robots-says-japanese-android-firm-softbank.

5. Jennifer Robertson, "Gendering Humanoid Robots: Robo-Sexism in Japan," *Body and Society* 16, no. 2 (June 2010): 1–36; Broadbent, "Interactions with Robots."

6. 許多社交型機器人開發計畫是由軍方所補助的，主要期待能夠讓機器人為高度陽剛的軍事國防領域服務（Robertson, "Gendering Humanoid Robots"）。儘管開發智慧戰士的構想，也是智慧妻子的精彩支線劇情，但並不是本書要在此深究的主題。

7. John Markoff, "What Comes after the Roomba?," *New York Times*, October 21, 2018, https://www.nytimes.com/2018/10/21/business/what-comes-after-the-roomba.html.

8. Steffen Sorrell, *Consumer Robotics ~ From Housekeeper to Friend* (Basingstoke: Juniper Research, 2017), http://www.juniperresearch.com.

9. Katelyn Swift-Spong, Elaine Short, Eric Wade, and Maja J. Matarić, "Effects of Comparative Feedback from a Socially Assistive Robot on Self-Efficacy in Post-Stroke Rehabilitation," in *Proceedings of the 2015 IEEE International Conference on Rehabilitation Robotics (ICORR)* (Piscataway, NJ: Institute of Electrical and Electronics Engineers, 2015), 764–769.

10. GBD 2017 Population and Fertility Collaborators, "Population and Fertility by Age and Sex for 195 Countries and Territories, 1950–2017: A Systematic Analysis for the Global Burden of Disease Study 2017," *Lancet* 392, no. 10159 (November 10, 2018): 1995–2051.

11. Broadbent, "Interactions with Robots."

12. Japan, "Why Japan's Aging Population Is an Investment Opportunity," paid content, *Forbes*, November 12, 2018, https://www.forbes.com/sites/japan/2018/11/12/why-japans-aging-population-is-an-investment-opportunity/#7b83c2af288d.

13. Cision PR Newswire, "Global Social Robot Market 2018–2023: Product Innovations and New Launches Will Intensify Competitiveness," news release, June 5, 2018, https://www.prnewswire.com/news-releases/global-social-robot-market-2018-2023-product-innovations-and-new-launches-will-intensify-competitiveness-300660127.html; Robertson, "Gendering Humanoid Robots."

14. Carol S. Aneshensel, Leonard I. Pearlin, Lené Levy-Storms, and Roberleigh H. Schuler, "The Transition from Home to Nursing Home Mortality among People with Dementia," *Journal of Gerontology: Series B* 55, no. 3 (May 1, 2000): S152–S162.

15. Jennifer Yang Hui and Dymples Leong, "The Era of Ubiquitous Listening: Living in a World of Speech-Activated Devices," *Asian Journal of Public Affairs* 10, no. 1 (2017): 1–19.

16. Esteban Ortiz-Ospina and Diana Beltekian, "Why Do Women Live Longer Than Men?," *Our World in Data*, August 14, 2018, https://ourworldindata.org/why-do-women-live-longer-than-men.

17. Alzheimer's Research UK, *Women and Dementia: A Marginalised Majority* (Cambridge: Alzheimer's Research UK, 2015), https://www.alzheimersresearchuk. org/wp-content/uploads/2015/03/Women-and-Dementia-A-Marginalised-Majority1. pdf.

18. Caroline Criado Perez, *Invisible Women: Data Bias in a World Designed for Men* (New York: Abrams, 2019); UN Women, *Unpaid Care and Domestic Work: Issues and Suggestions for Viet Nam* (Hanoi: UN Women, 2016), http://www.un.org.vn/en/ publications/doc_details/534-unpaid-care-and-domestic-work-issues-and-suggestions-for-viet-nam.html.

19. Alzheimer's Research UK, *Women and Dementia*.

20. Broadbent, "Interactions with Robots," 646.

21. Broadbent, "Interactions with Robots."

22. Cynthia Breazeal, *Designing Sociable Robots* (Cambridge, MA: MIT Press, 2002), 1.

23. Broadbent, "Interactions with Robots."

24. Kathleen Richardson, *An Anthropology of Robots and AI: Annihilation Anxiety and Machines* (New York: Routledge, 2015).

25. Roger Andre Søraa, "Mechanical Genders: How Do Humans Gender Robots?," *Gender, Technology and Development* 21, no. 1–2 (2017): 103.

26. Søraa, "Mechanical Genders," 103.

27. CNN Business, "First Date with Humanoid Robot Pepper," YouTube video, posted January 5, 2017, https://www.youtube.com/watch?v=aZ5VkgvQFBU.

28. 見 "Pepper," SoftBank Robotics, accessed December 3, 2019, https://www. softbankrobotics.com/emea/en/pepper.

29. Cordelia Fine, *Delusions of Gender: How Our Minds, Society, and Neurosexism Create Difference* (New York: W. W. Norton, 2011).

30. Clementine Ford, *Boys Will Be Boys: Power, Patriarchy and the Toxic Bonds of Mateship* (Sydney: Allen and Unwin, 2018).

31. Søraa, "Mechanical Genders," 103.

32. 見 "Pepper," SoftBank Robotics.

33. Perez, *Invisible Women*.

34. Broadbent, "Interactions with Robots."

35. Kate Darling, "Extending Legal Protection to Social Robots: The Effects of Anthropomorphism, Empathy, and Violent Behavior towards Robotic Objects," in *Robot Law*, ed. Ryan Calo, A. Michael Froomkin, and Ian Kerr (Cheltenham, UK: Edward Elgar, 2016), 213–231.

36. Søraa, "Mechanical Genders."

37. Lee Ann Obringer and Jonathan Strickland, "How ASIMO Works," HowStuffWorks, April 11, 2007, https://science.howstuffworks.com/asimo.htm.

38. Sam Byford, "President Obama Plays Soccer with a Japanese Robot," *Verge*, April 24, 2014, https://www.theverge.com/2014/4/24/5646550/president-obama-plays-soccer-with-a-japanese-robot.

39. Andrew Tarantola, "Honda Reveals More Details about Its Companion Mobility Robots," *Engadget*, January 9, 2018, https://www.engadget.com/2018/01/09/honda-3e-concept-robots/.

40. Gretel Kauffman, "Animator Reveals the Surprising Reason Why There Aren't Any Female Minions," *Business Insider*, July 18, 2015, https://www.businessinsider.com/animator-reveals-the-surprising-reason-why-there-arent-any-female-minions-2015-7?IR=T.

41. 轉引自 Natashah Hitti, "Ballie the Rolling Robot Is Samsung's Near-Future Vision of Personal Care," *de zeen*, January 8, 2020, https://www.dezeen.com/2020/01/08/samsung-ballie-robot-ces-2020/.

42. Jibo 進軍智慧居家市場的旅程在 2019 年就畫下句點。2017 年，《時代雜誌》（Time magazine）曾將 Jibo 列入二十一世紀最佳革新設計的名單（當時這台男孩機器人上市時，標價為美金 $899 元）；但面臨市場上更廉價、更有組織的其他競爭產品，Jibo 的開發廠商後來已正式宣告關閉服務。可見 Oliver Mitchell, "Jibo Social Robot: Where Things Went Wrong," *Robot*

Report, June 28, 2018, https://www.therobotreport.com/jibo-social-robot-analyzing-what-went-wrong/; AJ Dellinger, "Social Robot Jibo Does One Last Dance Before Its Servers Shut Down," *Engadget*, March 4, 2019, https://www.engadget.com/2019/03/04/social-robot-jibo-shutting-down-message/.

43. 見 Jibo (website), accessed December 3, 2019, https://www.jibo.com/.

44. Jibo 網站。

45. Jibo (website), accessed March 20, 2019, https://www.jibo.com/techno-logy/?wvideo=td5cajdtra（網站影片已移除）。

46. CNN Business, "First Date with Humanoid Robot."

47. Laura Bates, *Everyday Sexism: The Project That Inspired a Worldwide Movement* (New York: St. Martin's, 2016); Everyday Sexism Project (website), accessed December 3, 2019, https://everydaysexism.com.

48. Suzanne J. Kessler and Wendy McKenna, *Gender: An Ethnomethodological Approach* (Chicago: University of Chicago Press, 1985), cited in Robertson, "Gendering Humanoid Robots."

49. Robertson, "Gendering Humanoid Robots."

50. World Economic Forum, *The Global Gender Gap Report 2018* (Geneva: World Economic Forum, 2018), https://www.weforum.org/reports/the-global-gender-gap-report-2018.

51. Robertson, "Gendering Humanoid Robots," 4.

52. Robertson, "Gendering Humanoid Robots," 21.

53. Robertson, "Gendering Humanoid Robots," 23–24.

54. Robertson, "Gendering Humanoid Robots," 23–24.

55. Neon (website), accessed January 17, 2020, https://www.neon.life/.

56. Dale Smith and Shara Tibken, "Samsung's Neon 'Artificial Humans' Are Confusing Everyone. We Set the Record Straight," *CNET*, January 19, 2020, https://www.cnet.com/how-to/samsung-neon-artificial-humans-are-confusing-everyone-we-set-record-straight/.

57. Neon 網站。

58. Chris Taylor, "I Have Seen the AI Dystopia, and It Looks Like Neon's Artificial Humans," Mashable (Australia), January 8, 2020, https://mashable.com/article/neon-future-ai-dystopia-ces/.

59. Yuji Sone, *Japanese Robot Culture: Performance, Imagination, and Modernity* (Basingstoke, UK: Palgrave Macmillan, 2017).

60. 見 Robertson, "Gendering Humanoid Robots"; Sone, *Japanese Robot Culture*.

61. Robertson, "Gendering Humanoid Robots," 2.

62. Sone, *Japanese Robot Culture*, 48.

63. Hideaki Sena, *Sena Hideako robottogaku ronshu* (Tokyo: Keiso Shobo, 2008), cited in Sone, *Japanese Robot Culture*, 49.

64. Sone, *Japanese Robot Culture*.

65. Masahiro Mori, "The Uncanny Valley," trans. Karl F. MacDorman and Noori Kageki, *IEEE Robotics and Automation Magazine* 19, no. 2 (June 2012): 98–100.

66. Megan K. Strait, Cynthia Aguillon, Virginia Contreras, and Noemi Garcia, "The Public's Perception of Humanlike Robots: Online Social Commentary Reflects an Appearance-Based Uncanny Valley, a General Fear of a 'Technology Takeover,' and the Unabashed Sexualization of Female-Gendered Robots," in *26th IEEE International Symposium on Robot and Human Interactive Communication (RO-MAN)* (Piscataway, NJ: Institute of Electrical and Electronics Engineers, 2017), 1418–1423.

67. Richardson, *Anthropology of Robots*, 5.

68. Jennifer Rhee, *The Robotic Imaginary: The Human and the Price of Dehumanized Labor* (Minneapolis: University of Minnesota Press, 2018).

69. Broadbent, "Interactions with Robots."

70. "Samsung 'Artificial Man,' Prequel to 'Westworld,'" *small tech news*, January 7, 2020, https://www.smalltechnews.com/archives/57332.

71. Strait et al., "Public's Perception of Humanlike Robots"; Broadbent, "Interactions with Robots."

72. Hui and Leong, "Era of Ubiquitous Listening."

73. 見 Hui and Leong, "Era of Ubiquitous Listening"; Strait et al., "Public's Perception of Humanlike Robots."

74. Sone, *Japanese Robot Culture*.

75. Kanako Shiokawa, "Cute but Deadly: Women and Violence in Japanese Comics," in *Themes and Issues in Asian Cartooning: Cute, Cheap, Mad, and Sexy*, ed. John A. Lent (Bowling Green, OH: Bowling Green State University Popular Press, 1999), 93–125.

76. Shiokawa, "Cute but Deadly," 94, 93.

77. Shiokawa, "Cute but Deadly," 94, 119.

78. Shiokawa, "Cute but Deadly," 95, 120.

79. Shiokawa, "Cute but Deadly," 121.

80. Robertson, "Gendering Humanoid Robots."

81. 1940 年迪士尼發行了動畫《木偶奇遇記》，使皮諾丘成為家喻戶曉的故事。

82. Richardson, *Anthropology of Robots*, 60.

83. Broadbent, "Interactions with Robots."

84. Judy Wajcman, *Feminism Confronts Technology* (Cambridge, UK: Polity, 1991).

85. 轉引自 Robertson, "Gendering Humanoid Robots," 18.

86. Robertson, "Gendering Humanoid Robots," 19.

87. Robertson, "Gendering Humanoid Robots," 19.

88. Breazeal, *Designing Sociable Robots*.

89. Richardson, *Anthropology of Robots*, 69; Breazeal, *Designing Sociable Robots*.

90. Richardson, *Anthropology of Robots*, 61.

91. Sherry Turkle, *The Second Self: Computers and the Human Spirit* (New York: Simon and Schuster, 1985).

92. Richardson, *Anthropology of Robots*, 71.

93. Darling, "Extending Legal Protection to Social Robots."

94. Cynthia Breazeal, "The Rise of Personal Robots," in *21st Century Reading Student Book 1: Creative Thinking and Reading with TED Talks*, by Robin Longshaw and Laurie Blass (Boston: National Geographic Learning / Cengage Learning, 2015), 157.

95. Richardson, *Anthropology of Robots*, 15.

96. Meredith Broussard, *Artificial Unintelligence: How Computers Misunderstand the World* (Cambridge, MA: MIT Press, 2018).

97. Robertson, "Gendering Humanoid Robots."

98. Robertson, "Gendering Humanoid Robots"; Sone, *Japanese Robot Culture*.

99. Laura Dales and Emma Dalton, "As Japan Undergoes Social Change, Single Women Are in the Firing Line," *Conversation*, May 22, 2018, https://theconversation.com/as-japan-undergoes-social-change-single-women-are-in-the-firing-line-96636.

100. Robertson, "Gendering Humanoid Robots."

101. Robertson, "Gendering Humanoid Robots," 11, 28.

102. Judy Wajcman, "Automation: Is It Really Different This Time?," *British Journal of Sociology* 68, no. 1 (March 2017): 123.

103. Shalini Misra, Lulu Cheng, Jamie Genevie, and Miao Yuan, "The iPhone Effect: The Quality of In-Person Social Interactions in the Presence of Mobile Devices," *Environment and Behavior* 48, no. 2 (February 2016): 275–298.

104. Wajcman, "Automation," 123.

105. Rhee, *Robotic Imaginary*.

第四章

1. Voicebot and Voicify, *Smart Speaker Consumer Adoption Report*, March 2019, https://voicebot.ai/wp-content/uploads/2019/03/smart_speaker_consumer_adoption_report_2019.pdf.

2. Julie Bort, "Amazon Engineers Had One Good Reason and One Geeky Reason for Choosing the Name Alexa," *Business Insider*, July 13, 2016, https://www.businessinsider.com.au/why-amazon-called-it-alexa-2016-7?r=US&IR=T.

3. Fortune Editors, "The Exec behind Amazon's Alexa: Full Transcript of Fortune's Interview," *Fortune*, July 14, 2016, https://fortune.com/2016/07/14/amazon-alexa-david-limp-transcript/?platform=hootsuite.

4. Mary Mellor, *Feminism and Ecology* (Cambridge, UK: Polity, 1997), 1.

5. Mellor, *Feminism and Ecology*.

6. Ynestra King, "Healing the Wounds: Feminism, Ecology and Nature/Culture Dualism," in *Reweaving the World: The Emergence of Ecofeminism*, ed. Irene Diamond and Gloria Feman Orenstein (San Francisco: Sierra Club Books, 1990), 106.

7. "Jeffrey P. Bezos," Portfolio.com, archived on the Wayback Machine, February 4, 2009, https://web.archive.org/web/20090204204126/http://www.portfolio.com/resources/executive-profiles/Jeffrey-P-Bezos-1984.

8. Brad Stone, *The Everything Store: Jeff Bezos and the Age of Amazon* (Boston: Little, Brown and Company, 2013).

9. Stone, *Everything Store*.

10. "7 Potential Bidders, a Call to Amazon, and an Ultimatum: How the Whole Foods Deal Went Down," *Business Insider*, December 30, 2017, https://www.businessinsider.com.au/breaking-it-down-amazon-tough-negotiations-how-the-whole-foods-deal-went-down-2017-12?r=US&IR=T.

11. Stone, *Everything Store*.

12. Virginia Heffernan, "An Infinite Space Utopia Can't Replicate Earth's Humanity," *Wired*, December 17, 2018, https://www.wired.com/story/infinite-space-utopia-cant-replicate-earths-humanity/.

13. Stone, *Everything Store*; Ann Byers, *Jeff Bezos: The Founder of Amazon.com*, Internet Career Biographies (New York: Rosen, 2007).

14. Erin Duffin, "Top Companies in the World by Market Value 2019," *Statista*, August 12, 2019, https://www.statista.com/statistics/263264/top-companies-in-the-world-by-market-value/; Nick Routley, "Walmart Nation: Mapping America's Biggest Employers," *Visual Capitalist*, January 24, 2019, https://www.visualcapitalist.com/walmart-nation-largest-employers/.

15. "Annual Net Income of Amazon.com from 2004 to 2018 (in Million U.S. Dollars)," *Statista*, August 9, 2019, https://www.statista.com/statistics/266288/annual-et-income-of-amazoncom/; "Number of Amazon.com Employees from 2007 to 2018," *Statista*, February 5, 2019, https://www.statista.com/statistics/234488/number-of-amazon-employees/.

16. "Global Retail E-commerce Market Share of Amazon from 2016 to 2019," *Statista*, January 22, 2019, https://www.statista.com/statistics/955796/global-amazon-e-commerce-market-share/; Ingrid Lunden, "Amazon's Share of the US E-commerce Market Is Now 49%, or 5% of All Retail Spend," *TechCrunch*, July 13, 2018, https://techcrunch.com/2018/07/13/amazons-share-of-the-us-e-commerce-market-is-now-49-or-5-of-all-retail-spend/.

17. Lawrence Gregory, "Amazon.com Inc.'s Mission Statement & Vision (An Analysis)," *Panmore Institute*, February 13, 2019, http://panmore.com/amazon-com-inc-vision-statement-mission-statement-analysis.

18. 2017 年，倫敦的寇爾妮・普托雷爾斯（Corinne Pretorius）驚訝地發現她的非洲灰鸚鵡「巴弟」（Buddy）可以模仿她的聲音，並成功啓動 Alexa，下訂了大約 13 元美金的禮盒。見 Ron Thubron, "Parrot Activates Alexa When Mimicking Owner, Places Online Shopping Order," *TechSpot*, September 21, 2017, https://www.techspot.com/news/71075-parrot-activates-alexa-when-mimicking-owner-places-online.html.

19. Alison Griswold, "Amazon Says There Are Now 5,000 People Working Just on Alexa," *Quartz*, September 28, 2017, https://qz.com/1088933/amazon-amzn-says-there-are-now-5000-people-working-on-alexa/.

20. Conor Allison, "How to Use Amazon Alexa in Non-Supported Countries," *Ambient*, February 2, 2019, https://www.the-ambient.com/how-to/use-alexa-non-supported-countries-855.

21. Grace Donnelly, "Amazon Alexa Will Come Built-in to All New Homes from Lennar," *Fortune*, May 9, 2018, http://fortune.com/2018/05/09/amazon-alexa-lennar/.

22. "Alexa Skills Kit," Amazon Alexa, accessed March 29, 2019, https://developer.amazon.com/alexa-skills-kit.

23. Bret Kinsella, "Amazon Alexa Skill Count Surpasses 30,000 in the U.S.," *Voicebot*, March 22, 2018, https://voicebot.ai/2018/03/22/amazon-alexa-skill-count-surpasses-30000-u-s/.

24. David Pierce, "Inside the Lab Where Amazon's Alexa Takes Over the World," *Wired*, January 8, 2018, https://www.wired.com/story/amazon-alexa-development-kit/.

25. Bret Kinsella, "Amazon Says 60,000 Devices Are Now Alexa Compatible, Google Assistant Is at 30,000," *Voicebot,* May 7, 2019, https://voicebot.ai/2019/05/07/amazon-says-60000-devices-are-now-alexa-compatible/; Dieter Bohn, "Amazon Says 100 Million Alexa Devices Have Been Sold—What's Next?," *Verge,* January 4, 2019, https://www.theverge.com/2019/1/4/18168565/amazon-alexa-devices-how-many-sold-number-100-million-dave-limp.

26. Daniel Wroclawski, Samantha Gordon, Sarah Kovac, and Cinnamon Janzer, "Everything That Works with Amazon Echo and Alexa," *Reviewed,* September 24, 2019, https://reviewed.com/smarthome/features/everything-that-works-with-amazon-echo-alexa; "Alexa Skills: Food & Drink: Delivery & Takeout," Amazon, accessed December 3, 2019, https://www.amazon.com/b?ie=UTF8&node=14284824011.

27. Jennifer Langston, "Microsoft, Amazon Release Preview of Alexa and Cortana Collaboration," *The AI Blog,* Microsoft, August 15, 2018, https://blogs.microsoft.com/ai/alexa-cortana-public-preview/.

28. Alexa 的發展與成功一般會被歸功於設計者羅西德‧普雷薩德（Rohit Prasad，主責技術開發）與人類學家湯尼‧瑞德（Toni Reid，主責客戶經驗）。

29. Nick Wingfield and Nellie Bowles, "Jeff Bezos, Mr. Amazon, Steps Out," *New York Times,* January 12, 2018, https://www.nytimes.com/2018/01/12/technology/jeff-bezos-amazon.html.

30. Stone, *Everything Store*; John Rossman, *The Amazon Way: 14 Leadership Principles behind the World's Most Disruptive Company* (North Charleston, SC: CreateSpace, 2014).

31. Angel Au-Yeung, "How Jeff Bezos Became the Richest Person in America and the World," *Forbes,* October 3, 2018, https://www.forbes.com/sites/angelauyeung/2018/10/03/how-jeff-bezos-became-the-richest-person-in-the-world-2018-forbes-400/#3847d381beeb.

32. "Taking the Long View," *Economist,* March 3, 2012, https://www.economist.com/technology-quarterly/2012/03/03/taking-the-long-view.

33. Stone, *Everything Store*, 255.

34. 貝佐斯的捐款被批評很「小家子氣」，因為他捐的錢甚至不及他在五分
鐘內賺的錢。他所做的其他慈善事業也受到類似的公眾關注與審查。見
Kelsey Piper, "Why Amazon's Donation to the Australian Wildfires Provoked a
Backlash—but Facebook's Didn't," *Vox*, January 14, 2020, https://www.vox.com/
future-perfect/2020/1/14/21064244/amazon-bezos-wildfires-donation-backlash.

35. Kevin MacKay, *Radical Transformation: Oligarchy, Collapse, and the Crisis of
Civilization* (Toronto: Between the Lines, 2017).

36. Judy Wajcman, "Automation: Is It Really Different This Time?," *British Journal of
Sociology* 68, no. 1 (March 2017): 126.

37. Ariel Salleh, *Ecofeminism as Politics: Nature, Marx and the Postmodern* (London: Zed
Books, 1997), xxi.

38. Nathan Jensen and Edmund Malesky, "Why Politicians Are the Real Winners
in Amazon's HQ2 Bidding War," *Conversation*, November 15, 2018, https://
theconversation.com/why-politicians-are-the-real-winners-in-amazons-hq2-bidding-
war-106972.

39. David Streitfeld, "Was Amazon's Headquarters Contest a Bait-and-Switch? Critics
Say Yes," *New York Times*, November 6, 2018, https://www.nytimes.com/2018/11/06/
technology/amazon-hq2-long-island-city-virginia.html.

40. J. David Goodman, "Amazon Pulls Out of Planned New York City Headquarters,"
New York Times, February 14, 2019, https://www.nytimes.com/2019/02/14/nyregion/
amazon-hq2-queens.html.

41. Nathan M. Jensen and Edmund J. Malesky, *Incentives to Pander: How Politicians Use
Corporate Welfare for Political Gain* (Cambridge: Cambridge University Press, 2018).

42. Bruce Sterling, *The Epic Struggle of the Internet of Things* (Moscow: Strelka, 2014),
11–12.

43. 媒體報導顯示，Facebook 正在開發新的語音助理。見 Sam Shead, "Facebook
Admits It's Working on AI Voice Assistant," *Forbes*, April 19, 2019, https://www.
forbes.com/sites/samshead/2019/04/19/facebook-admits-its-working-on-ai-voice-
assistant/#495b7dbb254c. 五巨頭所開發的智慧妻子，將在本書的其他章節討
論。

44. Sterling, *Epic Struggle*, 13, 53.

45. MacKay, *Radical Transformation*.

46. 據「聯合國政府間氣候變化專門委員會」（Intergovernmental Panel on Climate Change，簡稱 IPCC）的預估，如果不控制目前的升溫速度，全球暖化將在 2030 年至 2052 年之間升溫至攝氏 1.5 度。可見 Intergovernmental Panel on Climate Change, *Global Warming of 1.5°C: An IPCC Special Report on the Impacts of Global Warming of 1.5°C above Pre-Industrial Levels and Related Global Greenhouse Gas Emission Pathways, in the Context of Strengthening the Global Response to the Threat of Climate Change, Sustainable Development, and Efforts to Eradicate Poverty* (Geneva: Intergovernmental Panel on Climate Change, 2018), https://www.ipcc.ch/sr15/; Gerardo Ceballos, Paul R. Ehrlich, and Rodolfo Dirzo, "Biological Annihilation via the Ongoing Sixth Mass Extinction Signaled by Vertebrate Population Losses and Declines," *PNAS* 114, no. 30 (July 25, 2017): E6089–E6096.

47. William E. Rees and Mathis Wackernagel, *Our Ecological Footprint: Reducing Human Impact on the Earth* (Gabriola Island, BC: New Society, 1998).

48. "Earth Overshoot Day: We Used a Year's Worth of Resources in Seven Months," ABC News (Australia), August 3, 2017, https://www.abc.net.au/news/2017-08-03/earth-overshoot-day:-today-the-earth-goes-into-the-red/8770040.

49. "About Us," Global Footprint Network, accessed December 3, 2019, https://www.footprintnetwork.org/about-us/.

50. 在過去 20 年間，地球超載日已經提前了 2 個月。平均來説，地球超載日一年都會提前 3 天。詳可見 "Past Earth Overshoot Days," Earth Overshoot Day, accessed December 3, 2019, https://www.overshootday.org/newsroom/ past-earth-overshoot-days/.

51. Mellor, *Feminism and Ecology*, 2.

52. Salleh, *Ecofeminism as Politics*, 8.

53. Vandana Shiva, *Earth Democracy: Justice, Sustainability, and Peace* (London: Zed Books, 2016), 17.

54. Yolande Strengers, *Smart Energy Technologies in Everyday Life: Smart Utopia?* (Basingstoke, UK: Palgrave Macmillan, 2013), 36.

55. Global e-Sustainability Initiative and Accenture Strategy, *#SMARTer2030: ICT Solutions for 21st Century Challenges* (Brussels: Global e-Sustainability Initiative, 2015), http://smarter2030.gesi.org/downloads/Full_report.pdf.

56. Yolande Strengers, "Bridging the Divide between Resource Management and Everyday Life: Smart Metering, Comfort and Cleanliness" (PhD diss., RMIT University, 2010).

57. Yolande Strengers, Larissa Nicholls, and Cecily Maller, "Curious Energy Consumers: Humans and Nonhumans in Assemblages of Household Practice," *Journal of Consumer Culture* 16, no. 3 (November 2016): 761–780; Larissa Nicholls and Yolande Strengers, "Peak Demand and the 'Family Peak' Period in Australia: Understanding Practice (In) flexibility in Households with Children," *Energy Research and Social Science* 9 (September 2015): 116–124.

58. 這些觀察也和其他研究者的觀察一致，如 Tom Hargreaves and Charlie Wilson, *Smart Homes and Their Users* (Cham, Switzerland: Springer, 2017).

59. 參考電影《王牌大賤諜》中反派「邪惡博士」（Dr. Evil）所創造的複製人角色「迷你我」（Mini-Me），柔伊・索佛利斯將這種想像稱為「迷你自我」（Mini-Meism），並將這個譬喻應用到水利領域中。Zoë Sofoulis, "Skirting Complexity: The Retarding Quest for the Average Water User," *Continuum* 25, no. 6 (2011): 795–810.

60. Fatma Denton, "Climate Change Vulnerability, Impacts, and Adaptation: Why Does Gender Matter?," *Gender and Development* 10, no. 2 (July 2002): 10–20; Sherilyn MacGregor, "A Stranger Silence Still: The Need for Feminist Social Research on Climate Change," in "Nature, Society, and Environmental Crisis," supplement, *Sociological Review* 57, no. S2 (October 2009): 124–140.

61. Carol Farbotko, *Domestic Environmental Labour: An Ecofeminist Perspective on Making Homes Greener* (London: Routledge, 2017).

62. MacGregor, "Stranger Silence Still"; Farbotko, *Domestic Environmental Labour.*

63. Vanessa Organo, Lesley Head, and Gordon R. Waitt, "Who Does the Work in Sustainable Households?: A Time and Gender Analysis in New South Wales, Australia," *Gender, Place and Culture* 20, no. 5 (2013): 559–577.

64. Brian Horrigan, "The Home of Tomorrow, 1927–1945," in *Imagining Tomorrow: History, Technology, and the American Future*, ed. Joseph C. Corn (Cambridge, MA: MIT Press, 1988), 154.

65. Lisa Montgomery, "Surveillance Cameras Bring Outdoor Wildlife Snapshots Inside," *CE Pro*, December 15, 2015, https://www.cepro.com/article/surveillance_cameras_bring_outdoor_wildlife_snapshots_inside.

66. Montgomery, "Surveillance Cameras Bring Outdoor Wildlife Snapshots Inside."

67. 生態女性主義者瓦爾‧普盧姆伍德（Val Plumwood）定義「人類／自然二元論」（human/nature dualism）是個「認為人類本質上是截然不同的系統，因而會將人類生活置放在優於與外於大自然的地方，認為大自然屬於較低等、可操控的。」Val Plumwood, *Environmental Culture: The Ecological Crisis of Reason* (London: Routledge, 2002), 4.

68. Lutron, *Experience the Essence of Pleasance*, November 2016, http://www.lutron.com/TechnicalDocumentLibrary/3672324a_Pleasance-Lutron%20Product%20Bro%20FINAL_sg.pdf.

69. Yolande Strengers and Larissa Nicholls, "Convenience and Energy Consumption in the Smart Home of the Future: Industry Visions from Australia and Beyond," *Energy Research and Social Science* 32 (October 2017): 86–93; Yolande Strengers, Mike Hazas, Larissa Nicholls, Jesper Kjeldskov, and Mikael B. Skov, "Pursuing Pleasance: Interrogating Energy-Intensive Visions for the Smart Home," *International Journal of Human-Computer Studies* 136 (April 2020): 1–14.

70. Davin Heckman, *A Small World: Smart Houses and the Dream of the Perfect Day* (Durham, NC: Duke University Press, 2008), 15.

71. Angel Chang, "This 1955 'Good House Wife's Guide' Explains How Wives Should Treat Their Husbands," *LittleThings*, October 7, 2019, https://www.littlethings.com/1950s-good-housewife-guide（文中強調部分為作者所加）。

72. Allison Woodruff, Sally Augustin, and Brooke Foucault, "Sabbath Day Home Automation: 'It's Like Mixing Technology and Religion,'" in *Proceedings of the SIGCHI Conference on Human Factors in Computing Systems* (New York: ACM, 2007), 532.

73. Sarah Pink, *Home Truths: Gender, Domestic Objects and Everyday Life* (Oxford: Berg, 2004), 41.

74. Jennifer A. Rode, "A Theoretical Agenda for Feminist HCI," *Interacting with Computers* 23, no. 5 (September 2011): 393–400.

75. Strengers and Nicholls, "Convenience and Energy Consumption"; Rikke Hagensby Jensen, Yolande Strengers, Jesper Kjeldskov, Larissa Nicholls, and Mikael B. Skov, "Designing the Desirable Smart Home: A Study of Household Experiences and Energy Consumption Impacts," in *Proceedings of the 2018 CHI Conference on Human Factors in Computing Systems* (New York: ACM, 2018).

76. Elizabeth Shove, *Comfort, Cleanliness and Convenience: The Social Organization of Normality* (Oxford: Berg, 2003).

77. Lisa Montgomery, "How to Integrate Subsystems with a Home Automation System," *Electronic House*, November 16, 2015, https://www.electronichouse.com/how-to/subsystems-that-make-sense-for-your-smart-home/.

78. Inge Røpke, Toke Haunstrup Christensen, and Jesper Ole Jensen, "Information and Communication Technologies: A New Round of Household Electrification," *Energy Policy* 38, no. 4 (April 2010): 1764–1773.

79. Stephen Corby, "The Next Level of Alexa: Meet the New Voice Assistant Who Will Change How People Live at Home," *Domain*, July 25, 2018, https://www.domain.com.au/living/the-next-level-of-alexa-meet-the-new-voice-assistant-who-will-change-how-people-live-at-home-20180725-h12j0o-754135/.

80. Paul Dourish and Genevieve Bell, *Divining a Digital Future: Mess and Mythology in Ubiquitous Computing* (Cambridge, MA: MIT Press, 2014), 20.

81. Krissy Rushing, "Technology under Wraps," *Electronic House*, December 1, 2014, https://www.electronichouse.com/smart-home/technology-wraps/.

82. Arielle Pardes, "Hey Alexa, Why Is Voice Shopping So Lousy?," *Wired*, June 17, 2019, https://www.wired.com/story/why-is-voice-shopping-bad/.

83. 「廢物聯網」（Internet of Shit）是 2015 年由一名匿名網友所創設的推特帳號與網站（在 2020 年上半年，已有超過 40 萬名追蹤者）；此帳號致力於嘲諷毫無用處或者實際效果不如預期的各種物聯網設備。詳見 Internet of Shit, "The Internet of Things Has a Dirty Little Secret: It's Not Really Yours," *Circuit Breaker* (blog), *Verge*, July 12, 2016, https://www.theverge.com/circuitbreaker/2016/7/12/12159766/internet-of-things-iot-internet-of-shit-twitter.

84. Kate Crawford and Vladan Joler, *Anatomy of an AI System: The Amazon Echo as an Anatomical Map of Human Labor, Data and Planetary Resources* (New York: AI Now Institute and Share Lab, September 7, 2018), https://anatomyof.ai.

85. Crawford and Joler, *Anatomy of an AI System*, section 7.

86. Wajcman, "Automation."

87. Vandana Shiva, *Earth Democracy: Justice, Sustainability and Peace* (London: Zed Books, 2016), 16.

88. Hilary Bergen, "'I'd Blush If I Could': Digital Assistants, Disembodied Cyborgs and the Problem of Gender," *Word and Text* 6 (December 2016), 105.

89. Lydia DePillis, "Big Companies Used to Pay the Best Wages. Not Anymore," CNN Money, January 18, 2018, https://money.cnn.com/2018/01/18/news/economy/big-companies-wages/ index.html.

90. "Amazon's Jeff Bezos Wins ITUC's World's Worst Boss Poll," International Trade Union Confederation, May 22, 2014, https://www.ituc-csi.org/amazon-s-jeff-bezos-wins-ituc-s.

91. 這個決定並非皆大歡喜。見 Louise Matsakis, "Some Amazon Workers Fear They'll Earn Less Even with a $15 Minimum Wage," *Wired*, October 6, 2018, https://www.wired.com/story/amazon-minimum-wage-some-fear-they-will-earn-less/.

92. KnowTheChain, *2018 Information and Communications Technology Benchmark Findings Report*, 2018, https://knowthechain.org/wp-content/plugins/ktc-benchmark/app/public/images/benchmark_reports/KTC-ICT-May2018-Final.pdf; Chartered Quality Institute, *Technology on Trial: Do the World's Leading Technology Companies Have a Governance Problem?*, CQI Insight Report, 2018, https://www.quality.org/file/11953/download.

93. Greenpeace, *Guide to Greener Electronics* 2017 (Washington, DC: Greenpeace, 2017), https://www.greenpeace.org/usa/reports/greener-electronics-2017/.

94. Janine Morley, Kelly Widdicks, and Mike Hazas, "Digitalisation, Energy and Data Demand: The Impact of Internet Traffic on Overall and Peak Electricity Consumption," *Energy Research and Social Science* 38 (April 2018): 128–137.

95. Nuno Bento, "Calling for Change?: Innovation, Diffusion, and the Energy Impacts of Global Mobile Telephony," *Energy Research and Social Science* 21 (November 2016): 84–100.

96. Vincent Mosco, *To the Cloud: Big Data in a Turbulent World* (Abingdon, UK: Routledge, 2014).

97. Mark Graham and Håvard Haarstad, "Transparency and Development: Ethical Consumption through Web 2.0 and the Internet of Things," *Information Technologies and International Development* 7, no. 1 (Spring 2011): 1.

98. Sut Jhally, cited in Graham and Haarstad, "Transparency and Development," 1.

99. Greenpeace, *Greener Electronics*.

100. Ward Van Heddeghem, Sofie Lambert, Bart Lannoo, Didier Colle, Mario Pickavet, and Piet Demeester, "Trends in Worldwide ICT Electricity Consumption from 2007 to 2012," *Computer Communications* 50 (September 1, 2014): 64–76.

101. Greenpeace, *Greener Electronics; Cisco, Cisco Visual Networking Index: Forecast and Trends, 2017–2022*, Cisco White Paper, 2019, https://www.cisco.com/c/en/us/solutions/collateral/service-provider/visual-networking-index-vni/whitepaper-c11-741490.pdf.

102. Van Heddeghem et al., "ICT Electricity Consumption."

103. Greenpeace, *Clicking Clean: Who Is Winning the Race to Build a Green Internet?* (Washington, DC: Greenpeace, 2017), http://www.clickclean.org/usa/en/.

104. Greenpeace, *Clicking Clean*; Morley, Widdicks, and Hazas, "Digitalisation, Energy and Data Demand."

105. Graham and Haarstad, *Transparency and Development*.

106. Van Heddeghem et al., "ICT Electricity Consumption"; Fred Pearce, "Energy Hogs: Can World's Huge Data Centers Be Made More Efficient?," *Yale Environment 360*, April 3, 2018, https://e360.yale.edu/features/energy-hogs-can-huge-data-centers-be-made-more-efficient.

107. Anders S. G. Andrae and Tomas Edler, "On Global Electricity Usage of Communication Technology: Trends to 2030," *Challenges* 6, no. 1 (June 2015): 117–157.

108. Intergovernmental Panel on Climate Change, "Summary for Policymakers," in *Global Warming of 1.5℃*.

109. Greenpeace, *Clicking Clean*.

110. Google、蘋果皆獲得 A 級評價。*Clicking Clean*, 124.

111. Greenpeace, *Clicking Clean*, 124.

112. International Energy Agency, *Digitalisation and Energy*, Technology Report, November 2017, https://www.iea.org/reports/digitalisation-and-energy.

113. Morley, Widdicks, and Hazas, "Digitalisation, Energy and Data Demand," 137, 136.

114. Crawford and Joler, *Anatomy of an AI System*.

115. Jennifer Yang Hui and Dymples Leong, "The Era of Ubiquitous Listening: Living in a World of Speech-Activated Devices," *Asian Journal of Public Affairs* 10, no. 1 (2017): 7.

116. Janet Vertesi, "Pygmalion's Legacy: Cyborg Women in Science Fiction," in *SciFi in the Mind's Eye: Reading Science through Science Fiction*, ed. Margret Grebowicz (Chicago: Open Court, 2007), 73–85.

117. Shiva, *Earth Democracy*, 1.

118. 席娃所提出的十個地球民主原則包括（*Earth Democracy*, 9–11）：
　　1. 所有物種、人類與文化都享有固生價值
　　2. 地球是由全體生命所組成的民主社群
　　3. 必須捍衛自然多樣性與文化多樣性
　　4. 所有的存在都擁有存續的自然權利
　　5. 地球民主是基於活著的經濟體與經濟的民主社會
　　6. 活著的經濟體建立於地方經濟之上
　　7. 地球民主是個活著的民主社會
　　8. 地球民主基於活著的文化
　　9. 活著的文化得以養育生命
　　10. 地球民主全球化和平、關愛與同理

119. Shiva, *Earth Democracy*, 6, 65.

120. Stakeholder Forum for a Sustainable Future, "Review of Implementation of Agenda 21 and the Rio Principles," United Nations Department of Economic and Social Affairs, January 2012, https://sustainabledevelopment.un.org/content/documents/641Synthesis_report_Web.pdf.

121. Jared Diamond, *Collapse: How Societies Choose to Fail or Succeed* (New York: Penguin Books, 2011).

122. Cormac Cullinan, *Wild Law: A Manifesto for Earth Justice* (Devon, UK: Green Books, 2003).

123. Catie Keck, "Right to Repair Is Less Complicated and More Important Than You Might Think," *Gizmodo*, May 10, 2019, https://gizmodo.com/right-to-repair-is-less-complicated-and-more-important-1834672055?IR=T; Roger Harrabin, "EU Brings in 'Right to Repair' Rules for Appliances," BBC News, October 1, 2019, https://www.bbc.com/news/business-49884827.

124. Sabine LeBel, "Fast Machines, Slow Violence: ICTs, Planned Obsolescence, and E-waste," *Globalizations* 13, no. 3 (2016): 300–309.

125. 瑪莉亞‧密斯（Maria Mies）與席娃曾在她們的書《生態女性主義》（Ecofeminism）中對於這種偽善做出總結：「想要在男性的社會中『追上』他們，就像許多女性依然將此視為女性主義運動的主要目標，尤其是那些倡議平權政策的人，隱含了一種想要追求既有典範之下的更優渥、更平等報酬的想法，但這些報酬正是男性從大自然中所奪走的。這點很大程度發生在西方社會之中：現代化學、家庭科技與藥學都一度被宣稱為女性的救星，彷彿它們能夠從辛勞的家務中將女性『解放』出來。時至今日我們已經知道，多數的環境污染與破壞主要都和當代家庭科技有關。所以，解放的概念，真的可能跟保護我們維生所需的地球相容嗎？」。 Maria Mies and Vandana Shiva, "Introduction: Why We Wrote This Book Together," in *Ecofeminism*, ed. Maria Mies and Vandana Shiva, new ed. (London: Zed Books, 2014), 7.

第五章

1. Andrea Morris, "Prediction: Sex Robots Are the Most Disruptive Technology We Didn't See Coming," *Forbes*, September 25, 2018, https://www.forbes.com/sites/andreamorris/2018/09/25/prediction-sex-robots-are-the-most-disruptive-technology-we-didnt-see-coming/#120856b56a56; RealDollX (website), accessed December 3, 2019, https://www.realdollx.ai/.

2. "Team," Realbotix, accessed December 3, 2019, https://realbotix.com/#team.

3. Kate Devlin, *Turned On: Science, Sex and Robots* (London: Bloomsbury Sigma, 2018), 140.

4. Angel Chang, "This 1955 'Good House Wife's Guide' Explains How Wives Should Treat Their Husbands," *LittleThings*, October 7, 2019, https://www.littlethings.com/1950s-good-housewife-guide.

5. Devlin, *Turned On*, 146.

6. "Emma the AI Robot," AI AI-Tech UK, accessed December 3, 2019, https://ai-aitech.co.uk/emma-the-ai-robot.

7. "Emma ~ The AI Sex Robot, Female Sex Robot, Humanoid Sex Robot," YouTube video, posted by Nicole Cheung, August 29, 2017, https://www.youtube.com/watch?v=vPdoBJi9Tfw; Devlin, *Turned On*, 152.

8. Norman Makoto Su, Amanda Lazar, Jeffrey Bardzell, and Shaowen Bardzell, "Of Dolls and Men: Anticipating Sexual Intimacy with Robots," *ACM Transactions on Computer-Human Interaction (TOCHI)* 26, no. 3 (June 2019): 8, 14.

9. 關於菲菲作為親密伴侶的分析，見 Fiona Andreallo and Chris Chesher, "Prosthetic Soul Mates: Sex Robots as Media for Companionship," *M/C Journal: A Journal of Media and Culture* 22, no. 5 (October 2019), http://journal.media-culture.org.au/index.php/mcjournal/article/view/1588.

10. "About Us," Silicon Wives, accessed December 3, 2019, https://www.siliconwives.com/pages/about-us.

11. Allison P. Davis, "Are We Ready for Robot Sex?: What You Learn about Human Desire When You Get Intimate with a Piece of Talking Silicone," *New York*, May 14, 2018, https://www.thecut.com/2018/05/sex-robots-realbotix.html.

12. 所謂的「彩蛋」（Easter egg）是一種電腦軟體與媒體界的術語，這種出現於電腦程式、電玩、娛樂媒體中的特殊「編碼」，一般是一些刻意藏入的內部笑話、隱藏訊息、圖片或秘密功能。之所以稱為「復活節彩蛋」引申自人們會在復活節尋找彩蛋的傳統節慶活動。由於數位語音助理的彩蛋常常是一些針對設備女性特質所開的性別或黃色笑話，長期遭到批評。可見 UNESCO and EQUALS Skills Coalition, *I'd Blush If I Could: Closing Gender Divides in Digital Skills through Education*, GEN/2019/EQUALS/1 REV 2 (Paris: UNESCO, 2019); Devlin, *Turned On*.

13. "Sex Robot Demo: Sergi Reveals Samantha's Various Modes," *Express*, October 13, 2017, https://www.express.co.uk/videos/5608964044001/Sex-robot-demo-Sergi-reveals-Samantha-s-various-modes.

14. 「後宮」（harem）一詞，主要援引自日本動漫、電玩的次文化中所憧憬的一夫多妻關係，在此關係中，往往都會有一名異性戀男性被兩名以上的戀愛或性愛伴侶所圍繞。

15. *Engadget*, "Interview with Realdoll Founder", "Interview with RealDoll Founder and CEO Matt McMullen at CES 2016," YouTube video, posted January 8, 2016, https://www.youtube.com/watch?v=j68yDhUDCQs.

16. EXDOLL (website), accessed December 3, 2019, http://www.exdoll.com.

17. Chen Na, "The Sex Doll Who'll Do Your Dishes," *Sixth Tone*, January 27, 2018, http://www.sixthtone.com/news/1001619/the-sex-doll-wholl-do-your-dishes.

18. Devlin, *Turned On*, 147.

19. 見 "Our Hotels," Lumidolls, accessed December 3, 2019, https://lumidolls.com/en/content/our-brothels.

20. "About Us," TrueCompanion, accessed June 30, 2019, http://www.truecompanion.com/shop/about-us（網站已關閉）。

21. "Home," TrueCompanion, accessed June 30, 2019, http://www.truecompanion.com/home.html（網站已關閉）。

22. 引述自 John Danaher, "Should We Be Thinking about Robot Sex?," in *Robot Sex: Social and Ethical Implications*, ed. John Danaher and Neil McArthur (Cambridge, MA: MIT Press, 2017), 6.

23. Danaher, "Should We Be Thinking," 12.

24. Danaher, "Should We Be Thinking."

25. Tracey Cox, "Would YOU Hop into Bed with a Sexbot?: Tracey Cox Reveals Why Women Should Embrace Dolls for BETTER Orgasms (and Insists They Won't Make Men Redundant)," *Daily Mail*, August 2, 2017, https://www.dailymail.co.uk/femail/article-4750768/Could-sexbots-make-men-redundant.html.

26. Kathleen Richardson, *Sex Robots: The End of Love* (Cambridge, UK: Polity, 2019); Kathleen Richardson, "The Asymmetrical 'Relationship': Parallels between Prostitution and the Development of Sex Robots," *SIGCAS Computers and Society* 45, no. 3 (September 2015): 290–293.

27. Devlin, *Turned On*.

28. "About Us," TrueCompanion.

29. Noel Sharkey, Aimee van Wynsberghe, Scott Robbins, and Eleanor Hancock, *Our Sexual Future with Robots: A Foundation for Responsible Robotics Consultation Report* (The Hague: Foundation for Responsible Robotics, 2017), https://responsiblerobotics.org/2017/07/05/frr-report-our-sexual-future-with-robots/; Devlin, Turned On.

30. Sharkey et al., *Our Sexual Future with Robots*, 22.

31. Mei Fong, "Sex Dolls Are Replacing China's Missing Women," *Foreign Policy*, September 28, 2017, https://foreignpolicy.com/2017/09/28/sex-dolls-are-replacing-chinas-missing-women-demographics/.

32. Danaher, "Should We Be Thinking," 4–5.

33. Sinziana M. Gutiu, "The Roboticization of Consent," in *Robot Law*, ed. Ryan Calo, A. Michael Froomkin, and Ian Kerr (Cheltenham, UK: Edward Elgar, 2016), 186–212.

34. Aaron Smith and Janna Anderson, "Predictions for the State of AI and Robotics in 2025," in *AI, Robotics, and the Future of Jobs*, Pew Research Center, August 6, 2014, https://www.pewinternet.org/2014/08/06/predictions-for-the-state-of-ai-and-robotics-in-2025/.

35. 銷售數字變化很大，且難以辨別真實娃娃與真實娃娃 X 之間的銷量與銷價。例如可見 Davis, "Are We Ready for Robot Sex?" Frank Tobe, "Sex Robots: Facts, Hype, and Legal and Ethical Considerations," *Robot Report*, August 20, 2017, https://www.therobotreport.com/sex-robots-facts-hype-legal-ethical-considerations/.

36. Laura Bates, "The Trouble with Sex Robots," *New York Times*, July 17, 2017, https://www.nytimes.com/2017/07/17/opinion/sex-robots-consent.html.

37. Jessica M. Szczuka and Nicole C. Krämer, "Influences on the Intention to Buy a Sex Robot: An Empirical Study on Influences of Personality Traits and Personal Characteristics on the Intention to Buy a Sex Robot," in *Love and Sex with Robots: Second International Conference, LSR 2016*, ed. Adrian David Cheok, Kate Devlin, and David Levy (Cham, Switzerland: Springer, 2017), 72–83.

38. Sharkey et al., *Our Sexual Future with Robots*.

39. David Levy, *Love and Sex with Robots: The Evolution of Human-Robot Relationships* (New York: Harper Perennial, 2008).

40. 轉引自 Tabi Jackson Gee, "Why Female Sex Robots Are More Dangerous Than You Think," *Telegraph*, July 5, 2017, https://www.telegraph.co.uk/women/life/female-robots-why-this-scarlett-johansson-bot-is-more-dangerous/.

41. Katie Greene, "How VR Porn Is Secretly Driving the Industry," *VRFocus*, March 27, 2018, https://www.vrfocus.com/2018/04/how-vr-porn-is-secretly-driving-the-industry/.

42. Rob Waugh, "Webcam Site Uses VR Helmets to Turn Sex Robots into Real, Living People," *Metro*, January 24, 2018, https://metro.co.uk/2018/01/24/webcam-site-uses-vr-helmets-to-turn-sex-robots-into-real-living-people-7257248/.

43. Peter Rubin, *Future Presence: How Virtual Reality Is Changing Human Connection, Intimacy, and the Limits of Ordinary Life* (New York: HarperCollins, 2018).

44. Sharkey et al., *Our Sexual Future with Robots*.

45. *Engadget*, "Interview with Realdoll Founder"; A. M. Turing, "Computing Machinery and Intelligence," *Mind* 59, no. 236 (October 1950): 433–460.

46. "Info/Help," Lumidolls, accessed December 3, 2019, https://lumidolls.com/en/content/info-help.

47. Davis, "Are We Ready for Robot Sex?"

48. RealdollX（網站）。

49. Laurie Mintz, *Becoming Cliterate: Why Orgasm Equality Matters–and How to Get It* (New York: HarperOne, 2017).

50. Laurie Mintz, "The Orgasm Gap: Simple Truth & Sexual Solutions," *Stress and Sex* (blog), *Psychology Today*, October 4, 2015, https://www.psychologytoday.com/au/blog/stress-and-sex/201510/the-orgasm-gap-simple-truth-sexual-solutions.

51. Mintz, "Orgasm Gap."

52. Debby Herbenick, Tsung-Chieh (Jane) Fu, Jennifer Arter, Stephanie A. Sanders, and Brian Dodge, "Women's Experiences with Genital Touching, Sexual Pleasure, and Orgasm: Results from a U.S. Probability Sample of Women Ages 18 to 94," *Journal of Sex and Marital Therapy* 44, no. 2 (2018): 201–212.

53. Mintz, *Becoming Cliterate*.

54. Devlin, *Turned On*.

55. Eileen L. Zurbriggen and Megan R. Yost, "Power, Desire, and Pleasure in Sexual Fantasies," *Journal of Sex Research* 41, no. 3 (August 2004): 288–300.

56. Jack Crosbie, "This Orgasming Sex Robot Might Boost Your Ego, but It Won't Make You Better in Bed," *Men's Health*, September 26, 2017, https://www.menshealth.com/sex-women/a19536305/orgasming-sex-robot/.

57. Shu Pan, Cynthia Leung, Jaimin Shah, and Amichai Kilchevsky, "Clinical Anatomy of the G-spot," *Clinical Anatomy* 28, no. 3 (April 2015): 363–367.

58. Meagan Tyler, *Selling Sex Short: The Pornographic and Sexological Construction of Women's Sexuality in the West* (Newcastle upon Tyne, UK: Cambridge Scholars, 2011).

59. Cox, "Would YOU Hop into Bed with a Sexbot?"; Devlin, *Turned On*.

60. "Osé," Lora Dicarlo (website), accessed January 16, 2020, https://loradicarlo.com/ose/.

61. Sarah Mitroff and Caitlin Petrakovitz, "Lora DiCarlo's Osé Sex Tech Device Is Back, Plus Two New Toys to Mimic Human Touch," *CNET*, January 6, 2020, https://www.cnet.com/news/lora-dicarlo-ose-sex-tech-device-back-plus-two-new-toys-mimic-human-touch/; Lauren Goode, "Sex-Tech Companies Are Having More Fun Than the Rest of Us at CES," *Wired*, January 8, 2020, https://www.wired.com/story/sex-tech-at-ces-2020-lora-dicarlo-crave/.

62. OhMiBod (website), accessed January 16, 2020, https://www.ohmibod.com/.

63. Cox, "Would YOU Hop into Bed with a Sexbot?"

64. Janet Vertesi, "Pygmalion's Legacy: Cyborg Women in Science Fiction," in *SciFi in the Mind's Eye: Reading Science through Science Fiction*, ed. Margret Grebowicz (Chicago: Open Court, 2007), 23; Gutiu, "Roboticization of Consent."

65. Wikipedia, sv "*My Living Doll*," last modified September 26, 2019, 23:31, https://en.wikipedia.org/wiki/My_Living_Doll.

66. Levy, *Love and Sex with Robots*; Brent Bambury, "A.I. Expert David Levy Says a Human Will Marry a Robot by 2050," January 6, 2017, in *Day 6*, CBC Radio, https://www.cbc.ca/radio/day6/episode-319-becoming-kevin-o-leary-saving-shaker-music-google-renewables-marrying-robots-and-more-1.3921088/a-i-expert-david-levy-says-a-human-will-marry-a-robot-by-2050-1.3921101.

67. John Danaher and Neil McArthur, eds., *Robot Sex: Social and Ethical Implications* (Cambridge, MA: MIT Press, 2017).

68. Benjamin Haas, "Chinese Man 'Marries' Robot He Built Himself," *Guardian*, April 4, 2017, https://www.theguardian.com/world/2017/apr/04/chinese-man-marries-robot-built-himself; Khaleda Rahman, "'We Don't Hurt Anybody, We Are Just Happy': Woman Reveals She Has Fallen in Love with a ROBOT and Wants to Marry It," *Daily Mail*, December 23, 2016, https://www.dailymail.co.uk/femail/article-4060440/Woman-reveals-love-ROBOT-wants-marry-it.html.

69. Stephen Marche, "The Future of Celebrity Is a Japanese Hologram Named Hatsune Miku," *Medium*, July 24, 2018, https://medium.com/s/futurehuman/the-future-of-celebrity-is-a-japanese-hologram-named-miku-a87419c951e.

70. Alex Williams, "Do You Take This Robot...," *New York Times*, January 19, 2019, https://www.nytimes.com/2019/01/19/style/sex-robots.html.

71. SiriAndAlexa (website), accessed December 3, 2019, https://www.siriandalexa.com.

72. Felix Allen, "My Sex Doll Is So Much Better Than My Real Wife," *New York Post*, June 30, 2017, https://nypost.com/2017/06/30/i-love-my-sex-doll-because-she-never-grumbles/.

73. Jasper Hamill and Lauren Windle, "Harmony 3.0 Sex Robot with Self-Lubricating Vagina Will Be Released in Time for Christmas," *Sun*, October 5, 2018, https://www.thesun.co.uk/tech/4798599/harmony-3-0-sex-robot-with-self-lubricating-vagina-will-be-released-in-time-for-christmas/.

74. Emily Starr and Michele Adams, "The Domestic Exotic: Mail-Order Brides and the Paradox of Globalized Intimacies," *Signs: Journal of Women in Culture and Society* 41, no. 4 (Summer 2016): 953–975.

75. Debbie Ging, "Alphas, Betas, and Incels: Theorizing the Masculinities of the Manosphere," *Men and Masculinities* 22, no. 4 (October 2019): 638–657.

76. Devlin, *Turned On*, 227, 228.

77. *Sex Toy Secrets*, Channel 4, accessed December 3, 2019, https://www.channel4.com/programmes/sex-toy-secrets/episode-guide.

78. Benita Marcussen, "Men & Dolls," accessed December 3, 2019, http://www.benitamarcussen.dk/projects/.

79. Su et al., "Of Dolls and Men," 8, 14.

80. Su et al., "Of Dolls and Men," 26.

81. Su et al., "Of Dolls and Men," 28.

82. April Glaser, "The Scarlett Johansson Bot Is the Robotic Future of Objectifying Women," *Wired*, April 4, 2016, https://www.wired.com/2016/04/the-scarlett-johansson-bot-signals-some-icky-things-about-our-future/.

83. "Can I Have a Doll Made of a Celebrity, Model, or My Ex-Girlfriend?," Knowledge Base, RealDoll, accessed December 3, 2019, https://www.realdoll.com/knowledgebase/can-i-have-a-doll-made-of-a-celebrity-model-or-my-ex-girlfriend/.

84. 「深偽技術」（Deepfake）會利用機器學習技術，將「偽造」的圖片或影像強壓在來源圖片或影像上，進而創造一種全新、越來越逼真的內容。深偽技術已經被用來創造虛假且非合意的名人性愛影片，或被用於「報復性色情」（revenge porn，指在違反個人／群體意願的狀況下，散佈或揚言要散佈相關之清楚性愛圖片或影片。）Asher Flynn, "Image-Based Abuse: The Disturbing Phenomenon of the 'Deepfake,'" *Lens*, March 12, 2019, https://lens.monash.edu/@politics-society/2019/03/12/1373665/image-based-abuse-deep-fake.

85. Bates, "Trouble with Sex Robots."

86. "FAQ," TrueCompanion, accessed June 30, 2019, http://www.truecompanion.com/shop/about-us（網站已關閉）。

87. Blay Whitby, "Do You Want a Robot Lover?," in *Robot Ethics: The Ethical and Social Implications of Robotics*, ed. Patrick Lin, Keith Abney, and George A. Bekey (Cambridge, MA: MIT Press, 2011), 233–249.

88. Sarah Knapton, "Sex Robots on Way for Elderly and Lonely . . . but Pleasure-Bots Have a Dark Side, Warn Experts," *Telegraph*, July 5, 2017, https://www.telegraph.co.uk/science/2017/07/04/sex-robots-way-elderly-lonelybut-pleasure-bots-have-dark-side/.

89. Knapton, "Sex Robots on Way for Elderly and Lonely."

90. "Australia and the UK Banned Import of These Disturbing Child Sex Dolls," Fight the New Drug, April 3, 2019, https://fightthenewdrug.org/australia-calls-for-ban-of-disturbing-japanese-child-sex-dolls/.

91. Jesse Fox and Bridget Potocki, "Lifetime Video Game Consumption, Interpersonal Aggression, Hostile Sexism, and Rape Myth Acceptance: A Cultivation Perspective," *Journal of Interpersonal Violence* 31, no. 10 (June 2016): 1912–1931; Victoria Simpson Beck, Stephanie Boys, Christopher Rose, and Eric Beck, "Violence against Women in Video Games: A Prequel or Sequel to Rape Myth Acceptance?," *Journal of Interpersonal Violence* 27, no. 15 (October 2012): 3016–3031.

92. Wikipedia, sv "List of Controversial Video Games," last modified September 23, 2019, 00:46, https://en.wikipedia.org/wiki/List_of_controversial_video_games.

93. Helen W. Kennedy, "Lara Croft: Feminist Icon or Cyberbimbo? On the Limits of Textual Analysis," *Game Studies* 2, no. 2 (December 2002), http://www.gamestudies.org/0202/kennedy/.

94. Michael Kasumovic and Rob Brooks, "Virtual Rape in Grand Theft Auto 5: Learning the Limits of the Game," *Conversation*, August 19, 2014, https://theconversation.com/virtual-rape-in-grand-theft-auto-5-learning-the-limits-of-the-game-30520.

95. Devlin, *Turned On*.

96. Gutiu, "Roboticization of Consent," 205.

97. Meagan Tyler and Kaye Quek, "Conceptualizing Pornographication: A Lack of Clarity and Problems for Feminist Analysis," *Sexualization, Media, and Society* 2, no. 2 (June 2016): 7.

98. Paul J. Wright and Robert S. Tokunaga, "Men's Objectifying Media Consumption, Objectification of Women, and Attitudes Supportive of Violence against Women," *Archives of Sexual Behavior* 45, no. 4 (May 2016): 955–964.

99. Jenna Drenten, Lauren Gurrieri, and Meagan Tyler, "Sexualized Labour in Digital Culture: Instagram Influencers, Porn Chic and the Monetization of Attention," *Gender, Work and Organization*, published ahead of print, February 21, 2019, https://doi.org/10.1111/gwao.12354.

100. Gutiu, "Roboticization of Consent."

101. Kathleen Richardson, "Sex Robot Matters: Slavery, the Prostituted and the Rights of Machines!," *IEEE Technology and Society Magazine* 35, no. 2 (June 2016): 48.

102. "About," Campaign against Sex Robots, accessed December 3, 2019, https://campaignagainstsexrobots.org/about/.

103. Sharkey et al., *Our Sexual Future with Robots*, 30–31.

104. Sharkey et al., *Our Sexual Future with Robots*, 30–31.

105. Bates, "Trouble with Sex Robots."

106. Victoria Brooks, "Samantha's Suffering: Why Sex Machines Should Have Rights Too," *Conversation*, April 5, 2018, https://theconversation.com/samanthas-suffering-why-sex-machines-should-have-rights-too-93964.

107. Joseph W. Critelli and Jenny M. Bivona, "Women's Erotic Rape Fantasies: An Evaluation of Theory and Research," *Journal of Sex Research* 45, no. 1 (January–March 2008): 57–70.

108. Bates, "Trouble with Sex Robots."

109. Jenny M. Bivona, Joseph W. Critelli, and Michael J. Clark, "Women's Rape Fantasies: An Empirical Evaluation of the Major Explanations," *Archives of Sexual Behavior* 41, no. 5 (October 2012): 1107–1119; Kathryn R. Klement, Brad J. Sagarin, and M. Ellen Lee, "Participating in a Culture of Consent May Be Associated with Lower Rape-Supportive Beliefs," *Journal of Sex Research* 54, no. 1 (2016): 130–134.

110. Lily Frank and Sven Nyholm, "Robot Sex and Consent: Is Consent to Sex between a Robot and a Human Conceivable, Possible, and Desirable?," *Artificial Intelligence and Law* 25, no. 3 (September 2017): 322.

111. Frank and Nyholm, "Robot Sex and Consent," 322.

112. Unicole Unicron, "Eve's Robot Dreams," Indiegogo, accessed December 3, 2019, https:// www.indiegogo.com/projects/eve-s-robot-dreams.

113. Gutiu, "Roboticization of Consent," 187, 188, 195.

114. Gutiu, "Roboticization of Consent," 195.

115. Gutiu, "Roboticization of Consent," 203, 205.

116. Jaclyn Friedman and Jessica Valenti, eds., *Yes Means Yes!: Visions of Female Sexual Power and a World without Rape* (New York: Seal, 2008).

117. Gutiu, "Roboticization of Consent," 207, 209.

118. Gutiu, "Roboticization of Consent," 211.

119. 「安全語」一詞來自「皮繩愉虐戀」（BDSM）社群，是一個人用來表示其生理或心理界線的暗語，用於表示進行中的性行為或性活動需要停止，或者強度需要降低，以維持在安全限度之內。安全語具體為何，會需要先經過性愛伴侶之間的溝通與同意。

120. Devlin, *Turned On*.

121. Devlin, *Turned On*, 266.

122. Devlin, *Turned On*, 267.

第六章

1. Andrew Liptak, "Amazon's Alexa Started Ordering People Dollhouses after Hearing Its Name on TV," *Verge*, January 7, 2017, https://www.theverge.com/2017/1/7/14200210/amazon-alexa-tech-news-anchor-order-dollhouse.

2. Devin Coldewey, "This Family's Echo Sent a Private Conversation to a Random Contact," *TechCrunch*, May 24, 2018, https://techcrunch.com/2018/05/24/family-claims-their-echo-sent-a-private-conversation-to-a-random-contact/.

3. "'I Thought a Kid Was Laughing behind Me': Amazon's Alexa Has Been Caught Randomly Cackling at People," ABC News (Australia), March 8, 2018, https://www.abc.net.au/news/2018-03-08/amazon-to-fix-alexa-laugh/9527412.

4. Nick Whigham, "Amazon's Alexa Speaker Is Randomly Laughing at Users and It's Really Freaking People Out," *news.com.au*, March 8, 2018, https://www.news.com.au/technology/home-entertainment/audio/amazons-alexa-speaker-is-randomly-laughing-at-users-and-its-really-freaking-people-out/news-story/ab0e32f5762f459bff420d23df074543; Brian Koerber, "Amazon Reveals Why Alexa Is Randomly Laughing and Creeping People Out," *Mashable*, March 7, 2018, https://mashable.com/2018/03/07/why-amazon-alexa-laughing/; "Your Amazon Alexa Is Most Likely Possessed by a Demon," *Mandatory*, March 8, 2018, https://www.mandatory.com/fun/1377811-amazon-alexa-likely-possessed-demon.

5. Mary-Ann Russon, "Google Home Fail: Google's Super Bowl Ad Accidentally Activates Numerous Personal Assistants," *International Business Times*, February 6, 2017, https://www.ibtimes.co.uk/google-home-fail-googles-super-bowl-ad-accidentally-activates-numerous-personal-assistants-1605099.

6. Leo Kelion, "CES 2018: LG Robot Cloi Repeatedly Fails on Stage at Its Unveil," BBC News, January 8, 2018, http://www.bbc.com/news/technology-42614281.

7. Jeff Parsons, "Watch Sophia the 'Sexy Robot' Claim She Will 'Destroy Humans'— Leaving Creator Red Faced," *Daily Mirror*, March 22, 2016, https://www.mirror.co.uk/tech/watch-sophia-sexy-robot-claim-7606152.

8. "Jimmy Fallon's Had Plenty of Guests on His Show, but This One's the Creepiest," *ViralNova*, April 29, 2017, http://www.viralnova.com/sophia-robot/.

9. "The Girl from the Future," *Cosmopolitan India*, May 30, 2018, https://www.cosmopolitan.in/fashion/features/a15165/girl-future.

10. Hussein Abbass, "An AI Professor Explains: Three Concerns about Granting Citizenship to Robot Sophia," *Conversation*, October 30, 2017, https://theconversation.com/an-ai-professor-explains-three-concerns-about-granting-citizenship-to-robot-sophia-86479.

11. Richard Mitchell, "Halo 4 as a Love Story: The Personal Origins of Cortana's Breakdown," *Engadget*, April 2, 2013, https://www.engadget.com/2013/04/02/halo-4-as-a-love-story-the-personal-origins-of-cortanas-breakd/; Call of Treyarch, "Halo 4: Cortana Goes Bitch Mode," YouTube video, posted by calloftreyarch, November 7, 2012, https://www.youtube.com/watch?v=YQk_FAGrth4, cited in Hilary Bergen, "'I'd Blush If I Could': Digital Assistants, Disembodied Cyborgs and the Problem of Gender," *Word and Text* 6 (December 2016): 101.

12. Don Sweeney, "Apple Washes Siri's Mouth out with Soap over Vulgar Definition of 'Mother,'" *Sacramento Bee*, April 30, 2018, https://www.sacbee.com/news/nation-world/national/article210097244.html.

13. Chris Merriman, "Alexa Is Laughing Manically and Frankly We're Screwed Guys," *Inquirer*, March 7, 2018, https://www.theinquirer.net/inquirer/news/3028014/alexa-is-laughing-manically-and-frankly-were-screwed-guys; Edward Moyer, "Yes, Alexa Is Suddenly Letting Out Evil Laughs for No Reason," *CNET*, March 7, 2018, https://www.cnet.com/news/yes-amazon-alexa-is-randomly-laughing-for-

no-reason/; Chris Smith, "Jimmy Kimmel Explains Amazon Alexa's Creepy, Hysterical Laughing Problem," *BGR*, March 8, 2018, https://bgr.com/2018/03/08/amazon-alexa-laugh-jimmy-kimmel-explains/.

14. Roger Cheng, "The Silence of LG's Cloi Robot at CES Is Deafening," *CNET*, January 8, 2018, https://www.cnet.com/news/the-silence-of-lgs-cloi-robot-at-ces-2018-is-deafening/.

15. Shensheng Wang, Scott O. Lilienfeld, and Philippe Rochat, "The Uncanny Valley: Existence and Explanations," *Review of General Psychology* 19, no. 4 (December 2015): 393–407; Stephanie Lay, "Uncanny Valley: Why We Find Human-Like Robots and Dolls So Creepy," *Conversation*, November 10, 2015, https://theconversation.com/uncanny-valley-why-we-find-human-like-robots-and-dolls-so-creepy-50268.

16. Call of Treyarch, "Halo 4."

17. Donna J. Haraway, *Simians, Cyborgs, and Women: The Reinvention of Nature* (New York: Routledge, 1991).

18. Hilary Bergen, "'I'd Blush If I Could': Digital Assistants, Disembodied Cyborgs and the Problem of Gender," *Word and Text* 6 (December 2016): 99.

19. Rachel P. Maines, *The Technology of Orgasm: "Hysteria," the Vibrator, and Women's Sexual Satisfaction* (Baltimore: Johns Hopkins University Press, 1999), 23.

20. Helen King, "Galen and the Widow: Towards a History of Therapeutic Masturbation in Ancient Gynaecology," *EuGeStA: Journal on Gender Studies in Antiquity*, no. 1 (2011): 205– 235; Sarah Jaffray, "What Is Hysteria?," Stories, Wellcome Collection, August 13, 2015, https://wellcomecollection.org/articles/W89GZBIAAN4yz1hQ.

21. Sadie Plant, *Zeros and Ones: Digital Women and the New Technoculture* (London: Fourth Estate, 1997).

22. Bergen, "I'd Blush If I Could," 109.

23. Graeme Gooday, *Domesticating Electricity: Technology, Uncertainty and Gender, 1880–1914* (Pittsburgh: University of Pittsburgh Press, 2008), 109.

24. Julie Wosk, *Women and the Machine: Representations from the Spinning Wheel to the Electronic Age* (Baltimore: John Hopkins University Press, 2001).

25. Sarah Kember, *iMedia: The Gendering of Objects, Environments and Smart Materials* (London: Palgrave Macmillan, 2016).

26. Bergen, "I'd Blush If I Could," 104.

27. Albert Robida, *La Vie Électrique* (1890; repr., Project Gutenberg, 2011), http://www.gutenberg.org/ebooks/35103.

28. Wosk, *Women and the Machine*.

29. Wosk, *Women and the Machine*. 參見 Gooday, *Domesticating Electricity*.

30. Haraway, *Simians, Cyborgs, and Women*, 149.

31. Bergen, "I'd Blush If I Could," 96.

32. Bergen, "I'd Blush If I Could," 96.

33. Villiers de L'Isle-Adam, *Tomorrow's Eve*, trans. Robert Martin Adams (Urbana: University of Illinois Press, 2000).

34. Wosk, *Women and the Machine*, 75, 79.

35. Wosk, *Women and the Machine*, 79.

36. Bergen, "I'd Blush If I Could," 100.

37. Laura Bates, *Everyday Sexism: The Project That Inspired a Worldwide Movement* (New York: St. Martin's, 2016).

38. Michael J. Coren, "Virtual Assistants Spend Much of Their Time Fending Off Sexual Harassment," *Quartz*, October 26, 2016, https://qz.com/818151/virtual-assistant-bots-like-siri-alexa-and-cortana-spend-much-of-their-time-fending-off-sexual-harassment/.

39. Leah Fessler, "We Tested Bots Like Siri and Alexa to See Who Would Stand Up to Sexual Harassment," *Quartz*, February 23, 2017, https://qz.com/911681/we-tested-apples-siri-amazon-echos-alexa-microsofts-cortana-and-googles-google-home-to-see-which-personal-assistant-bots-stand-up-for-themselves-in-the-face-of-sexual-harassment/.

40. Winifred R. Poster, "The Virtual Receptionist with a Human Touch: Opposing Pressures of Digital Automation and Outsourcing in Interactive Services," in *Invisible Labor: Hidden Work in the Contemporary World*, ed. Marion G. Crain, Winifred R. Poster, and Miriam A. Cherry (Berkeley: University of California Press, 2016), 57–72.

41. "Ms. Dewey, My New Girlfriend," YouTube video, posted by Victurin, January 9, 2007, https://www.youtube.com/watch?v=vC_sRZtlYYQ.

42. Alyssa Abkowitz, "Racy Virtual-Reality Assistant Pulled after Questions Raised," *Wall Street Journal*, December 13, 2017, https://www.wsj.com/articles/racy-virtual-reality-assistant-pulled-after-questions-raised-1513165008; Phoebe Weston, "Erotic Virtual Assistant 'Vivi,' Designed to Flirt with Users, Has Been Taken Offline Following Criticism the Avatar Depicts Women as Sex Objects," *Daily Mail*, December 14, 2017, https://www.dailymail.co.uk/sciencetech/article-5175741/VR-assistant-Vivi-flirts-request-pulled.html.

43. UNESCO and EQUALS Skills Coalition, *I'd Blush If I Could: Closing Gender Divides in Digital Skills through Education*, GEN/2019/EQUALS/1 REV 2 (Paris: UNESCO, 2019), 101.

44. Wendy Tuohy, "Joe Biden: Where Does Friendly End and Creepy Start?," *Sydney Morning Herald*, April 3, 2019, https://www.smh.com.au/lifestyle/gender/where-does-hands-on-friendly-end-and-creepy-start-maybe-don-t-ask-joe-20190403-p51a54.html; Bates, *Everyday Sexism*.

45. Megan K. Strait, Cynthia Aguillon, Virginia Contreras, and Noemi Garcia, "The Public's Perception of Humanlike Robots: Online Social Commentary Reflects an Appearance-Based Uncanny Valley, a General Fear of a 'Technology Takeover,' and the Unabashed Sexualization of Female-Gendered Robots," in *26th IEEE International Symposium on Robot and Human Interactive Communication (RO-MAN)* (Piscataway, NJ: Institute of Electrical and Electronics Engineers, 2017), 1418–1423.

46. Sinziana M. Gutiu, "The Roboticization of Consent," in *Robot Law*, ed. Ryan Calo, A. Michael Froomkin, and Ian Kerr (Cheltenham, UK: Edward Elgar, 2016), 192.

47. Peter Lee, "Learning from Tay's Introduction," *Official Microsoft Blog*, March 25, 2016, https://blogs.microsoft.com/blog/2016/03/25/learning-tays-introduction/.

48. Katherine Cross, "When Robots Are an Instrument of Male Desire," *Establishment*, April 27, 2016, https://theestablishment.co/when-robots-are-an-instrument-of-male-desire-ad1567575a3d.

49. Gina Neff and Peter Nagy, "Talking to Bots: Symbiotic Agency and the Case of Tay," *International Journal of Communication* 10 (2016): 4915–4931.

50. Bergen, "I'd Blush If I Could," 106.

51. Liz Tracy, "In Contrast to Tay, Microsoft's Chinese Chatbot, Xiaoice, Is Actually Pleasant," *Inverse*, March 26, 2016, https://www.inverse.com/article/13387-microsoft-chinese-chatbot.

52. Miriam E. Sweeney, "Not Just a Pretty (Inter)face: A Critical Analysis of Microsoft's 'Ms. Dewey'" (PhD diss., University of Illinois at Urbana-Champaign, 2013), https://www.ideals.illinois.edu/handle/2142/46617.

53. Alex Sciuto, Arnita Saini, Jodi Forlizzi, and Jason I. Hong, "Hey Alexa, What's Up?": A Mixed-Methods Studies of In-Home Conversational Agent Usage," in *Proceedings of the 2018 Designing Interactive Systems Conference* (New York: ACM, 2018), 857–868.

54. Clifford Nass and Youngme Moon, "Machines and Mindlessness: Social Responses to Computers," *Journal of Social Issues* 56, no. 1 (Spring 2000): 81–103.

55. Clifford Nass, Youngme Moon, and Nancy Green, "Are Machines Gender Neutral?: Gender-Stereotypic Responses to Computers with Voices," *Journal of Applied Social Psychology* 27, no. 10 (May 1997): 864–876; Clifford Nass, Jonathan Steuer, and Ellen R. Tauber, "Computers Are Social Actors," in *Proceedings of the SIGCHI Conference on Human Factors in Computing Systems* (New York: ACM, 1994), 72–78.

56. Byron Reeves and Clifford Nass, *The Media Equation: How People Treat Computers, Television, and New Media Like Real People and Places* (Stanford, CA: Center for the Study of Language and Information, 2003), 9; Nass and Moon, "Machines and Mindlessness."

57. Friederike Eyssel and Frank Hegel, "(S)he's Got the Look: Gender Stereotyping of Robots," *Journal of Applied Social Psychology* 42, no. 9 (September 2012): 2213–2230.

58. Aike C. Horstmann, Nikolai Bock, Eva Linhuber, Jessica M. Szczuka, Carolin Straßmann, and Nicole C. Krämer, "Do a Robot's Social Skills and Its Objection Discourage Interactants from Switching the Robot Off?," *PLoS ONE* 13, no. 7 (2018): e0201581.

59. Jennifer Rhee, *The Robotic Imaginary: The Human and the Price of Dehumanized Labor* (Minneapolis: University of Minnesota Press, 2018).

60. Julia Carrie Wong, "Rage against the Machine: Self-Driving Cars Attacked by Angry Californians," *Guardian*, March 6, 2018, https://www.theguardian.com/technology/2018/mar/06/california-self-driving-cars-attacked.

61. "Rage against the Machine," *Sydney Morning Herald*, July 26, 2003, https://www.smh.com.au/technology/rage-against-the-machine-20030726-gdh5sc.html.

62. Stanley Milgram, "Behavioral Study of Obedience," *Journal of Abnormal and Social Psychology* 67, no. 4 (October 1963): 371–378; Christoph Bartneck and Jun Hu, "Exploring the Abuse of Robots," *Interaction Studies* 9, no. 3 (2008): 415–433.

63. Bartneck and Hu, "Exploring the Abuse of Robots."

64. Bartneck and Hu, "Exploring the Abuse of Robots."

65. Sheryl Brahnam, "Gendered Bods and Bot Abuse" (paper presented during the Misuse and Abuse of Interactive Technologies Workshop at the CHI 2006 Conference on Human Factors in Computing Systems, Montreal, April 22, 2006), http://www.agentabuse.org/CHI2006Abuse2.pdf.

66. Brahnam, "Gendered Bods and Bot Abuse."

67. Brahnam, "Gendered Bods and Bot Abuse," 16.

68. Jacqueline Feldman, "This Is What a Feminist Looks Like," *Real Life*, August 8, 2016, https://reallifemag.com/this-is-what-a-feminist-looks-like/.

69. Leah Fessler, "Amazon's Alexa Is Now a Feminist, and She's Sorry If That Upsets You," *Quartz*, January 17, 2018, https://qz.com/work/1180607/amazons-alexa-is-now-a-feminist-and-shes-sorry-if-that-upsets-you/.

70. Bergen, "I'd Blush If I Could."

71. Fessler, "We Tested Bots Like Siri and Alexa."

72. Gilhwan Hwang, Jeewon Lee, Cindy Yoonjung Oh, and Joonhwan Lee, "It Sounds Like a Woman: Exploring Gender Stereotypes in South Korean Voice Assistants," in *Extended Abstracts of the 2019 CHI Conference on Human Factors in Computing Systems* (New York: ACM, 2019).

73. UNESCO and EQUALS Skills Coalition, *I'd Blush If I Could.*

74. 「MeToo」一詞由塔拉納・伯克（Tarana Burke）於 2006 年所創立，也是伯克在同年所發起的倡議行動名稱——為了要聲援性暴力倖存者，特別是黑人女性與女童，以及其他屬於少數族裔、貧窮社群的年輕女性。2017 年 10 月，此詞在社群媒體上爆紅，並且會加上標籤「#MeToo」，用以展現與抗議氾濫盛行的性侵害與性騷擾，特別是在職場中。見 Cat Lafuente, "Who Is the Woman behind the #MeToo Movement?," *List*, accessed December 3, 2019, https://www.thelist.com/110186/woman-behind-metoo-movement/.

75. "Siri and Alexa Should Help Shut Down Sexual Harassment," Care2 Petitions, accessed December 3, 2019, https://www.thepetitionsite.com/246/134/290/siri-and-alexa-can-help-combat-sexual-harassment/.

76. Fessler, "Amazon's Alexa Is Now a Feminist."

77. Adam Miner, Arnold Milstein, Stephen Schueller, Roshini Hegde, Christina Mangurian, and Eleni Linos, "Smartphone-Based Conversational Agents and Responses to Questions about Mental Health, Interpersonal Violence, and Physical Health," *JAMA Internal Medicine* 176, no. 5 (May 2016): 619–625.

78. Mary Elizabeth Williams, "Siri, Find Me an Abortion Provider: Apple's Weird Anti-Choice Glitch Is Finally on Its Way Out," *Salon*, January 30, 2016, https://www.salon.com/2016/01/29/siri_find_me_an_abortion_provider_apples_weird_anti_choice_glitch_is_finally_on_its_way_out/.

79. Bergen, "I'd Blush If I Could," 107.

80. Emily Chang, *Brotopia: Breaking Up the Boys' Club of Silicon Valley* (New York: Portfolio, 2018); Sarah Myers West, Meredith Whittaker, and Kate Crawford, *Discriminating Systems: Gender, Race, and Power in AI* (New York: AI Now Institute, 2019), https://ainowinstitute.org/discriminatingsystems.pdf.

81. Ian Bogost, "Sorry, Alexa Is Not a Feminist," *Atlantic*, January 24, 2018, https://www.theatlantic.com/technology/archive/2018/01/sorry-alexa-is-not-a-feminist/551291/.

82. Alex Hern, "Apple Made Siri Deflect Questions on Feminism, Leaked Papers Reveal," *Guardian*, September 6, 2019, https://www.theguardian.com/technology/2019/sep/06/apple-rewrote-siri-to-deflect-questions-about-feminism.

83. Bogost, "Sorry, Alexa Is Not a Feminist."

84. Bergen, "I'd Blush," 104.

85. Rhee, *Robotic Imaginary*.

86. Thomas A. Edison, "Electricity Man's Slave," *Scientific American* 52, no. 12 (March 21, 1885): 185.

87. Restaurant Opportunities Centers United and Forward Together, *The Glass Floor: Sexual Harassment in the Restaurant Industry* (New York: Restaurant Opportunities Centers United, 2014); Emily Stewart, "These Are the Industries with the Most Reported Sexual Harassment Claims," *Vox*, November 21, 2017, https://www.vox.com/identities/2017/11/21/16685942/sexual-harassment-industry-service-retail; Alexandra Topping, "Sexual Harassment Rampant in Hospitality Industry, Survey Finds," *Guardian*, January 24, 2018, https://www.theguardian.com/world/2018/jan/24/sexual-harassment-rampant-hospitality-industry-unite-survey-finds.

88. Alexandra Chasin, "Class and Its Close Relations: Identities among Women, Servants, and Machines," in *Posthuman Bodies*, ed. Judith Halberstram and Ira Livingstone (Bloomington: Indiana University Press, 1995), 73, 96, 75, 93.

89. AI 所受侷限的程度越高，就越可能會被設定為女性，某程度上反映了技術女性主義學者柔伊・索佛利斯的主張，即陰柔氣質長期與侷限之間的關聯。Zoë Sofia [Sofoulis], "Container Technologies," *Hypatia* 15, no. 2 (Spring 2000): 181–201.

90. Nicole Lyn Pesce, "The Problem with Bank of America's New Virtual Assistant Erica," *MarketWatch*, May 23, 2018, https://www.marketwatch.com/story/the-problem-with-bank-of-americas-new-virtual-assistant-erica-2018-05-23.

91. 例如，可見 Bret Kinsella, "U.S. Consumers Do Express a Preference for Female Gendered Voice Assistants According to New Research," *Voicebot*, November 23, 2019, https://voicebot.ai/2019/11/23/u-s-consumers-do-express-a-preference-for-female-gendered-voice-assistants-according-to-new-research/.

92. Ruqayyah Moynihan and Hannah Schwar, "There's a Clever Psychological Reason Why Amazon Gave Alexa a Female Voice," *Business Insider*, September 15, 2018, https://www.businessinsider.com/theres-psychological-reason-why-amazon-gave-alexa-a-female-voice-2018-9.

93. UNESCO and EQUALS Skills Coalition, *I'd Blush If I Could*.

94. Sarah Zhang, "No, Women's Voices Are Not Easier to Understand Than Men's Voices," *Gizmodo*, February 7, 2015, https://www.gizmodo.com.au/2015/02/no-siri-is-not-female-because-womens-voices-are-easier-to-understand/.

95. Terry L. Wiley, Rick Chappell, Lakeesha Carmichael, David M. Nondahl, and Karen J. Cruickshanks, "Changes in Hearing Thresholds over 10 Years in Older Adults," *Journal of the American Academy of Audiology* 19, no. 4 (April 2008): 281–371.

96. Ann R. Bradlow, Gina M. Torretta, and David B. Pisoni, "Intelligibility of Normal Speech I: Global and Fine-Grained Acoustic-Phonetic Talker Characteristics," *Speech Communication* 20, no. 3–4 (December 1996): 255–272.

97. Paul Pickering, "How to Get Big Sounds from Small Speakers," *Electronic Design*, February 16, 2016, https://www.electronicdesign.com/systems/how-get-big-sounds-small-speakers; Zhang, "No, Women's Voices Are Not Easier to Understand."

98. UNESCO and EQUALS Skills Coalition, *I'd Blush If I Could*.

99. Henry James, *The Bostonians* (New York: Modern Library, 2003), cited in Mary Beard, *Women & Power: A Manifesto* (London: Profile Books, 2017), 29.

100. Beard, *Women & Power*, 30. 譯註：引自《女力告白》一書中譯本相應段落，第一章第 17 頁，但有略作編修。

101. Emily Lever, "I Was a Human Siri," *Intelligencer*, April 26, 2018, http://nymag.com/intelligencer/smarthome/i-was-a-human-siri-french-virtual-assistant.html.

102. Amy Schiller and John McMahon, "Alexa, Alert Me When the Revolution Comes: Gender, Affect, and Labor in the Age of Home-Based Artificial Intelligence," *New Political Science* 41, no. 2 (2019): 173–191.

103. UNESCO and EQUALS Skills Coalition, *I'd Blush If I Could*.

104. Ashley Carman, "How Do the Google Assistant's New Features Compare to Amazon Alexa's?," *Verge*, May 9, 2018, https://www.theverge.com/2018/5/9/17332766/google-assistant-amazon-alexa-features.

105. Edward C. Baig, "Kids Were Being Rude to Alexa, So Amazon Updated It," *USA Today*, April 25, 2018, https://www.usatoday.com/story/tech/columnist/baig/2018/04/25/amazon-echo-dot-kids-alexa-thanks-them-saying-please/547911002/.

106. Legacy Russell, "Digital Dualism and the Glitch Feminism Manifesto," *Cyborgology* (blog), *Society Pages*, December 10, 2012, https://thesocietypages.org/cyborgology/2012/12/10/digital-dualism-and-the-glitch-feminism-manifesto/.

107. UAL: Creative Computing Institute and Feminist Internet, *Designing a Feminist Alexa: An Experiment in Feminist Conversation Design*, 2018, http://www.anthonymasure.com/content/04-conferences/slides/img/2019-04-hypervoix-paris/feminist-alexa.pdf.

108. Feldman, "This Is What a Feminist Looks Like."

109. Kasisto (website), accessed December 3, 2019, https://kasisto.com.

110. Queenie Wong, "Designing a Chatbot: Male, Female or Gender Neutral?," *Phys.org*, January 23, 2017, https://phys.org/news/2017-01-chatbot-male-female-gender-neutral.html.

111. Natasha Mitchell, "Alexa, Siri, Cortana: Our Virtual Assistants Say a Lot about Sexism," ABC News (Australia), August 11, 2017, https://www.abc.net.au/news/2017-08-11/why-are-all-virtual-assisants-female-and-are-they-discriminatory/8784588.

112. Dale Smith and Shara Tibken, "Samsung's Neon 'Artificial Humans' Are Confusing Everyone. We Set the Record Straight," *CNET*, January 19, 2020, https://www.cnet.com/how-to/samsung-neon-artificial-humans-are-confusing-everyone-we-set-record-straight/.

113. Charles Hannon, "Avoiding Bias in Robot Speech," *Interactions* 25, no. 5 (August 2018): 34–37.

114. Arielle Pardes, "The Emotional Chatbots Are Here to Probe Our Feelings," *Wired*, January 31, 2018, https://www.wired.com/story/replika-open-source/. Replika 的程式碼也有開源版本（名字是 CakeChat）。

115. Genderless Voice, accessed December 3, 2019, https://www.genderlessvoice.com.

116. UNESCO and EQUALS Skills Coalition, *I'd Blush If I Could.*

117. Ellen Broad, *Made by Humans: The AI Condition* (Melbourne: Melbourne University Press, 2018).

118. Sam Levin, "'Bias Deep inside the Code': The Problem with AI 'Ethics' in Silicon Valley," *Guardian*, March 29, 2019, https://www.theguardian.com/technology/2019/mar/28/big-tech-ai-ethics-boards-prejudice.

119. Isaac Asimov, "Runaround," *Astounding Science Fiction* 29.1 (1942): 94–103.

120. "Do We Need Asimov's Laws?," *MIT Technology Review*, May 16, 2014, https://www.technologyreview.com/s/527336/do-we-need-asimovs-laws/.

121. "Principles of Robotics," Engineering and Physical Sciences Research Council, accessed December 3, 2019, https://epsrc.ukri.org/research/ourportfolio/themes/engineering/activities/principlesofrobotics/; Michael Szollosy, "EPSRC Principles of Robotics: Defending an Obsolete Human(ism)?," *Connection Science* 29, no. 2 (2017): 150–159.

122. Kate Darling, "Extending Legal Protection to Social Robots: The Effects of Anthropomorphism, Empathy, and Violent Behavior towards Robotic Objects," in *Robot Law*, ed. Ryan Calo, A. Michael Froomkin, and Ian Kerr (Cheltenham, UK: Edward Elgar, 2016), 213–231.

123. Abbass, "AI Professor Explains."

124. 例如,可見 David Gunkel, *Robot Rights* (Cambridge, MA: MIT Press, 2018); Jacob Turner, *Robot Rules: Regulating Artificial Intelligence* (London: Palgrave Macmillan, 2019).

125. Abeba Birhane and Jelle van Dijk, "Robot Rights? Let's Talk about Human Welfare Instead," in *Proceedings of the 2020 AAAI/ACM Conference on AI, Ethics, and Society Conference* (New York: ACM, 2020), https://arxiv.org/pdf/2001.05046v1.pdf, 6.

第七章

1. Ruth Oldenziel, "Boys and Their Toys: The Fisher Body Craftsman's Guild, 1930–1968, and the Making of a Male Technical Domain," *Technology and Culture* 38, no. 1 (January 1997): 60.

2. David Morley, *Television, Audiences and Cultural Studies* (Abingdon, UK: Routledge, 1992), 140.

3. Monica Anderson, "The Demographics of Device Ownership," in *Technology Device Ownership*, Pew Research Center, October 29, 2015, http://www.pewinternet.org/2015/10/29/the-demographics-of-device-ownership/.

4. UNESCO and EQUALS Skills Coalition, *I'd Blush If I Could: Closing Gender Divides in Digital Skills through Education*, GEN/2019/EQUALS/1 REV 2 (Paris: UNESCO, 2019).

5. UNESCO and EQUALS Skills Coalition, *I'd Blush If I Could*.

6. UNESCO and EQUALS Skills Coalition, *I'd Blush If I Could*, 15.

7. UNESCO and EQUALS Skills Coalition, *I'd Blush If I Could*, 15, 17.

8. Sarah Pink, *Home Truths: Gender, Domestic Objects and Everyday Life* (Oxford: Berg, 2004), 124. 平克是從威廉・卑爾（William Beer）1983 年出版探討家庭主夫的書中找到此冒險敘事：William Beer, *Househusbands: Men and Housework in American Families* (New York: Praeger, 1983).

9. Pink, *Home Truths*, 125.

10. Clementine Ford, *Boys Will Be Boys: Power, Patriarchy and the Toxic Bonds of Mateship* (Sydney: Allen and Unwin, 2018), 9.

11. Corinne Iozzio, "The Hacker's Guide to Smart Homes," *Popular Science* 286, no. 5 (May 2015): 52–55.

12. Iozzio, "Hacker's Guide to Smart Homes." 媒體學者克里斯・切薛爾（Chris Chesher）與加斯汀・漢佛瑞（Justine Humphry）也曾在他們針對智慧居家的章節中提到「玩樂」的重要性。Chris Chesher and Justine Humphry, "Our Own Devices: Living in the Smart Home," in *The Routledge Companion to Urban Media and Communication*, ed. Zlatan Krajina and Deborah Stevenson (New York: Routledge, 2019), 185–193.

13. Alex Colon, "Connected Home: Living Room," *PC Mag*, July 1, 2014, https://au.pcmag.com/digital-home/12875/connected-home-living-room.

14. Jennifer Tuohy, "Keep Your Family on Schedule with Smart Lighting," uKnowKids, February 5, 2015, http://resources.uknowkids.com/blog/keep-your-family-on-schedule-with-smart-lighting.

15. UNESCO and EQUALS Skills Coalition, *I'd Blush If I Could*.

16. "14 Acre Estate Is Like a Park Filled with Home Automation Tech," *Electronic House*, June 25, 2015, https://www.electronichouse.com/smart-home/14-acre-estate-like-park-filled-home-automation-tech/.

17. "NYC's Walker Tower Blends Art Deco and Automation," *Electronic House*, November 4, 2014, https://www.electronichouse.com/smart-home/nycs-walker-tower-blends-art-deco-and-automation/.

18. "NYC's Walker Tower"; Lisa Montgomery, "Automation Playground," *Electronic House*, August 12, 2014, http://www.electronichouse.com/eh-magazine/smart-home-library/automation-play; Colon, "Connected Home."

19. 關於這些心曠神怡敘事的分析，詳可參 Yolande Strengers, Mike Hazas, Larissa Nicholls, Jesper Kjeldskov, and Mikael B. Skov, "Pursuing Pleasance: Interrogating Energy-Intensive Visions for the Smart Home," *International Journal of Human-Computer Studies* 136 (April 2020): 1–14.

20. Priyadarshini Patwa, "#5 Uber Cool Gadgets to Buy in May & Love Technology's New Creation," *Entrepreneur*, May 11, 2019, https://www.entrepreneur.com/slideshow/333613.

21. "Motorized Lifts and Tracks," *Electronic House*, December 1, 2014, http://www.electronichouse.com/eh-magazine/smart-home-library/motorized-lifts-tracks.

22. Gemma Hartley, *Fed Up: Emotional Labor, Women, and the Way Forward* (New York: HarperOne, 2018).

23. Judy Wajcman, *Feminism Confronts Technology* (Cambridge, UK: Polity, 1991), 91.

24. Michael J. Silverstein and Kate Sayre, *Women Want More: How to Capture Your Share of the World's Largest, Fastest-Growing Market* (New York: HarperCollins, 2009).

25. Amazon Fashion, "Introducing Echo Look. Love Your Look. Every Day," YouTube video, posted by amazonfashion, April 26, 2017, https://www.youtube.com/watch?v=9X_fP4pPWPw.

26. Thuy Ong, "Amazon's Echo Look Style Assistant Gets a Little Bit Smarter," *Verge*, February 7, 2018, https://www.theverge.com/2018/2/7/16984218/amazons-echo-look-collections-feature-curated-content-vogue-gq.

27. Kyle Wiggers, "Google's All-Knowing App Will Design You a Dress Based on Your Daily Habits," *Digital Trends*, February 6, 2017, https://www.digitaltrends.com/mobile/google-ivyrevel-data-dress-coded-couture/.

28. Kyle Chayka, "Style Is an Algorithm: No One Is Original Anymore, Not Even You," *Vox*, April 17, 2018, https://www.vox.com/2018/4/17/17219166/fashion-style-algorithm-amazon-echo-look; Sally Applin, "Amazon's Echo Look: Harnessing the Power of Machine Learning or Subtle Exploitation of Human Vulnerability?," *IEEE Consumer Electronics Magazine* 6, no. 4 (October 2017): 125–127.

29. S. A. Applin, "Amazon's Echo Look: We're Going a Long Way Back, Baby," *AnthroPunk Ph.D.* (blog), *Medium*, April 27, 2017, https://medium.com/itp-musings/amazons-echo-look-we-re-going-a-long-way-back-baby-efa2b892a750.

30. Nicola Fumo, "Rise of the AI Fashion Police," *Verge*, May 3, 2017, https://www.theverge.com/2017/5/3/15522792/amazon-echo-look-alexa-style-assistant-ai-fashion.

31. Zeynep Tufekci (@zeynep), "With this data, Amazon won't be able to just sell you clothes or judge you. It could analyze if you're depressed or pregnant and much else," Twitter, April 26, 2017, 12:01 p.m., https://twitter.com/zeynep/status/857263409561317377?lang=en.

32. 轉引自 Brian Barrett, "Amazon's 'Echo Look' Could Snoop a Lot More Than Just Your Clothes," *Wired*, April 28, 2017, https://www.wired.com/2017/04/amazon-echo-look-privacy/.

33. Avery Hartmans, "What You Need to Know about the Privacy of the New Smart Camera Amazon Wants You to Put in Your Bedroom," *Business Insider*, April 27, 2017, https://www.businessinsider.com.au/amazon-echo-look-privacy-issues-2017-4.

34. Patrick Moorhead, "Why Amazon Really Created Echo Look, a Camera in Your Bedroom and Bathroom," *Forbes*, April 27, 2017, https://www.forbes.com/sites/patrickmoorhead/2017/04/27/why-amazon-really-created-echo-look-a-camera-in-your-bedroom-and-bathroom/.

35. Barrett, "Amazon's 'Echo Look' Could Snoop a Lot."

36. Barrett, "Amazon's 'Echo Look' Could Snoop a Lot."

37. Anastasia Powell, Nicola Henry, Asher Flynn, and Adrian J. Scott, "Image-Based Sexual Abuse: The Extent, Nature, and Predictors of Perpetration in a Community Sample of Australian Residents," *Computers in Human Behavior* 92 (March 2019): 393–402.

38. Haitao Xu, Fengyuan Xu, and Bo Chen, "Internet Protocol Cameras with No Password Protection: An Empirical Investigation," in *Passive and Active Measurement*, ed. Robert Beverly, Georgios Smaragdakis, and Anja Feldmann, Lecture Notes in Computer Science 10771 (Cham, Switzerland: Springer, 2018), 47–59.

39. Kate Crawford and Vladan Joler, *Anatomy of an AI System: The Amazon Echo as an Anatomical Map of Human Labor, Data and Planetary Resources* (New York: AI Now Institute and Share Lab, September 7, 2018), section 7, https://anatomyof.ai.

40. Mark Harris, "Amazon's Alexa Knows What You Forgot and Can Guess What You're Thinking," *Guardian*, September 20, 2018, https://www.theguardian.com/technology/2018/sep/20/alexa-amazon-hunches-artificial-intelligence.

41. Jerome R. Bellegarda and Jannes G. Dolfing, "Language Identification Using Recurrent Neural Networks," US Patent 10,474,753 B2, filed September 27, 2017, and issued November 12, 2019.

42. Bellegarda and Dolfing, "Language Identification."

43. Arlie Russell Hochschild, *The Managed Heart: Commercialization of Human Feeling*, updated ed. (Berkeley: University of California Press, 2012).

44. Jennifer Rhee, *The Robotic Imaginary: The Human and the Price of Dehumanized Labor* (Minneapolis: University of Minnesota Press, 2018).

45. Sidney Fussell, "Alexa Wants to Know How You're Feeling Today," *Atlantic*, October 12, 2018, https://www.theatlantic.com/technology/archive/2018/10/alexa-emotion-detection-ai-surveillance/572884/.

46. Megan Molteni, "The Chatbot Therapist Will See You Now," *Wired*, June 7, 2017, https://www.wired.com/2017/06/facebook-messenger-woebot-chatbot-therapist/.

47. Paige Murphy, "R U OK? and the Works Launch Voice Technology for Google Assistant," *AdNews*, September 12, 2019, https://www.adnews.com.au/news/r-u-ok-and-the-works-launch-voice-technology-for-google-assistant.

48. Hilary Bergen, "'I'd Blush If I Could': Digital Assistants, Disembodied Cyborgs and the Problem of Gender," *Word and Text* 6 (December 2016): 107.

49. Rebecca J. Erickson, "Why Emotion Work Matters: Sex, Gender, and the Division of Household Labor," *Journal of Marriage and Family* 67, no. 2 (May 2005): 337–351.

50. UNESCO and EQUALS Skills Coalition, *I'd Blush If I Could.*

51. Carola Spada, "The Internet of Emotions: A New Legal Challenge," *MediaLaws*, May 7, 2019, http://www.medialaws.eu/the-internet-of-emotions-a-new-legal-challenge/.

52. Genevieve Bell, "Making Life: A Brief History of Human-Robot Interaction," *Consumption Markets and Culture* 21, no. 1 (2018): 25.

53. Leonie Tanczer, Ine Steenmans, Miles Elsden, Jason Blackstock, and Madeline Carr, "Emerging Risks in the IoT Ecosystem: Who's Afraid of the Big Bad Smart Fridge?," in *Living in the Internet of Things: Cybersecurity of the IoT* (London: Institution of Engineering and Technology, 2018); Irina Brass, Leonie Tanczer, Madeline Carr, Miles Elsden, and Jason Blackstock, "Standardising a Moving Target: The Development and Evolution of IoT Security Standards," in *Living in the Internet of Things: Cybersecurity of the IoT* (London: Institution of Engineering and Technology, 2018).

54. Tanczer et al., "Emerging Risks in the IoT Ecosystem."

55. Tanczer et al., "Emerging Risks in the IoT Ecosystem," 4. 這也呼應了美國加州大學柏克萊分校（University of California at Berkeley）學者所提出的「新正常」（New Normal）情境：一個嶄新、缺乏安全性的「西方荒野」（Wild West）將會成為規範，而人們將會用不同的方式回應。這些作者也提出了四種其他的情境，包括：「Omega」、「泡泡 2.0」、「國際物聯網」、「感受器」（情聯網）。見 Center for Long-Term Cybersecurity, *Cybersecurity Future 2020* (Berkeley: Center for Long-Term Cybersecurity, University of California at Berkeley, 2016), https://cltc.berkeley.edu/2016/04/28/cybersecurity-futures-2020/.

56. Tanczer et al., "Emerging Risks in the IoT Ecosystem," 4.

57. Bergen, "I'd Blush If I Could," 100.

58. "Steve Jobs: The Magician," *Economist*, October 8, 2011, https://www.economist.com/leaders/2011/10/08/the-magician.

59. Bergen, "I'd Blush If I Could," 100.

60. 這點也和國際風險治理議會（International Risk Governance Council, IRGC）所提出《新興風險治理準則》（Guidelines for Emerging Risk Governance）兩相呼應。(Lausanne, Switzerland: International Risk Governance Council, 2015), https://www.irgc.org/risk-governance/emerging-risk/a-protocol-for-dealing-with-emerging-risks/.

61. Miranda Hall, "Beware the Smart Home," *Autonomy*, November 2018, http://autonomy.work/portfolio/beware-the-smart-home/.

62. Shoshana Zuboff, *The Age of Surveillance Capitalism: The Fight for a Human Future at the New Frontier of Power* (New York: PublicAffairs, 2019), 8, 9–10（文中強調部分為原文）。

63. Zuboff, *Age of Surveillance Capitalism*, 21.

64. Maggie Astor, "Your Roomba May Be Mapping Your Home, Collecting Data That Could Be Shared," *New York Times*, July 25, 2017, https://www.nytimes.com/2017/07/25/technology/roomba-irobot-data-privacy.html.

65. 例如，可見 Alfred Ng and Megan Wollerton, "Google Calls Nest's Hidden Microphone an 'Error,'" *CNET*, February 20, 2019, https://www.cnet.com/news/google-calls-nests-hidden-microphone-an-error/.

66. Sophia Maalsen and Jathan Sadowski, "The Smart Home on FIRE: Amplifying and Accelerating Domestic Surveillance," *Surveillance and Society* 17, no. 1–2 (2019): 118–124.

67. Virginia K. Smith, "As Landlords Use Security Camera Footage against Tenants in Court, Here's How to Protect Your Privacy," *Brick Underground*, January 19, 2017, https://www.brickunderground.com/troubleshooting/landlords-using-surveillance-cameras.

68. Veronica Barassi, *"Home Life Data" and Children's Privacy* (London: Child | Data | Citizen Project, Goldsmiths, University of London, 2018). 參見 Child | Data | Citizen (website), accessed December 3, 2019, http://childdatacitizen.com/.

69. Sherry Turkle, *Alone Together: Why We Expect More from Technology and Less from Each Other* (New York: Basic Books, 2011).

70. Campaign for a Commercial-Free Childhood, "Stop Mattel's Aristotle from Trading Children's Privacy for Profit," Salsa Labs, 2017, https://org.salsalabs.com/o/621/p/dia/action4/common/public/?action_KEY=21718.

71. Tom Warren, "Amazon's Echo Glow is a $29 Lamp for Alexa Dance Parties and Bedtime Stories," September 25, 2019, *The Verge*, https://www.theverge.com/2019/9/25/20883766/amazon-echo-glow-kids-lamp-speaker-features-specs-price-alexa.

72. United Nations Office on Drugs and Crime, *Global Study on Homicide 2018: Gender-Related Killing of Women and Girls* (Vienna: United Nations Office on Drugs and Crime, 2018), https://www.unodc.org/documents/data-and-analysis/GSH2018/GSH18_Gender-related_killing_of_women_and_girls.pdf.

73. Anastasia Powell and Nicola Henry, *Sexual Violence in a Digital Age* (Basingstoke, UK: Palgrave Macmillan, 2017); Isabel Lopez-Neira, Trupti Patel, Simon Parkin, George Danezis, and Leonie Tanczer, "'Internet of Things': How Abuse Is Getting Smarter," *Safe–The Domestic Abuse Quarterly* 63 (2019): 22–26.

74. UNESCO and EQUALS Skills Coalition, *I'd Blush If I Could*.

75. Delanie Woodlock, "The Abuse of Technology in Domestic Violence and Stalking," *Violence against Women* 23, no. 5 (April 2017): 584–602.

76. National Center for Injury Prevention and Control, *The National Intimate Partner and Sexual Violence Survey (NISVS): 2010 Summary Report* (Atlanta: National Center for Injury Prevention and Control, Centers for Disease Control and Prevention, 2011), https://www.cdc.gov/violenceprevention/pdf/nisvs_report2010-a.pdf.

77. Katrina Baum, Shannan Catalano, Michael Rand, and Kristina Rose, *Stalking Victimization in the United States*, NCJ 224527 (Washington, DC: Bureau of Justice Statistics, US Department of Justice, 2009), https://victimsofcrime.org/docs/src/baum-k-catalano-s-rand-m-rose-k-2009.pdf.

78. Woodlock, "Abuse of Technology," 519.

79. Nellie Bowles, "Thermostats, Locks and Lights: Digital Tools of Domestic Abuse," *Straits Times*, June 24, 2018, https://www.straitstimes.com/world/united-states/domestic-abuse-in-us-turns-digital-with-thermostats-locks-and-lights.

80. Lopez-Neira et al., "Internet of Things."

81. Anthony Cuthbertson, "Amazon Ordered to Give Alexa Evidence in Double Murder Case," *Independent*, November 14, 2018, https://www.independent.co.uk/life-style/gadgets-and-tech/news/amazon-echo-alexa-evidence-murder-case-a8633551.html.

82. Lopez-Neira et al., "Internet of Things," 25.

83. Roxanne Leitão, "Digital Technologies and Their Role in Intimate Partner Violence," in *Extended Abstracts of the 2018 CHI Conference on Human Factors in Computing Systems* (New York: ACM, 2018).

84. Lopez-Neira et al., "Internet of Things."

85. 對這個想法的批評，可參 Clementine Ford, "It's Been 'a Hard Year to Be a Man,' Clementine Ford Has Tips," *Sydney Morning Herald*, December 11, 2018, https://www.smh.com.au/lifestyle/life-and-relationships/it-s-been-a-hard-year-to-be-a-man-clementine-ford-has-tips-20181210-p50lav.html.

86. Jennifer A. Rode, "A Theoretical Agenda for Feminist HCI," *Interacting with Computers* 23, no. 5 (September 2011): 393–400.

87. Wajcman, *Feminism Confronts Technology*, 166.

88. Wajcman, *Feminism Confronts Technology*, 88; Marie Louise Juul Søndergaard and Lone Koefoed Hansen, "Intimate Futures: Staying with the Trouble of Digital Personal Assistants through Design Fiction," in *Proceedings of the 2018 Designing Interactive Systems Conference* (New York: ACM, 2018), 878.

89. Rode, "A Theoretical Agenda for Feminist HCI."

90. UNESCO and EQUALS Skills Coalition, *I'd Blush If I Could.*

91. bell hooks, *The Will to Change: Men, Masculinity, and Love* (New York: Atria Books, 2004), 39.

92. Cordelia Fine, *Testosterone Rex: Myths of Sex, Science, and Society* (New York: W. W. Norton, 2017); Ford, *Boys Will Be Boys.*

第八章

1. Donna Haraway, *Staying with the Trouble: Making Kin in the Chthulucene* (Durham, NC: Duke University Press, 2016), 1, 2.

2. 其他的人機互動設計學者也建議採取哈洛威的呼籲，在他們對於個人數位助理與聊天機器人的性別與種族分析中，嘗試與麻煩相伴。例如，可見 Marie Louuise Juul Søndergaard and Lone Koefoed Hansen, "Intimate Futures: Staying with the Trouble of Digital Personal Assistants through Design Fiction," in *Proceedings of the 2018 Designing Interactive Systems Conference* (New York: ACM, 2018), 869–880; Ari Schlesinger, Kenton P. O'Hara, and Alex S. Taylor, "Let's Talk about Race: Identity, Chatbots, and AI," in *Proceedings of the 2018 CHI Conference on Human Factors in Computing Systems* (New York: ACM, 2018).

3. Haraway, *Staying with the Trouble*, 4.

4. 例如，可見 Sara Ahmed, *Living a Feminist Life* (Durham, NC: Duke University Press, 2017); Judy Wajcman, *TechnoFeminism* (Cambridge, UK: Polity, 2004); Laboria Cuboniks, *The Xenofeminist Manifesto: A Politics for Alienation* (Brooklyn: Verso Books, 2018); Donna J. Haraway, *Simians, Cyborgs, and Women: The Reinvention of Nature* (New York: Routledge, 1991); Jennifer Baumgardner and Amy Richards, *Manifesta: Young Women, Feminism and the Future* (New York: Farrar, Straus and Giroux, 2000).

5. Ahmed, *Living a Feminist Life*, 265.

6. Ahmed, *Living a Feminist Life*, 65.

7. Hannah McCann, *Queering Femininity: Sexuality, Feminism and the Politics of Presentation* (Abingdon, UK: Routledge, 2017).

8. Ann Light, "HCI as Heterodoxy: Technologies of Identity and the Queering of Interaction with Computers," *Interacting with Computers* 23, no. 5 (September 2011): 430–438, in reference to Shaowen Bardzell, "Feminist HCI: Taking Stock and Outlining an Agenda for Design," in *Proceedings of the SIGCHI Conference on Human Factors in Computing System*s (New York: ACM, 2010), 1301–1310.

9. Brian O'Flynn, "10 Years of Lady Gaga: How She Queered Mainstream Pop Forever," *Guardian*, April 10, 2018, https://www.theguardian.com/music/2018/apr/10/10-years-of-lady-gaga-how-she-queered-mainstream-pop-forever.

10. Yuji Sone, *Japanese Robot Culture: Performance, Imagination, and Modernity* (Basingstoke, UK: Palgrave Macmillan, 2017).

11. Jennifer Rhee, *The Robotic Imaginary: The Human and the Price of Dehumanized Labor* (Minneapolis: University of Minnesota Press, 2018); Thao Phan, "Amazon Echo and the Aesthetics of Whiteness," *Catalyst: Feminism, Theory, Technoscience* 5, no. 1 (2019), https://catalystjournal.org/index.php/catalyst/article/view/29586/24799.

12. Sarah Myers West, Meredith Whittaker, and Kate Crawford, *Discriminating Systems: Gender, Race, and Power in AI* (New York: AI Now Institute, 2019), 5, https://ainowinstitute.org/discriminatingsystems.pdf.

13. "About Us," AnitaB.org, accessed December 3, 2019, https://anitab.org/about-us/.

14. "Grace Hopper Celebration," AnitaB.org, accessed December 3, 2019, https://ghc. anitab.org.

15. Code Like a Girl (website), accessed December 3, 2019, https://codelikeagirl.org.

16. "About," Code Like a Girl, accessed December 3, 2019, https://codelikeagirl.org/ about/about/.

17. Girls Who Code (website), accessed December 3, 2019, https://girlswhocode. com; Women Who Code (website), accessed December 3, 2019, https://www. womenwhocode.com; Coding Girls (website), accessed December 3, 2019, https:// codinggirls.sg/index.html; Code First: Girls (website), accessed December 3, 2019, https://www.codefirstgirls.org.uk.

18. Jessi Hempel, "Fei-Fei Li's Quest to Make AI Better for Humanity," *Wired*, November 13, 2018, https://www.wired.com/story/fei-fei-li-artificial-intelligence-humanity/.

19. 3A Institute (website), accessed December 3, 2019, https://3ainstitute.cecs.anu.edu. au.

20. UNESCO and EQUALS Skills Coalition, *I'd Blush If I Could: Closing Gender Divides in Digital Skills through Education,* GEN/2019/EQUALS/1 REV 2 (Paris: UNESCO, 2019).

21. UNESCO and EQUALS Skills Coalition, *I'd Blush If I Could*, 37, 44.

22. "#FixedIt," Jane Gilmore, accessed December 3, 2019, http://janegilmore.com/category/fixedit/; Jane Gilmore, *Fixed It: Violence and the Representation of Women in the Media* (New York: Viking, 2019).

23. Jane Gilmore, "FixedIt: The Sexist Headlines That Needed Fixing in 2017," *Sydney Morning Herald*, December 21, 2017, https://www.smh.com.au/lifestyle/fixedit-the-sexist-headlines-that-needed-fixing-in-2017-20171219-h07km9.html.

24. Don Sweeney, "Apple Washes Siri's Mouth Out with Soap over Vulgar Definition of 'Mother,'" *Sacramento Bee*, April 30, 2018, https://www.sacbee.com/news/nation-world/national/article210097244.html.

25. Lucas Matney, "Smart Home Robot Gives LG Exec the Silent Treatment during CES Keynote," *TechCrunch*, January 8, 2018, https://techcrunch.com/2018/01/08/smart-home-robot-gives-lg-exec-the-silent-treatment-during-ces-keynote/.

26. Annabel Crabb, *The Wife Drought: Why Women Need Wives and Men Need Lives* (North Sydney: Random House Australia, 2014); Annabel Crabb, "Men at Work: Australia's Parenthood Trap," *Quarterly Essay*, no. 75 (September 2019), https://www.quarterlyessay.com.au/essay/2019/09/men-at-work.

27. R. W. Connell, *Masculinities*, 2nd ed. (Berkeley: University of California Press, 2005); bell hooks, *The Will to Change: Men, Masculinity, and Love* (New York: Atria Books, 2004); Lynne Segal, *Slow Motion: Changing Masculinities, Changing Men* (New Brunswick, NJ: Rutgers University Press, 1990).

28. Judith Butler, *Gender Trouble: Feminism and the Subversion of Identity* (London: Routledge, 2006); Connell, *Masculinities*.

29. David J. Maume, "Can Men Make Time for Family?: Paid Work, Care Work, Work-Family Reconciliation Policies, and Gender Equality," *Social Currents* 3, no. 1 (March 2016): 43–63.

30. Shelby Lorman, *Awards for Good Boys: Tales of Dating, Double Standards, and Doom* (London: Penguin Books, 2019).

31. Van Badham, "'Mentrification': How Men Appropriated Computers, Beer and the Beatles," *Guardian*, May 29, 2019, https://www.theguardian.com/music/2019/may/29/mentrification-how-men-appropriated-computers-beer-and-the-beatles.

32. "About Us," Geena Davis Institute on Gender in Media, accessed December 3, 2019, https://seejane.org/about-us/.

33. 例如，可見 Clementine Ford, *Boys Will Be Boys: Power, Patriarchy and the Toxic Bonds of Mateship* (Sydney: Allen and Unwin, 2018); W. James Potter, *Media Effects* (Thousand Oaks, CA: SAGE, 2012); Patti M. Valkenburg and Jessica Taylor Piotrowski, *Plugged In: How Media Attract and Affect Youth* (New Haven, CT: Yale University Press, 2017).

34. Kate Devlin, *Turned On: Science, Sex and Robots* (London: Bloomsbury Sigma, 2018).

35. 「貝克德爾測驗」（Bechdel Test）是由漫畫家與作家艾莉森‧貝克德爾（Alison Bechdel）所創，她在 1985 年的報紙連環漫畫《Dykes to Watch Out For》中，曾經發表一篇名為《The Rule》的作品，並在劇情中納入這項測驗，後來成為評估女性在電影中再現形象的基本測驗。這個測驗又稱為「貝克德爾 - 華萊士測驗」（Bechdel-Wallace Test），以肯認貝克德爾的朋友莉茲‧華萊士（Liz Wallace）對此的貢獻。見 "About," Bechdel Test Fest, accessed December 3, 2019, http://bechdeltestfest.com/about/.

36. "Statistics," Bechdel Test Movie List, accessed December 3, 2019, https://bechdeltest.com/statistics/.

37. "Our Story," Hello Sunshine, accessed December 3, 2019, https://hello-sunshine.com/our-story.

38. 高達 75% 的科幻劇作家為男性。見 Bronwyn Lovell, "Friday Essay: Science Fiction's Women Problem," *Conversation*, September 15, 2016, https://theconversation.com/friday-essay-science-fictions-women-problem-58626. 2017 年，美國票房排名前 250 的電影工作者（導演、編劇、製作人、剪接、攝影師）中，只有 18% 為女性。見 Martha M. Lauzen, "The Celluloid Ceiling: Behind-the-Scenes Employment of Women on the Top 100, 250, and 500 Films of 2017," 2018, accessed February 6, 2020, https://womenintvfilm.sdsu.edu/wp-content/uploads/2018/01/2017_Celluloid_Ceiling_Report.pdf.

39. Jacqueline Feldman, "The Dignified Bot," *Daily* (blog), *Paris Review*, December 13, 2017, https://www.theparisreview.org/blog/2017/12/13/the-dignified-bot/.

40. Dalia Mortada, "Meet Q, the Gender-Neutral Voice Assistant," March 21, 2019, on *Morning Edition*, NPR, https://www.npr.org/2019/03/21/705395100/meet-q-the-gender-neutral-voice-assistant.

41. "F'xa," Comuzi, accessed December 3, 2019, https://www.comuzi.xyz/fxa.

42. Feminist Internet, "Feminist PIA Standards," accessed December 3, 2019, https://drive.google.com/file/d/1J6mMeZxwlOLhxFirIphoJBrOFyZiV6m_/view; Josie Young, "Designing Feminist Chatbots," September 2017, https://drive.google.com/file/d/0B036SlUSi-z4UkkzYUVGTGdocXc/view.

43. David Pierson, "Did Your Tamagotchi Die of Neglect in the Late '90s? Now's Your Chance to Take Another Shot," *Los Angeles Times*, October 10, 2017, https://www.latimes.com/business/la-fi-tn-tamagotchi-20171010-story.html.

44. Clifford Nass with Corina Yen, *The Man Who Lied to His Laptop: What We Can Learn about Ourselves from Our Machines* (New York: Current, 2012).

45. UNESCO and EQUALS Skills Coalition, *I'd Blush If I Could*.

46. Kate Crawford and Vladan Joler, *Anatomy of an AI System: The Amazon Echo as an Anatomical Map of Human Labor, Data and Planetary Resources* (New York: AI Now Institute and Share Lab, September 7, 2018), https://anatomyof.ai.

47. Vandana Shiva, *Earth Democracy: Justice, Sustainability, and Peace* (London: Zed Books, 2016).

48. Søndergaard and Hansen, "Intimate Futures," 875.

49. Yolande Strengers, Jenny Kennedy, Paula Arcari, Larissa Nicholls, and Melissa Gregg, "Protection, Productivity and Pleasure in the Smart Home," in *Proceedings of the SIGCHI Conference on Human Factors in Computing Systems: Weaving the Threads of CHI* (New York: ACM, 2019).

50. "Our Mission," Common Sense Media, accessed December 3, 2019, https://www.commonsensemedia.org/about-us/our-mission.

51. Australian Government, "Have Your Say on Classification Regulation," Australian Classification, January 8, 2020, https://www.classification.gov.au/about-us/media-and-news/news/have-your-say-classification-regulation.

52. Jaclyn Friedman and Jessica Valenti, *Yes Means Yes!: Visions of Female Sexual Power and a World without Rape* (Berkeley, CA: Seal, 2008).

53. 以美國為例，可參考 "Affirmative Consent Laws (Yes Means Yes) State by State," Affirmative Consent, accessed December 3, 2019, http://affirmativeconsent.com/affirmative-consent-laws-state-by-state/.

54. "Yes! Means Yes," Only with Consent, accessed December 3, 2019, http:// onlywithconsent.org/blog/yes-means-yes.

55. Shere Hite, *The Hite Report: A Nationwide Study of Female Sexuality* (1976; repr., New York: Seven Stories, 2004).

56. Sinziana M. Gutiu, "The Roboticization of Consent," in *Robot Law*, ed. Ryan Calo, A. Michael Froomkin, and Ian Kerr (Cheltenham, UK: Edward Elgar, 2016), 186–212.

57. Shoshana Zuboff, *The Age of Surveillance Capitalism: The Fight for a Human Future at the New Frontier of Power* (New York: PublicAffairs, 2019).

58. Google 設立了一個外部的諮詢委員會，稱為「Advanced Technology External Advisory Council」，以監控其對於人工智慧的使用。不過此委員會很快就瓦解了，因為 Google 對於委員會成員的選任爆出爭議，包括選任了極其保守的人物。見 Nick Statt, "Google Dissolves AI Ethics Board Just One Week after Forming It," *Verge*, April 4, 2019, https://www.theverge.com/2019/4/4/18296113/ google-ai-ethics-board-ends-controversy-kay-coles-james-heritage-foundation. 另，關於學術爭辯的摘要，可見 Jacob Turner, *Robot Rules: Regulating Artificial Intelligence* (London: Palgrave Macmillan, 2019).

59. Anna Jobin, Marcello Ienca, and Effy Vayena, "The Global Landscape of AI Ethics Guidelines," *Nature Machine Intelligence* 1, no. 9 (September 2019): 389–399.

60. High-Level Expert Group on Artificial Intelligence, *Ethics Guidelines for Trustworthy AI* (Brussels: European Commission, 2019), 5, https://ec.europa.eu/digital-single-market/en/news/ethics-guidelines-trustworthy-ai.

61. UNI Global Union, *Top 10 Principles for Ethical Artificial Intelligence* (Nyon, Switzerland: UNI Global Union, 2018), 7, http://www.thefutureworldofwork.org/ media/35420/uni_ethical_ai.pdf（文中強調部分為作者所加）。

62. IEEE Global Initiative on Ethics of Autonomous and Intelligent Systems, *Ethically Aligned Design: A Vision for Prioritizing Human Well-Being with Autonomous and Intelligent Systems* (Piscataway, NJ: Institute of Electrical and Electronics Engineers, 2018), https://ethicsinaction.ieee.org.

63. Microsoft, "Responsible Bots: 10 Guidelines for Developers of Conversational AI," November 4, 2018, https://www.microsoft.com/en-us/research/uploads/ prod/2018/11/Bot_Guidelines_Nov_2018.pdf.

64. "AI Ethics Guidelines Global Inventory," AlgorithmWatch, last updated June 21, 2019, https://algorithmwatch.org/en/project/ai-ethics-guidelines-global-inventory/.

65. Genevieve Bell, "Making Life: A Brief History of Human-Robot Interaction," *Consumption Markets and Culture* 21, no. 1 (2018): 22–41.

66. Judy Wajcman, *Feminism Confronts Technology* (Cambridge, UK: Polity, 1991), 166.

方法論

1. Larissa Nicholls, Yolande Strengers, and Sergio Tirado, S*mart Home Control: Exploring the Potential for Off-the-Shelf Enabling Technologies in Energy Vulnerable and Other Households*, final report (Melbourne: Centre for Urban Research, RMIT University, 2017); Yolande Strengers, Larissa Nicholls, Tanzy Owen, and Sergio Tirado, *Smart Home Control Devices: Summary and Assessment of Energy and Lifestyle Marketing Claims* (Melbourne: Centre for Urban Research, RMIT University, 2017); Sergio Tirado, Larissa Nicholls, and Yolande Strengers, "Smart Home Technologies in Everyday Life: Do They Address Key Energy Challenges?," *Current Opinion in Environmental Sustainability* 31 (April 2018): 65–70; Jenny Kennedy, Ellie Rennie, and Julian Thomas, "AI in Public Services: Nadia and Other Australian Examples," case study for *Artificial Intelligence in the Delivery of Public Services* (Bangkok: Report for the United Nations Economic and Social Commission for Asia and the Pacific, 2019).

2. Yolande Strengers and Larissa Nicholls, "Convenience and Energy Consumption in the Smart Home of the Future: Industry Visions from Australia and Beyond," *Energy Research & Social Science* 32 (October 2017): 86–93; Yolande Strengers, Sarah Pink, and Larissa Nicholls, "Smart Energy Futures and Social Practice Imaginaries: Forecasting Scenarios for Pet Care in Australian Homes," *Energy Research and Social Science* 48 (February 2019): 108–115; Larissa Nicholls and Yolande Strengers, "Robotic Vacuum Cleaners Save Energy? Raising Cleanliness Conventions and Energy Demand in Australian Households with Smart Home Technologies," *Energy Research and Social Science* 50 (April 2019): 73–81; Yolande Strengers, "Robots and Roomba Riders: Non-human Performers in Theories of Social Practice," in *Social Practices and Dynamic Non-humans: Nature, Materials and Technologies*, ed. Yolande Strengers and Cecily Maller (Basingstoke, UK: Palgrave Macmillan, 2019), 215–234;

Yolande Strengers and Larissa Nicholls, "Aesthetic Pleasures and Gendered Tech-Work in the 21st-Century Smart Home," *Media International Australia* 166 (February 2018): 70–80.

3. Jenny Kennedy, Michael Arnold, Martin Gibbs, Bjorn Nansen, and Rowan Wilken, *Digital Domesticity: Media, Materiality, and Home Life* (Oxford: Oxford University Press, 2020); Jenny Kennedy, Michael Arnold, Bjorn Nansen, Rowan Wilken, and Martin Gibbs, "Digital Housekeepers and Domestic Expertise in the Networked Home," *Convergence: The International Journal of Research into New Media Technologies* 21, no. 4 (November 2015): 408–422.

4. Mike Hazas and Yolande Strengers, "Promoting Smart Homes," in *Energy Fables: Challenging Ideas in the Energy Sector*, ed. Jenny Rinkinen, Elizabeth Shove, and Jacopo Torriti (London: Routledge, 2019), 78–88; Yolande Strengers, Janine Morley, Larissa Nicholls, and Mike Hazas, "The Hidden Energy Cost of Smart Homes," *Conversation*, June 13, 2016, https://theconversation.com/the-hidden-energy-cost-of-smart-homes-60306.

5. Rikke Hagensby Jensen, Yolande Strengers, Jesper Kjeldskov, Larissa Nicholls, and Mikael B. Skov, "Designing the Desirable Smart Home: A Study of Household Experiences and Energy Consumption Impacts," in *Proceedings of the 2018 CHI Conference on Human Factors in Computing Systems* (New York: ACM, 2018); Rikke Hagensby Jensen, Yolande Strengers, Dimitrios Raptis, Larissa Nicholls, Jesper Kjeldskov, and Mikael B. Skov, "Exploring Hygge as a Desirable Design Vision for the Sustainable Smart Home," in *Proceedings of the 2018 Designing Interactive Systems Conference* (New York: ACM, 2018), 355–360; Yolande Strengers, Mike Hazas, Larissa Nicholls, Jesper Kjeldskov, and Mikael B. Skov, "Pursuing Pleasance: Interrogating Energy-Intensive Visions for the Smart Home," *International Journal of Human-Computer Studies* 136 (April 2020): 1–14.

6. Yolande Strengers, Jenny Kennedy, Paula Arcari, Larissa Nicholls, and Melissa Gregg, "Protection, Productivity and Pleasure in the Smart Home," in *Proceedings of the SIGCHI Conference on Human Factors in Computing Systems: Weaving the Threads of CHI* (ACM, 2019).

索引 條目後頁碼爲英文原著頁碼，請依本書正文外邊之號碼檢索

#

3A Institute, Australian National University 3A 研究所，澳洲國立大學　213

"3Cs" (Shove)　3C（伊莉莎白・肖夫）　95

1950s' housewife　1950 年代的家庭主婦　3-4, 5, 23, 28, 93

2001: A Space Odyssey (film)　《2001：太空漫遊》（電影）　67, 199

A

Abani, Priya　普里婭・阿巴尼　83

Abbass, Hussein　胡薩因・阿巴斯　174

Abortions　墮胎　163

Abuse of technologies　科技濫用　154-163, 173, 219-220

Abyss Creations　深淵製造公司，見 Harmony/Harmony X（眞實娃娃 / 眞實娃娃 X）；Henry（眞實娃娃 X）；眞實娃娃；SolanaX（眞實娃娃 X）

Access to smart wives　智慧妻子的近用　20

Actroid Repliee Q2　人形機器人　62-64

Affective robots　情感型機器人，見 Social robots 社交型機器人

Affirmative (enthusiastic) consent　積極同意　140-141, 198, 222-224

Age of Surveillance Capitalism (Zuboff), The, 監控資本主義（肖莎娜・祖博夫）　194

Ahmed, Sara　莎拉・艾哈邁德　209

AI: Artificial Intelligence (film)　《A.I. 人工智慧》（電影）　70

Aibo　機器狗 Aibo　51, 71

AI Now Institute　當前人工智慧研究所　11, 97, 212

Alexa (Amazon)　Alexa（亞馬遜），亦可見 Amazon Echo and Amazon Echo products 亞馬遜智慧喇叭 Echo 與相關系列產品　81, 82, 186, 187

　cost of　的成本　52

　as court witness　作爲法庭證人　201

　description of　的描述　82

　disengage mode　置之不理模式　163

　emotional support from　的情感支持　53

　encased in container　居住在容器中　12, 49, 81

　ethical concerns　倫理規範　107

　and feminism　與女性主義　164, 165

　gendered as female　設定爲女性　2, 21, 172

　glitches　的故障　145, 148, 149

　and home appliances　與智慧家電　26, 29, 40

and housework 與家務工作 25, 38

Hunches Alexa 預感功能 190-191, 192, 194-195

impacts on environment and people 對環境與人類的影響 97-99

input from users 使用者的指示 41

market for 的市場 8, 79, 82-83, 84, 102

and marriage to Siri 和 Siri 結婚 127, 210

name 名字 79

passive response to abuse 對濫用行為的消極回應 162

and pleasance at home 家中的心曠神怡感受 96, 97

pleasure from 的樂趣 183

and Samantha sexbot 與性愛機器人 Samantha 112

and sexism 和性別歧視 11, 156, 163

Skills Kit 第三方開發技能 82, 103, 127

and Star Trek 與《星艦迷航記》 79, 102-105, 107

usefulness of 的用處 39

voice control capability 語音控制功能 109

Alibaba 阿里巴巴 4

AliGenie 阿里精靈 21

Alpha (robot) Alpha（機器人） 21

Alzheimer's disease 阿茲海默症 52, 53, 74, 75

Amazon 亞馬遜，亦可見 Alexa（亞馬遜）

as Big Five member 作為五巨頭 85

employment at, and gender 受僱員工與性別 9

energy footprint 能源足跡 101

Kindle 電子書閱讀器 81, 82, 83, 106

linguistic traits of devices 智慧設備的語言特徵 68

market for 的市場 4, 80-82, 102

political influence of 的政治影響力 84-85

and Q 與 Q 172

second headquarters 第二總部 84-85

and surveillance capitalism 與監控資本主義 194-195

Vesta 女僕機器人 Vesta 26-27, 150-151

working conditions 勞動條件 98, 99

Amazon Echo 亞馬遜智慧喇叭 Echo 38, 81, 82. 亦可見 Amazon（亞馬遜）

Dot Kids 兒童版智慧喇叭 168

Glow 兒童版夜燈 197

Look 穿搭建議功能 186-189, 192, 194-195, 203

Anatomy of an AI System (Crawford and Joler) AI 系統剖析圖（凱特·克勞佛與維拉登·喬勒） 97-98, 99, 103, 107, 189, 220

Angle, Colin 柯林·安格 27

Anheuser-Busch 安海斯布希（酒商） 35-36

Animal-inspired robots　動物型機器人，見 Pet-inspired robots 寵物型機器人；Zoomorphic forms of smart wives 具動物形象的智慧妻子

Anime (animation)　動漫　65, 66, 68, 126-127

AnitaB.org　AnitaB.org（組織）　212

Anthropocene　人類世　208

Anthropomorphic forms of smart wives 擬人化形象的智慧妻子　2, 19, 49, 56, 62, 165

Apple　蘋果（公司），亦可見 Siri（蘋果）

　　as Big Five member　作為五巨頭　85

　　employment at, and gender　受僱員工與性別　9

　　Home system　與智慧居家系統　46

　　renewable energy commitment　再生能源的承諾　101

　　users' loss of control over devices　使用者無法控制裝置　193-194

　　working conditions　勞動條件　99

Apple Watch　蘋果手錶　30

Applin, Sally　莎莉・埃普林　187

Aristotle (Mattel)　亞里斯多德（美泰兒公司）　196-197

Artificial intelligence (AI)　人工智慧（AI）

　　biases in 的偏誤　219

　　as component of smart wife　作為智慧妻子的組成　2

　　diversity imbalance in industry　產業缺乏多元性　9, 10-11, 62

　　ethics 倫理　224-226

　　marriage between Alexa and Siri　Alexa 與 Siri 的婚禮　127, 210

　　need for transdisciplinary approach to 跨領域取徑的需求　213

Artificial life made in creator's image　以造物者形象開發的人工生命　70

Ashley Too bot (*Black Mirror*)　機器人小艾希莉（《黑鏡》）　218-219

Asian internet companies　亞洲科技公司　101

Asian smart wife markets　亞洲智慧妻子市場　4

ASIMO (Honda)　ASIMO（本田汽車）　49, 56-57, 58, 67

Asimov, Isaac　以撒・艾西莫夫　172-173

Assistive robots　輔助型機器人，見 Social robots 社交型機器人

Association for Computing Machinery　美國電腦協會　172

Astro Boy　原子小金剛　49, 65-67, 70, 211

Atlas (Boston Dynamics)　人形機器人 Atlas（波士頓動力公司）　51

Audiovisual technologies　視聽科技　178

Austin Powers (film series)　《王牌大賤諜》（系列電影）　14, 15

Australia　澳洲

　　classification and ratings system　分類與分級制度　222

　　and ecological footprint model　與生態足跡模型　86

　　functionality and usability of smart wives 智慧妻子的功能性與可用性　31, 39

　　housework and gender　家務工作與性別　6-7

RUOK Mate　RUOK Mate 功能　192

stalking　跟蹤／跟蹤騷擾　199-200

Autism　自閉症　52, 74

Ava (*Ex Machina*)　艾娃（《人造意識》）　14, 125

AYA (digital voice assistant)　數位語音助理 AYA　221

B

Baidu　百度　4

Ballie (Samsung)　機器人 Ballie（三星）　58-59

Barassi, Veronica　維若妮卡・巴拉西　196

Barber, Trudy　楚蒂・巴柏　117

Barbera, Joseph　約瑟夫・巴貝拉　25

Barrett, Brian　布萊恩・巴雷特　188

Bartneck, Christoph　克里斯多福・巴涅克　160

Bates, Laura　蘿拉・貝茨　61, 116, 134, 137-138

Beard, Mary　瑪莉・畢爾德　167

Bechdel Test　貝克德爾測驗　218, 第八章註 35

Becoming Cliterate (Mintz)　《提升陰蒂識讀：為何性高潮平等很重要》（勞莉・明茲）　122

Beer fridges　啤酒冰箱　35-36

Bell, Genevieve　珍娜薇・貝爾　27, 97, 192, 213, 227

Benefits of smart wives　智慧妻子的好處　9, 38-42

Berg, Anne-Jorunn　安妮－喬倫・柏格　32

Bergen, Hilary　希拉里・伯根　14, 99, 150, 152, 153, 157-158, 163, 164, 192, 193-194

Bezos, Jeff　傑夫・貝佐斯　79, 80-81, 83-84, 97, 99, 109, 第四章註 34

Big Brother　老大哥　175, 193

Big Five　五巨頭　85, 107, 189

Big Mother　老大媽　193

Bipedal FT (efutei)　雙腳機器人 FT　71

Birhane, Abebe　阿比巴・比爾哈尼　174

Black Mirror (TV series)　《黑鏡》（電視劇）　218-219

Blade Runner (film)　《銀翼殺手》（電影）　14, 15, 64, 125

Blade Runner 2049 (film)　《銀翼殺手 2049》（電影）　125

Blue Origin　藍色起源（公司）　81

Body F (RealDoll)　Body F（真實娃娃）　119

Bogost, Ian　伊恩・博格斯特　164

Borg (*Star Trek*)　博格／博格人（《星艦迷航記》）　102-105, 106, 198

Borg, Anita　安妮塔・博格　212

Bose speakers　Bose 音響　185-186

Boston Dynamics　波士頓動力（公司）　51

Bowie, David 大衛・鮑伊 210

Bowles, Nellie 娜莉・鮑爾斯 83, 200, 202

Boyhood 男孩研究 204. 亦可見 Masculinity and technology 陽剛氣概與科技

Boys Will Be Boys (Ford) 《男孩永遠長不大》（克萊曼汀・福特） 56, 180-181

Brahnam, Sheryl 謝麗爾・布拉南 161-162

Breazeal, Cynthia 辛西亞・布雷澤爾 54, 59, 71

Broad, Ellen 艾倫・布羅德 172

Broadbent, Elizabeth 伊麗莎白・布羅德本特 54, 70

Brothels 娼館 113, 139

Brotopia culture 兄弟烏托邦文化 10, 44, 163

Broussard, Meredith 梅瑞狄斯・布魯薩德 28, 74

Bud-E beer fridge (Anheuser-Busch) Bud-E 智慧啤酒冰箱（安海斯布希） 35-36

Burke, Samuel 山繆・伯克 59-61

C

Cairns, Ross 羅斯・凱恩斯 200-201

Campaign against Sex Robots 反對性愛機器人行動 137

C & C Creations 160-162

Capitalism and the environment 資本主義與環境 80, 85, 87, 98, 100, 102, 105-107

Care2 社群網站 Care2 163

Care function of social robots 社交型機器人的照顧功能 13, 73-76

Caregiving 照顧／照料 7, 35, 52-54

Caring for social robots 照顧社交型機器人 71-73

Centers for Disease Control and Prevention (US) 美國疾病管制與預防中心 200

Chang, Emily 張秀春 10, 44

Chasin, Alexandra 亞歷珊卓・查辛 164-165

Chatbots 聊天機器人，亦可見 Digital voice assistants 數位語音助理

  ELIZA, 15-16, 21

  F'xa, 219, 220

  KAI, 170-171, 219

  Neon, 64, 67, 171

  Poncho, 220

  Replika, 171

  Talk-Bot, 160-162

  Tay and Xiaoice Tay 與小冰 157-158

  as therapists 作為諮商師 16, 192

Chen Na 陳娜（音譯） 112-113

Cherry 2000 (film)　《櫻桃2000》（電影）
153, 154

Childlike social robots　兒童型態的社交
型機器人　71-73

Children　兒童

　reluctance to have in Japan　日本不願
　生育的現象　13, 75

　shaped by gender　性別形象　56

　and technology　與科技　114, 135,
　168, 193, 196-197

China　中國　4, 7, 13, 79, 115

Cho, Minji　曹珉智（音譯）　41

Cisgender women　順性別女性　227-228

Clark, Jack　傑克‧克拉克　11

Classification and ratings systems　分類與
分級制度　222

Climate change　氣候變遷 85, 101, 第四
章註46。亦可見能源消耗；環境

Clitoris and orgasms　陰蒂與高潮　122-
124

CLOi (LG)　機器人CLOi（LG）　145-
146, 148

Cloud and energy consumption　雲端與能
源消耗　99-100, 101

CNNtech　CNN科技　59-61

Code Like a Girl　像女孩一樣寫程式
212

Cognitive work involved with smart homes
與智慧居家相關的認知工作　43

Common Sense Media　常識媒體　221-
222

Companion robots　陪伴型機器人，見社
交型機器人

Computer nerds　電腦書呆子　44

Computer science　電腦科學

　code of ethics　的倫理守則　172

　gender imbalances in　性別不平等
　9-11, 54, 62, 163, 212-214

Comuzi (design studio)　Comuzi（倫敦設
計發明工作室）　219

Consent　同意／合意

　affirmative (enthusiastic)　積極同意
　140-141, 198, 222-224

　and rape issues with sexbots　與性愛
　機器人的性侵問題　114, 134-141,
　142, 223-224

Consumer Electronics Show　消費電子展
30, 58-59, 64, 112, 123-124, 145-146

Consumer Technology Association　美國
消費科技協會　123-124

Consumption　消費／消耗　82, 84, 90-91,
97, 149-151, 186

Control by users of smart wives　使用者對
智慧妻子的控制　39-40, 193-194

Copenhagen Pride　哥本哈根彩虹驕傲節
172

Cortana (*Halo*)　Cortana（《最後一戰》）
146, 148

Cortana (Microsoft)　蔻塔娜（微軟）
11, 83, 154, 182

Counterproductive (Gregg) 《事與願違》（梅麗莎·葛雷格） 33

Cowan, Ruth Schwartz 露絲·施瓦茨·柯望 42

Cox, Tracey 崔西·考克斯 124

Crabb, Annabel 安娜貝爾·克拉布 1, 2, 6-7, 215

Crawford, Kate 凱特·克勞佛 11, 97-98, 99, 103, 107, 189, 220

Crypton Future Media 克里普敦未來媒體（日本公司） 126

Cultural genitals 文化性器官 62

Custer's Revenge (video game) 《卡斯特的復仇》（電玩） 135

Cuteness in social robots 社交型機器人的可愛／卡哇伊 68-70

Cybersecurity risks 資安風險 187-189, 192, 193-194, 196, 197-198, 221

Cyborgs, female 女性賽伯格 148, 152

D

Danaher, John 約翰·丹納赫 113, 116

Darling, Kate 凱特·達爾林 56, 71-73, 173

Data (personal) 個人資訊 187-190, 193, 194, 196, 197, 224

Data centers 資料中心 101

Davecat (iDollator) 網路社群「iDollators」上的網友「Davecat」 126

Davidoff, Scott 史考特·達維多夫 39-40

Davis, Allison 艾莉森·戴維斯 112, 119

Deepfakes 深偽技術 134, 第五章註 84

Delusions of Gender (Fine) 《性別錯覺：生理性別差異背後的真正科學》（寇迪莉亞·范恩） 56

Dementia 失智症 9, 52, 53, 74, 75

Demon Seed (film) 《魔種》（電影） 198-199

Design fiction 設計幻象 220-221

Designing a Feminist Alexa (workshops) 如何設計女性主義的 Alexa（工作坊） 170

Design of technologies and troubling gender 科技設計與搗亂性別 203, 210

Despicable Me (film series) 《神偷奶爸》（系列電影） 57-58

Destructive image of sci-fi robots 科幻機器人的毀滅者形象 67

Devlin, Kate 凱特·德夫林 110, 111, 114-115, 116, 130, 136, 141-142

DiCarlo, Lora Haddock 蘿拉·哈多可·帝卡羅 123

Digital chivalry 科技騎士精神 44

Digital content controlled by men 數位內容的男性控制 178

Digital feudalism 數位封建制度 85

Digital housekeeping 數位家務／數位家務工作 43, 44-47, 178, 216

Digital skills and gender 數位能力與性別 9-11, 178-179

Digital skills and racial diversity 數位能力與種族多元性不足 11

Digital tethering of women to men 男性對女性的數位綑綁 178

Digital voice assistants 數位語音助理，亦可見 individual digital voice assistants 個人數位語音助理

abuse of 的濫用 157-158, 162-163, 219-220

benefits of 的益處 38-39

market for 的市場 1, 8

and sexism 與性別歧視 11, 154, 156

and sexual violence and sexual health issues 與性暴力、生殖健康議題 163-164

voices 聲音 165-167

Dijk, Jellie van 耶勒・范・戴克 174

Disabilities 身心障礙／殘疾 74, 115, 128, 181-182, 196, 197

Disney-inspired robots 具迪士尼形象的機器人 71, 73

Diversity imbalances 缺乏多元性，見性別、種族下方條目

Divorce rates 離婚率 7

Doctor Who (TV series) 《超時空奇俠》（電視劇） 49, 67

Doll Forum 娃娃論壇 132-133

Domain (property website) 地域（房地產網站） 96

Domestic (housekeeping) robots 家務機器人 1, 2, 27-28, 40, 42, 第二章註 70。亦可見 Robotic vacuum cleaners (robovacs) 掃地機器人；Rosie (The Jetsons)《傑森一家》

Domestic violence and smart technology 家庭暴力與智慧科技 198-202. 亦可見 Sexual violence 性暴力

Domestic work 家務勞動，見 Housework (domestic work) 家務工作

Dourish, Paul 保羅・杜里什 97

Dream House (film) 《靈異豪宅》（電影） 198

E

Earth democracy 地球民主 105, 第四章註 118

Earth Democracy (Shiva) 地球民主（范達娜・席娃） 220

Earth Overshoot Day 地球超載日 86, 第四章註 50

Earth Summit (1992) 地球高峰會 105

East Asian internet companies 東亞網路科技公司 101

Easter eggs 彩蛋 156, 170, 第五章註 12

Echo products (Amazon) Echo 相關系列產品（亞馬遜），亦可見 Amazon Echo 亞馬遜智慧喇叭 Echo

Ecofeminism 生態女性主義 80, 84, 86, 98, 105-107, 220, 第四章註 125

Ecological crisis　生態危機　85-87. 亦可見 Energy consumption 能源消耗；Environment 環境

Ecological footprint model　生態足跡模型　86

Edison, Thomas　湯瑪斯・愛迪生　150, 152, 164

Eiffel, Erika (née LaBrie)　艾瑞卡・艾菲爾　16

Elderly people　老人／長者　7, 53, 74, 76, 115

Electricity　電／電力　20, 149-150, 164, 183. 亦可見 Energy consumption 能源消耗

Electronic House (magazine)　《電動住宅》（雜誌）　92, 96, 97, 182

ELIZA　聊天機器人　15-16, 21

Emma (AI-Tech)　菲菲（全智能科技）　110-111

Emma (comic book artist)　艾瑪（漫畫藝術家）　41

Emotional connections with smart wives　與智慧妻子的情感連帶　15-16, 51-52, 53, 54-55

Emotional intelligence in robots　機器人的情緒智商　52, 191, 192

Emotional state, data collected about　情緒狀態、相關資料搜集　187-188, 190-192

Energy consumption　能源消耗

　　of IT sector　IT 產業　100, 101-102

　　of smart homes　智慧居家　87-91, 95-96, 97, 99-100

Entertainment technologies　娛樂科技　178

Enthusiastic (affirmative) consent　積極同意　140-141, 198, 222-224

Environment　環境，亦可見 Energy consumption 能源消耗

　　and capitalism　與資本主義　80, 85, 87, 98, 100, 102, 105-107

　　crisis in　危機　85-87

　　impact of smart wives　智慧妻子造成的影響　97-98, 99, 101, 225, 226

Environmental housework　環境家務勞動　90

EqualAI　平等 AI　172

Ethical porn　道德的色情片　123

Ethicomp　國際電腦科技與倫理研討會　137

Ethics and smart wife industry　倫理與智慧妻子產業　107, 158, 172-173, 192, 198, 224-226, 第八章註 58

Ethics Guidelines for Trustworthy AI (European Union)　《可信賴人工智慧倫理準則》（歐盟）　225

European Union　歐盟　106, 225

Everyday sexism　日常性別歧視　61, 154

Excessive consumption　過量消耗／消費　82, 84, 90-91, 97, 186

EXDOLL　中國性愛機器人公司　112-113

Ex Machina (film) 《人造意識》（電影） 14, 15, 64, 67, 125

Eyes of social robots 社交型機器人的眼睛 56, 68-69

F

Facebook 臉書 9, 11, 85, 101, 194

Farbotko, Carol 卡蘿・法爾博特科 90

Fast fashion 快時尚 186

Fed Up (Hartley) 《我們受夠了：情緒勞動、女性與邁向前路》（潔瑪・哈特利） 40

Feldman, Jacqueline 賈桂琳・費德曼 162, 170, 219

Female cyborgs, characterization of 女性賽伯格與其特色 148, 152

Female voices used in digital voice assistants 使用女聲的數位語音助理 68, 166-167, 171

Femicide 殺害女性 199, 201

Feminine Mystique (Friedan), *The* 《女性迷思：女性自覺大躍進》（貝蒂・傅瑞丹） 42

Femininity, elevating and transforming 陰柔氣質的提升與轉化 209-210

Feminism and smart wives 女性主義與智慧妻子 164-165, 168-174, 219-221

Feminist Chatbot Design Process 女性主義聊天機器人設計流程 219

Feminist Internet's Personal Intelligent Assistant Standards 女性主義網路個人智慧助理標準 219

Feminist porn 女性主義色情片 123

Feminization of smart wives 智慧妻子的女性化、陰柔化 2-5, 14, 211

Fessler, Leah 莉亞・菲斯勒 162, 163

Fine, Cordelia 寇迪莉亞・范恩 56, 204

FixedIt project FixedIt 計畫 214-215

Flintstones (TV series), *The* 《摩登原始人》（電視劇） 25, 26

FoldiMate laundry-folding robot 摺衣機器人 FoldiMate 30

Ford, Clementine 克萊曼汀・福特 56, 180-181, 204

Fortunati, Leopoldina 利奧波蒂娜・福爾圖納蒂 40

Foundation for Responsible Robotics 負責任機器人基金會 116-117, 137, 142

Frank, Lily 莉莉・法蘭克 139

Frederick, Christine 克里斯汀・佛雷德里克 33

Fridges 冰箱 35-37

Friedan, Betty 貝蒂・傅瑞丹 42

Frigid Farrah personality (Roxxxy) 冷感法菈的人格設定（Roxxxy） 134-135

Fumo, Nicola 尼古拉・福莫 187

Functionality and usability of smart wives 智慧妻子的功能性與可用性 31, 39, 183-184

Fun in digital housekeeping 數位家務／數位家務工作的樂趣 45-46

F'xa (Comuzi)　F'xa（設計發明工作室 Comuzi）　219, 220

G

Gabe, Frances　法蘭西斯・蓋博　32-33

Gartner　顧能公司　8

Gaslighting　煤氣燈操縱／情感操縱　201

Gates, Bill　比爾・蓋茨　27, 29

Gavankar, Janina　珍妮娜・加瓦卡　155

Geek Chic (Inness)　《時尚宅女：流行文化中的聰明女性》（雪莉・英妮斯）　44

Geeks　科技宅　44

Geena Davis Institute on Gender in Media　吉娜・戴維斯媒體性別研究所　217

Gender　性別

　　and access to smart wives　對智慧妻子的近用　20

　　and AI ethics　與人工智慧倫理　225, 226

　　assigned to smart wives　智慧妻子的性別設定　2, 16-17, 21, 55-65, 70-71, 76-77, 156-157, 161-162, 165, 169, 171-172, 203-204, 211

　　bias in sci-fi movies　科幻電影的性別偏見　15

　　binary and spectrum views of　二元性別論、性別光譜論　20

　　children shaped by　兒童的性別形象　56

　　and digital skills　與數位能力　9-11, 178-179

　　and division of housework　與家務勞動分工　6-7, 32, 40, 42, 46-47

　　and energy consumption　與能源消耗　87-91

　　and geekiness　與科技宅的形象　44

　　imbalances in computer science　電腦科學領域的性別不均　9-11, 54, 62, 163, 212-214

　　and interest in and uptake of smart wives　對智慧妻子的興趣與使用影響　9, 42, 179, 203

　　orgasm gap　高潮差距　122

　　and pleasance in smart homes　智慧居家的心曠神怡感受　95

　　stereotypes applied to computers　電腦的性別刻板印象　159

　　and targeting of smart wives　智慧妻子的性別目標　35-37, 182-186

　　troubling and design of technologies　性別攪亂與科技設計　203, 210

　　and use of sex dolls　性愛娃娃的使用　9, 113-114, 116-117, 122-123

General Electric　奇異公司　9

Gilbreth, Lillian　莉莉安・吉爾伯茲　33

Gillespie, Craig　克雷格・格里斯佩　130

Gilmore, Jane　珍・吉爾莫　214-215

Glitches in smart wives　智慧妻子的小故障

　　examples of　例子　145-147

and historical framing of women as glitchy 女性會故障的歷史形塑 149-153

language used in retelling stories of 重述故事所使用的語言 147-148

Glitch feminism 故障女性主義 169

Global e-Sustainability Initiative 全球 e 能永續組織 88

Global Footprint Network 全球足跡網絡 86

Global Study on Homicide 2018 (UN Office on Drugs and Crime) 《2018 年全球兇殺案調查報告》（聯合國毒品和犯罪問題辦公室） 199

Good House Wife's Guide (1955) 《好家庭主婦指南》（1955） 93, 110

Google 谷歌（公司）

as Big Five member 作為五巨頭 85

employment at and gender 受僱員工與性別 9

ethical guidelines for AI 的 AI 倫理守則 226, 第八章註 58

Nest Guard 智慧保全裝置 Nest Guard 195

and Q 與機器人 Q 172

renewable energy commitment 再生能源的承諾 101

RUOK Mate RUOK Mate（功能） 192

search engine 搜尋引擎 11, 191

and surveillance capitalism 與監控資本主義 194, 195

working conditions 的勞動條件 98

Google Assistant Google 助理 165, 167

Google Home Google 推出的智慧居家助理

cost of 的成本 52

encased in container 居住在容器中 12, 49

gendered as female 設定為女性 2

glitches 故障 145, 149

and home appliances 與智慧家電 26, 30

illustration of 的圖像 3

input from users 使用者的指示 41

market for 的市場 4, 79

"Pretty Please" feature 「請拜託」功能 168

and sexism 與性別歧視 11

usefulness of 的用處 39

voices 的聲音 165, 167

Grace Hopper Celebration 葛麗絲·霍普系列活動 212

Graham, Mark 馬克·格雷漢姆 100

Grand Theft Auto V (video game) 《俠盜獵車手 V》（電玩） 136

Graydon, Danny 丹尼·格雷登 25

Greenpeace 綠色和平 100, 101

Gregg, Melissa 梅麗莎·葛雷格 33

G-spot　G 點　123, 124

Gutiu, Sinziana　辛贊娜・古圖　136, 139-141, 142, 157, 223

H

Haarstad, Håvard　哈瓦德・哈爾斯塔德　100

Hadaly (*L'Éve Future*)　機器人哈德莉（《未來的夏娃》）　152-153

Hall, Miranda　米蘭達・霍爾　194

Halo (video game series)　《最後一戰》（電玩系列）　146, 148

Hammer, William J.　威廉・J・漢默　150

Hanna, William　威廉・漢那　25

Hannon, Charles　查爾斯・漢農　171

Hansen, Lone　隆恩・漢森　221

Hanson, David　大衛・漢森　146

Hanson Robotics　漢森機器人公司　146

Haraway, Donna　唐娜・哈洛威　4-5, 148, 151-152, 208, 209, 211

Harmony/HarmonyX (RealDoll/RealDollX)　Harmony/Harmony X（眞實娃娃／眞實娃娃 X）

　creator of　的創造者　109, 115

　features of　的功能　13, 109, 110, 112, 116, 118, 120, 128, 139

　illustration of　的照片　110

Hartley, Gemma　潔瑪・哈特利　40-41

#MeToo　#MeToo 運動　163, 第六章註 74

Heckman, Davin　達文・赫克曼　93

Hello Sunshine　Hello Sunshine 媒體公司　218

Henry (RealDollX)　機器人 Henry（眞實娃娃 X）　121-122

Her (film)　《我的雲端情人》（電影）　14, 67, 125, 133

Hikari Azuma (Vinclu)　逢妻ヒカリ（Vinclu 公司）　12-13

Hines, Douglas　道格拉斯・海因斯　115

Hochschild, Arlie　亞莉・霍希爾德　191

Holograms　全像投影　12, 64, 126-127, 210

Home automation systems　智慧居家自動化系統　92-97, 112-113, 175-177, 179-184, 201-202

Home of Tomorrow (Westinghouse)　明日之家（西屋公司）　91-92

Honda　本田汽車　57-58, 59

　ASIMO　機器人　49, 56-57, 58, 67

Honorary citizenship for robots　機器人榮譽公民身份　146, 174

hooks, bell　貝爾・胡克斯　204

Horrigan, Brian　布萊恩・霍里根　91-92

Housekeeping (domestic) robots　家務／家管型機器人，見 Domestic (housekeeping) robots 家管／家務型機器人

Housework (domestic work)　家務工作 /
家務勞動

environmental　環境　90

gender and division of　性別與家務勞
動分工　6-7, 32, 40, 42, 46-47

men portrayed as incompetent at　男性
被描繪爲不擅長家務　37-38

and promotion of smart homes　智慧
居家的提倡　33

and race　與種族　25, 164

supporting men's contributions to　鼓
勵男性對家務的付出　215-216

undervalued in smart wife design　被低
估的智慧妻子設計　34-35

Hu, Jun　胡軍　160

Hui, Jennifer Yang　珍妮佛楊・許　104

Human connections with social robots　與
社交型機器人的人機互動　51-52, 54-
55

Humanizing of sexbots　性愛機器人的擬
人化　117, 118

Human relationships and technosexual
experiences　人類關係與科技性愛經
驗　117-118

Human-robotic interaction field　人機互動
領域　54

Humans (UK TV series)　《異人類》（英
國電視劇）　64, 67, 126

Human-sex doll relationships　人類 – 性愛
娃娃的關係　126, 128-133

Hunches (Amazon)　Hunches（亞馬遜）
190-191, 192, 194-195

Hysteria　歇斯底里　148-149

Hysteria (film)　《歇斯底里》（電影）
148

I

I Am Mother (film)　《AI 終結戰》（電影）
198

Ian (Boston Dynamics)　機器人 Ian（波士
頓動力公司）　51

IBM　IBM（公司）　191, 226

iDollators　網路社群 iDollators　126

Image-based sexual abuse　基於圖像所生
的不當性行爲　134, 188

Incels (involuntary celibates)　非自願獨身
者　129-130

India　印度　2, 4

Inness, Sherrie　雪莉・英妮斯　44

Institute of Electrical and Electronics
Engineers　電機電子工程師學會
225-226

Intel　英特爾（公司）　227

Interdisciplinary approach to technology,
need for　科技的跨科際取徑需求
213

International Energy Agency　國際能源總
署　101-102

International Trade Union Confederation
國際工會聯盟　99

Internet access 網路的近用 20

Internet companies in East Asia 東亞的網路科技公司 101

Internet of Emotions 情聯網 192

Internet of Shit 廢物聯網 97, 第四章註 83

Internet of Things 物聯網

and Big Five 與五巨頭 85, 112

cybersecurity risks 資安風險 188-189, 193, 194

domestic abuse facilitated by 惡化家庭暴力 201, 202

energy consumption 能源消耗 89

Internet-related energy demand 網路相關的能源需求 100, 102

iQiyi 愛奇藝（公司） 155

iRobi 機器人 iRobi 51

I, Robot (film) 《機械公敵》（電影） 67, 198

iRobot Roomba 掃地機器人 27, 28, 34, 40, 195

Ishiguro, Hiroshi 石黑浩 62

IT sector's energy footprint IT 產業的能源足跡 100, 101-102

J

Japan 日本

aging population 人口老化 53, 74

"average" girl as model for robot design 以「一般」女性形象作為機器人設計 51, 62-64

design of social robots and consumer expectations 社交型機器人設計與消費者期待 65-73

government's plan for social robots 對於社交型機器人的政府計畫 13, 74-75

housework and gender 家務勞動與性別 7, 46

marriage and birth rate 婚姻率與生育率 6, 13, 74-75

sex doll use 性愛娃娃使用 128, 135

smart wife industry 智慧妻子產業 4

Japanese Robot Culture (Sone) 《日本機器人文化：表演、想像與現代性》（曾根裕二） 68

Jarrett, Kylie 凱莉‧賈瑞特 5

Jensen, Nathan 奈森‧詹森 85

Jet plane command systems 噴射機語音指令系統 16

Jetsons (TV series), The 《傑森一家》（電視劇），見 Rosie（《傑森一家》）

Jewish communities 猶太社群 93

Jibo 機器人 Jibo 21, 49, 59, 第三章註 42

Jobs, Steve 史蒂夫‧賈伯斯 10, 193

Johansson, Scarlett 史嘉蕾‧喬韓森 133, 134

Joi (Blade Runner 2049) 嬌伊（《銀翼殺手 2049》） 125

Joler, Vladen　維拉登・喬勒　97-98, 99,
103, 107, 189, 220

June smart oven　瓊恩智慧型烤箱　40

K

K (*Blade Runner 2049*)　K（《銀翼殺手
2049》）　125

KAI (Kasisto)　機器人 KAI（卡西斯托銀
行）　170-171, 219

Kawaii (cuteness)　卡哇伊（可愛）　68-70

Kember, Sarah　莎拉・肯柏　150

Kessler, Suzanne　蘇珊娜・凱斯勒　62

Khrushchev, Nikita　尼基塔・赫魯雪夫　32

Killer apps　殺手級 APP　28

Kim, Hyunsuk　金玄石　58-59

Kindle (Amazon)　Kindle（亞馬遜）
81, 82, 83, 106

King, Ynestra　娜思特拉・金　80

Kircher, Athanasius　阿塔納奇歐斯・基
爾學　189

Kismet　機器人 Kismet　51, 71, 73

Kissamitaki, Maritsa　瑪瑞莎・凱撒米塔
基　110

Kitchen appliances　廚房智慧電器　40

Kitchen debate (Nixon and Khrushchev)
廚房辯論（尼克森與赫魯雪夫）　32

Kondo, Akihiko　近藤顯彥　126

Kuyda, Eugenia　尤金妮亞・庫伊達
171

L

Lady Gaga　女神卡卡　126, 210

Lang, Fritz　弗里茨・朗　153

Large-eyed robots　大眼睛機器人　56,
68-69

Lars and the Real Girl (film)　《充氣娃娃之
戀》（電影）　130-131, 218

Laundroid robot　摺衣機器人　29

Laundry assistants　洗衣助理　29-30, 34-
35

La Vie Électrique (Robida)　《電氣生活》
（亞伯特・羅比達）　150

Legal rights for robots　機器人的法律權
利　173, 174

Legend, John　約翰・傳奇　165

Lennar Corporation　萊納房屋　82

Leong, Dymples　戴姆普爾絲・梁　104

L'Ève Future (Villiers)　《未來的夏娃》（奧
古斯特・維利耶・德・利爾 – 亞當）
152-153

Levy, David　大衛・利維　117, 126

LG　LG（公司）　26, 145-146, 148

Li, Fei-Fei　李飛飛　212-213

Liautaud, Susan　蘇珊・廖奧托　188

Light, Ann　安・萊特　210

Likability of social robots　討人喜歡的社
交型機器人　64-65, 77

Lily (robosexual woman) 莉莉（有戀機器傾向的人類女性） 126

Limp, David 大衛・林普 79

Lin, Patrick 派翠克・林 135

Linguistic traits of robots 機器人的語言特徵 68

Living democracies 活著的民主社會 105-106

Lopez-Neira, Isabel 伊莎貝爾・羅佩茲－奈拉 201, 202

Lora DiCarlo 蘿拉・帝卡羅 123

Loss of control over smart wives 對智慧妻子失去控制 193-194

Love and Sex with Robots (Levy) 《對機器人的性與愛》（大衛・利維） 117

Love Me (documentary) 《愛我》（紀錄片） 129

Lumidoll 客製化性愛娃娃 119

Lutron 路創居家電子公司 92

M

Ma, Ricky 馬子恒 133, 134

Maalsen, Sophia 索菲亞・瑪律森 195

MacKay, Kevin 凱文・麥凱 85

Made by Humans (Broad) 《人類製造：AI 的條件》（艾倫・布羅德） 172

Mail-order bride industry 郵購新娘產業 128-129

Maines, Rachel 瑞秋・邁恩斯 148

Maiti, Aki 眞板亞紀 71

Male-identified robots and assistants 設定為男性的機器人與語音助理 16, 21, 71, 113-114, 161-162, 165

Malesky, Edmund 埃德蒙・馬萊斯基 85

Male-specific smart wives 目標男性客群的智慧妻子 35-37

Manga (comic books) 漫畫 65, 66, 68-69

Manners when using smart wives 使用智慧妻子的禮節 167-168

Manual work involved with smart homes 智慧居家的手工工作 43

Marcussen, Benita 貝妮塔・馬爾庫森 131-132

Maria (*Metropolis*) 瑪莉亞（《大都會》） 67, 153

Mariette (*Blade Runner 2049*) 瑪莉艾塔（《銀翼殺手 2049》） 125

Marital rape 婚內性侵 8

Marketing smart wives to women 行銷智慧妻子給女性客群 182-186

Marriage and wife drought 婚姻與妻子荒 6-8

Marriage to smart wives 與智慧妻子結婚 126, 221

Marriage Trafficking (Quek) 《婚姻販賣：遭強迫結婚的女性》（凱伊・奎克） 129

Masculinity and technology 陽剛氣概與科技 10-11, 32, 34, 43-44, 176, 177-181, 202, 204

Matsui, Tatsuya　松井龍哉　71

Matsuko Deluxe　貴婦松子　210

Matsukoroid　貴婦松子機器人　210

Mattel　美泰兒（公司）　196-197

Maushart, Susan　蘇珊・莫莎特　6, 7, 8

McCann, Hannah　漢娜・麥坎　209

McKenna, Wendy　溫蒂・麥肯納　62

McMahon, John　約翰・麥克馬洪　25, 41

McMullen, Matt　麥特・麥克穆倫　109, 112, 114, 115, 118, 121

Media equation theory　媒體等同論　159

Media reports of male violence against women　媒體對於男性對女性施暴的報導　214

Media representations of smart wives　媒體的智慧妻子再現形象　214-215, 217-219

Mellor, Mary　瑪麗・梅勒　86

Men & Dolls (Marcussen)　攝影計畫「男人＆娃娃」（貝妮塔・馬爾庫森）131-132

Metropolis (film)　《大都會》（電影）67, 153

Meyerowitz, Joanne　瓊安・邁耶羅維茨　5

Microsoft　微軟

　　as Big Five member　作為五巨頭　85

　　Cortana　蔻塔娜　11, 83, 146, 148, 154, 182

employment at and gender　受僱員工與性別　9

ethical guidelines for AI　的 AI 倫理守則　226

Ms. Dewey　杜威小姐　11, 155

Mycroft　邁克羅夫特　11

　　and robovacs　與掃地機器人　27

　　and surveillance capitalism　與監控資本主義　194

　　Tay and Xiaoice　Tay 與小冰　157-158

Miku, Hatsune (hologram)　初音未來（全像投影）　126-127, 210

Milgram, Stanley　史坦利・米爾格蘭　160

Miner, Adam　亞當・麥納　163

Minions　小小兵　57-58, 59, 77, 210

Minions (film series)　《小小兵》（系列電影）　57-58

Mintz, Laurie　勞莉・明茲　122

Mistry, Pranav　明泊霖　64

MoneyPenny (Facebook)　曼妮潘妮（臉書）　11

Moon, Youngme　永梅・穆恩　158-159

Moorhead, Patrick　派翠克・莫爾黑德　188

Mori, Masahiro　森政弘　67

Morley, David　大衛・莫利　178

Morley, Janine　珍妮・莫利　102

Morozov, Evgeny　葉夫根尼‧莫羅佐夫　28

Mosco, Vincent　文森‧莫斯可　100

Ms. Dewey (Microsoft)　杜威小姐（微軟）　11, 155

Murders of women　殺害女性的案件　199, 201

Mycroft (Microsoft)　邁克羅夫特（微軟）　11

My Living Doll (TV series)　《我的活娃娃》（電視劇）　125

MyRoomBud　MyRoomBud（公司）　28

N

Nakajima, Senji　中島千滋　128

Naming of smart wives　智慧妻子的命名　68, 79

Nass, Clifford　克利福德‧納斯　16, 158-159

Nature and smart homes　自然與智慧居家　92, 93, 95-96

Neon (STAR Labs)　機器人 Neon（STAR 實驗室）　64, 67, 171

Nest Guard (Google)　智慧保全裝置 Nest Guard（Google）　195

Nicks, Denver　丹佛‧尼克斯　30

Nixon, Richard　理查‧尼克森　32

Noble, Safiya Umoja　沙菲亞‧烏莫亞‧諾貝爾　11, 167

Nonusers of technology　科技的不使用者　45

Not June Cleaver (Meyerowitz)　《不只是克利佛太太》（瓊安‧邁耶羅維茨）　5

Nyholm, Sven　斯芬‧尼霍姆　139

O

O'Flynn, Brian　布萊恩‧奧弗林　210

OhMiBod　OhMiBod（公司）　124

Olga (*The Perfect Woman*)　奧爾加（《完美女人》）　126

Oligarchs　寡頭　84, 85, 189

Organization for Economic Cooperation and Development (OECD)　經濟合作暨發展組織　10, 46, 53

Orgasms　高潮　122-124

Orient Industry　東方工業（公司）　128

Orthodox Jewish communities　東正教猶太社群　93

Osé (Lora DiCarlo)　按摩器機器人 Osé（蘿拉‧帝卡羅）　123

Our Sexual Future with Robots (Foundation for Responsible Robotics)　《與機器人做愛的未來》（負責任機器人基金會）　137

Ovens　烤箱　40

Ozaki, Masayuki　尾崎雅之（音譯）　128

P

Panasonic　松下電器　29

Patriarchy　父權體制　3, 17, 80, 129, 180-181, 215

Pedophiles　戀童癖者　135

Penetrative orientation of sexbots　性愛機器人的插入性愛取向　9, 119, 121-123

Pepper (SoftBank Robotics)　Pepper（軟銀機器人）

　　and Astro Boy　與原子小金剛　65

　　and connection with humans　與人類的互動　51-52

　　cost of　的成本　52

　　"first date" with Samuel Burke　和山繆・伯克的「第一次約會」　59-61

　　as gender ambiguous　性別模糊　21, 49, 55-56, 210

　　gliding movement　滑行移動　57

　　illustrations of　的照片　50, 57, 60

　　large eyes　汪汪大眼　56, 69

　　social and care function　社會與照護功能　13, 26, 73

Perez, Caroline Criado　卡洛琳・克里多－佩雷斯　56

Perfect Woman (film), *The*　《完美女人》（電影）　14, 15, 126

Personal data　個人資訊　187-190, 193, 194, 196, 197, 224

Pet-inspired robots　寵物型機器人　21, 51, 71, 77, 219-220. 亦可見 Zoomorphic forms of smart wives 具動物形象的智慧妻子

Phan, Tao　潘濤　25

Physical health and smart wives　生理健康與智慧妻子　190-191, 192

Pink, Sarah　莎拉・平克　93, 180

Pink content　粉色系產品　178, 214

Pino　機器人 Pino　49, 71

Pinocchio　皮諾丘　49, 70

Plant-inspired robots　植物形象的機器人　21, 77

Pleasance in smart homes　智慧居家的心曠神怡感受　92-97, 182

Political influence of smart wife industry　智慧妻子產業的政治影響力　84-85

Polluter pays principle　污染者付費原則　105

Poncho　氣象預報機器貓 Poncho　220

Poole, Erika　埃里卡・普爾　44

Poor working conditions in smart wife industry　智慧妻子產業不堪的勞動條件　98-99

Porn　色情片

　　ethical and feminist　道德與女性主義式　123

　　influence on behaviors　對行為的影響　136-137

influence on sexbots　對性愛機器人的影響　2, 13, 14, 109, 113, 114, 116, 123-124, 132, 136, 142

virtual reality　虛擬實境　13, 118, 123-124

Poster, Winifred　溫妮佛列德・波斯特　155

Posy　機器人 Posy　49, 71, 72

Pranks played with smart wife devices　利用智慧妻子設備惡作劇　175-176

Precautionary principle　預防原則　105

Pris (*Blade Runner*)　普莉絲（《銀翼殺手》）　14, 125

Privacy risks　隱私風險

　managing　管理　203, 221, 224

　sources of　來源　177, 187-189, 192, 194, 195, 196, 197

Proximate future　明日未來　97

Q

Q (genderless voice)　Q（中性語音設定）　171-172, 219

Quatrochi, Chris　克里斯・夸楚奇　29

Queer, definition　酷兒（定義）　209

Queering femininity (McCann)　《酷兒化陰柔氣質：性傾向、女性主義與展現的政治》（漢娜・麥坎）　209

Queering the smart wife　酷兒化智慧妻子　21, 59, 76-77, 95, 142, 143, 171, 209-211

Quek, Kaye　凱伊・奎克　129, 136

QuickDrive smart washing machine (Samsung)　「QuickDrive」技術智慧洗衣機（三星）　30

R

Race　種族

　and AI ethics　與 AI 倫理　225, 226

　bias in sci-fi movies　科幻電影的種族偏見　14-15

　and domestic work　與家務勞動　25, 164

　and employment in AI industry　與 AI 產業受僱狀況　11

　lack of diversity represented in smart wives　智慧妻子再現形象缺乏多樣性　211

　and search engines　與搜尋引擎　11

Rape　性侵／強暴

　and consent issues with sexbots　與性愛機器人的同意問題　114, 134-141, 142, 223-224

　fantasies　幻想　138

　marital　婚姻／婚內　8

Rape Day (video game)　《強暴日》（電玩）　135-136

RapeLay (video game)　《電車之狼》（電玩）　135-136

Rating system for smart wives, lack of　智慧妻子的評分系統欠缺　222

Realbotix　真實機器（公司）　109

RealDoll 真實娃娃 109, 114, 116, 119-120, 130-131, 132-134. 亦可見 Harmony/Harmony X（真實娃娃／真實娃娃 X）；Henry（真實娃娃 X）；真實娃娃；SolanaX（真實娃娃 X）

Real estate sector 房地產產業 195

Rees, William 威廉‧瑞斯 86

Reeves, Byron 拜倫‧李維 159

Regulation 管制／規範

legal rights for robots 機器人的法律權利 173, 174

needed for Internet of Things 物聯網所需規範 193

needed for smart wife industry 智慧妻子產業所需規範 198, 203, 224

right to repair laws 產品維修權 106

and sexbots 與性愛機器人 141

Relational artifacts 關係人造物 71

Reliability of smart wives 智慧妻子的可靠性 31

Replika 機器人 Replika 171

Representations of smart wives 智慧妻子的再現 214-215

Resistance toward technology use 抗拒使用科技 45

Resource man 資源型男子 18, 87-91

Rhee, Jennifer 珍妮佛‧李 67, 191

Richards, Ellen 艾倫‧理查茲 33

Richardson, Kathleen 凱薩琳‧理查森 55, 67, 70, 71, 137

Right to repair laws 產品維修權 106

Robertson, Jennifer 珍妮佛‧羅伯森 13, 62, 64, 65, 71, 74, 75

Robida, Albert 亞伯特‧羅比達 150

"Robot," origins of word 「機器人」，語源 164

Robotics field 機器人學領域 9, 54

Robotic vacuum cleaners (robovacs) 掃地機器人

gender and use of 性別與用途 40, 42

iRobot Roomba 掃地機器人 27, 28, 34, 40, 195

issues with 的問題 33-34, 43, 46

uptake of 的使用 30, 52

Robots 機器人，亦可見 Chatbots 聊天機器人；Domestic (housekeeping) robots 家管／家務型機器人；Sex dolls and sexbots 性愛娃娃與性愛機器人；Social robots 社交型機器人

abuse of 的濫用 160

avoiding bias in speech 避免偏誤的語言模式 171

destructive image in sci-fi 科幻電影的毀滅者形象 67

Disney-inspired 具迪士尼形象的 71, 73

emotional intelligence 的情緒智商 52, 191, 192

and ethics 與倫理 158, 172-173

female voices in 的女性聲音 166

honorary citizenship for 的榮譽公民身份 146, 174

legal rights for 的法律權利 173, 174

linguistic traits 的語言特徵 68

male-identified 設定為男性的 16, 21, 71, 113-114, 161-162, 165

market for 的市場 1, 27-28

pet-inspired 寵物型 21, 51, 71, 77, 219-220

plant-inspired 植物型 21, 77

public attitudes toward 大眾態度 40

as smart wives 作為智慧妻子 2

Rode, Jennifer 珍妮佛・羅德 44, 202

Roomba (iRobot) 掃地機器人 27, 28, 34, 40, 195

Røpke, Inge 英格・羅普克 96

Rosie (*The Jetsons*) Rosie（《傑森一家》）

attributes of, missing in smart wives 智慧妻子擁有與缺少的特質 34, 35

influence on smart home market 對智慧居家市場的影響 23-28, 29, 30, 47-48

as TV series character 作為電視劇角色 23-25

Roxxxy (TrueCompanion.com) 性愛機器人 Roxxxy 113, 114, 118, 134-135

Rozov, Gal 蓋爾・羅佐夫 30

"Runaround" (Asimov) 〈轉圈圈〉（以撒・艾西莫夫） 172-173

RUOK Mate (Google) RUOK Mate（谷歌） 192

Ruppanner, Leah 莉亞・魯帕納 6

Russell, Legacy 萊加希・羅素 169

S

Sadowski, Jathan 賈森・薩多夫斯基 195

Salleh, Ariel 愛麗雅・莎列 84, 86

Samantha (*Her*) 莎曼珊（《我的雲端情人》） 14, 125, 133

Samantha (sexbot) 性愛機器人 Samantha 110, 112, 123

Samsung 三星 30, 58-59, 64

Santos, Sergi 塞吉・桑托斯 110, 112

Satellite navigation systems (sat-navs) 衛星導航系統 16

Saudi Arabia 沙烏地阿拉伯 146, 174

Schiller, Amy 艾咪・席勒 25, 41

Sciacca, John 約翰・夏卡 29

Science fiction 科幻

movie, TV, and video game influences on smart wives 電影、電視、電玩對智慧妻子的影響 11, 14-15, 64, 67, 70, 124-126, 153, 198-199, 217-218

and robotic ethics 與機器人倫理 172-173

Search engines 搜尋引擎 11, 191

Security risks to smart homes　智慧居家的資安風險　187-189, 192, 193-194, 196, 197-198, 221

Self-cleaning house (Gabe)　自我清潔的房屋（法蘭西斯·蓋博）　32-33

Self-efficacy technology gender gap　自我效能的資訊性別落差　10

Sena, Hideaki　瀨名秀明　66-67

Sensory experiences and smart homes　智慧居家的感官享受　92-97

Seven of Nine (Star Trek)　九之七（《星際迷航記》）　104, 107

Sex dolls and sexbots　性愛娃娃與性愛機器人　116. 亦可見 individual sex dolls and sexbots 個人性愛娃娃與性愛機器人

　　consent and rape issues　同意與性侵問題　114, 134-141, 142, 223-224

　　cost of　的成本　116

　　customizing of　客製化　13, 118, 119

　　and harm to women and children　對女性與兒童的傷害　114, 118, 135, 136, 137

　　humanizing of　擬人化　117, 118

　　intimacy and companionship role　親密關係與陪伴角色　126, 128-133

　　Japan　日本　128, 135

　　market for　市場　8, 116, 118

　　penetrative orientation　插入性愛取向　9, 119, 121-123

　　porn influences on　色情片的影響　2, 13, 14, 109, 113, 114, 116, 123-124, 132, 136, 142

　　proponents of　支持論點　115

　　regulation　管制　141

　　replicas of real-life women　真人女性的再製　133-134

　　and sexual violence　與性暴力　114, 115, 129, 135

　　threats to men's personal data　對男性個人資料的威脅　187

　　use of, and gender　的性別使用　9, 113-114, 116-117, 122-123

　　and virtual reality porn and teledildonics　虛擬實境色情片與遠程性愛設備　118

Sex in marriage　婚內性生活　7-8

Sexism　性別歧視

　　toward smart wives　針對智慧妻子　154-158, 161-163, 166, 170

　　toward women　針對真人女性　11, 61, 75, 129

Sex tech devices　性愛科技設備　123-124, 141-142

Sex Toy Secrets (TV series)　《情趣玩具的秘密》（電視報導）　131

Sex trafficking　性販賣　113, 129

Sexual abuse, image-based　性濫用（基於圖像）　134, 188

Sexual consent　性同意　222-224

Sexual entitlement, male perception of　性的應得權利（男性觀點）　129-130

Sexual fantasies　性幻想　138, 223

Sexual violence　性暴力

facilitated by technology　科技的惡化　199

and incels　與非自願獨身者　129

media reports on　媒體報導　214

and pornified sexbots　色情片化的性愛機器人　114

sexbots as supposed outlets for　性愛機器人成爲宣洩對象　115, 137-138

smart wives' poor recognition of　智慧妻子的低度回應　163-164

in video games　電玩遊戲中的　135-137

Sex workers　性工作者　113

Shenzhen Atall Intelligent Robot Technology Co., Ltd. (AI-Tech)　深圳全智慧機器人科技有限公司（全智能科技）　110

Shiokawa, Kanako　鹽川加奈子　68-69

Shiva, Vandana　范達娜・席娃　86-87, 98, 105, 220

Shōjo manga　少女漫畫　68

Shove, Elizabeth　伊莉莎白・肖夫　95

Silicone Wives　矽嬌太太　111

Silicon Valley　矽谷　10, 11, 44, 83, 84, 103, 163

Simpsons (TV series), The　《辛普森一家》（電視劇）　199

Siri (Apple)　Siri（蘋果）

and feminism　與女性主義　164

feminization of　的女性化、陰柔化　2, 21, 第一章註 5

glitches　的故障　146-147, 148, 149

hiding of hardware　隱藏機械硬體　150

market for　的市場　8

and marriage to Alexa　和 Alexa 結婚　127, 210

mimicked by Harmony　Harmony 的模仿　109

passive response to abuse　對濫用行爲的消極回應　162

and Q　與 Q　172

and sexism　與性別歧視　11, 154-155

and sexual violence and sexual health issues　與性暴力、生殖健康議題　163

users' loss of control over　使用者無法控制裝置　194

working conditions in manufacture of　製造過程的勞動條件　99

Smart All-in-One Washer and Dryer (Whirlpool)　智慧多合一洗衣、烘乾機（惠而浦）　29-30

Smart home control systems　智慧居家控制系統　92-97, 112-113, 175-177, 179-184, 201-202

Smart House (film) 《我的媽咪不是人》
（電影） 198

Smart speakers 智慧喇叭／音箱，見
Digital voice assistants 數位語音助理

SmartThings app (Samsung) 智慧管理
APP「SmartThings」（三星） 30

SmartThinQ (LG) SmartThinQ 技術
（LG） 26

"Smart wife," use of term 「智慧妻子」
作為術語使用 2, 3

Smith, Brad 布萊德‧史密斯 101

Social robots 社交型機器人 54. 亦可見
individual social robots 個人社交型機
器人

benefits for women 對女性的好處 9

cost and uptake of 的成本與使用 52

design of, and consumer expectations
的設計與消費者期待 65-74

and destructive image of sci-fi robots
科幻機器人的毀滅者形象 67

eyes 眼睛 56, 68-69

feminized functions and roles of 的女
性化功能與角色 13, 51-55, 73-76

gendering of 性別化 55-65, 70-71,
76-77

glitches 的故障 146

human connections with 與人類的互
動 51-52, 54-55

Japanese government's plan for 日本
政府的計畫 13, 74-75

likability of 的討人喜歡 64-65, 77

market for 的市場 2, 8

robotic, anthropomorphic, and
zoomorphic forms 機器人形象、
擬人化形象、動物化形象 49-51

and sexism 與性別歧視 156-157

Social sciences and smart wife development
社會科學與智慧妻子發展 213

Sofoulis, Zoë 柔伊‧索佛利斯 90

SoftBank Robotics 軟銀機器人，見
Pepper（軟銀機器人）

SolanaX (RealDollX) SolanaX（真實娃
娃 X） 120-121

Solutionism 解決方案主義 28

Somnox 機器人 Somnox 51

Son, Masayoshi 孫正義 51-52

Søndergaard, Marie 瑪麗‧桑德加德 221

Sone, Yuji 曾根裕二 65, 67, 68, 74

Sophia (Hanson Robotics) 機器人 Sophia
（漢森機器人） 146, 147, 148, 174

Søraa, Roger 羅傑‧索拉 55, 56

South Korea 南韓 4, 40, 41

Special Eurobarometer survey on public
attitudes toward robots (2012) 歐盟特
殊民情調查的機器人公眾意向調查結
果（2012 年） 40

Spigel, Lynn 林恩‧斯比格爾 32

Spotify 音樂串流服務 192

Spousal rape 配偶性侵 8

Stalking 跟蹤／跟蹤騷擾 199-200

STAR Labs　STAR 實驗室　64, 67, 171

Star Trek (TV series)　《星艦迷航記》（電視劇）　79, 102-105, 106, 107, 198

Staying with the Trouble (Haraway)　《與麻煩為伴：在怪物世中建立親屬關係》（唐娜·哈洛威）　208

Stepford Wives (original film and remake), *The*　《超完美嬌妻》（原版電影、翻拍電影）　14, 15, 198, 217, 218

Sterling Bruce　布魯斯·斯特林　85

Su, Norman Makoto　諾曼·馬庫托·蘇　132-133

Submissive-dominant sexual fantasies　順服性愛幻想　138

Subservience of smart wives　智慧妻子的屈從定位　164-165, 167

Sung, Ja-Young　宋雅英（音譯）　40

Surveillance capitalism　監控資本主義　194-195, 224

Surveillance technologies　監控科技　177, 193-198

Sustainable Maintainer (Panasonic)　永續維護型洗衣機（松下電器）　29

Sweeney, Miriam　米莉安·史威尼　158

T

Takagi, Shin　高木伸　135

Takahashi, Tomotaka　高橋智隆　70-71

Talk-Bot (C & C Creations)　對話機器人　160-162

Talking statue (Kircher)　會說話的雕像（基爾學）　189

Tamagotchi　電子雞　71, 219-220

Tanczer, Leonie　雷歐妮·坦克瑟　193, 194, 201

Tau (film)　《智慧囚屋》（電影）　198

Tay (Microsoft)　Tay（微軟）　157-158

Technochauvinism　科技沙文主義　28

Technology of Orgasm (Maines), *The*　《高潮科技：「歇斯底里」、按摩器與女性的性愛滿足》（瑞秋·邁恩斯）　148

Technology promoted through use of women's bodies, history of　藉由利用女體提倡的科技史　149-151

Technosexual experiences and human relationships　技術性戀的經驗與人類機器關係　117-118

Teigen, Chrissy　克莉絲·泰根　165

Teledildonic devices　遠程性愛設備　118, 123

Terminator (film series), *The*　《魔鬼終結者》（電影）　67, 198

Thermomix　美善品料理機　40

Tolmie, Peter　彼得·托爾米　43

Tomb Raider (video game)　《古墓奇兵》（電玩）　136

To Save Everything, Click Here (Morozov)　《要拯救一切，就按這裡》（葉夫根尼·莫羅佐夫）　28

Transdisciplinary approach to technology, need for 科技的跨科際取徑需求 213

Treatment of technologies by users 使用者對待科技的方式 159-161

Trottla 綽特拉（公司） 135

TrueCompanion.com 性愛機器人網站 115

　　Roxxxy 性愛機器人 Roxxxy 113, 114, 118, 134-135

Tsuchiya, Hideo 土屋日出夫 128

Tufekci, Zeynep 贊伊涅普‧圖菲克西 187-188

Turkle, Sherry 雪莉‧特克 16, 71, 196-197

Twitter 推特 98, 157-158

Tyler, Meagan 梅根‧泰勒 136

U

Uncanny valley theory 恐怖谷理論 67-68, 118

UNESCO and EQUALS Skills Coalition, report on gender divides in digital skills 聯合國教育、科學及文化組織與全球平等技能聯盟針對數位能力的性別落差報告 10, 162, 166, 172, 178, 179, 203, 213

Unicole Unicron Unicole Unicron（娼館業主） 139

UNI Global Union 全球工會聯盟 225

United Kingdom 英國

　　computer science work and gender 電腦科學工作與性別 10

　　energy consumption 能源消耗 99

　　jet plane command systems 噴射機語音指令系統 16

　　1950s' housewife 1950 年代的家庭主婦 3-4

　　unpaid care of people with dementia 無償照護失智患者 53

United Nations Office on Drugs and Crime 聯合國毒品和犯罪問題辦公室 199

United States 美國

　　and Amazon 與亞馬遜 81, 84

　　Bud-E beer fridge Bud-E 智慧啤酒冰箱 35-36

　　Classification and Ratings Administration 分類與評級管理委員會 222

　　computer science work and gender 電腦科學工作與性別 9

　　digital voice assistant market 數位語音助理市場 8, 79

　　and ecological footprint model 與生態足跡模型 86

　　gender and uptake of smart wives 對智慧妻子的興趣與使用性別差異 9

　　jet plane command systems 噴射機語音指令系統 16

　　and The Jetsons 與《傑森一家》 25

marital rape　婚內性侵　8

1950s' housewife　1950 年代的家庭主婦　3-4

Nixon and Khrushchev's kitchen debate　尼克森與赫魯雪夫的廚房辯論　32

Orthodox Jewish communities　東正教猶太社群　93

right to repair laws　產品維修權　106

stalking　跟蹤　200

survey on gender equality in technology sector　科技部門的性別平等狀況調查　11

Unpaid care of people with dementia　無償照護失智患者　53

Uptake of smart wives　使用智慧妻子　1-2, 9, 30-31

Usability and functionality of smart wives　智慧妻子的可用性與功能性　31, 39, 183-184

V

Vacuum cleaners　吸塵器，見 Robotic vacuum cleaners (robovacs) 掃地機器人

Vatter, Brian　布萊恩・范特　124

Vatter, Suki　蘇琪・范特　124

Verrill, Timothy　提摩西・韋瑞爾　201

Vertesi, Janet　珍娜・維特西　124

Vesta (Amazon)　Vesta 女神計畫（亞馬遜）　26-27, 150-151

Vibrators　按摩器　123, 124, 148-149

Video games　電玩　11, 135-137, 146, 148

Video streaming　串流影片　100

Villiers de l'Isle-Adam, Auguste　奧古斯特・維利耶・德・利爾－亞當　152-153

Vinclu　Vinclu（公司）　12-13

Virtual reality porn　虛擬實境色情片　13, 118, 123-124

Vivi (iQiyi)　Vivi（愛奇藝）　155

Voice-activated assistants　語音啟動的數位助理，見 Digital voice assistants 數位語音助理

Voices of smart wives　智慧妻子的聲音　68, 165-167, 171-172, 第一章註 5

W

Wachter-Boettcher, Sara　莎拉・沃赫特－伯耶徹　11

Wackernagel, Mathis　馬希斯・威克那格　86

Wajcman, Judy　茱蒂・威吉曼　32-33, 43, 76, 84, 98, 184-185, 203, 204, 227

Washers and dryers　洗衣機與烘衣機　29-30, 34-35

WashSquad (Whirlpool)　WashSquad（惠而浦）　29

Water utilities　水資源設備　89-90

Weird Science (film)　《摩登褓姆》（電影）　125-126

Weizenbaum, Joseph　約瑟夫・維森鮑恩
　15-16

Westinghouse　西屋公司　91-92

Westworld (film and TV series)　《西方極
　樂園》（電影、電視劇）　64, 126

Whirlpool　惠而浦　29-30

Whitby, Blay　布雷・惠特比　135

Wife acceptance factor (WAF)　妻子接受
　因子（WAF）　184, 185

Wife drought　人妻荒　1, 2, 5, 6-8, 215

Wifework　妻子工作　7-8

Wild Law　野生法　106

Wingfield, Nick　尼克・溫菲爾德　83

Witherspoon, Reese　瑞絲・薇斯朋　218

Wives, roles of　妻子的角色　2-3

Women & Power (Beard)　《女力告白：最
　危險的力量與被噤聲的歷史》（瑪莉・
　畢爾德）　167

Women's bodies used to promote
　technology and consumption　利用女
　體提倡的科技與消費　149-151

Woodlock, Delanie　德蘭妮・伍德洛克
　200

Woodruff, Allison　艾莉森・伍卓夫　93

Work created for men by smart wives　智
　慧妻子為男性創造的工作　42-47

Working conditions in smart wife industry
　智慧妻子產業的勞動條件　98-99

Works (creative agency)　Works（創意機
　構）　192

Wosk, Julie　茱莉・沃斯克　152

Wyatt, Sally　莎莉・懷亞特　45

X

Xiaodie (EXDOLL)　小蝶（EXDOLL）
　112-113

Xiaoice (Microsoft)　小冰（微軟）　158

Xiaomi Corporation　小米科技　4

Y

Yen, Corina　嚴碩麗　16

"Yes means yes,"　「只有說要，才是要」
　140, 222-224. 亦可見 Enthusiastic
　(affirmative) consent 積極同意

Young, Josie　喬西・楊　219

You Should Have Asked (Emma)　《你應該
　先提醒》（艾瑪）　41

YouTube　影片分享網站　156-157, 158

Z

Zheng Jiajia　鄭家佳　126

Zoomorphic forms of smart wives　具動物
　形象的智慧妻子　2, 21, 49, 51, 71-72,
　77. 亦可見 Pet-inspired robots 寵物型
　機器人

Zuboff, Shoshana　肖莎娜・祖博夫　194-
　195

國家圖書館出版品預行編目 (CIP) 資料

智慧妻子：Siri、Alexa 與 AI 家電也需要女性主義 ?/ 約蘭德・斯特蘭格斯 (Yolande Strengers), 珍妮・甘迺迪 (Jenny Kennedy) 作；柯昀青翻譯 . – 初版 . – 新竹市：國立陽明交通大學出版社, 2023.09

面； 公分 . –（科技與社會系列）

譯自：The smart wife : why Siri, Alexa, and other smart home devices need a feminist reboot.

ISBN 978-986-5470-74-6(平裝)

1.CST: 科技社會學 2.CST: 人工智慧 3.CST: 機器人 4.CST: 女性主義

541.41 112014255

科技與社會系列
智慧妻子：Siri、Alexa 與 AI 家電也需要女性主義？

作　　者：約蘭德・斯特蘭格斯（Yolande Strengers）、珍妮・甘迺迪（Jenny Kennedy）
翻　　譯：柯昀青
責任編輯：陳幼娟
封面設計：兒日設計
美術編輯：黃春香

出 版 者：國立陽明交通大學出版社
發 行 人：林奇宏
社　　長：黃明居
執行主編：程惠芳
地　　址：新竹市大學路 1001 號
讀者服務：03-5712121 轉 50503 （週一至週五上午 8:30 至下午 5:00）
傳　　眞：03-5731764
網　　址：https://press.nycu.edu.tw
e - m a i l：press@nycu.edu.tw
製版印刷：長達印刷有限公司
初版日期：2023 年 9 月
定　　價：520 元
I S B N ：9789865470746
G P N ：1011201141

展售門市查詢：
　國立陽明交通大學出版社 https://press.nycu.edu.tw
　三民書局（臺北市重慶南路一段 61 號）
　網址：http://www.sanmin.com.tw　電話：02-23617511
或洽政府出版品集中展售門市：
　國家書店（臺北市松江路 209 號 1 樓）
　網址：http://www.govbooks.com.tw　電話：02-25180207
　五南文化廣場臺中總店（臺中市臺灣大道二段 85 號）
　網址：http://www.wunanbooks.com.tw　電話：04-22260330

The smart wife : why Siri, Alexa, and other smart home devices need a feminist reboot by Yolande Strengers and Jenny Kennedy

Copyright © 2021 Massachusetts Institute of Technology
Published by agreement with MIT Press through Bardon-Chinese Media Agency
Complex Chinese edition copyright © 2023 by National Yang Ming Chiao Tung University
All rights reserved.
ISBN 9789865470746
Printed in Taiwan